中 国 艺 术 研 究 院
基本科研业务费项目

中国艺术研究院学术文库

主 编 王文章 周庆富

的反省与思考

田青 著

北京时代华文书局

图书在版编目（CIP）数据

我的反省与思考 / 田青著 . -- 北京 : 北京时代华文书局 , 2025.6
（中国艺术研究院学术文库 / 王文章，周庆富主编）
ISBN 978-7-5699-5206-3

Ⅰ . ①我… Ⅱ . ①田… Ⅲ . ①文化遗产－保护－中国－文集 Ⅳ . ① K203-53

中国国家版本馆 CIP 数据核字 (2024) 第 063581 号

WO DE FANXING YU SIKAO

出 版 人：陈　涛
责任编辑：徐敏峰
装帧设计：周伟伟
责任印制：刘　银　訾　敬

出版发行：北京时代华文书局 http://www.bjsdsj.com.cn
北京市东城区安定门外大街 138 号皇城国际大厦 A 座 8 层
邮编：100011　电话：010-64263661　64261528
印　　刷：三河市嘉科万达彩色印刷有限公司
开　　本：710 mm×1000 mm　1/16　　成品尺寸：170 mm×240 mm
印　　张：21.75　　字　　数：318 千字
版　　次：2025 年 6 月第 1 版　　印　　次：2025 年 6 月第 1 次印刷
定　　价：95.00 元

“中国艺术研究院学术文库”再版序

周庆富

由中国艺术研究院策划、北京时代华文书局出版的大型系列丛书“中国艺术研究院学术文库”，历经十余载，陆续出版近150种，逾5000万字，自面世以来取得了很好的社会反响。这套丛书以全景集成之姿，系统呈现了中国艺术研究院新一代学者在文化强国征程中，承继前海学术传统，赓续前辈学术遗产的共同追求，也展现了学者们鲜明的研究个性和独特的学术风格，勾勒出我国当代文化艺术从理论研究到实践探索的发展脉络，对推进中国艺术学学科体系、学术体系、话语体系建设具有重要的史料价值和学术价值。

北京时代华文书局意将整套丛书再版，并对装帧、版式等进行重新设计，让这一系列规模庞大、内容广博的研究成果持续发挥它应有的作用，这无疑是一件好事！衷心祝愿“中国艺术研究院学术文库”再版成功！中国艺术研究院的学者们也将继续以饱满的学术热情，将个人专长与国家需要紧密结合，不断为新时代文化艺术繁荣发展，为文化强国建设贡献智慧和力量。

2024年12月20日

总　序

王文章

以宏阔的视野和多元的思考方式，通过学术探求，超越当代社会功利，承续传统人文精神，努力寻求新时代的文化价值和精神理想，是文化学者义不容辞的责任。多年以来，中国艺术研究院的学者们，正是以“推陈出新”学术使命的担当为己任，关注文化艺术发展实践，求真求实，尽可能地从揭示不同艺术门类的本体规律出发做深入的研究。正因此，中国艺术研究院学者们的学术成果，才具有了独特的价值。

中国艺术研究院在曲折的发展历程中，经历聚散沉浮，但秉持学术自省、求真求实和理论创新的纯粹学术精神，是其一以贯之的主体性追求。一代又一代的学者扎根中国艺术研究院这片学术沃土，以学术为立身之本，奉献出了《中国戏曲通史》《中国戏曲通论》《中国古代音乐史稿》《中国美术史》《中国舞蹈发展史》《中国话剧通史》《中国电影发展史》《中国建筑艺术史》《美学概论》等新中国奠基性的艺术史论著作。及至近年来的《中国民间美术全集》《中国当代电影发展史》《中国近代戏曲史》《中国少数民族戏曲剧种发展史》《中国音乐文物大系》《中华艺术通史》《中国先进文化论》《非物质文化遗产概论》《西部人文资源研究丛书》等一大批学术专著，都在学界产生了重要影响。近十多年来，中国艺术研究院的学者出版学术专著在千种以上，并发表了大量的学术论文。处于大变革时代的中国艺术研究院的学者们以自己的创造智慧，在时代的发展中，为我国当代的文化建设和学术发展做出了当之无愧的贡献。

为检阅、展示中国艺术研究院学者们研究成果的概貌，我院特编选出版“中国艺术研究院学术文库”丛书。入选作者均为我院在职的副研究员、研究员。虽然他们只是我院包括离退休学者和青年学者在内众多的研究人员中的一部分，也只是每人一本专著或自选集入编，但从整体上看，丛书基本可以从学术精神上体现中国艺术研究院作为一个学术群体的自觉人文追求和学术探索的锐气，也体现了不同学者的独立研究个性和理论品格。他们的研究内容包括戏曲、音乐、美术、舞蹈、话剧、影视、摄影、建筑艺术、红学、艺术设计、非物质文化遗产和文学等，几乎涵盖了文化艺术的所有门类，学者们或以新的观念与方法，对各门类艺术史论做了新的揭示与概括，或着眼现实，从不同的角度表达了对当前文化艺术发展趋向的敏锐观察与深刻洞见。丛书通过对我院近年来学术成果的检阅性、集中性展示，可以强烈感受到我院新时期以来的学术创新和学术探索，并看到我国艺术学理论前沿的许多重要成果，同时也可以代表性地勾勒出新世纪以来我国文化艺术发展及其理论研究的时代轨迹。

中国艺术研究院作为我国唯一的一所集艺术研究、艺术创作、艺术教育为一体的国家级综合性艺术学术机构，始终以学术精进为己任，以推动我国文化艺术和学术繁荣为职责。进入新世纪以来，中国艺术研究院改变了单一的艺术研究体制，逐步形成了艺术研究、艺术创作、艺术教育三足鼎立的发展格局，全院同志共同努力，力求把中国艺术研究院办成国内一流、世界知名的艺术研究中心、艺术教育中心和国际艺术交流中心。在这样的发展格局中，我院的学术研究始终保持着生机勃勃的活力，基础性的艺术史论研究和对策性、实用性研究并行不悖。我们看到，在一大批个人的优秀研究成果不断涌现的同时，我院正陆续出版的“中国艺术学大系”“中国艺术学博导文库·中国艺术研究院卷”，正在编撰中的“中华文化观念通诠”“昆曲艺术大典”“中国京剧大典”等一系列集体研究成果，不仅展现出我院作为国家级艺术研究机构的学术自觉，也充分体现出我院领军国内艺术学地位的应有学术贡献。这套“中国艺术研究院学术文库”和拟编选的本套文库离退休著名学者著述部分，正是我院多年艺术学科建设和学术积累的一个集中性展示。

多年来，中国艺术研究院的几代学者积淀起一种自身的学术传统，那就是勇于理论创新，秉持学术自省和理论联系实际的一以贯之的纯粹学术精神。对此，我们既可以从我院老一辈著名学者如张庚、王朝闻、郭汉城、杨荫浏、冯其庸等先生的学术生涯中深切感受，也可以从我院更多的中青年学者中看到这一点。令人十分欣喜的一个现象是我院的学者们从不故步自封，不断着眼于当代文化艺术发展的新问题，不断及时把握相关艺术领域发现的新史料、新文献，不断吸收借鉴学术演进的新观念、新方法，从而不断推出既带有学术群体共性，又体现学者在不同学术领域和不同研究方向上深度理论开掘的独特性。

在构建艺术研究、艺术创作和艺术教育三足鼎立的发展格局基础上，中国艺术研究院的艺术家们，在中国画、油画、书法、篆刻、雕塑、陶艺、版画及当代艺术的创作和文学创作各个方面，都以体现深厚传统和时代特征的创造性，在广阔的题材领域取得了丰硕的成果，这些成果在反映社会生活的深度和广度及艺术探索的独创性等方面，都站在时代前沿的位置而起到对当代文学艺术创作的引领作用。无疑，我院在文学艺术创作领域的活跃，以及近十多年来在非物质文化遗产保护实践方面的开创性，都为我院的学术研究提供了更鲜活的对象和更开阔的视域。而在我院的艺术教育方面，作为被国务院学位委员会批准的全国首家艺术学一级学科单位，十多年来艺术教育长足发展，各专业在校学生已达近千人。教学不仅注重传授知识，注重培养学生认识问题和解决问题的能力，同时更注重治学境界的养成及人文和思想道德的涵养。研究生院教学相长的良好气氛，也进一步促进了我院学术研究思想的活跃。艺术创作、艺术教育与学术研究并行，三者在交融中互为促进，不断向新的高度登攀。

在新的发展时期，中国艺术研究院将不断完善发展的思路和目标，继续培养和汇聚中国一流的学者、艺术家队伍，不断深化改革，实施无漏洞管理和效益管理，努力做到全面协调可持续发展，坚持以人为本，坚持知识创新、学术创新和理论创新，尊重学者、艺术家的学术创新、艺术创新精神，充分调动、发挥他们的聪明才智，在艺术研究领域拿出更多科学的、具有独创性的、充满鲜活生命力和深刻概括力的研究成果；在艺术创作领域推出更多具有思想震撼力和艺术感染力、具有时代标志性和代表性的精品力作；同时，培养更多德才兼备的优秀青年人才，真正把中国艺术研究院办成全国一流、世界知名的艺术研究中心、艺术教育中心和国际艺术交流中心，为中华民族伟大复兴的中国梦的实现和促进我国艺术与学术的发展做出新的贡献。

2014年8月26日

目　录

中编　学术研究

下编　艺术评论

代　序

一、为什么要做学术

今天，大家第一次作为研究生坐在中国艺术研究院的课堂里，也是迈进学术研究大门的第一步。昨天，在我们音乐研究所的老师和新生的见面会上，有两位老师语重心长地对新生说了自己的心里话，但是这两位老师的观点却不尽一致。有位老师出于对学生的关心和近年来的经验，告诉学生：你们进了学校就要考虑下一步了，包括以后如何工作，所以你们不要把注意力光放在上课上，还要考虑将来的工作。另一位老师说：我们在学言学，学生进了学校就是要念书，别的什么都别想。两位老师谁的观点对呢？我认为都对，问题就是我们今天的青年来读研究生，和我们当年来读研究生情况有很大的不同，所以我想讲的第一个题目就是，我们为什么要做学问？为什么要走学术之路？

孔子说过："古之学者为己，今之学者为人。"他是对他当时的一些学者做学问摆样子给别人看有所不满。那么"古之学者为己"的"己"是什么意思？这个古之学者为的"己"不是"人不为己天诛地灭"的"为己"。孔子的意思是说，做学问的首要目的，应该是为了完善自己的人格，要使自己成为一个完人，成为一个君子。所以，儒家谈到治学的目的是三个词：第一是为了"通经"，就是弄懂先人给我们传下来的宝贵的经典。"通经"不容易，我们今天的学生们首先就有语言文字上的困难。但“通经”是为了什么？第二个词就是“明道”，为了知晓人世间的基本的道理。“道可道非常道”，这个“道”的含义太广阔了。“明道”的目的又是什么？最终要“救世”，还是为了服务社会。

那么，我们今天考研究生为了什么？昨天我们音乐研究所的新生见面会，博士生绝大部分都是我们本所的硕士又考上的博士。我当时半开玩笑地说：你们考博士是不是想暂时缓解一下就业的问题？他们当时就笑了。我如此实用主义地理解这些同学读博的志向，可能有点以己之腹度人之心了。但是毋庸讳言，我们的确有很多同学考硕士考博士仅仅是为了把自己就业的困难再向未来推迟两年三年。所以今天我给大家讲，不管你是出于什么目的，是为己还是为人，是为了完善自己还是仅仅为了找工作，我还是想忠告所有的同学，这三年千万不要浪费。这三年并不长，转瞬即逝。你如果抓不住，三年之后，无论是为己为人，恐怕你都会失望，自己失望，老师失望，家长失望。

那么，除了实用主义的态度之外，我们今天做学问，尤其是艺术研究、人文学科的研究，对这个社会究竟有多少用处呢？很多人可能会考虑这个问题。我们现在的社会已经变成一个科学主义至上的社会，关于社会科学有用没用的问题，我觉得大家可以思考一下老子的一段话：“凿户牖以为室，当其无，为室之用”，就是在这个“无”的空间里，我们聚集一堂。所以，有无相生，千万不要鼠目寸光地看这个问题。很多基础学科，包括社会学科，表面上看起来没有用，但实际上这个社会需要它，人类进步也需要它。起码，我们自己的人格完善需要它。要完善自己就必须要“通经”要“明道”，至于能不能“救世”，这个只能随缘。我们有这份热心和准备，社会有这份需要和可能，我们就能够为这个社会做出我们的贡献。我们自己没有那个能力，或者社会不需要我们，怎么办呢？也没有关系，我们自己可以自得其乐。季羡林先生曾经引用张元济先生的一句话，这句话非常朴素，可以说朴素到极点：“天下第一好事，还是读书。”过去讲读书无用论，即使读书无用论的所有论据都成立，但是我仍然要读书！为什么天下第一好事还是读书？即使我们读书读到最后，我们无法为社会做大贡献，我们无法光宗耀祖，但读书是我们读书人的最后一道港湾，是我们心灵的避风港，我们可以在读书中自己得到乐趣，自己得到满足。所谓“痛饮酒，熟读骚”，也是一种人生享受。

讲到学术是推动人类进步的一个动力的时候，我们可能还要问：我们做学问的动力从何而来？儒家的说法，包括“修身、齐家、治国、平天下”，包括“为天地立心，为生民立命，为往圣继绝学，为万世开太平”。这都了不起，但太高了，一般做不到。记得我上中学时第一次读到爱因斯坦的一句话，大意是说在科学研究的过程中爱好的力量比责任的力量更大。我以前所受的教育告诉我：爱好是个人的，是兴趣，怎么会比责任心、比为国家、比为人类这么大的责任力量还大呢？我当时甚至怀疑是翻译把爱因斯坦的话译错了。随着年事见长，我才慢慢理解爱因斯坦的这句话，爱好真的力量大得很，而没有爱好光有责任，在学术的路上能走多远呢？我想，如果没有爱好，没有对学术的爱，恐怕坚持不了多久，也走不了多远，尤其是我们搞艺术的。古今中外的艺术家，究其成功的原因，当然有努力，当然有责任，当然有勤奋，但是有两条不可或缺，一个是天才，一个就是爱好。大家都知道我们的治学也叫劳动，是脑力劳动。脑力劳动和体力劳动最大的区别是什么？不是脑力劳动比体力劳动高，最大的区别在于脑力劳动是无法强迫的，尤其是创造性的劳动，更是无法强迫的。日本鬼子可以逼老百姓修炮楼，挖战壕，但无法用刺刀强迫学者写出一篇优秀的论文。当然，劳动者对自己劳动成果的感觉，可能也有区别，一个手工艺人用他灵巧的双手创造了一件美丽的工艺品的时候，他看作品就像看自己的孩子，这一点和我们脑力劳动的感情是一样的。但是在流水线旁边工作的工人，可能就很少有劳动的愉快。这种机械的、枯燥的、毫无创造力的劳动，甚至可以说是对人性的压迫，人们离开流水线时只有一种解放感。但是脑力劳动不同。第一次看到你的文字被印成铅字的时候，那份愉快，是不可言表的。而当我们的研究被社会所承认，或者在某种程度上对社会有一点贡献，我想那份欣喜是值得你付出，值得你青灯古卷，值得你在我们研究生院破旧的小楼上过三年清贫生活的。

我今天要讲的这个题目叫“反省与思考”，第一步是反省，为什么要反省？因为无论完善自我还是研究学术，都会有很多弯路存在。有的人比较聪明，可能少走弯路，但有的人，比如我本人，即使抛开自己性格的缺点不谈，在做学术的时候仍然摆脱不了社会对我的影响，摆脱不了基因对我的影响。我们不可能每天三省吾身，但是过一个阶段整理整理自己的学术思想，整理整理自己的心路历程，把自己犯过的错误明明白白地记下来，告诉后人，我觉得这是一个学者的责任。

二、"维那"的神圣

先讲第一个事情。我研究佛教音乐是从20世纪80年代左右开始的，1982年，我考入研究生院跟杨荫浏先生读研究生，因为我入学之前就在天津音乐学院教音乐史，和其他同学刚刚从大学校门出来的不一样，当时研究生院的书记是个思想非常开明的老太太，她说今年的课程主要是讲音乐史，你又教过音乐史，那你就别听了，想考察就出去考察吧！当时我就拿了我们研究生的考察费300块钱人民币，从五台山到拉卜楞寺再到敦煌，走了西部大半个中国，跑了二十几个大大小小的寺院。当然，300块钱只能晚上在硬座车厢的椅子下面睡觉。当时，百废待兴，有些寺院刚刚恢复，很多寺院还没有恢复。刚才介绍人说我对佛教音乐研究怎么怎么样，其实我对佛教音乐的研究有很多不足，但我当时就占了一个便宜，什么便宜呢？就是我对佛教音乐的研究开始比较早。在20世纪80年代，宗教音乐还是一个禁区。大家可能不知道，对于传统宗教的负面的看法，实际上从"五四"前就开始了，发布第一个"废庙兴学令"的是清政府。那个时候，几乎所有的文人志士都把传统文化尤其是宗教文化当成中国落后挨打的原因，把宗教当成一个腐朽的、反动的、没落的东西，"迷信"两个字就是宗教的定义。所以当时我选这个课题的时候还是有压力的，而且我没想到的是我尊敬的导师杨荫浏先生也不同意我做佛教音乐研究。我曾写过一篇文章《杨荫浏与宗教音乐》，杨先生是中国宗教音乐研究的开拓者，他的研究很广泛，从道教音乐到佛教音乐，尤其是基督教音乐，现在中国基督徒唱的赞美诗《普天颂赞》就是杨先生主编的。他不同意我这个选题的理由很简单，因为当时刚刚结束"文革"后不久，在"文革"中很多寺庙遭到破坏，很多和尚还俗了。所以杨先生说："你如果要研究佛教音乐，只有去台湾。"先生的这句话对我打击很大，因为在1982年，说去台湾研究就像今天说去月亮上研究意思是一样的！后来，当1998年我在台湾佛光山佛学院做中国佛教音乐报告的时候，想起导师的这句话，心里百味杂陈。但是杨先生当时的顾虑也不是没有道理的，因为我们从小受的唯物论的教育，对佛教文化知之甚少。一直到1989年，关于佛教音乐我也写了文章、写了书，应该说是有了一些了解，但我还是犯了一个错误。

大家看我手里拿的这四盒磁带，是我做主编，赵朴初先生做顾问的“中国音像大百科”出版的《中国佛教音乐宝典》中的《潮州佛乐》。这套音像出版物从1988年开始一直到1998年才结束，整套《中国佛教音乐宝典》包括《五台山佛乐》、《津沽梵音》等共30个小时的音乐。《潮州佛乐》有4个小时，是我1989年到潮州开元寺，在现已圆寂的慧原法师主持下录制的。那是老法师亲手培养的一个班子，唱、念、奏都有。但就是这次录音我犯了一个终生难忘的错误。因为我之前所受的教育是完全西式的教育，在天津音乐学院作曲系学了4年，从“四大件”开始，学的都是贝多芬、莫扎特，因此，我当时的音乐思维，包括音乐的审美观，都是西方的、“正统”的，是西方的“耳朵”。因此，当我开始用当时刚刚出现的便携式数码录音机为他们录音的时候，出现了一个我过去从没有遇到过的问题。我们知道，佛教寺院的唱念，一般没有乐器，只有法器，所以总是先由“维那”（僧职）起音领唱，叫“举腔”，然后其他僧众根据“维那”的声音加入。潮州佛乐的特点是有乐队伴奏，这个很难的。但我没有想到的是他们在有乐队的情况下还是这样：先由“维那”（慧原法师亲自担纲）举腔，然后笛子赶快根据他的音高找眼儿试那个调，二胡也先试着在弦上找那个音，找到了马上移动“千金”调音，扬琴也要先试着敲，找那个调高。头5分钟，一片嘈杂之声，直到找到调，再跟着伴奏。有时候甚至乐队与唱始终差那么一点，不搭调！这和我所受的西式教育完全不同。在现代社会，都是声乐要根据乐器定调，不管钢琴还是乐队，C调就是C调，D调就是D调，乐队先有前奏，歌者才能找到调。无伴奏合唱，也要有一个音叉或者音哨给一个标准音。我从来没有见过一个歌者开口就唱然后乐队跟着他的音高找调的！

当时我跟慧原法师说这个不行啊，这套录音要正式出版的，这个怎么可以？

法师说“我们自古如此啊，我们就是这样啊”。当时，由于我没有具备对佛教音乐更完整的知识，更缺乏对“文化多样性”的理解和对传统无条件的尊重，所以对慧原法师的话没有理解。为了“保证”录音正式出版的“质量”，也因为我曾看到慧原法师在他撰写的《开元寺志》里说过，潮州佛乐的伴奏乐器是明清以后才加入的，明清前没有。因此我说我们能否依照古法，在唱诵时不用伴奏，唱诵就是唱诵，这些乐器我们单独录？慧原法师答应了，于是这四盘音乐便成了现在的样子，头尾是单独录的潮州佛乐器乐曲牌，中间是僧众的清唱。

那年夏天，我得到了一个有充足的时间深入思考自己的机会。有一天在我胡思乱想的时候，我忽然意识到：我可能在这次录音中犯了一个错误！1992年，我又有可能继续做这个工作了，去南岳衡山录制《三湘佛乐》。那时候湖南佛教界的“四大金刚”唯正、博明等老法师还都在，现在南岳的主持大岳法师那时还是小和尚。录音时，我发现他们和潮州完全一样，南岳衡山的佛教音乐依然是“维那”先起腔，乐队跟着找调。我当时立刻明白：我当年在潮州的确是犯了一个大错误，原来在中国佛教音乐里还一直存在着这样一个传统。而为什么会这样呢？后来我写了一篇文章参加欧洲传统音乐年会，那个年会的主题就是“宗教音乐——为神？还是为人？”我就以潮州和南岳的佛教音乐说明，佛教音乐的目的，对僧人而言，第一是为佛菩萨，第二才是为众生的。为什么维那的声音如此神圣？要让乐队的乐器根据他的肉嗓子唱出的音来定调呢？因为在佛教法事当中，金刚上师的所言所唱是无比神圣的。金刚上师在法事中先要根据仪轨戴上毘卢帽——我们在电视剧里看唐僧戴着毘卢帽五佛冠骑马，是不可以的——毘卢帽不是便服，不能随便戴。在法事中戴冠是仪式，有唱，有手印，很神圣，因为戴上这个帽子你就不是你了，你所唱的也不是你的声音了，当这个神圣的声音出来以后，就是独一无二的，是佛、法、僧“三宝”之音，所以乐队必须跟着他走。这和我们熟悉的现代的音乐方式完全不同！法师的“声乐”要高于“器乐”，法师声音的神圣性要高于音乐的和谐性，这就是潮州和南岳佛教音乐的传统！现在，我每次看到《潮州佛乐》时心里就非常难过，因为我的无知，因为我的西式教育培养的“耳朵”，在慧原法师圆寂之后，我永远失去了一个把中国最有特色、最原汁原味的佛乐保留下来的机会，这是我今天要反省的第一个错误。

三、“规范”统一与文化多样性

从1992年到1995年，由赵朴初担任名誉顾问、我做主编的《汉传佛教常用唱诵规范谱本——朝暮课诵》编辑完成，这个工作的起因是赵朴老在“中日韩黄金纽带”的国际佛教会议期间发现，我们的僧人在开幕式上唱一个最基本的梵呗时也是南腔北调，远不如日本和韩国僧人的唱诵整齐，赵朴老很难过。由于“文革”的冲击，刚刚开始恢复的中国佛教还是千疮百孔。为了改变这种状况，赵朴老找我，希望我集合一批人编一个规范谱本。于是，我们建了一个编辑小组，集合了当时对佛教音乐有所研究的音乐学家，用3年时间跑了几十个寺院，请教了当时还健在的许多高僧大德，比如唱念非常好的茗山长老，录音、比较、研究，结果编辑出一本我自以为很完整、规范的谱本。谱本将汉传佛教早课和晚课的所有唱诵都配了四行谱，第一行是用五线谱记的旋律，第二行是五线谱记的打击乐谱，再加一个中国佛教传统的法器谱，最下面还有一行是简谱。我自以为得计啊！有这四行谱还不行么？同时，还配了一盒磁带，叫规范带，想以此统一中国所有寺院的唱念，起码可以做佛学院的教材。赵朴老亲自安排，亲自支持，中国佛教协会佛教文化研究所出的经费，用3年时间做了大量艰苦细致的工作，比如早课的一首《香赞》，我们就搜集了几十个版本作比较。记谱也很细致，花了很大的功夫。结果呢？俩字——失败！

为了今天的课，我前天和昨天费了很大功夫在家里、办公室找这本谱子，因为我的书太多太乱，结果大喜过望还真找到了！我自己都不好找，你们更没见过，庙里也没有，也就是说，这本谱集从出版到现在，基本上是无人问津。音乐界不知，佛教界不用！这是我的一个大失败！现在总结，是什么原因造成了这个失败？首先是我的想法不切合今天中国佛教界的实际情况，现在，大陆寺庙里的僧人绝大部分是偏远贫困地区来的没有文化的年轻人，我以为五线谱不认识，那就简谱吧，结果简谱也不认识！不认识谱子可以听着磁带学唱吧？但这盘“规范带”问题更大。为了录这个磁带我也费了很大的劲，汉传佛教唱诵最有名的天宁寺、天童寺、宝华山我都去录了音。但这三个寺庙的录音都没法用，天宁寺号称是“梵呗第一”，但到那儿一看，现在的僧人来自五湖四海，唱得也是南腔北调。过去你在天宁寺挂过单，去小庙就可以当“维那”了，但现在已今非昔比了。在这种情况下，我就犯了第二个错误，这个错误我从来没跟人说过，实在不好意思说。我最后怎么录的这盘磁带呢，我找了一批中国音乐学院作曲系的学生照我这个谱唱！我自以为得计，录音也很顺利，因为作曲系学生识谱能力很强，再练习练习，完全“规范”。但最大的问题是什么？没有一点宗教感，就像外国人唱京戏，每个音符都正确，但没味儿。这盘磁带拿到庙里一放，和尚听完了说不出什么表情，但是一听就知道不是和尚唱的。所以至今没有一个和尚按我的谱本“规范”！

现在反省，在这件事情上我最大的错误是什么？不是技术上的问题，最大的问题还是“规范”这两个字。为什么要“规范”？由谁来“规范”？怎么“规范”？我这几年到哪儿都谈文化多样性，谈非物质文化遗产保护，提倡“原生态”唱法，但大家不知道，我今天对文化多样性的理解和觉悟，我自己的“文化自觉”，包括我对民族民间唱法的提倡和对民间歌手的发现、推荐，是在经历过许许多多这样的错误之后才取得的。我之所以能够在我国非遗保护的开始阶段做一些具体工作，提出一些观点、方法，也跟我以前这几十年的思想准备、学术积累有关系。没有这些错误，我既认识不到保护文化多样性和非物质文化遗产的重要，也不会有做非遗保护工作的自觉性和责任感。

当然，这就必须谈一个学以致用的问题。这一点我想跟大家讲讲我的业师杨荫浏先生，作为音乐史的大家，他始终强调学用结合且身体力行，强调我们的理论要为实践服务，要让我们的研究尽量靠近社会，能够被社会接受，能够对社会起点作用，哪怕是微薄的作用。杨先生研究律学这门“绝学”，不是光计算，而是亲自做律管、做实验。之后，跑到乐器作坊里教制作乐器的师父怎样给笛子钻这个孔音才准，怎样给琵琶贴这个品音才准。老一代学者的治学态度和理念，对我们每个人都有启示。我后来有将近七八年做非遗保护的工作，全身心地投入，把宗教音乐研究完全扔了，自己遗憾不遗憾呢？我也遗憾，但是我当时为什么能够把自己的专业暂时放在一边来做一件社会性的工作呢？我当时真的想过，假如杨先生在世，我问先生：老师，现在让我做这个事我做还是不做？我想，杨先生一定会全力支持我的。

四、还是态度问题

最后，再谈谈态度问题，一是对学问的态度，一是对自己的态度。

你们入学以后就得考虑你们的论文写作了，我常跟学生讲，学位论文不是学术论文，学位论文的目的就是拿到学位，但是一篇好的学位论文应该也是一篇好的学术论文。那么，两者最大的区别是什么？就是学位论文遇到一些敏感的前人没说过的问题时可能采取一种回避的态度，哎呀，我写了以后会不会导师不同意？会不会通不过论文答辩？于是，以通过答辩作最终追求。但做学术论文一定要有一个求知的精神，求真的精神。我们大家经常说"真善美"这三个字，"真"是学术所求，"善"是宗教所求，"美"是艺术所求。或者说科学、宗教、艺术是从三个不同角度，三个不同领域，用三种不同的方式来阐释世界与人生。所以我们第一还是要求真，在你的学术文章里假如能解决几个问题，不要几个，解决一个问题就很不错了。

有些同学讲不知道选什么题，或者选好题不知道该如何往下进行。我说不着急，首先是要熟悉你们的研究对象，就是搜集资料。我们当年搜集资料比你们难很多倍，现在你们太方便了，一上网就什么都有了。但我告诉你们，网上的东西很不可靠，常常是以讹传讹，一错百错，一定要找到原本再证实一下。我们当时在图书馆找资料，没有复印机，不许你复印，更没有"百度"和"搜狗"。怎么办呢？就是抄书，做卡片。借到一本有用的书就抄，比如《羯鼓录》，我抄过，惠皎的《高僧传》，我抄过。抄的结果是什么呢？抄的结果就是你记在脑子里了，有时候还有意想不到的好处。我上世纪90年代到密歇根大学讲佛教音乐，去之前李陀给我写信说你千万要注意，这里的汉学家很厉害，常常会提一些古怪刁钻的具体问题。我们原来请的几个中国学者讲的都是比较宏观的问题，外国学者对我们这种缺少详细考证的学风不太满意，有点瞧不起。

我讲学时果然遇到一个外国汉学家提问，因为我讲到曹植“鱼山制梵”的故事，他就问我一个问题：“曹植死在鱼山，请问曹植死的时候旁边有什么人？”李陀后来跟我说，当时听到这种问题时很为我捏了一把汗，曹植死的时候，谁知道旁边有什么人？他老婆？我当时也一愣，但我立刻想起来我当年抄过的一段书，曹植曾经给曹睿，就是当时的魏明帝写的一封信。当时魏明帝挤兑曹植，要从曹植的封地上抽兵，曹植于是写了这封信说：我这里“惟尚有小儿，七八岁已上，十六七已还，三十余人。今部曲皆年耆，卧在床席，非糜不食，眼不能视，气息裁属者，凡三十七人；疲瘵风靡，疣盲聋聩者，二十三人。惟正须此小儿，大者可备宿卫，虽不足以御寇，粗可以警小盗；小者未堪大使，为可使耘锄秽草，驱护鸟雀。”我回答这个问题就引用曹植的话说，他死之前周围有什么人呢？就是一批聋子瞎子长大瘤子的有23个，部曲老兵37人，小孩子30多个，有史记载的就这些人，至于他死的时候还有几个，我不知道。没想到，这位学者很佩服！这些东西怎么来的？我抄书抄来的。同学可能说：你脑子真好！我诚恳地给你讲，我的记忆力是我太太的十分之一，是普通人的二分之一或三分之一，我昨天做的事今天就忘，我找这个谱本都找了两天，昨天晚上是偶然翻出来的。我记忆力真的太差了，不是客气和谦虚，我诚实地讲，我的领悟力比较好，但记忆力真的是差。但为什么我现在还能记住点东西呢？我们抄书啊！我们用的笨办法啊！我给大家讲个小故事：当年恢复天津佛乐团，先找到天津大悲院的一个曾经还俗的老先生叫历兰亭，他说：“你们赶快找我师弟能闻，我当初笨啊，师父教我们吹曲子，我学不会，师父拿着管子就往我脑袋上敲，小和尚都是光头，师父打一下一个包，脑袋上大包摞小包，我实在没法活了，听人说吃洋火头能死，我就买了一大包火柴吃洋火头，结果拉了两天稀，死不了又得继续去吹。我这个能闻师弟，7岁就戴大帽（毘卢帽），领奏，专门做的小袈裟，站在凳子上吹，一吹大家都叫好，红遍四九城，太聪明了！”但我们找到能闻之后，却发现他把佛教音乐全忘了，而这个笨的、挨打的历兰亭，反而记得所有的曲目。我说这个什么意思呢？就是劝大家做学问宁可下一点苦工夫，你没有下工夫，你就得不到真的东西，有些笨法子，过后会起作用。

那么我还有一个想跟大家讲的就是在选题上要敢于突破禁区，敢于发现新问题。这个发现新问题的能力是怎么来的呢？是在你对大量资料的熟悉基础上自然得来的。昨天还有个学生问我：我搜集了很多材料怎么处理它？我说：不着急，慢慢熟悉它，自然就会了。王国维在《人间词话》里提到的三个治学的境界大家都知道，第一种境界是“昨夜西风凋碧树，独上高楼，望尽天涯路”。一个人是孤独的，在学术领域里你更是孤独的，可以有同道，可以交流，但大部分时间你是孤独的，而正是这孤独提供了你与古人交流，与圣贤交流，与未知交流的可能性。你独在高楼上往下看，山海一片，天苍苍水茫茫，看不见路，不知道下一步是什么，怅寥廓。第二步是什么？“衣带渐宽终不悔，为伊消得人憔悴”，什么叫“衣带渐宽”？衣服号大了，女同学会发现学术还有减肥的功能呢，不应该产生对学术的兴趣吗？为谁“消得人憔悴”呢？就是你研究的对象，是学术。你写论文的这个过程会很苦。第三个过程是什么？“蓦然回首，那人却在，灯火阑珊处。”“蓦然回首”是什么意思？有时候，你得到的这个惊喜是你事先没有想到的。

还有一点我想跟大家说：不要迷信权威。当然，不迷信权威和尊重先贤是完全两个概念，人非圣贤，孰能无过？大学者也可能有他的疏漏，所以我们在学习老一辈学者的著作的时候，第一要尊重，不要少年轻狂，还没读懂就轻言批判，但是也不要认为大师一定就没有错。我是在闹“非典”那年，2003年，写了一篇完全是我专业以外的文章，就是在读陈寅恪先生的《金明馆丛稿》时，看到他的一篇音韵学文章《书魏书萧衍传后》。《萧衍传》记载侯景围攻台城的时候，隔城“戏侮”萧衍说：“城中非无菜，但无酱（将）耳！”意思其实很简单，就是用谐音字说你城中没有大将。但陈先生做了一番考证，他的结论是“菜”就是“卒”，他有一套推论的方法，但最后得出的结论犯了两个简单的错误，一个是汉语读音的对转是有条件的，决定一个字的读音，要考虑声、韵、调三部分。通俗地说，一个汉字有声母、有韵母、有声调，而陈先生只用“秦陇则去声为入”一句话，只谈了声调，没有涉及声母和韵母就断“菜”为“卒”，而且用“固所当然也”，“当无疑义”这样斩钉截铁的态度定论，则不仅是粗疏，甚至有点霸道了！另外，因为他把这句俗语当成“雅语”而又认为侯景是“粗人”说不了雅语，所以他把这句话的发明权送给了侯景手下一个叫王伟的文人。但这句话哪是雅语啊？这是最老百姓的一句话：你城里有“菜”吃，但没有“酱”吃，“酱”与“将”谐音，这种利用谐音的“俏皮话”在民间俗语中大量存在，诸如“裁缝不带尺——存心不量（良）”，“苍蝇进花园——装蜂（疯）”，“草帽当锣敲——响（想）不起来”，等等。正因为侯景是个粗人，所以他用“菜”和“酱”来比喻萧衍城中无将的尴尬，跟陈先生指“菜”为“卒”可以用陈先生的语气说，是“断无关系”！

我于是写了一篇《书<书魏书萧衍传后>之后》的文章。但写完后心里没底，陈寅恪这样的大家怎么可能犯这个低级的错误呢？当时正值“非典”期间，无法与人交流，但我还是把文章寄给北大中文系一位搞音韵学的教授后跟他见了一面。我还记得当时约在北大西门口，因为“非典”，见面时我俩都戴着大口罩，和特务接头一样。这位北大音韵学的教授说：“你是对的，我也请其他几个音韵学的专家看过，都认为你是对的。”那我就问他：为什么陈先生这么重要的一篇文章中犯这样一个错误，你们搞音韵学的专家没有人提出来？他就笑了：“我们谁也没认为陈寅恪会犯这样的错误。”这说明一个什么问题呢？我这篇文章在《中国文化》发表的时候在文末加了一个附记：

> 一、人无完人，金无足赤，大师亦然。对先贤，不可无敬师之心，不可有崇神之意。读圣贤书，仍需思考。
>
> 二、瑕不掩瑜。山有名来毕竟高。大师偶有疏漏，仍为大师。
>
> 三、大师尚可能有疏漏，况浅薄如吾辈乎？念此怵然而背有泠泠之汗矣！

我臭拽了一通，但说的都是真心话。对先贤大师不能盲目崇拜，那么，对自己呢？更不能自我崇拜！自信是每一个学者都应该有的，但过于自信，甚至自恋，就接近自我崇拜了。作为学者，经过自己多年的努力、刻苦的钻研，有了一孔之见，甚至有了较大的发现，说出了一些前人没有说过的话，这都是学者追求的目标，也是可以三五好友“浮一大白”的高兴事。但千万不可以沉浸在自己的成就和专业之中，有意无意地把自己的一孔之见无限放大。讲到这里，我再反省一个我过去的错误。

从20世纪90年代开始，李希凡先生作为总主编，组织了一个班子编写《中华艺术通史》，我是其中魏晋南北朝卷的主编。这个时期，是中国艺术史中一个特殊的时期，佛教进入，道教兴起，宗教对中国艺术产生了很大的影响。大家知道，我的专业就是宗教艺术，对这个领域比较熟悉，对自己从事的专业也有很深的感情。因此，我在主编这卷著作的时候，就有意无意地夸大了宗教的影响和宗教艺术的重要性，从我的判断性的语言，到整卷书内容的比例安排，都有不够客观的地方。编委会初审的时候，很多编委对我的这种倾向提出了不同的意见，希望我能更好地把握“度”。我当时很不以为然，面对我把“艺术史”写成了“宗教艺术史”的批评，“据理力争”，拼命解释这一时期的特殊性，认为在这卷本里就应该如此突出宗教的影响，突出宗教艺术的地位。后来，李希凡先生对我说：这套书，是集体项目，不是个人的学术著作，你可以在自己的个人著作中按自己的观点写作，但希望你能在这套集体编撰的书内尊重大多数编委的意见。后来，出于对总主编的尊重，我很不情愿地删掉了一些宗教艺术的内容，增加了一些世俗艺术的内容，对有些大家意见比较大的提法，也做了一定程度的修改。

多年之后，当我再研究这段艺术史的时候，我感觉我当年的妥协是正确的，在我最初的写作中，的确存在着某些非理性的因素，对自己喜爱和熟悉的研究对象有一种过度的感情投射。当然，在研究中感情的存在是必然和有一定意义的，有时也难以自觉，就像对自己的孩子，常常会有偏爱。但作为一个成熟的学者，还是应该站高望远，尽量摆脱“小我”的感情羁绊，避免“孩子是自己的好，老婆是别人的好”的狭隘性。学术上的“自恋”，会妨碍我们有更大的进步。

我今天拉里拉杂地说了一些，讲了我的三个错误，也吹了一点小牛，反省为主，吹牛为辅，主要还是希望把我曾经犯过的错误提供给青年朋友做一个反面教材，让大家在学术的道路上走得更好。

上编
文化观点

非物质文化遗产保护三议

2006年的春节刚过，随着“中国非物质文化遗产保护成果展”的开幕，一股守护精神家园、保护非物质文化遗产的热潮在京城涌起。当一个四岁的孩子被奶奶引领着用稚嫩的小手在展览会“守护精神家园、保护文化遗产万人签名”的留言板上签下自己的名字时，我们在被深深感动的同时，坚信我们祖先留下的文化遗产一定会代代相续、薪火永传。但是，有关保护非物质文化遗产的一些理论问题却依然困扰着我们，对这些问题，我们迫切需要一个新的认识。

精华与糟粕

一提到保护文化遗产，人们就会想到“精华”与“糟粕”的问题。我在凤凰台的“世纪大讲堂”讲保护非物质文化遗产讲座之后的第二天，一个网友便在我的个人网页上贴了一个帖子，用嘲讽的口气说：“比如我们中国妇女的三寸金莲，那是多么地高雅，多么地精致，多么地耐人寻味啊！除了我们中华民族五千年的精雕细刻，这个世界上还有谁能够创造出如此珍贵的人体艺术？”这位网友的话是反话，但他的想法却有一定的代表性。

首先应该告诉这位网友，今天，所有呼吁保护中国非物质文化遗产的人，没有一个人认为缠足的陋习是应该保护的文化遗产；也没有一个人认为我们的文化遗产中统统是“精华”而没有“糟粕”。问题是，仅仅用“精华糟粕二元论”来审视我们有着几千年历史和56个民族的无比丰富的民族文化遗产是远远不够的，在所谓的“精华”与“糟粕”之间，还存在着大量“精华”与“糟粕”共存共生的文化，存在着大量在一个文化体系里被视为“糟粕”而在另一个文化体系里被认为是“精华”的文化。更重要的是，人类的认识总是在不断进步、更新的，人们的审美标准也在不断变化。就像我们过去的一些价值判断在今天被认为是错误的一样，我们今天的价值判断也不能保证不在明天被后人纠正。比如，当北京的城墙、牌楼已经在建国初期的建设热潮中拆毁之后，1958年，北京市政府居然还要把故宫的城墙拆掉！在当年的《北京市总体规划说明》里，北京市政府计划：“对北京旧城进行根本性的改造，坚决打破旧城市的限制和束缚，故宫要着手改建，城墙、坛墙一律拆掉，拆掉城墙后，滨河修筑第二环路。”

为什么要拆故宫？是因为在那个时候的“工农兵”眼里，故宫仅仅是“封建主义的大本营”，它不但没有用，而且妨碍了社会主义建设，妨碍了人们的“思想改造”。在这样一种思维下，“文革”中的“扫四旧”运动，成为破坏我国传统文化的一个高峰，几乎所有的传统文化都被当成“四旧”，几乎所有传统文化的传承者，都成了“牛鬼蛇神”。而在那个时代被视为“封、资、修”的东西，在今天看来，绝大部分并非“糟粕”而是人类文化的“精华”。短短的几十年里，我们的认识便有了不止一次的“颠倒”。而且，当年我们在犯错误的时候，每一次都像今天一样义正词严，觉得自己是正义在手、无比正确，代表了历史前进方向的。

引起那位网友反感的，是我对鲁迅先生一段话的阐述。鲁迅在1925年说的这段话，曾经以它非凡的精神勇气和因短促有力的句式结构造成的磅礴气势打动了青年时代的我，以至我至今还能一字不落地背下来。鲁迅在《华盖集·忽然想到》中说：

> 我们目下的当务之急，是一要生存，二要温饱，三要发展。苟有阻碍这前途者，无论是古是今，是人是鬼，是三坟五典，百宋千元，天球河图，金人玉佛，祖传丸散，秘制膏丹，全都踏倒他。

鲁迅当年所欲“踏倒”的，用今天的眼光看，几乎全都是“非物质文化遗产”。联合国教科文组织《保护非物质文化遗产公约》中对非物质文化遗产的定义如下：

> 非物质文化遗产包括：口头传说和表述，包括作为非物质文化遗产媒介的语言；表演艺术；社会风俗、礼仪、节庆；有关自然界和宇宙的知识及实践；传统的手工技能。

我们再对照一下鲁迅的原话：“古”不必说了，“鬼”是神话、是口头传说，不管你信不信，都该把神话保护下来。《三坟》、《五典》相传是三皇五帝时的遗书，《左传》昭公十二年中有“三坟、五典、八索、九丘”句，晋代杜预注：“皆古书名。”在中国，遗书野史常常作为口头传承存在，而口头传承，恰恰是非物质文化遗产的重要部分。“百宋千元”指清代乾嘉时著名的藏书家黄丕烈和吴骞的藏书。黄丕烈藏有宋版书一百余部，故室名“百宋一廛”；吴骞藏有元版书一千部，室名为“千元十驾”。虽然文字典籍本身一般来讲不属于非物质文化遗产的范畴，但有关古代典籍的一系列知识和手工技艺，包括手工造纸、雕版印刷、装订装帧等等，都是非常珍贵的非物质文化遗产。“天球”相传为古雍州（今陕、甘一带）所产的美玉。“河图”相传为伏羲时龙马从黄河负出的图，与相传是神龟从洛水中驮出的“洛书”并称“河图洛书”，被一些学者称为阴阳学及古代数学、天文学的始祖。《易经·系辞上》云：“河出图，洛出书，圣人则之。”即使这仅仅是一个传说，也具有口头传说的价值。“金人玉佛”指佛教的艺术作品。无论作为中国传统的工艺美术杰作，还是在宗教艺术作品中所体现的人的信仰、理念、习俗、审美情趣、手工技艺，都是极其珍贵的民族文化遗产，与中华民族的精神血脉息息相关。至于“祖传丸散、秘制膏丹”，则是中华民族传统中医药的最常见的形式，在今天不但依然有着巨大的实用价值，其中所蕴涵的古代智慧对现代医学也是一种珍贵的补充甚至启发。

脱离开鲁迅当年的社会环境而用今天的标准和视野来看鲁迅的这段话，当然是不应该的；一个人文知识分子在20世纪20年代的责任与在今天的责任，也一定有所不同。在一个积贫积弱，被列强欺侮，没有生存可能、温饱条件、发展机会的时代，为了民族的复兴，反思自己传统文化的负面影响，是可以理解的。但把民族落后挨打的原因完全归结为传统文化，则过于简单。在一个“砸烂孔家店”的口号飞扬的时代，鲁迅对民族文化的情绪也可以解释成“爱之深，恨之切”。问题是：在80年风云变幻之后，当我们的“生存”、“温饱”、“发展”这三大问题已经基本解决的今天，我们还应当用那时候的观点来看待我们的传统文化吗?

今天的现实是：在全球化、现代化及经济一体化的挤压下，我们的传统文化已经几乎被“全都踏倒”了！我们的非物质文化遗产正面临着一个从来没有过的危险境地：每一分钟，就可能有一首民歌、一种技艺、一座古建永远地消失。仅以山西省的地方戏为例，20世纪80年代尚有52个剧种，现在却只剩下28个，也就是说，有24个有着悠久历史、众多剧目、精彩艺术的古老剧种在这短短的20年里消失了！而且，就消失在我们眼前！就消失在我们这一代！

就像许许多多因为贫困而远走他乡的人在发家致富之后才会回乡“寻根”、“续家谱”一样，当生存和温饱成为一个民族的“当务之急”的时候，是不可能产生“寻根”的渴望的。众所周知，邻国韩国、日本都在现代化的同时成功地保护了本民族的传统文化。但日本在举国向“脱亚入欧”的方向努力时，也不可能产生保护民族传统的热情。只有在“二战”结束后美国文化随着政治占领而成为日本的主流文化时，保护传统文化才成为日本民族的共识。日本在1950年率先颁布了《文化财保护法》，并随后施行了“人间国宝”的认定制度。而韩国在1956年颁布类似的法律保护文化遗产并取得很大成绩，甚至形成全民族以民族传统文化自豪的风气，也与韩国在20世纪中期迅速现代化的大潮对本民族文化造成剧烈冲击有关。当然，朝鲜半岛的民族分裂现状也强烈激发了韩国民族高度重视民族文化传统的热情。

传统文化，是一个民族的根，是一个民族的精神家园。但只有在现代化的进程中，人们才会逐渐认识到这一点。

先进与落后

和“精华”与“糟粕”类似，在许多人看来，一些欠发达地区或者少数民族的文化是“落后”的，理所应当被比它“先进”的文化所取代。甚至在很多人的潜意识里存在着这样一个公式：

西方文化＞汉族文化＞少数民族文化

在这个公式里，“大于”符号的含义即“先进于”。

关于文化的“先进”与“落后”的问题，是一个相当复杂的问题，其复杂性在于“文化”这个概念的复杂性、多义性及其内含与外延的不确定性。一种文化现象的产生与存在既与相关的生产方式、生产力的发展水平有关，也与产生这种文化的土壤与背景——包括民族、地域的独特生活方式、文化传统、文化心理、审美原则、风俗习惯有关。因此，我们不能仅仅以生产力的发展水平及其物质生活的发达程度来判断某种文化现象的“先进”与“落后”，更不能以我们自己的审美原则和审美习惯来臧否在完全与我们不同的文化环境中产生的文化现象。

文明的发展与生产力的发展着密切的联系，但却不是唯一的联系。无论是大文豪歌德还是最强调经济基础对上层建筑影响的马克思，都曾经认为希腊神话是欧洲文坛上“无可企及的高峰”。无数在农业文明中产生的文化，比如唐诗、宋词、元曲，至今仍然是我们中华民族文化的骄傲，仅仅因为这些文化是农业社会的产物便认为它们属于“落后”文化无疑是对文化“先进”与“落后”的错误理解。

前文中那位网友所讥讽的“三寸金莲”，已经完全被历史所淘汰，今天所有的汉族人也都不会再认为它是“多么地高雅，多么地精致，多么地耐人寻味”。但是，即使对这样一种给女性身体带来极大痛苦，畸形、变态的文化现象的产生、滥觞，直至完全消失，也并非如今天的我们所想象的那样简单。我们今天认为天足比缠足美丽，是出于我们今天的审美观，但是，在当年，也的确存在过认为缠足“多么地高雅，多么地精致，多么地耐人寻味”的时代！因此，即使面对这样一种历史文化现象，我们也不能简单地下一个定义，认为凡是对人的身体造成伤害甚至畸形的文化现象就都是丑陋的、不合理的、应该谴责的。实际上，无论是在历史中还是在现实生活中，人类为了追求自己心目中的美丽而不惜伤害自身肉体的现象是一种普遍的存在。人们能否接受这种“美丽”，常常仅是一种对“度”的个性化把握和对“美”的主观感受，深受时代的局限和制约，而很难在理论上具有普世意义的清晰界限和公认的原则。比如我们今天的大部分人认为女性在耳垂上穿洞并悬挂小型的装饰品是可以接受并且有美感的，但在舌尖、肚脐眼或者其他地方穿洞装饰则是“前卫”、“另类”的。而在“文革”中的中国，任何一个女性也不敢公开佩戴耳环来冲撞“资产阶级生活方式”的红线。

同样，不但今天仍然在非洲一些民族中存在着多种与“缠足”类似的、以严重改变肉体自然状态为美的现象，就是在我们56个民族中，也仍然留存着一些类似的文化现象。值得我们注意的是这些文化现象的主体民族是如何看待这一现象的。我这里有一本民族出版社2004年3月出版的著作《中国黎族》，主编是全国人大常委会委员、全国人大民族委员会委员、海南省民族学会会长王学萍（黎族）。在这本书中，黎族的朋友们是这样描述黎族的“文身”的：

> 历经几千年而不断延续下来的文身，是黎族一笔极其宝贵的文化遗产。文身是黎族历史上民族的凝聚符号，特别是与外族人发生战争时，文身、服饰就是“自己人”的最鲜明的标志。文身也是图腾崇拜的象征、成人的符号。刻在身上这些不同纹素构成的图案中，包含着各种对生命的祈求，对幸福的盼望，对灾难的回避，对青春美丽的显示等内容，是黎族生命的综合体。文身是黎族历史上最壮观的文化现象，但随着时代的发展，黎族文身必将完全消失。[①]

① 王学萍主编：《中国黎族》，民族出版社2004年第一版，第259页。

面对这“历史上最壮观的文化现象”的必然消失，你可以黯然神伤，也可以鼓掌叫好；对一种异族的不同文化现象，你可以理解、喜欢，也可以不理解、不喜欢。但无论如何，你不能不对另一种文化有一种起码的尊重，这不仅仅是礼貌，而且是现代社会不同民族、不同文化相处的准则。

当前，我国政府的文化政策高度强调保护文化遗产，不但因为我国文化遗产蕴含着中华民族特有的精神价值、思维方式、想象力，体现着中华民族的生产，保持民族文化的传承，看成是连结民族情感纽带、增进民族团结和维护国家统一及社会稳定的重要文化基础，更把维护世界文化多样性和创造性，当成促进人类共同发展的前提。

维护世界文化多样性，首先就要对文化遗产和不同的文化保持一种尊重，用“平等”而不是傲慢的态度来对待不同民族的文化。站在自己文化的背景和个人的好恶基础上评价非己文化很容易趋向某种文化殖民主义；而以西方所谓的“先进”文化取代、统一全球不同民族的文化，无疑是人类的灾难。的确，先贤曾经把“世界大同”视为人类奋斗的终极目标。但是，当今天这个世界上几乎所有国家大城市里的青年人除了肤色不同而外，他们的思想方法、他们的追求、他们的梦境都已经没什么分别的时候，当他们都讲英语，都上互联网，都吃在全世界任何一个地方一样配料、一样味道的麦当劳、肯德基，都要穿耐克鞋或者阿迪达斯运动服，并且在这个地球上的任何一个地方同一时间收看美国NBA篮球赛或欧洲杯足球赛的直播、同一时间进入世界各地的电影院看同一部好莱坞大片的时候，我们不得不对这样的“世界大同”是否真的美好产生疑问。

在世界经济一体化所带来的文化一体化的背景下，中国政府曾经在中国几千年文化的基础上提出了一个振聋发聩的口号：“和而不同。”这来自《国语》中史伯说的一段充满智慧的话：“和实生物，同则不继。以它平它谓之和，故能丰长而物归之。”所谓“它”，就是异己，就是与己不同，而只有在不同文化中保持“它”的生存权与平等的地位，才会有“和”的前景。而“和实生物，同则不继”的判断，则是对现代社会在“时尚”的标榜下日益趋同的文化现象的当头棒喝。我们必须认识到，当目前我们这个地球上的许多地区充满着不同民族、不同宗教、不同信仰、不同文化间的敌视、仇恨乃至旷日持久的战争的时候，维护文化多样性、尊重不同民族的文化遗产与文化选择便不仅仅是文化的事情了，它实际上关系着人类的前途。

“迷信”与文化

在这里，我觉得还有必要对在我国非物质文化遗产中大量存在的宗教文化及与原始信仰有关的文化现象做一个思考。

无庸讳言，宗教问题是一个非常复杂、非常敏感的问题。因此，长期以来，我们的许多干部对宗教文化采取了一种回避、漠视，甚至打击的态度。在我们保护非物质文化遗产的工作中，也常常出现对某些与民间信仰有关的民俗活动是否应该保护的争论。一些人认为：我们的意识形态是唯物主义，因此，对所有与宗教和信仰有关的文化，都应该斗争而不是保护。

应该说，这种观点是错误的，它本身便违背了辩证唯物论的核心。

2001年，国家宗教事务局局长叶小文在香港中文大学崇基学院的演讲《中国宗教的百年回顾与前瞻》中说：

“我们主张的辩证唯物论，认为物质是第一性的，从这个意义上讲，与宗教唯心论是不同的；但“物质的第一性”中，当然地包含着存在、客观的第一性，包含着承认客观事物存在、发展和变化有其内在规律，任何违反客观存在、客观过程的内在规律的外部干预，任何对复杂问题的简单处置，都是有害的。宗教作为客观存在的社会现象，有其自身发展的客观规律。尊重宗教信仰自由，是对客观存在、客观过程、客观规律的尊重。”

这段话，相当精辟地阐述了真正的唯物主义者对待宗教和宗教文化应有的态度，是迄今为止中国政府的主管官员对宗教问题最本质、最宏观、最令人信服的表述。赵朴初先生生前经常强调“宗教是一种文化”，其实也不仅仅是他个人的认识。他曾经多次和人们谈起一段轶事：延安时期，毛泽东路过一座寺庙，当他准备进庙时，一位随从说：“那是迷信，有什么看头？”毛泽东当即回答说：“不对，那是文化！”

既然是文化，当然应该保护。而且，我们很多人似乎忘记了宗教信仰自由是受到法律保护的。中华人民共和国宪法规定："中华人民共和国公民有宗教信仰自由。任何国家机关、社会团体和个人不得强迫公民信仰宗教或者不信仰宗教，不得歧视信仰宗教的公民和不信仰宗教的公民。国家保护正常的宗教活动。"

宗教信仰与宗教文化是一种历史的客观存在，也是我国非物质文化遗产的一个组成部分。比如佛教传入中国之后，逐渐与中国固有的文化相融合，并形成了内容丰厚、影响深远的佛教文化。诸如闻名于世的我国十大石窟艺术，其中敦煌、云岗、龙门、麦积山的壁画、雕塑，堪称世界艺术的瑰宝。我国现存古代建筑，绝大部分是宗教寺观，如嵩山嵩岳寺砖塔、应县大木塔、五台山南山寺、佛光寺等，均是研究我国古代建筑技术的珍贵实物。而在乐山大佛、雍和宫大佛、扎什伦布寺大佛上所凝聚的中国传统工匠的雕塑技艺，以及起源于佛经印刷需要的我国古代雕版印刷术，也都是我国非物质文化遗产的重要内容。

至于民间信仰与民间崇拜，也都是中国传统文化的重要组成部分。甚至可以这样说：假如把所有涉及民间信仰与民间崇拜的内容都去掉，中国的传统文化，将所剩无几。我国过去所谓的360行，行行都有自己的行业神，这些"神"，是如此地深入民心，并成为我国传统文化的一大特色：木匠供鲁班、织工供嫘祖、医师供三皇、茶行供陆羽、梨园行供唐明皇……这些"神"的信仰与崇拜，实际上反映了后代人对前代人创造性劳动的极大尊重，是中华民族道德观的充分体现。中国人主张"滴水之恩，当涌泉相报"，一个行业的从业人员对开创了这个行业的祖先的崇拜乃至祭祀活动，实际上是我国传统文化代代相传、薪火相续的某种制度保证。再比如近年来我国政府官员直接参加并主祭的"黄帝陵祭典"、"炎帝陵祭典"、"祭孔大典"、"女娲祭典"、"太昊陵人祖祭典"等，无不是凝聚中华民族情感、增进民族团结、维护国家统一及社会稳定的重要文化活动。如果我们把这些统统视为迷信，岂不是真的迂腐到"迷信"的程度了吗？

在我国56个民族中，有许多民族文化是与宗教信仰、民间崇拜分不开的。这次文化部向社会公示的501项"第一批国家非物质文化遗产名录推荐项目名单"中，大部分少数民族的项目都与民间信仰有关。比如大量少数民族的节日、习俗、婚礼、葬礼，乃至民间的音乐、舞蹈，都是各个民族历史文化的反映，都既是信仰，又是民俗，同时又是艺术。凡是对我国任何一个少数民族的文化有所了解的人，都知道假如把我们所谓的“迷信”去掉的话，少数民族的文化还会剩下多少。就拿藏族的传统文化来说吧，无论是格萨尔史诗，还是羌姆、弦子、唐卡、锅庄、热巴，其中哪一个没有宗教与信仰？

在保护我国非物质文化遗产的工作中，我们必须贯彻“保护为主，抢救第一”的原则，从维护民族团结、国家统一的高度，从维护世界文化多样性、维护国家文化主权的高度，辩证地、历史地看待传统文化，在全球化、现代化的过程中保护住我们民族的精神、民族的血脉、民族的根。当然，保护与传承，并不等于弘扬，我们对某些传统文化的抢救性保护，也并不等于要把这种文化普及开来、发扬起来。在当前这个科学昌明的时代，已经有许多传统文化在默默地起变化，其中宗教与信仰的因素已经越来越多地向娱乐和艺术倾斜、转化。一个真正的唯物主义者对含有宗教与信仰因素的传统文化的保护，不仅仅是一种包容，更是一种自信。

中华文明，是人类几大古文明中唯一没有中断的文明，我们有理由相信，今天的中国人，也一定会将我们祖先留给我们的伟大、丰厚、灿烂辉煌的文化遗产传给我们的子子孙孙，世代永葆。

选自《捡起金叶——田青“非物质”·“原生态”文论集》，
文化艺术出版社 2010 年版

（原载《文艺研究》2006 年第 5 期）

一个观念的改变：从北京市政府改变“禁放令”谈起

最近，北京市政府法制办有关负责人向媒体透露，《北京市烟花爆竹安全管理条例（草案）》已于2005年6月上旬经市政府常务会议讨论并获通过，该草案已正式提交市人大常委会，待人大批准后即正式施行。北京老民谚道：“新年到，新年到，闺女要花儿，小子要炮，老头要顶新毡帽。”自北京市1993年12月1日施行《禁止燃放烟花爆竹的规定》以来，老北京连续过了12个“哑巴春节”，小子们酷爱的鞭炮成了“禁品”，人们传统的、延续了数百年的欢乐被剥夺了。老百姓认为，不许放鞭炮的春节“没有年味儿”！现在看来，北京市民今年终于可以过一个“有声有色”、“有年味儿”的春节了。这个重大的改变不但反映了北京市政府“以民为本”、从善如流的气度，也反映了中国社会观念的进步——保护非物质文化遗产意识的萌芽和日渐成熟。

近年来，一个新的概念——“非物质文化遗产”，正越来越多地出现在政府文件、媒体和人们日常的谈话中。非物质文化遗产（the Intangible Cultural Heritage），是联合国教科文组织在《保护非物质文化遗产公约》中确定的称谓，它包括各族人民世代相承的、与群众生活密切相关的各种传统文化表现形式和文化空间，是各族人民在生产生活实践中创造出来并逐渐精练、积累下来的精神财富，是民族文化遗产的重要组成部分。中华民族五千年的文明史给我们留下了极为丰富的文化遗产，既有物质形态的“有形”文化遗产，如文物、典籍；又有主要通过“口传心授”的方式传承下来、以非物质形态存在的非物质文化遗产，包括口头文学，传统表演艺术，民俗活动、礼仪、节庆，有关自然界和宇宙的民间传统知识和实践，传统手工艺技能，等等。春节、端午节、中秋节等中国的传统节日，都是我国非物质文化遗产的重要组成部分。

春节等传统节日之所以是重要的非物质文化遗产，是因为在这些节日之中包含了丰厚的文化内涵，包含了我们民族千百年来的理想和精神，包含了我们民族世世代代的追求、习惯、风俗，它们和其他所有非物质文化遗产一道塑造了我们民族的形象，其中每一个习俗的形成，都有着漫长的形成过程和与其相关的条件、道理、文化、历史。而这些风俗一旦形成并被一个民族代代传承，它们就成了这个民族身份的基因和“身份证”，成为这个民族的整体记忆。正是由于这些非物质文化遗产的存在，“我们”才不同于“别人”！而我们之所以是“中国人”，除了外表的黑头发黄皮肤外，更重要的是我们有自己的语言、文字和非物质文化遗产。

就拿春节来说吧，从祭扫、贴春联、年夜饭、守岁、压岁钱，到拜年、穿新衣、放爆竹，所有这些内容中都充满着我们中华民族的理想、道德、审美情趣，也包含着我们民族与自然斗争的勇气、智慧以及我们世代共享的、彼此认同的快乐。据中国古老的传说，“年”是一种吃人的怪兽，但是它怕红色、怕竹子在火中爆裂的响声。于是，中国人便年年在除夕夜燃放爆竹，当我们的祖先发明了火药之后，渐渐用火药代替了燃烧的竹子。“爆竹声中一岁除，春风送暖入屠苏。千门万户曈曈日，总把新桃换旧符。”王安石的《元日》诗生动地记录了我们中国人在爆竹声中除旧迎新的风俗。

当北京市政府在20世纪90年代作出《禁止燃放烟花爆竹的规定》时，他们主要的理由是每年燃放爆竹都会有一些孩子被爆竹崩瞎眼睛，也容易引发火灾。这不禁让人想起当年曹操因酒误国而欲禁酒时，孔融曾上书曹操说：“夏、商亦以妇人失天下”，问曹操为什么不禁女人呢？我们也可以学着孔融的腔调问一问那些主张禁爆竹的人：中国死于机动车交通事故的人每年都在十万之众，我们为什么不禁机动车呢？有人可能会说：机动车“有用”，而放鞭炮“没用”。这个关于“用”的判断，是一部分人看不清保护非物质文化遗产重要性的关键。其实，老子早就说过：“三十辐共一毂，当其无，有车之用。埏埴以为器，当其无，有器之用。凿户牖以为室，当其无，有室之用。故有之以为利，无之以为用。”有些人以为没用的东西，其实是最有用的东西。

保护人民的生命财产，当然是政府应当首要考虑的问题，但人民的生命财产，应该有更好的方法而不能仅靠牺牲非物质文化遗产来保护。就像解决交通事故要靠交通规则、要靠警察执法，但更要靠政府加大宣传力度，努力提高全社会的安全意识一样，减少、避免孩子们在燃放鞭炮中的事故，首先要靠政府对鞭炮生产、销售施行有效的控制，其次是通过政府的各种渠道进行安全燃放鞭炮的宣传教育。一个民族的非物质文化遗产，和孩子们的眼睛一样重要；而一个负责任的政府，不应该把避免社会灾难与风险的责任转嫁到百姓的头上。

社会观念的进步，不能脱离开经济发展以及社会全面发展的程度。随着时代的发展变化，人们常常会改变，甚至颠倒自己的认识。20世纪五六十年代，中国正处于一个从农业社会向工业化过渡的阶段，整个民族、整个社会都急于摆脱农业社会的一切，急于尽快地进入工业社会，建设一个新的国家。那个时代有一首非常著名、广为传唱的歌曲叫《我骑着马儿过草原》，歌词中唱道："我骑着马儿过草原，清清的河水蓝蓝的天，牛羊肥壮驼铃响，远方的工厂冒青烟。"那时候，我们的诗人和作曲家自然地把冒着青烟的烟囱看成现代化的标志，把烟囱和青烟当成审美的对象和歌唱的对象。只有当我们的社会大部分已经进入工业化社会并尝到工业文明带给我们的所有好处和害处之后，人们才改变观念，认识到"远方的工厂冒青烟"会污染环境，才萌生为时已晚的环保意识。类似的例子还有很多，谁知道我们当年的"向湖水要耕地"破坏了多少著名的大湖？谁知道我们当年的"向草原要粮食"破坏了多少草原？而今天，当我们连续投资多少个亿也换不回滇池的清澈和鄱阳湖的水面时，当北京的沙尘暴愈演愈烈时，我们才会用大面积的"退耕还林"、"退田还湖"等政策来为自己当年的短见付出过高的代价。

今天，也像我们当年曾经多少次为了眼前的利益而忽略了大自然和人类生存的环境一样，我们许多人为了追求经济的发展和物质生活的改善而忽略了精神家园的守护，看不到我们的民族在得到全世界公认的快速发展的成绩背后，还隐藏着一个可怕的、灾难性的危险——在经济全球化和文化一体化的进程中丢失自我、丢失中华民族数千年的伟大文化传统，迷失在物质进步和"与世界接轨"的浪潮中。

实际上，我们的民族传统正面临着一个从来没有过的危险境地：每一分钟，就可能有一首民歌、一个乐种、一种手艺、一座古建永远地消失了。过去，我们大部分人都认为“文革”十年对中国传统文化的破坏是“空前绝后”的。但实际上，改革开放之后这20年来的“建设性破坏”，无论就其烈度，还是就其广度和时间长度来说，都远远超过了“文革”十年。因为“文革”中“扫四旧”最厉害的只不过是1966年的7、8、9三个月，而最重要的是——“文革”对传统文化的破坏和冲击违背了民心民意，是由外而内的，是强迫性的。因此，那时所有有良知的普通百姓和知识分子，都会尽自己的所能来保护传统文化。21世纪初，当一位号称“中国通”的英国音乐学家在离北京只有几十公里的农村发现大量历代手抄本工尺谱的时候，他曾经诧异地问那里的农民：你们“文革”的时候，这些不都是“四旧”吗？农民的回答是不同的，但每一个农民告诉他的故事却都有一个共同点，那就是他们都把这些祖宗留下的东西当成自己的生命。

而今天发生在我们960万平方公里土地上的建设性破坏却是自觉自愿的，几乎所有的民族民间的文化都在被我们自己无情地抛弃。实际上，传统文化在被暴力破坏时尚可挽救，但当它被整个民族、整个社会都视为“落后”而急于摆脱的时候，才真正面临釜底抽薪式的最大的危机。知识分子可以写文章说千万不要再拆四合院了，可四合院里的住户却把搬进那毫无美感和特色的新楼作为他们的最大愿望。西北著名的“剪花娘子”的剪纸在欧洲可以卖高价，可以出画册，但她自己家里却不贴自己剪的窗花，墙上贴的是港台歌星的照片。应该说，对传统文化最可怕的颠覆是民众对自己文化的忽略、遗忘与背弃，是民众审美观和娱乐方式在电视等主流媒体的狂轰滥炸下的巨大改变。

电视等主流媒体在目前中国社会扮演的角色是复杂的，真的是“成也萧何，败也萧何”。在电视节目的影响下，山里的农民不再唱世代相传的民歌而改唱流行歌，少数民族的姑娘不再穿自己民族的服饰而改穿牛仔裤和T恤衫。当我们的城市青年和西方各大城市的青年讲一样的英语、在同一时间看同一场NBA球赛，欣赏同一部好莱坞大片，吃一样的汉堡包，穿一样的耐克或阿迪达斯的时候，我们深切地感到：先贤们关于“大同世界”的美好想象似乎是过于简单和幼稚的。在经济全球化的浪潮中、在西方强势文化的冲击下，保持文化多样性，保持弱势民族的传统文化，也似乎比创造一个“大同世界”更难。更令人感慨的是，与令我们自豪的经济发展速度一样，我们中国非物质文化遗产消失的速度也是惊人的！仅以山西省的地方戏为例，20世纪80年代尚有52个剧种；现在却只剩下28个，也就是说，有24个有着悠久历史、众多剧目、精彩艺术传统的古老剧种在这短短的20年里消失了！而且，就消失在我们眼前！就消失在我们这一代！

当然，皮之不存，毛将焉附？东海的渔民已经不用人力撒网了，开的是机动大船，怎么唱撒网号子？江南的农民已经在用插秧机插秧，怎么唱插秧歌？内蒙古的牧民更喜欢骑着摩托车去放牧，怎么唱牧歌？生产方式、生活方式的改变所带来的社会变革、文化变革是历史的必然，无法阻挡更无可奈何。我们不可能在短期内让所有人都认识到传统文化的消失将是我们民族的悲剧，我们更没有权利阻止老百姓按照自己的愿望去追求自己心目中的幸福。但是，毛尽脱落之后，皮又焉在呢？假如我们简单地把“皮”理解为物质，把“毛”理解为文化的话，那么，一张光秃秃的“皮”，一张失去了“毛”的“皮”，是不可能带给人们心灵上的温暖的。因为，“人”之所以为“人”，就在于他有精神的追求；“人类”之所以为“人类”，就在于他有历史和文明。而传统文化——所有的物质文化遗产和非物质文化遗产，都是不可能再生的。我在给一位青年作者描写她家乡传统文化丧失的书所写的序起了这样一个题目：我们只有一个爷爷。

现在，中国社会最大的一个“关键词”就是“发展”，每个人、每件事，都要“发展”。从整体看，人类文化当然是不断发展的，当然是由不断的死亡和重生组成的。可是，传统文化已经不是年轻人了，它早已经走过了它的青春期和发展期，现在是一息尚存。我们的首要任务，是先抢救，先把它保护下来，让它不至于在我们这一代死亡。

这20年的成就不必说，只要是有良心的中国人，谁都无法否定经济发展为我们每个人所带来的或多或少的利益和好处。但是，只有良心还不够，还要有理性和智慧。一个有理性和智慧的人不能只享受经济发展的好处而忽视它的负面影响，一个有理性和智慧的民族更不能在前进中割断历史。传统文化不仅是我们民族的血脉、民族的精神、民族的根；它还是我们民族持续前进的动力和保证。一个丢失了文化传统的民族，只能在所谓的“发展”中丢失自己。我再一次重复我曾经大声疾呼过的话：保护我们民族的非物质文化遗产，就是保护我们民族的未来。

在春节来临之际，我们还是要感谢北京市政府的明智与勇气，他们改正的，不仅仅是一个可以理解的、善意的错误；他们还给北京市民的，也不仅仅是重放鞭炮的欢乐。他们还给我们的，是一条线，一条脆弱的线，它一头连接着过去，一头连接着未来。这是一条关系着我们民族命运的线，我们千万不能让它在我们手中断裂。

选自《捡起金叶——田青“非物质”·“原生态”文论集》，
文化艺术出版社2010年版

（原载《中华文化画报》2006年第2期）

传统节日的现代意义

主持人：朋友们，来宾们，下午好！我是江苏电视台的节目主持人张晓北，感谢各位朋友、教授和知名学者一起来听田青教授带来的精彩演讲。首先让我们有请来自中国艺术研究院非物质文化遗产研究中心主任——田青研究员，（掌声）欢迎！同时担任今天演讲的主持人是来自中国民间工艺美术委员会副主任、民俗学会兼常务理事、南京艺术学院徐艺乙教授。我们都知道“七夕·东方情感文化国际论坛”是江苏广播电视总台（集团）和南京大学联合举办的一个重要活动，这次活动在全国掀起了风暴，田青教授这次远道而来做《中国传统节日的现代意义》的讲座便是“七夕红豆·东方情人节”大型活动中一个重要项目，下面，让我们再次用掌声有请田青教授跟我们做面对面的交流。

徐艺乙：女士们，先生们，下午好！很荣幸论坛的主办方让我来主持或者说操办今天下午田青教授的演讲。刚才我们主持人已经把田青教授的工作单位说了，我想大家看到“田青”这两个字和田青这张面孔都应该不是陌生的，因为最近一直在连续播出的中央电视台歌手大赛当中，这个面孔会经常出现。中央电视台歌手大赛原生态这个组就是在我们田青教授力主之下设立的，现在已被列入国家非物质文化遗产保护的一部分，这是非常重要的贡献。田青教授本身的专业是音乐，而且特别擅长佛教音乐。但是因为他的学问深厚，造诣很高，所以在最近几年中国政府关于文化遗产保护的工作当中起了巨大作用。田青教授演讲大约1小时30分钟，大家一边听一边思索，如有什么问题请在田青教授演讲结束之后提问，下面欢迎田青教授给我们进行精彩的演讲。

田青：首先，谢谢艺乙兄说我的好话，因为平常他总是骂我，第一次听他说我好话。这次来是因为南京举行“七夕红豆·东方情人节”这个活动。大家都知道，在不久之前，国务院专门公布了518项国家级的非物质文化遗产名录，我和徐先生一起自始至终参加了名录的审查讨论以及最后确定的工作。一直到518项名录公布之前，中央才决定把六个节日——春节、元宵、端午、七夕、中秋、重阳列入到民族文化遗产的名录。这518项国家级的非物质文化遗产名录中，每一个项目都有一个保护单位，比如南京云锦，它就会落实到南京市云锦研究所，而只有这六个节日的保护单位是中央文化部，因为这是属于我们全民族的所有人共同的节日。为什么最后把六个传统节日放到非物质文化遗产国家级名录，我想这和最近这几年全社会对现代化过程当中的失误的一些反思有关，2006年一个过去很陌生甚至有点绕口的词突然出现在媒体上，就是“非物质文化遗产”。我们在底下开玩笑，什么叫作非物质？它指的是“不是东西”。2000年联合国教科文组织公布“人类口头和非物质遗产代表作”的名录，江苏的昆曲作为第一个入选项目，在2000年被录入非物质遗产名录，2002年古琴被列入这个名单。在去年，我国新疆维吾尔族的木卡姆艺术被列入这个名单，以及我国和蒙古国共同申报的蒙古族长调民歌也同时列入名单。这样，中国就成为全世界申报非物质文化遗产的最多的一个国家，联合国的名录每两年录入一次，每一次一个成员国只能有一项入选，现在一共三批，我们有四项，对于我们有着56个民族的文明古国来讲，的确太困难了。比如说去年维吾尔族的木卡姆艺术的申报，经过重重筛选，最后剩下六个项目角逐，看谁能代表中国申报到联合国，应该说是难分彼此，都很了不起，最后审定专家考虑到昆曲和古琴都是汉族的，第三批应该是少数民族的，考虑到国家稳定和民族团结，就不是学术的考虑，才决定报这个项目，因为从学术上说这些项目都非常好。在这种情况下，我们国家紧急启动了国家级非物质文化遗产名录的申报，专家委员会开了不知道多少次会议，有时候开会的专家们还辩论不休，甚至拍桌子在那里辩论，比如有的项目分类存在问题，像二人台，有的人说是民歌，有人说是属于戏剧。现在我们专门开了一个非物质文化遗产网，年轻的朋友有兴趣可以上网去看看，以后每年的6月第二个星期六被定为非物质文化遗产日，今年的 6月10号是第一个。

在今年年初，由中央九个部委出头、文化部主办、艺术研究院承办的非物质文化遗产的保护成果展，在北京天门广场东侧国家博物馆举行。当我们开始具体做这个工作的时候，国家工作人员说你们这个展览开个10天就不错了，结果没想到，展览开始之后，从中央领导到普通百姓对这个展览显示出的热情让我们这些工作人员包括我都很惊讶。我本质上是悲观主义者，因为我接触、了解的情况越多，就越觉得这个工作难。现在就连我这种悲观主义者都看到了一片曙光，其原因一个是因为高层领导的重视。因为在中国的体制中，没有高层领导的重视，这个工作就没有办法展开。比如我们大张旗鼓地宣传非物质文化遗产是未来的保证，保护历史就是为了保护未来，宣传现代化不能以中断历史为代价，但是各级领导会说，你说为了保护非物质文化遗产，他说他有更硬的道理，就是建设社会主义新农村。我们怎么能够使我们祖先传下来的东西包括我们中华民族的审美记忆在我们这一代割断呢？只有靠全社会，而这里面真正有权力改变这个地方命运和面貌的就是这些官员。比如我们说这个宅子不能拆，因为康有为住过，但是开发商和政府达成默契，就要开发。我们保护文化遗产，我可以毫不夸张地说，就现在，就在现在的一分钟内就不知道有多少文化遗产被破坏掉。作为学者，我现在正值著书立说的黄金期，我应该自己著书立说，但是从去年到现在，我没歇过礼拜六礼拜天，天天在外考察呼吁。但是光我们讲，光我们认识它没有用，现在，我们所能做的，就是要把一些正确的理念尽可能地影响这些有决策的人，有能力改变面貌的人。他说拆就拆，他说保留下来就保留下来，我们只能跟他们讲，这个工作应该是很艰苦的。

我跟大家讲，我们的中国的传统文化远的不说，就这50年，有三次巨大的冲击。第一次是刚解放的时候，1952年北京先拆，拆了东直门、西直门，其目的是扩展马路，说要建设新中国。什么叫新中国，就是砸烂旧中国，这是当时的思想，这个思想很可怕，而且一直到今天，我们还在认为建设一个新的社会就要砸烂旧的东西。只有我们中国人是这样，我提醒大家，日本比我们现代化程度高得多，他们传统的东西还原封不动地保留着，没有一个日本的传统艺术团体会想起来，我要现代化，要改变传统，没有。日本的“能”就是“能”，日本的“歌舞伎”就是“歌舞伎”，大路朝天，各走一边，全世界都是这样的。我们中国人最引以为豪的是历史，却最不尊重历史。哪里有一个民族会把长城的砖拆下来盖猪圈？我们干出来了。今天，凡是能够保留下来的东西，比如说

“乌镇”，凡是大难不死留存到今天的，靠的是什么，靠的是那个地方的贫穷和不发达，在还没有来得及都拆掉的情况下保留下来的。在上山下乡时期，我去看过一个地方的城墙，能远远地看到平原上的城墙的感觉现在全没有了。过去我们提到一些地名的时候，比如北京，比如杭州，比如南京，比如苏州，比如济南，你提到每一个地名就会有一种文化的记忆，有一种文化的想象，现在统统没有了。我们刚解放的时候，是急于要从一个农业化的社会进入工业化的社会，急于要把旧中国的一切统统扔掉，叫作“敢叫日月换新颜”。那个时候，毛主席曾经站在天安门城楼上，意气风发地说，再过几十年，这里都是烟子。唯一值得庆幸的是，那时工业化没有发展得这么快，如果天安门都是烟子，那是多么的可怕的场景啊！在座的可能知道，我们五六十年代的时候唱过一首歌，“清清的河水蓝蓝的天”，“我们歌唱远方的工厂冒青烟”，而远方的工厂冒青烟，在大草原上，多么可怕，现在白烟好像还可以，但是重烟就实在不行。近一百年来，所有落后国家和民族的领导如列宁、孙中山、毛泽东他们所做的无非就是想让自己的国家赶快发展起来，这个不能说错。“五四”时期，大家都在检讨，我们为什么这些年来还得向列强屈服？我们在自己身上找原因，那个时候所有的人都认为是因为我们的文化腐朽，以鲁迅为代表的那代精英，对中国的传统文化采取了一种严厉的批判态度，他们当然有他们的道理，我想我在那个时候也会那么做，可能也和他们一样激进。但是，用列宁的话说，我们常常是在泼洗澡水的时候，连孩子一块泼掉了。

第二次大的冲击是“文革”，我们的红卫兵要“扫四旧”、砸孔家庙。这只有我们中国人能做出来，日本人占领曲阜之后，第一天就派兵把孔府保护起来，据说日本的军人过孔庙的时候还要敬礼，但是我们自己却要把孔府拆掉。“文革”时中国的传统文明和西方的优秀文化都被我们认为是糟粕，我们用精华糟粕的二元论的眼光来看待问题，这完全是错的，我们今天保护文化遗产的方法要改变。

有些人跟我讨论，贴帖子讽刺我，说你太伟大了，你再早活二十年就好了。还有人说，这太监好，三寸金莲好，是我们的国粹，是我们的遗产，所以你们得去保护。我认为第一，遗产是因为要有才叫遗产，我说你如果要当太监我可以保护你，没有的东西我怎么保护，这都无从谈起。第二，现代人都认为三寸金莲是糟粕的东西，可这糟粕的定位真正从理论上讲你也无法肯定。是不是凡是有意伤害自己自然肉体，改变自然肉体形状以追求美，一律就是病态的、就是畸形的、就是腐朽的呢？她们改变自己身体的自然形状作为美，自古以来，全世界都存在这样的情况，18世纪欧洲女人的平均寿命不会超过40岁，她们崇尚勒腰，勒得性命都没了。现在大家都认为戴个耳环是容易接受的，但是，戴耳环和缠脚一样，没有质的区别，只是度的区别。耳环戴上去固然好看，但太大的耳环戴在耳朵上就让人难以接受。以前人们认为耳环在耳朵上可以，在肚子上不可以，胸上不可以，可是现在有很多追求时尚的年轻人，想在哪挂就挂哪儿。所以对于历史文化，尤其是对于这种艺术文化，我们用此时此地的观点来看是不合适的。谁能保证这些"封建迷信"、这些"糟粕"以后就一定是迷信、糟粕呢？就像20世纪80年代，改革开放初期，"文革"结束了，人民文学出版社重新出版了一套外国文学丛书，在门前熬夜排队的人很多，里面还有一些"扫四旧"的红卫兵，仅仅十年我们的精华糟粕观就变了。但是"文革"的那些不分青红皂白地对传统文化的打击，毕竟是短暂的。毛主席在基辛格访问时，基辛格说您改变了中国，毛主席非常清醒地说，我没有，我只是改变了北京周边的地方，我只是发展了中国。那时很多地方用各种方式保护下来了小部分文化遗产，尤其是我们的民众，他们用自己的方式来保护文化遗产。因为"文革"的冲击是违背我们民心民意的，和广大民众完全有脱节。所以，前几年，我们陪一个专门研究中国民间音乐的外国学者，到一个村里，一个村民拿出来十几本手抄本，他非常惊讶，怎么会保存到现在？那个人的回答更让他惊讶，他说我爸爸那时候是民兵连长，所以能保存下来。

但是，这两次对中国传统文化的破坏，其广度和时间都远远比不上改革开放之后的这20年。当然，这20年，我们在经济建设上取得举世瞩目的成就，我们每一个人都深受其惠，我们年轻的时候生长在一个物资匮乏的年代，和今天的生活是天壤之别。但是，就在我们的经济建设取得如此伟大成就的同时，我们的文化却十分地贫乏。为了一些进步，我们付出了许多代价，我们犯了一个巨大的错误，用我的一个比喻，就是我们的民族就像一个踉踉跄跄的、拼命奔跑的人，一边跑一边掉东西，最后把我们的爷爷奶奶、祖祖辈辈通通塞在我们背心里的传家宝都丢掉了，再也找不回来了，等跑到现代化这个终点时，我们一无所有，精赤条条，光剩下钱了。这难道是我们的目的吗？中国的未来不能只是一个加工厂，中国的未来不能只是13亿的现代人，而不是中国人。这不是我们的目的。但是就是在这20年里，在每一个地方，我们每一个人，想的就是先富起来，怎么能过上小康的日子，为了小康这个目标我们什么都可以付出，包括我们的历史，包括我们子孙的利益，等等，我们都可以提前消费。

当然，任何一个国家的工业化都会以破坏自然环境，破坏生态环境为代价；在经济一体化和全球化的浪潮当中，任何一个国家都会不同程度地损失自己的地域文化。但是，的确有很多民族、很多国家比我们聪明，比我们智慧。比如日本在1950年，第一个公布了《无形文化财产保护法》，20世纪50年代中期韩国也公布了自己的《非物质文化遗产保护法》。当然，欧洲一些国家做得更好。比如法国，我们现在去巴黎，你不但会看到一个完整的几个世纪一脉相承的、没有中断的巴黎的建筑，而且在巴黎市区所有城市建筑的外貌都受国家法律保护。法国是私有制国家，这个房子是我自己的，我看着这个门觉得太土了，我想改成玻璃门，行不行？你做不了主，你如果改变外墙的面貌，你犯法。法国是浪漫的民族，他们为什么要遵守这样的法律？法国是一个崇尚自由的民族，他们为什么要定这样的法律呢？如果硬要改变外貌的话，给你另找一个地方，在这个区里，你可以盖各式各样的房子，结果是一个美丽古老的建筑保存下来，同时又有了新建筑。既有旧的凯旋门，又有新的凯旋门。只有我们中国才一定要破坏旧的建筑。建国初期梁思成建议，北京不要拆旧城，新建城市。如果当时我们听了梁思成的话，现在北京是什么样子？应该是全世界独一无二的四合院的建筑群吧。而现在呢？北京的四合院、槐树、蓝天等基本没有了，无独有偶，中国所有的城市几乎都是这样。

后来有专家学者反映到中央，文化部也重视了，说这种文化遗产不能除，但问题是你有多少能保护得住呢？随着推土机的隆隆声，随着一个大圆圈中写一个拆字，多少文物被消灭了呢？前几天，我到杭州去，从萧山机场到杭州这段高速公路，两侧都是最先富起来的农民盖起来的房子，尖尖的顶上有一个葫芦，不伦不类，不中不西，不土不洋，看着这种一模一样的东西，互相克隆、互相模仿的极没有创造性的、极没有个性的、庸俗的建筑，你就会感到悲哀。中国人怎么了，中国人富起来的目的是什么？这是什么地方啊？这是白墙乌瓦、杏花春雨的江南，这是“烟花三月下扬州”的地方，这是千百年来一代代文人魂牵梦绕的地方。现在我告诉你，小桥流水等基本没有了，这还不叫中断历史吗？这个意境没有了，不是文人的损失，而是中华民族的损失。以后提到江南的时候，人们的所有的审美趣味和美好想象完全没有了。我们的唐诗宋词所描写的江南，被我们改地换天，被我们建设新中国全建设没了。而这一切，都是在一种积极的、乐观的、奋斗的、努力的、要奔小康的、要现代化的、要成为国际化大都市等等一系列冠冕堂皇的规划下做的。北京有一条街，叫平安大道，建设这条大道国家投资了多少钱？我们不知道，我们只知道，就是把平安大道两边的老宅子，真正的明清建筑通通拆掉，盖成一模一样的仿清建筑，想想很可怕！

因为我们的政策，我们不但中断了历史，而且将来没有颜面回答子孙的问话，我们爷爷奶奶给我留的东西到哪去了？为什么都在你们这一代没有了？我们甚至还要讲一些本来无需解释的问题，比如什么是杏花春雨的江南？我们还要给独生子女讲一些，什么叫亲哥哥、亲妹妹？他们都没有了，我们甚至还要解释为什么文学作品里写的是蓝天，我看的天却是灰色的呢？马上要过“七夕”了，教我看牵牛织女星啊？可是我们城市人怎么看都看不见星星。一切美好的东西都是不可再生了，为什么我说这20年的破坏比“文革”还厉害呢？而且到现在没有任何停止的迹象，还在继续着。

然而，最可怕的还是“破山贼容易，破心贼难”。什么意思？破心理的贼很难，那么最大的困难是在于我们现在人才不够吗？我说不是，最大的困难是我们面对社会集体的一种意识。我举个例子，陕西有个“剪花娘子”，她的剪纸，剪的花非常漂亮，在欧洲卖得很贵，在巴黎多少人排着队买她的剪纸，回去挂在客厅里，觉得太美了。但是她自己的家里一个也不贴，她贴的是刘德华等人的照片，这说明我们自己瞧不起自己的文化。我听说有一个地方小戏快要灭绝了，就去看了，明明是地方戏，却架起一个电子琴，因为他们认为不这样，就不够现代化，就落后了。文化的自卑感深深地困扰着我们的民众。我们一方面说，我国是四大文明古国，为自己的历史文化自豪，另一方面我们自卑，瞧不起自己的文化，认为自己土。

现在的年轻人个个都愿意过洋节，西方的情人节、圣诞节，而我们的传统的节日渐渐地淡化了，渐渐地淡忘了。记得有一年圣诞节前的二十多天我到上海开会，满街都是圣诞节的广告，但是春节呢？我们自己的节日，几乎所有的大城市，这十几年来都禁放鞭炮。北京今年春节由禁放改成限放，我写了一篇文章，叫作《非物质文化保护的重大胜利》。里面说中国政府终于明白了一个道理，他们进步了。对领导的每一个进步，都应该像对孩子的每一个进步一样，要鼓励他们。为什么12年前，北京市人民代表大会通过禁放鞭炮这个决定？绝大多数人大代表都应该是有文化的人，他们都举手通过呢？因为通过这个议案的道理是觉得放鞭炮一是浪费没有用，二是造成污染，三是对孩子的眼睛有害，没有一点好处，全是坏处，所以就禁放。但我当时就想到，曹操当年要禁酒，孔融反对，他写了一封信给曹操，说酒误国，应该禁；女人也误国，所以干脆酒和女人一块儿禁了才好。曹操由此想到了禁酒的荒谬性，酒和误国没有必然的联系。有的孩子在放鞭炮时眼睛瞎了，放鞭炮和眼睛瞎之间也没有必然的联系。今年改为限放，全北京没有一个孩子眼睛瞎了，你政府不抓生产、安全、销售等根本的问题，仅仅因为容易使孩子崩瞎眼睛，就盲目禁放，这当然是错误的。

现在年轻人喜欢过洋节，不能怪年轻人。我们的传统节日除了吃以外，几乎所有的内容都被割裂了，被我们淡化了，被我们批判了。在一个传统节日里，所有的内容是融于一个共同文化体系的，你说放鞭炮没用，去掉；你说拜年这些旧风俗麻烦，去掉；说吃年夜饭没意思，去掉，因为天天都有好吃的，但是，这里面的精神内涵却被我们忽略了。为什么放鞭炮？这个习俗怎么来的，是什么目的？为什么要祭祖？为什么只有在这天吃年夜饭的时候，所有的孩子要回来？为什么要拜年？我们中华民族敬老敬祖，所有的道德观念在春节的风俗里，放鞭炮它的寓意就是除旧更新，把这一年的晦气全扔掉。

每一个民族都要有一个节日让人们发泄，让人们集体狂欢。过去中国也有，中国的传统的节日——闹元宵，一个“闹”字，就解释了这个节日最重要的功能。老百姓日出而作，日落而息，平时工作，到了这个节日就发泄，吃平常不能吃的，做平常不能做的，感情需要宣泄，积压了一年的疲劳、烦闷都需要宣泄。但是现在的中国没有了，于是就过洋节，于是就在刚刚结束的世界杯期间，三亿中国人半夜起来看厄瓜多尔队踢球，厄瓜多尔在哪里都不知道，德国人问中国四百多名记者来干吗来了？关你们中国人什么事？外国也只偶尔会转播几场精彩的足球赛事，只有中国人每场足球都转播，据说还有十几个中国人自杀了，有个人因为荷兰队输了就跳楼了，这个民族怎么了？我不反对你们看球。但是三亿人如此痴迷这个东西，一定是有问题，有商业炒作，有赌球，还有媒体和商业联手炒作。有媒体登出来说“不看球就不是男人”，我一场球没看，我老婆也没有跟我离婚。大众就是老跟着媒体走，为什么？在大众心里，不仅有凡是西方的就当全盘接受的影响，还有就是我们的传统节日提供不了这个功能，让人能喝着啤酒嗷嗷叫地宣泄。

讲到这里，我们说中国传统节日的现代意义究竟是什么？

第一，接续历史，传承文化。我们的历史已经中断，大家不要以为我们还是什么四大文明古国？只有我们自己常常自诩是没有中断的文明，二者文明绝对是已经中断了的。在座的有不同意见的，可以提出来，我有110个例子等着你。今天生活在南京的年轻人和生活在北京的、上海的、纽约的、巴黎的几乎没有实质的区别，都说英语、学英语，都上互联网，我儿子也这样，最想穿的耐克的运动鞋，他们在同一个时间看一场球，一场好莱坞的大片，他们对一个西方流行音乐的歌星的熟悉程度远远超过对自己文化的关注程度，他们知道一个球星的身高、体重、爱好，知道这个歌星的血型、星座，喜欢哪个牌子的衣服，可是大部分人却不能背出《论语》里的一句，大部分人不知道“七夕”是怎么回事。但是我们不能怪年轻人，你没给他这个环境。你要让他爱传统文化，首先就要让他认识传统文化，我们的媒体、我们的教育在这方面难辞其咎。我们的媒体讲的全部是西方的文化。我们的课本里有吗？我们的教育里有吗？我们的教育制度、我们的教育思想这20年来，就是在努力做一件事，就是要把一个中国人培养成一个美国人。我们家长也是，我们含辛茹苦，从一个幼儿园起就给他找一个双语幼儿园，从初中、高中到上大学，每一关都要考英语；考研究生，从副教授升正教授的时候，还是要考英文，全世界没有一个国家是这样，把一个异国的文字凌驾于本国文字之上。每一个家长培养孩子要花多少钱呢？目的是什么？目的是给美国的电脑公司培养一个优秀的程序员，这是我们现在绝大多数家长的最高目的。这个社会没毛病吗？所以，我们为什么今天忽然要把七夕提出来呢？忽然要把传统节日放到国家保护的项目中去？我们是要接续历史，把中断的历史接起来。这是第一个意义。

第二，要通过这个举动，弘扬传统文化，提高我们民族的凝聚力。我们讲爱国主义是怎么的假，这么假的东西能够把一个民族凝聚起来吗？“文革”有一句话，叫“我爱国家，可国家爱我吗”？爱国主义的建立首先要有民族的自豪感。你到美国去，会发现两样东西很多，一个是胖子多，一个是国旗多，不管是多么偏僻的小镇，家门口都挂着美国国旗，开始我还以为是过什么节日，其实不是，他们为自己的民族自豪。我们现在的年轻人朝思暮想的是赶快做美国人，赶快留学，看看那些在美国大使馆门口等待签证排长队的人，20年来不间断。你要让人们爱这个民族，就要有实际的东西。二战最危险的时候，斯大林格勒保卫战的时候，斯大林作了著名的讲演，极大地鼓舞了士兵的士气，你们猜他讲的是什么？他说我们这个民族是产生普希金的民族，是产生莱蒙托夫的民族，是产生彼得大帝的民族，我们这样的民族，应该是不屈的民族。整个俄罗斯听了他的话拿起枪来上战场。文化是一个民族凝聚力中最核心的部分，台湾的统一最终要靠文化。我在台湾和一些独派的教授辩论，我说你们独立，独立也得讲道理，首先把故宫里的东西还给我们，他们一听愣了，我说故宫里的东西不是你们的，所以你们必须还给我们，而且说到底，将来你们独立了，讲到李白，讲到杜甫，就像我们现在讲到巴尔扎克一样，你们不感觉到一点失落吗？

第三，通过弘扬我们的民族文化，提高我们的软实力，我们才能最终在这世界站稳脚跟，才真正地能做到中华民族的复兴。谈到我们将来的富强，难道就是给别人生产物质，就是成为世界的加工厂吗？而美国人之所以独霸，在世界上有如此强大的影响力，除了它的经济，还有它的文化。全世界没有一个国家不热衷于好莱坞的电影，没有哪个国家的电影可以跟它抗衡。现在国家有规定每年引进多少部，如果没有这个规定，我告诉你们，没有一个中国电影能够靠竞争在市场上活着，其他国家也是这样，韩国也是这样。所谓的全球一体化实际上就是美国化，我们所谓的和世界接轨、和国际接轨，也就是和美国接轨，谁能说和美国接轨的时候心里想的对象是柬埔寨？我们说的现代化就是美国化，很简单。所以我们过去那个年代有个名词，现在不说了。当时美国政府提了建议，不要用武力去打战争，要和平演变。现在“和平演变”这个词不说了，为什么？因为和平演变成功了，谁跟我辩论这个问题，你要说不是和平演变，我有100个例子正等着你。

我们用这些西方文化取代了我们的传统文化，还有很多振振有词的解释，说西方文化是先进的，优胜劣汰，我们的文化消亡是正常的，正确的。包括我们讲的保护传统的地方戏剧文化，有一个很知名的学者说，这些地方戏剧不用保护，他说这传统文化就像人的生老病死一样，是自然的，老了就老了，死了就死了。我跟这位学者私下交换意见，我说我们的父母病了老了，送不送医院？生命垂危了要不要抢救？人不单是有理智的动物，应该还是有感情的。我们对这个文化有感情，我们就应该想尽办法保护，当然，感情是需要培养的。比如我们年轻人，我刚才讲了，他从来没有机会接触到传统文化，他从来没有看过昆曲，你让他喜欢昆曲怎么可能呢？课本没有，电视台不放，他怎么能接触并产生感情呢？所以我觉得我们的媒体，我们的教育部门应该有相类似教材、应该有专门的渠道、专门的舞台等系统地介绍文化。只有这样，我们才能把民族的文化自卑感逐渐转换成自豪感。这个自豪当然不是吹牛。的确，我们有很多好的东西，包括我们这次举办的非物质文化遗产保护成果展，包括我们同时举办的一次大型的非物质文化遗产演出，包括这次艺乙教授提到的，电视歌手大奖赛在三种唱法外增加了原生态的比赛，播出之后，很多人才知道原来我们民族还有这么好的东西！所以，我们要培养感情，有了感情，就不愁传承，有了传承我们的文化才能变好，我们的媒体都应该在这方面努力。

最后说一句，我们这一代有责任，把我们的爷爷奶奶传给我们的东西，尽量保存下来，传给我们的后代，我们不能做历史的罪人，我们不能在现代化之后，变成一个赤裸裸的现代人，连中国人都不是。这是我的希望。谢谢大家！

徐艺乙：谢谢田青教授，在他长达一个半小时的演讲当中，他以丰富的见识给我们做了精彩动人的报告，列举了大量的事例。我们从他看似平常而充满激情的演讲当中，深深地体会到一个知识分子爱国家、爱民族的一份热情。他的演讲是围绕着文化问题，我注意了一下，基本上是围绕着文化遗产的保护这个问题展开的。下面还有一些时间，欢迎大家提问，我想提问的范围可以在文化，或者文化遗产，或者是非物质文化遗产，或者是我们田青教授本人的学问音乐方面，至于其他的我想田青教授已经告诉大家了，比如说刚才演讲当中无意透露的信息，比如说有关他的太太、他的儿子的问题。田青教授刚才还针对其中两个问题，已经准备了100个例子，所以大家可以尽情提问。

观众1：田教授您好。我是来自华东师范大学心理系的研究生。我是外行，主要是想跟您交流。对于您的中国现在文化已经中断了的看法，我不同意。因为我爷爷年轻的时候的老师是钱穆先生。我爷爷说钱穆先生的一个重要观点就是：中国人真正伟大的地方，在于我们的文化博大精深。也就是说中国从来没有一个从古到今一一贯穿的传统。我们只是在不断吸纳别国文化，比如说佛教进来之前，中国没有佛教，但进来之后，一开始大家就像看怪物一样，觉得这是什么东西？慢慢的，在中国已经生根发芽了。我也曾经跟一个德国学者进行过讨论，他说中国没有宗教，我说不对，中国有宗教。像西方的节日都跟宗教有很大关系，包括古希腊的一些节日，或者说现在西方的一些节日，比如说圣诞节、感恩节、复活节都跟宗教有密切的关系。中国的宗教就是佛教。什么意思呢？因为这就是中国人真正的宗教。现在在东方节日中，你说现在西方的父亲节也好，母亲节也好，它实际上在中国起到了一种提醒我们把一些像宗族观念等等更加看重的作用，这有什么不好呢？还有台湾的问题，台湾最大的问题在什么地方？当年一部分英国人他们自己开拓了一个地方，逃到美国去了，那么请问他们那时候的美国人跟英国是不是一个文化呢？跟英国人又是不是一个文化呢？但是现在美国是一个新的国家。为什么？这个现象如果在理论上可以成立的话，那么台湾他也可以说，我们离开是有文化事由的。那请问美国人是不是继承了英国人的文化呢？但是他们的好莱坞文化为什么可以超越大不列颠的文化呢？我觉得这点很值得怀疑。中国人之所以五千年以来一直走在世界的前列，就是因为在发展过程中，不断吸纳别人的文化，中国什么时候变成一个没有传统的国家了呢？一个泱泱大国，有五千年的文化，大家想一想，中国人为什么不能吸纳外国的东西，来发展自己呢？我们为什么要把自己的文化锁在自己国家，抱在自己的怀里呢？我们应该接受外国的东西，不断有自己的创新，不断地吸纳别人的好东西，才能发展。

另外，我还想问田教授有关节日的问题，但是您到最后一直没有谈到这个问题。对不起，我中午没有吃午饭，所以有点激动。这个问题是一开始，像电脑，我们普通老百姓，本身没有太大需要，我们只要上上网，打打游戏什么的就可以了，而现在，工具本身，由于商家出于利益考虑，还请专家、学者来告诉你，说这个你也需要，他也需要，老百姓也觉得是需要的。那么，为什么老百姓不能自己去判断、去知道一些东西是否需要，非要由那些所谓的学者来告诉我们说这个需要，这个不需要呢？我觉得这是对我们老百姓的亵渎，我从来不觉得老百姓需要你们的指点。

田青：您的观点比较丰富，您的第一个观点是你不同意我说的中国文化已经存在中断了，认为中国文化没有中断，但是您的第二个观点跟你第一个观点是冲突的，说中国从来没有自己的传统，您举了佛教的例子。

观众2（插入）：中国的传统就是不断地吸纳别人，也才是中国的传统。

田青：还有一个观点是关于台湾问题的，这个问题我们就不谈了，至于后来您说的中午没吃饭的问题，这个我事后可以请您吃。但我想谈谈您这思想，您认为谈遗产好像没有气度了，认为我们遗产没有做出成绩，做出的成绩应当是白手起家的。假如您这句话不是对我们文化遗产的漠视，而是您提倡一种白手起家的精神，这个是对的。但是我们所讲的遗产毕竟还不是您所说的那个遗产。对于您的前两个问题，我想统一地回答。

您刚才说话的时候，提到钱穆先生，认为中国唯一的传统就是开发和吸纳别人，其实钱穆先生的观点不像你说的那么简单。如果钱穆先生真这样说的话，中国民族传统文化就没有根了，中华民族传统文化的确在很多历史阶段，既有这种包容得这样成功的，也有的包容得不成功的；既有封闭的，也有开放的；既有自傲的，也有更深的自卑。比如大家都知道，我们中华民族在历史上有过两次大规模地吸收外来文化，或者以外来文化作为主流文化，一次像您讲的佛教，佛教的进入对中国传统文化是一个很大的冲击。但最后，大家都知道，现在中国讲到传统文化就是儒佛道三足鼎立，佛教从开始进入到到达民间，再到三足鼎立，经历了一个漫长的过程，这里面既有中国人包容外来文化，也有外来文化改变自己。但中国人真正的宗教是祭祖。第二次，就是近代，像马克思主义都是外来的东西，而这次对传统文化的冲击比佛教那次更厉害。假如说佛教进入中国还是能补充一种中国传统文化所缺少的东西，那么近代的进入如果我们国家不考虑生死的问题，不考虑主权的问题，那就是你中国文化有这个空了。佛教的进入中国是和平的进入，但是近代的这次，比如说从基督教的进入是靠着两个东西，一个是传教士，另一个真正打破闭关锁国的还是靠军舰火炮。而第二次的西方文化进入中国，是处在一个特殊的背景之下。假如佛教进入中国从汉代算起的话，那时候中国的传统文化还有那份自信，还有您说的那种大度。比如说唐朝的时候，唐朝的那种繁荣，在很大程度上有对外来文化的那种包容的。但是后一次和前一次有很大的不同，就是中国的国势已经衰弱了。鸦片战争以后，已经根本找不到唐朝的大度了。这一次西方的东西进来，包括马列主义，我们把马列主义拿来搞土地革命，这是马克思想都没想过的，但是，马克思主义进入中国也和原来的东西起了很大变化，比如农村包围城市。

而刚才您提的一个问题，还让我想到汤先生。他有很多观点跟您是基本一致的。前几天我们开一个论坛，目的就是讨论非物质文化遗产的保护，大家出于对汤先生的尊敬，请汤先生做主持人，他讲我们的中国的传统文化是要发展，没有不变，所以今后我们还是要发展。会议之后，中午吃饭，我跟汤先生坐一起，汤先生是长辈，我这点不如您，我在我的长辈面前，没有主动地谈自己的看法。但是那天，汤夫人点了名问我说，田青，你觉得我们老汤今天讲的怎么样？既然点到我的名，我就说抱歉，我认为汤先生说的不一定对。汤先生说："啊？"因为他认为自己说的是真理，文化要发展，发展是硬道理，发展还有什么可怀疑的？我讲发展还有错误吗？我说，你说的没有错，但是场合不对。我说你没有想象，或者没有看到中国现在的文化管理是什么样的，假如我们现在闭关锁国，是清朝，或者是"文革"，那就不一样了，"文革"的时候听贝多芬的唱片要用棉被盖起来，我们那时候如饥似渴地吸收世界的先进文化，如果中国的文化真的像您说的，就是吸收外来的传统文化，那么我们每个中国人，都应该吸收外来的文化，我们要打开国门，面向世界，要包容西方的文化，我们过西方的节日，这些都是对的。但是您说我们老百姓有自己的判断，不需要你们的指点，您说的时候，本身就是在指点我，我们可以交流。

观众3：同意田青老师对传统文化的观点。再补充一句，我们的传统伦理道德中断了，解放以后，我太了解了。解放以后，我们讲的共产主义道德，实际上在现在的社会，共产主义道德老早就等于零，甚至零以下了。我们中国人最可惜的就是把传统的伦理道德中断了。

徐艺乙：谢谢老先生，那位穿绿衣服的朋友，问题稍短一点，另外请自报家门。

观众4：我是一个中学的老师，学校有选修课——《南京乡土旅游》，不仅讲我们的旅游景点，还讲传统节日，包括腊八、除夕、春节、元宵、清明、端午，还有中秋和重阳。我们同学非常感兴趣，我们讲很多传统文化，比如说，我们中国的几个比较美丽的爱情传说，牛郎织女传说、梁祝传说、白蛇传传说，还有孟姜女传说；讲到中秋赏月时讲到南京过去在夫子庙、秦淮河、下关的阅江楼等等赏月的情形。我们小同学对这些非常感兴趣，当然他们对西方的节日有一定的了解，但是对中国传统节日因为没有场合去教他，当我们传授给他们以后，他们会慢慢地从中感受到我们传统文化当中的那种美。我也听过其他相关的学者的演说，想说我对你们这些学者心中充满了感激，谢谢！

观众5：田青老师，你好，我介绍一下，我是国家发改委的一个记者，今天我百分之百赞同你们的观点，我讲的中国人就要有中国味，现在很多年轻人，二十几岁就没有中国味，没有中国味是在什么地方？就是因为教育的失败，我以前写过一篇文章，我就提过，播下的可能是龙种，但收获的时候却是变异了，我建议田青老师你的衣服应该穿的更加传统一些，鞋子一定要穿成小口衬鞋，我参加婚礼活动的时候，一定是穿唐装的。我提的一个问题是，这个问题看似与今天的主题没有关系，实际上我认为有关系，南京人都知道今年四五月份，江苏省在公安部门出台一个治安条例，说被生活所迫卖淫要从轻处罚，我不知道这个在现代意义上你觉得它是一种进步吗？谢谢！

徐艺乙：这个问题好像是超出了范围，我代表田青教授说对不起。我发现我们今天没有女性朋友来提问题，但是有一位女同志递了一个条子，跟田青提了一个问题，她是这样写的：田青老师，提到足球比赛，那对大多数男性来说，是否有表达男性内心想法及情感想法的因素？是否有心理治疗的作用？

田青：就像我对卖淫没有研究一样，对足球也是没有研究，按照报纸上，媒体宣传的一样，“不看足球就不是男人”，那我根本不是男人（笑）。所以这个问题我真的不知道。不好意思。

徐艺乙：我们看看还有哪位朋友有问题？

观众6：我有三个问题想问一下，第一个是关于汉服问题，您是怎么看待汉服运动的？第二个问题是有人认为一个民族如果只有传统文化和历史拿出来讲的话，这个民族就一无所有，您的观点呢？第三个问题是关于端午节被韩国注册的问题，我想请您谈一下对此事的观点，谢谢！

田青：好，谢谢！第一个关于汉服的问题，刚才那位先生建议我在讲课的时候，要再复古化一点，我是这样认为的，第一，服装毕竟是形式，我个人比较喜欢穿中式服装，我自认为自己适合，但是绝不推荐别人都穿汉服。我觉得服装问题对我们汉族来讲，这是一个没有办法的悲哀，全世界所有的民族基本上都有自己的民族服装，只有汉族没有。今天我穿的还是满族的对襟衫。本来是满族的，但满族已经作为中华民族的一个民族完全汉化的民族，旗袍也变成我们中国人在国际场合穿得最多的，而我们现在一些人穿的汉服，现在看起来过于戏剧化了，所以对于汉服运动，我是看成一种潮流里边的非主流的边缘化文化的一种表态，是一种符号性的宣扬性的东西，包括我自己也是什么方便穿什么。

第二个问题，你刚才讲了，假如一个民族只有历史可以炫耀的话，这个民族就什么都没有，我们现在可不是除了历史没有什么可讲，我们现在每天报纸都在说我们的GDP有多少多少，发展速度是全世界最快的。我们现在大部分人对我们的历史知之甚少，所以我觉得，你那句话起码不是针对我们中国现状的。我们中国绝不是一个只有历史可以讲的民族。我们现在更多的是搞现代化建设。

第三个问题关于韩国的端午祭，韩国的端午祭，是一个祭奠仪式，他们申报了联合国的非物质文化遗产，而且经过了批准，但是我们有的学者知道了以后，就把这个消息捅到媒体上，媒体就炒作了，就把它误写成说韩国申报了端午节，其实端午祭跟我们的端午节没有关系。第二，还有更大的一点，就是媒体没有讲清楚，他们把联合国非物质文化遗产代表作的项目当成专利，当成商标法，其实它和专利、商标法的注册完全不同。联合国的非物质文化遗产绝不具有排他性，也不具有独占性。举个例子，我们今年申报的维吾尔族的木卡姆艺术，在之前，就已经有一些中亚国家申报了他们那个民族的这种艺术，但是我们申报照样批准了，也就是说联合国非物质文化遗产不具有排他性，更多的是弘扬和提倡。就像昆曲，我们申报成为联合国的非物质文化遗产，但是我们不是申报成功之后，不允许外国人唱昆曲，我们希望全世界的人都去唱昆曲。

徐艺乙：因为时间关系，允许提最后一个问题。

观众7：田教授，您好！作为中国的传统节日的载体——中国的传统立法出现一个问题，我们用的是公元纪年，而古代用的一种纪年，现在不用了。比如说，今年是丙戌年，现在一个小孩出生在干支年，我们肯定不会说干支年，一定是说出生在某某年。像这个问题我已经写了一篇文章，发表在一个周刊上面，提出的解决方法也是康有为提出来的方法，就是用孔子的生年作为起点来纪年，这样大家好记一点，不然像丙戌年，像干支年，不好记。我想请田青老师能不能分析一下，看能不能把中国的农历纪年完善一下，谢谢！

田青：您说的这个虽是传统文化的保护问题，但范围更大。中华人民共和国建立的时候，采取了公元纪年，而且用阳历，有其历史大背景，现在看起来，我们的农历是农民有智慧的产物，其实现在农历没有完全消失，在农村，真正的农村还是按照二十四节气种地，现在也有人把包括天干地支、农历作为文化遗产保护，包括您说的把孔子作为起点纪年的话，这个范围太大了，我个人没有什么成熟的意见，我觉得这个问题您作为个人可以提出这种观点，但是让全社会接受可能很难，大部分人已经习惯了农历，包括我们二十四节气。我们中国人应该是农历和阳历两个历并用，其实现在我们所有正式出版的日历等都是阴历和阳历都有的。

徐艺乙：田青教授热情洋溢，我们观众也热烈回应。今天田青教授的演讲和各位观众都想到一块儿，就是对我们的文化及文化遗产在今后的日子里，我们应该怎样倾注更多更高的热情。在这里我先谢谢田青教授，他以他饱满的热情给我们带来深入浅出的演讲。我作为他的主持人，对热情的观众，对你们提出的问题，对你们所关心的问题，我也表示一种感谢，因为我也是做这个专业的，田青教授今天晚上还有重要活动，可能各位还有问题要提出，我们是不是另外再找时间？好，谢谢大家！

选自《捡起金叶——田青“非物质”·“原生态”文论集》，
文化艺术出版社2010年版

保护与发展

—— 在中国非物质文化遗产保护 · 苏州论坛上的发言

我的题目是《保护与发展》，实际上我真正想表达的意思是：遗产是不能发展的。在这两年的时间里，我越来越深切地感受到这个问题的重要性。如果我们始终不敢把这句话说出来，始终不敢把这层窗户纸捅破，那么我们所有的保护工作将永远也赶不上破坏的工作，我们所有的保护工作最后注定是一个失败的结果。因为我们在保护工作方面所做的一切，无论从力度上、广度上和破坏的力度、广度相比实在是太弱了。但是这个问题又是一个十分严肃的、敏感的理论问题。敢不敢明确地提出来“遗产是不能发展的”，实际上决定了我们保护工作的成败。一位老师说：“当前我们非物质文化遗产保护工作的最大敌人就是发展中对非物质文化遗产的破坏。”所以我就从三个角度谈一下这个问题，也希望我的一些零星的思考能够和大家一起完善，最终让我们能够在理论上解决这个问题。

为什么说遗产是不能发展的？第一个理由是：产生非物质文化遗产的根基已经基本消失了，和我们非物质文化遗产密切关联的生产方式和生活方式已经有了全面的根本性的改变。拿我们公布的国家级非物质文化遗产518项来看，绝大部分是农业文明的产物。产生这些非物质文化遗产的土壤、根基今天已经全面破坏。所有的船工号子，都已经是历史的回声；所有的地方戏剧、地方歌舞都在苟延残喘。它们在娱乐化和旅游业的刺激下，在不断地、无可奈何地变形。这样一个理由应该在理论上站得住脚。产生一个文化的根基如果没有了，再要求它发展，这样的要求是不可能做到的。就像没有一种植物将它连根拔起之后还能继续生长一样。

第二个理由是：当发展成为一种模式，当所有要发展的人们心目中的榜样和楷模单一化的时候，发展的结果就是不同文化的同质化。这种同质化不但不符合我们提出保护非物质文化遗产的基本理论即维护文化多样性的要求，同时同质化也是一切文化的一条死路。大家知道，我们现在所有的发展都只有一个楷模，就是西方的文化。而在所有发展者心目当中，所有的传统文化都意味着是落后的，所有新的、来自西方强势文化的都是先进的。这一点，中国人不管有意识或者无意识地都在掩盖这些。比如我们从来讲的都是和国际接轨，没有人敢明确地说是和美国接轨。但是每个人在说和国际接轨的时候心里想的接轨的对象都不是坦桑尼亚或者柬埔寨，我们的“国际”其实只有美国，现在连欧洲都不是了。很多富起来的中国人到了巴黎说：“巴黎的这些旧房子比我们家的还差。”一种浅薄的无知，暴发户的心态。在绝大部分中国人的眼睛里，美国的今天就是我们的明天，我们所有的发展也是按照人家的模式来。我们不能说这个模式不好，我们也不会反对借鉴西方的东西。我想强调的是，当我们所有的非物质文化遗产的传承者自觉或者不自觉地把发展的楷模或者是榜样都定成一个之后，就是所谓的榜样的同质化，那么一定会造成发展结果的同质化。比如，中国现在所有的小剧种都要大戏化、大气魄、歌剧化。看了6月15日晚上的演出我很激动，看得非常过瘾，尤其是昆曲很精彩。我最不满意的是江南丝竹。后来听解释说演奏江南丝竹的是业余团体。其实，过去所有的江南丝竹都是业余团体，本来应该是业余的。我不满意不是因为业余的水平不高，而是因为他的水平太高了。基本上发出的声音就是一个现在标准的专业的民族乐队的声音，而不是江南丝竹原来的声音，尤其是大提琴。现在所有地方乐种、剧种的伴奏乐器几乎都加上了大提琴，有的还加电子琴。所有音乐工作者的发展思路就是要增加低音，要多声部，用纵向的和声来代替我们中国传统的复调式的思维。我们可以设想，当我们地方小戏的伴奏乐队都用大提琴伴奏的时候，我们的地方戏还存在吗？当我们所有的地方戏曲都按照一个思路请话剧演员导演，请作曲家配器，这些剧种的发展实际上也就是走向了一条死路。

第三个理由：历史证明，一切文化的发展就像河流要在自己的河床里流动一样，要按照自己的历史走向前行，这条河流才能够给两岸的人们带来幸福。文化的河流也只能在自己的河床里流淌，按照自己的走向发展。换句话说，即使我们的躯体老化甚至腐烂了，我们要借鉴、我们要靠外力、我们要输血。但输血要先验血，A型血只能输A型血，输B型血就死了。而我们很多所谓的发展实际上是嫁接，是乱输血。不仅血型输得不对，甚至是鸡血、羊血、狗血。而很多非物质文化遗产保护方面做得非常好的国家，我们现在只看到了他们的长处，他们的经验，而忽略了他们走过的弯路，而这一点正是我们要借鉴的。比如日本，大家知道，明治维新之后提出“脱亚入欧”的口号，当时日本的发展观同我们今天的中国一样，所有东西都要发展，都要西洋化，包括他们的“歌舞伎”，他们的“能”。当时他们尝试着歌舞伎歌剧化，就像我们今天要把地方戏改造成歌剧一样。韩国也曾经有一次全国的学术界的大讨论：什么是发展，什么是嫁接？什么能发展，什么不能发展？西方的文化怎样才能和自己的传统融合起来？日本人最后终于明白：“歌舞伎”是不能发展的，“能”是不能发展的，“三味线”是不能发展的，再多加一根弦就不是三味线了。歌舞伎不用歌舞伎的发声方法唱，用西洋的发声方法训练，就不是歌舞伎了。日本人曾经做过的这些试验是在我们几十年前就做过了。而且他们的教训是惨痛的。当然这个民族还是善于总结的。他们现在就完全抛弃了“遗产也要发展”的观点，而将保护和发展当作是两条并行不悖的、两个同时存在的不同的领域和不同的舞台。保护的就是保护，发展的你愿意怎么发展就怎么发展。在日本，保护的这个方面从他们的风俗、礼仪、手工艺到他们的艺术，全以历史悠久为高，以“不变”为追求的最高目标。他们所标榜的就是我们今天和过去没有任何改变。同时，他们的创造性在另外的领域里充分地发展。在非物质文化遗产的领域里，他们称之为“无形文化财”，只有“保护”二字。谁提“发展”谁是傻瓜。现在如果有一个日本人说唱歌舞伎要用电子琴伴奏，日本人会觉得这人神经病。在巴黎老城区，没有一个傻子会同意把他们街区的老房子拆了再盖新房，那不但是违法的，而且是愚蠢的。只有我们中国人不分青红皂白，一切都要发展，而且有一百年来挥之不去的民族自卑感，使我们许许多多的传承人心里没有底，于是，很多人的确是自己要发展，自己要改变自己。而今天，我们如果再不把这个理论问题提出，只是遮遮掩掩地谈“抢救第一、保护为主”，这还不够。我们应该明确地提出来：在非物质文化遗产的领域里，保护是唯一的，我们没有发展的任务。就像文物局也没有发展的任务一样。仿造的唐三彩是另外一个领域，不是文物局做的。创造新的品种也不是文物局应该做的。这一点大家都很清楚，但为什么到了非物质文化遗产领域里我们不敢说这句话？我们不但要说，而且要逐渐地靠大家的力量把这个领域的保护制度完善。终于有一天能够使大家都认识到：保护就是保护，发展就是发展。这是两个不同的领域。谢谢大家。

选自《捡起金叶——田青“非物质”·“原生态”文论集》，
文化艺术出版社 2010 年版

捡起金叶

——写在第三批人类口头和非物质遗产代表作公布之际

当巴黎传来喜讯——中国新疆的“维吾尔木卡姆艺术”和内蒙古的“蒙古族长调民歌”被宣布为联合国教科文组织第三批“人类口头和非物质遗产代表作”的时候，我们每一个热爱中国传统文化、关心中国非物质文化遗产现状的人，都感到由衷地喜悦。尤其是我们这些有幸亲自参与中国非物质文化遗产代表作申报工作和研究保护工作的人，更感到欣慰和鼓舞。

在联合国教科文组织正式公布这个名录之前，我们曾多少有些忐忑。因为在前两批代表作名录中，已经有三个相同类型的项目被列入：阿塞拜疆木卡姆，伊拉克木卡姆和塔吉克斯坦、乌兹别克斯坦的沙士木卡姆。当然，我们知道，中国新疆的木卡姆艺术在同类艺术中是保存最完整、艺术形式最丰富、同时具有鲜明的独特性的；目前中国政府是世界上保护非物质文化遗产最为积极的国家之一。但毕竟进入这个名录要经过一系列复杂的申报程序和严格的审批过程，而在申报国家与申报项目众多、竞争激烈、名额又有限的情况下，评审委员们会不会看到新疆木卡姆的独特性和完整性而投票赞同此项目，我们并没有百分之百的把握。为了使我们的申报材料真正反映出新疆木卡姆艺术的独特魅力、濒危程度和国家、地方政府保护这一优秀文化遗产的力度，文化部、中国艺术研究院和新疆的有关同志们进行了大量的工作。当这一项目终于被联合国教科文组织向全世界公布的时候，我们知道，这不仅表达了世界对新疆木卡姆艺术的尊敬，同时也是对参与中国非物质文化遗产申报、保护工作的所有同志们的肯定。

因为根据联合国教科文组织的有关规定，“人类口头和非物质遗产代表作”名录每两年才公布一次，每次每个成员国只能有一个项目入选，但一个以上国家的联合申报不占名额，所以我们主动提出和蒙古共和国共同申报“长调”音乐。这个项目的申报成功，也经历了一个双方磨合、协调的过程。这里，既有长途跋涉的辛苦，也有争取理解的努力与协调合作的愉快。这个项目的联合申报成功，也不仅向世界彰显了这一草原文化的无穷魅力，同时也彰显了中蒙两国政府和文化工作者在保护人类非物质文化遗产领域里成功的合作精神。

我们高兴地看到韩国的“江陵端午祭”也同时被公布为第三批遗产名录。江陵端午祭与中国的端午节有一定的联系但不相同，由具有韩国民俗特色的祭祀、表演、游艺等活动组成。它的申报成功，显示了不同民族在不同历史时期内文化的交流与变易，显示了古老的汉文化圈的博大与圆融，更显示了韩国民众对传统文化的忠诚。应该说明的是，文化遗产名录的申报，与商标注册、域名注册完全不同，不但不具有唯一性和排他性，而且正相反，希望通过这一名录的颁布推广和弘扬这些项目。因此，对这一项目的申报成功，我们每一个中国人都应该在感到高兴的同时深思我们自己对待传统文化的态度。只有虚心学习那些在保护传统文化方面比我们觉悟早、做得好的国家的长处，我们才能真正发扬中国悠久灿烂的文化传统，在历史的光辉里走向更光明的未来。

我曾把传统文化比喻为一张薄纸，把飞速发展的社会比喻为一列高速飞驰的列车。这张薄纸飘在窗边，只要一开窗，我们一把抓不住，它就会“唰”地一声飞得无影无踪，再也无法寻觅。在与蒙古文化代表团座谈的时候，我还有意把飞速变革的社会比喻为一匹蒙古人民热爱、熟悉的奔马，把传统文化比喻为在前进的颠簸中被丢失在草原上的珍宝，我说，我们目前抢救和保护非物质文化遗产的工作困难而艰巨，就像一个骑手，在策马奔驰的同时，还要俯身把散落在草原上的珍宝捡起来。但，这个工作我们必须做，而且，还要做好。因为，我们没有权利把祖先留下的珍宝丢失在草原上。

今天，一方面，我们的社会正以令人炫目的速度争先抛弃农业文明而进入工业文明、后工业文明；另一方面，经济一体化所带来的文化一体化，又通过主流媒体的强势挤压毫不留情地摧毁着传统文化、尤其是民族民间文化。我们的民族民间艺术正面临着一个从来没有过的危险境地：每一分钟，就可能有一首民歌、一种技艺、一座古建永远地消失了。

这20年的成就不必说，只要是有良心的中国人，谁都无法否定经济发展为我们每个人所带来的或多或少的利益和好处。但是，只有良心还不够，还要有理性和智慧。一个有理性和智慧的人不能只享受经济发展的好处而忽视它的负面影响，一个有理性和智慧的民族更不能在前进中割断历史。传统文化不仅是我们民族的血脉、民族的精神、民族的根，它还是我们民族持续前进的动力和保证。一个丢失了文化传统的民族，只能在所谓的“发展”中丢失自己。

新疆木卡姆艺术与内蒙古长调成功入选第三批“人类口头和非物质遗产代表作”，为我们进一步强化非物质文化遗产的保护工作、唤起全民族的保护意识，有着巨大的推动作用。保护非物质文化遗产，是时代的任务、历史的责任，是当务之急。

保护我们的民族民间文化遗产，就是保护我们民族的未来。

捡起一片片正在被我们遗失的金叶，那叶片上闪光的，是我们祖先的汗水、智慧和不灭的灵魂。

选自《捡起金叶——田青“非物质”·“原生态”文论集》，
文化艺术出版社 2010 年版

（原载《新疆木卡姆专刊》2006 年版）

民歌与“民族唱法”

——在山西左权“第二届南北民歌擂台赛”学术研讨会上的发言

一、民间艺术是中华文化的基础、土壤和母亲

民间艺术是中华文化的基础、土壤和母亲，古往今来的大艺术家没有不对草根艺术保持一个尊敬的心态的，只有半吊子艺术家才会对民间艺术采取鄙视的态度。为什么？这就像一些外国人到中国来会穿圆口布鞋，当然对他来说是异国情调。但反而有些中国的城里人就怕穿这种鞋，尤其刚从农村来的，他怕人说他土。

从整体看中国或人类的文化史，一切艺术都有一个从粗糙走向精致的过程，开始的时候它很粗糙，但它本质，有生命力，就像一个孩子，你可以说他什么都不懂，但生命力是没法跟他比的。精致化是艺术发展的一个规律，就像现在的乡村人都想变成城市人，小城市人想变成大城市人，大城市里住在北京的想到纽约去。但精致化之后，艺术的生命力就开始逐渐消退了，这就是生老病死。没有任何一个艺术品种能永远繁荣昌盛，当我们抱着美好的愿望要振兴什么的时候，其实正说明这个东西在走向衰亡或面临衰亡。那么文化走向老年的时候怎么办呢？人们都说中国的文化连绵不断，实际上是有中断的，但是也有复兴。怎么能防止文化走向精致化之后的衰败？我觉得有两个方法可以救它，一个是自觉自愿地寻根，找自己的母亲，再重生。另一个就是外来文化的入侵，就像历史上蒙古人和满族人入主中原为中华文化注入了新鲜血液，更新了文化，但我们经常只谈外族入侵的负面影响，看不到在血与火的背后，还有文化的更新换代。南宋文化很精致，发展到连皇帝都去画花鸟，成了一个艺术

家了，当时可以说是中华文化的又一个高峰，完全精致化了，院体的书画，瘦金体的书法，已经没办法再往前发展了，幸好有了蒙古人的到来。但是，这种民族文化的更新付出的代价太大了。

我们现在的所谓民族声乐就是这样一个状况，已经到了一个高峰。当然，你叫“民族唱法”，但是是哪一个民族的唱法？实际上，就是用西洋唱法来唱中国歌，它已经面临一个危机了，大家一打开电视，千人一声，所以人们不要听了。为什么这次的民歌大赛这多人来听，那么爱听，就是人们听得太多了那种精致化的声音。我一直认为，学院派的“民族唱法”是很艳丽的一朵花，走到今天很不容易，应该在声乐艺术的百花园里花枝招展。周老那天的谈话中，就讲到20世纪50年代土洋嗓子之争，孙凡也总结了中国“民族唱法”发展的四个过程，从20世纪五六十年代中国声乐界提出创立中国的民族声乐学派的理想开始，到以金铁霖老师的那些杰出学生为代表的主流声乐学派的盛行，可以说民族美声的唱法达到了一个高度，它是了不起的，甚至是20世纪50年代歌唱家集体追求的一个目标。现在，应该说当年希望创立中国的民族声乐学派的理想已经达到了。而且，在很长时间里，这种唱法满足了大众的审美需要，得到大众的欢迎和肯定。大家群起效仿，证明它是成功的。但是，再好的东西也不能天天吃，什么东西吃多了也会腻。艺术在精致化之后，尤其是成为“显学”之后容易变得单一，规范化了，没有个性了。这就是一切艺术在走向顶峰之后的必然，也是开始走下坡路的征兆。

那么，有什么办法呢？现在的办法首先就是向民间学习，走多元化的道路。向民间文化学习是现在能够拯救主流精致文化、使其再生的最好方法。我再说一遍：民间文化是源泉、土壤、母亲。如果不认识到这一点，还在争论民歌手是否进音乐学院是没有用的。要我说，民歌手要进音乐学院，是进音乐学院当老师，而不是按照所谓“科学”的方法“提高”。石占明刚出了点儿名，马上就有些学过学院派方法的人要来当他的老师，想来改变他。而一“规范”，石占明就不是石占明了。而当我们的艺术走到“千人一声”的绝境的时候，民间艺术是能够让我们自救的唯一出路。当然，第二个办法就是主动借鉴其他民族的文化，现在，不用血与火了，我们56个民族终于可以平等、和睦地互相学习了。好多人认为只有一种唱法是“科学”的，认为只有西洋美声唱法是成体系的。其实，许多我国的少数民族有自己独立的、完整的声乐体系，只不过没有被整理出来而已。比如蒙古族长调的唱法、藏族民歌“振谷”的唱法，更别说“呼麦”了，那是民族声乐的奇葩。从民间找根，找生命力，从兄弟民族借鉴技巧和多元化的艺术手段，这恐怕是摆脱我们“民族唱法”单一化困境的途径。我们今天举行这样的多民族的原生态民歌比赛，无非就是想借这样的平台，为大家提供一种启发。

二、仿效西方、科学主义与时代需要是造成唱法单一的深层原因

要总结现在所谓的民族美声唱法的成就和弊病，应该对它的由来和发展过程客观地做一下回顾：从20世纪50年代我们要建立自己的民族声乐学派，到今天发展到精致化、规范化的阶段，并开始遭到一部分听众质疑的时候，我们就要总结这种唱法产生的历史背景、环境和它发展的过程，首先看到这种唱法产生的必然性。这样才不至于把质疑的矛头错误地指向个人，要看到整个时代的要求和一代人审美观的变化路径。为什么造成今天这种单一化状况？有许多原因，其中三个原因是主要的。第一，从19世纪末一直到整个20世纪，对西方文明的学习是中国知识分子一百多年来最普遍的追求，只要我们说到“发展”两个字的时候，我们心中的榜样就是西方的，包括苏俄的。在许多中国人的潜意识里，西方文明就意味着进步与现代化，成为我们几代人努力效仿的东西。在这种思想影响下，中国音乐走了一条逐步现代化的道路，同时，也走了很多弯路，但也是不可能不走的路。比如，竹笛吹得好好的非要加键，学长笛；二胡拉得好好的非要加指板，“解放弓子”，学小提琴；古琴弹得好好的非要加麦克风，剧场化；民族乐队在“交响化”的口号下不顾民族乐器的特点模仿西洋管弦乐队的编制；用民族曲调加西洋和声“创造”中国音乐作品，等等，都是基于一种我们的民族音乐是“落后”的，西洋音乐是“进步”的这样一种认识。而声乐上，则把西洋歌剧中的唱法当作我们的楷模，当作“科学唱法”的唯一代表。我们现在的学院派“民族唱法”是以西洋美声唱法的美学观和教学方法

为基础的，也是一个时代的必然选择。

第二，是科学至上。100年来，在中国，科学已经成为真理的代名词。长期以来，在中国批评一个人有两顶置人于死地的帽子，一个是反革命，一个是不科学，当然前者现在不怎么说了，这是社会的巨大进步。但后者就意味着落后，意味着被边缘化。而自我标榜，要确立自己主体地位的时候，举的旗帜常常也是“科学”。我主张民歌手不要轻易去音乐学院学习就是因为学生一进音乐学院，老师就说你的唱法不科学，要改方法，这是必然的，我们的民歌手一去就是改方法，为什么？就是“不科学”。而海菜腔被打低分的理由也就是他们“不科学”。

科学主义是给艺术带来单一化、规范化和抹杀个性的思想基础。周老说得好，科学和艺术是两个范畴。艺术和科学是人类认知世界的两个完全不同的、并立的、不可互相替代的，但又相互影响的方式。艺术与科学有相同之处也有相悖之处，有互相涵盖、互相交叉的地方，但更多的是独立与分责的。首先，科学一定是有可重复性的。所有的科学实验一定是要经得起反复验证的，你一个人宣称能把水变油不行，必须在相同条件下在所有实验室都得到同一结果才行。科学也只能有一个结论，1+1=2，在任何一个民族都是成立的。科学给人类带来的好处就是规范化，它必须走到这条路上去，40年前我穿的鞋是我妈纳的鞋底，独一无二，而现在，我在任何商店甚至任何国家都能买到41号的鞋适合我穿，这就是规范化的结果。但这一切与艺术无关，艺术就是反对规范化，不能重复，《红楼梦》不能写两遍，作品再伟大也不可重复，大狗叫小狗也要叫，不能够一样，艺术能规范吗？艺术学院声乐系出来的学生现在几乎被规范了，中央电视台录制的晚会，四个女歌手唱一首歌，准大腕们，一人一句，开始没录好，再重新录制的时候谁也听不出那句是谁唱的，这不是笑话，是真事。这种工业化规范化的生产是艺术的大忌，没有个性了，完全单一了。所以对科学主义大家要警惕，不要因为没有进过音乐学院就自卑。

声乐是高实践、超理论的艺术，它更多的是个体的生命体验，就像佛家道家的修炼一样，主要要靠自己的实践和体会；也像中国医学中的经络、穴位，一扎就有针感，但科学解释不了，解剖学更没用，切开看什么都没有。人家说金湘老师可惜了，没写一本书，我说那就对了，写书的是不会唱的。禅宗有句话：如人饮水，冷暖自知。唱歌也是一样，它不是科学，是体验。你仔细想一下，声乐里哪一个“科学的”说法经得起科学的推敲？“位置靠前一点，靠后一点”，靠前是几厘米？1.5还是1.3厘米？“声音立起来”，怎么才是“立”起来？那是一种感受，是一种体会，不是科学。马克思曾说过类似的话，一门学科要成为科学，必须能用数学公式来表达。但我们几十年来一直受科学主义的支配，认为科学就是高，什么都要谈科学，至今，所有“科学唱法”的教学，无一例外都仍然沿袭最传统的一对一的教学方式，和所有手工艺人的传统传承方式没有任何区别，大部分术语，是“打比方”，要靠学生去体悟，去验证。当然，不是科学不意味着这种唱法不好、不高级，我的思想是：艺术是艺术，科学是科学，两码事。所以，要破除对科学的迷信，主张对艺术自身规律的复归，这是第二个原因。

第三个原因是时代的要求。假如说20世纪五六十年代中国声乐界提出“创立中国民族声乐学派”的口号反映了新中国初建时广大民众迫切希望洗刷列强带来的百年耻辱，体现了“外国有的，我们都要有，外国没有的，我们也要有”的时代认识的话，那么，经历了一代人的辛勤探索之后，改革开放则自然成了民族美声唱法迅速成熟、普及的最大动力。当中国人物质生活得到迅速提高的同时，中国民众一方面进一步强化了对西方文化的认同意识，一方面增强了民族自豪感，开始有了一种民族意识的觉醒和“大国意识”的萌生，渴望得到国际的承认和尊重。要知道，民众的政治意识是会影响审美意识的，而民族美声，就顺应了中国人“大国意识”的萌生。在20世纪70年代末、80年代初，年轻人戴着蛤蟆镜、拎着录音机乱跑，是邓丽君时代，是模仿的初级阶段。但随后，人们便不满足这种过于轻柔的声音了，20世纪90年代之后，一个发生了巨变的民族迫切需要一种响亮、高昂、通透的音色，一种不同于传统、不同于以往农业文明的金属般的音色，一种城市化的、和国际接轨、与西方美声音色相近的音色，这时候，民族美声的形成和发展就是理所当然的了。彭丽媛就是一个代表，她的声音和形象都明亮、大气、端庄，是中国的，但不是乡村的，带点民族风格，但又是现代化的。这就是这个时代的审美要求。而这个时期，也正是电视在中国迅速发展的时期，电视文化促成了大晚会的应运而生，而大晚会的泛滥和一些歌手的成功，则又促成了全国声乐界的群起仿效之风。

问题是，物极必反。电视文化“成也萧何，败也萧何”，它迅速普及了民族美声唱法，也以同样的速度使人们感到厌倦，还是我那句话：再好吃的东西，也不能天天吃。我在第九届全国青年歌手电视大奖赛上就曾经说过：“五六十年代，没有电视，只有广播。但那时候你一听就知道是谁在唱。王昆就是王昆，郭兰英就是郭兰英，马玉涛就是马玉涛，但是，现在你光听，不看电视就不知道是谁在唱。当然，这其实不是歌手本身的问题，甚至也不是他们老师的问题，造成这种局面的主要原因是一个时代的共同的审美思潮和审美追求。”我解释说：“王昆的时代，中国处在农业社会，农业社会的审美特点就是个性化、地域化，与民间有着深厚的联系。现在这些歌手，是工业社会的产物，是音乐学院的产品。工业社会所推崇的，是科学化、规范化。而科学化、规范化的结果，就是我们具备了批量生产歌手的能力，但却抹杀了个性。现在，我们已提前进入信息化时代，信息化时代的审美标准是回归自然，是个性化和多元化。”当时我的这段话，引起了一些人的共鸣，也引起了一些人的反对，可以说是第一次点出民族美声唱法单一化的问题。当然，也有作品的问题，现在的民族美声作品，几乎百分之百是反映集体意识的颂歌，党、祖国、黄河、长江、父亲、母亲……都是集体意识的反映，很少听到个体感情的倾诉，更很少听到男女之爱。祖国当然要歌颂，但现在的“通俗”、“美声”、“民族”三种唱法，完全成了“风”、“雅”、“颂”。通俗唱法只唱个人的感情，很少关心大事、国事，可以看成当代的城市民间音乐，是“风”；美声唱法大部分是唱西洋歌剧，是典型的知识分子的“小众文化”，是货真价实的“雅”；而民族美声，则引吭高歌，独自担负起“为祖国歌唱、为政治服务”的任务，是“颂”。这种状态的形成，有诸多因素。但不管怎样，是不合理的，也不利于三种唱法的良性发展。“诗言志，歌咏情”，当一种唱法几乎被“颂歌化”了的时候，怎么可能避免单一化的倾向呢？

三、传统民间艺术：是抢救、保护，还是发展？

第三个问题是民间艺术的当下处境。有人觉得不必担心，但我是悲观主义者，今天民间艺术的处境，用我的话说，就是每一分钟，就可能有一个乐种、一座古建消失，我们没有任何理由乐观。最大的危险是人心。50年来，对民间艺术的冲击最大的有三次，刚建国那次不算，改革开放这二十多年，比“文革”十年还厉害，还危险。为什么？“文革”破四旧是自上而下的，红卫兵破四旧，是暴力的、是来自文化外部的、是跟广大民众和人心相悖的。有个英国朋友叫钟思弟，前两年在河北采风，找工尺谱，一个多月找到几十本，他发现古老的民间乐队还在普遍生存着，他奇怪为什么“文革”没有被破坏掉，有的人告诉他说自己爸爸就是民兵连长，把工尺谱收上来就藏在家里面了。他们就是普通的农民，就把谱子藏在柜底下或砖缝里。当时，中国老百姓是发自内心、自发地、自愿地保护这些东西。我在台湾讲学的时候，讲中国的佛教音乐。有人就问：“文革”时候，大陆佛教都灭绝了，你怎么还能讲这些东西？我说：大陆的文化传统在“文革”中的确遭到了破坏，但被你们夸大了，其实文化传统并没有断绝，传统文化更没有“破”尽。这些东西靠暴力破坏的时候尚可挽救，但今天不是了。石占明开始也是学唱流行歌的，是后来发现他唱民歌唱得那么好就鼓励他，他才继续把民歌唱下去。知识分子天天写文章说四合院不要拆了，可北京南城的老百姓会把你轰出去，这破院子好你怎么不住呢？住高楼、住新房是他们的愿望。西北的“剪花娘子”在法国剪纸卖法郎，都说是了不起的艺术，可她家里是不贴的，贴的是港台歌星的照片，你问她为什么贴这个，她说这个好看。对传统文化最大的冲击是老百姓对自己的文化不再倾注那么多的热情了，普通老百姓的审美观和娱乐方式在改变，在电视等主流媒体的影响下迅速地改变，这才是最大的问题。皮之不存，毛将焉附？渔民已经不用人力撒网了，开的是机动大船，怎么唱撒网号子？内蒙古的牧民骑着摩托车去放牧，怎么唱牧歌？老百姓有了新的追求，生产方式和生活方式的迅速改变，是传统文化面临的最大危险。这是一个两难的境地。我们不能用我们的观念去代替老百姓的观念，我们更没有权利阻止人们按照自己的愿望追求自己心目中的幸福。所以现在，传统文化面临的是连根拔的状态。中华民族的传统文化从来没有遇到过今天这样的危险。

还有一个观点就是发展问题。哪一个文化不是发展的？在联合国保护民族文化遗产的会议上，请北大的汤一介教授做主旨发言，结果老先生大谈传统文化要发展，会后，我说我不同意他的观点，他很吃惊。北大从“五四”到现在一直谈发展，这是北大的一贯思想，是他一贯的思想，这没有错，所以他没有想过谈发展居然还有相反意见。从整体看，人类文化当然是不断发展的。而发展是由不断的死亡和重生组成的。在今天，我们当前面临的文化处境在人类发展的历史上是没有过的，社会变革的如此迅速是没有过的。文化传统是要发展的，也应当发展，但传统文化与文化传统是两个概念。传统文化指的是以农业文明为主体的艺术形式及内容，而文化传统则更多的是一种精神，民族精神，文化精神。假如说我们的文化传统是生生不息、世代相传，而且仍将发扬光大的话，那么，我们必须正视我们的传统文化已经过了最佳发展期，现在是一息尚存。先把它保护下来，先抢救，打120。这不是耸人听闻之语，也不仅是愿望，而是需要我们大家共同努力的事业。

谢谢大家!

（原载《艺术评论》2004年第10期）

佛教文化是我国非物质文化遗产的重要组成部分

中国数千年的辉煌历史，960万平方公里的广袤土地，56个勤劳勇敢、能歌善舞的民族，给我们留下了一笔丰厚的非物质文化遗产。我国非物质文化遗产作为中华民族各族人民世代相承、与群众生活密切相关的各种传统文化表现形式，是中华传统文化的重要组成部分，它所蕴含的中华民族特有的精神价值、思维方式、想象力和文化意识，是维护我国文化身份和文化主权的基本依据。这些非物质文化遗产，对中华文明和中华民族的过去、现在和未来具有无法估量的重大意义。

但是，随着经济全球化趋势的加强和现代化进程的加快，中国文化生态发生了巨大变化，非物质文化遗产受到猛烈的冲击，保护工作形势严峻：一些依靠师徒口传身授传承的文化遗产正不断消失，许多传统技艺濒临消亡，大量珍贵实物与资料遭到毁弃或流失海外，随意滥用、过度开发文化遗产的现象时有发生。中国政府自20世纪50年代开始就投入大量人力、物力、财力，在保护民族民间文化方面采取了许多积极有效的措施，并已取得许多成绩，尤其是自2003年以后，我国的非物质文化遗产保护工作更是得到突飞猛进的发展：自2001年以来，我国的昆曲艺术、古琴艺术、新疆维吾尔木卡姆艺术和蒙古族长调民歌先后成功入选“人类口头和非物质遗产代表作”；2006年5月20日，国务院公布了第一批518项国家级非物质文化遗产名录，内容涵盖民间文学、民间音乐、民间舞蹈、传统戏剧、曲艺、杂技与竞技、民间美术、传统手工技艺、传统医药和民俗等共十大门类。2007年底，又公布了第二批510项国家级非物质文化遗产名录和42项扩展项目，同时还评选出了第一批、第二批国家级非物质文化遗产项目代表性传承人777名。目前，我国已经建立起比较完备的国家、省、市、县各级非物质文化遗产代表作名录体系。

近年来，中国非物质文化遗产保护中心在我国多次举办大型“中国非物质文化遗产保护展”和以非物质文化遗产为内容的专场文艺演出：2007年4月，中国非物质文化遗产展演团跟随温家宝总理进行国事访问，在日本东京为中日两国领导人奉献出一场精彩的“守望家园——中国非物质文化遗产专场晚会”，随后又在巴黎联合国教科文总部举办“巴黎-中国非物质文化遗产节”展览及专场演出活动，得到国家领导人的赞赏，为国家赢得了荣誉。2008年北京奥运会期间，非物质文化遗产的展演活动更加丰富，仅在民族文化宫剧场就举办了数十场专题演出，奥林匹克公园内的“祥云小屋”更是吸引了无数中外游人的目光。可以说，我国的非物质文化遗产保护工作已经受到举国上下的热切关注，成为文化领域的亮点和社会生活的热点。

在中国丰富的非物质文化遗产中，宗教文化占有相当重要的地位。众所周知，历史上，儒、道、佛三种文化构成了中国传统文化的基本体系，提到中国传统文化，就不可能不涉及宗教文化。中国传统文化有两种表现层面：一种是所谓精英文化，即反映社会上层，尤其是文化阶层的意志、精神、创造与理想追求的，可以经史子集作为代表；另一种则是草根文化，即反映社会下层民众日常生活实践及精神面貌的所谓民族民间文化，可以中国非物质文化遗产保护项目的十大门类作为代表。二者并不能完全用高雅与粗俗来进行划分，从某种意义上说，民间草根文化是精英文化在具体的社会生活中的实践，精英文化则是民间草根文化被知识分子和社会上层统治者升华、提炼后所形成的社会意志与精神追求，体现出社会的主流意识形态和发展方向。中国传统精英文化所追求的“出儒入道”或“出儒入佛”的人生理念，表现的是整个社会的哲学、文化、政治及宗教终极追求；而民间草根文化则更具体体现为与广大民众日常生产生活密切相关的各种民俗节庆、民间信仰、民间娱乐活动和传统技艺等多种文化形式。

佛教文化作为中国传统文化的重要组成部分，对中华民族的民族性格、思维方式、行为方式、信仰追求、文化艺术及生活习俗等方面都产生了极其重大而深远的影响。佛教文化在精英文化层面上体现出的是佛法僧三宝，是佛教信仰、教理、经典、组织、制度等等，而在佛教仪轨、绘画、书法、建筑、雕塑、音乐等形态中，则大量体现了具体的、种类繁多、各呈异彩的非物质文化遗产。

文人士大夫阶层注重禅修与佛理，他们将佛教圆融无碍的“性空”理念融入自己日常修养和为人处世之中，从而创作出大量带有浓郁佛教色彩的诗词、书画、文化艺术作品，形成一种淡泊幽静的禅修精神，成为中国传统艺术中重要的流派和风格体系；在普通百姓的大众文化层面，佛教文化则体现为广大信众日常吃斋礼佛、供奉还愿等信仰行为，体现为各种民俗节庆和人生老病死时的各种习俗仪式，等等，极盛之时，甚至出现“家家观世音，户户阿弥陀”的状况，佛教的终极人文关怀精神，不仅对生者，而且对亡者都体现得极其充分、细腻，如佛教发展出一整套“慎终追远”的丧祭民俗，亲友往生后，根据佛教仪式，家人要诵经、念佛、做七等等来超度亡灵，使其超生净土佛国，同时对生者亦是一种慰藉。佛教中的盂兰盆会、腊八节、焰口、施食、放生等礼俗和仪式亦对广大民众的日常生活和思想行为方式产生深刻的影响。可以说，佛教的精英文化层面和草根文化层面两方面相互影响，相互渗透，共同构成了一个完整的佛教文化体系，今天我们提倡保护佛教非物质文化遗产，不仅仅是保护佛教的三宝、经典、制度、仪轨、艺术、寺院等等，而且更要保护佛教民俗文化与民俗节庆等等，因为作为一种活的文化载体，广大佛教信众及其日常礼佛信仰活动和民俗节庆仪式构成了佛教文化的最基本的信仰体系，成为其基础与源泉，如果离开了广大信众及他们的日常礼佛活动，仅靠佛教义理、哲学、经典与寺院内的僧团活动，佛教文化不可能在中国保持两千年的生机与活力，也不可能会对中国文化和中国的民族性格产生如此深远的影响。

在已经公布的第一批、第二批国家级非物质文化遗产项目中，与佛教文化有关的项目有18类41项，涉及民间文学、传统音乐、民间舞蹈、传统戏剧、杂技与竞技、民间美术、传统技艺、民俗等门类，包括济公传说、观音传说、宝卷、津门法鼓、智化寺京音乐、五台山佛乐、千山寺庙音乐、天宁寺梵呗唱诵、鱼山梵呗、大相国寺梵乐、直孔噶举派音乐、拉卜楞寺佛殿音乐“道得尔”、青海藏族唱经调、北武当寺庙音乐、冀中笙管乐、日喀则扎什伦布寺羌姆、藏戏、少林功夫、藏族唐卡、金陵刻经印刷技艺、塔尔寺酥油花、热贡艺术、德格印经院藏族雕版印刷、藏香制作技艺、贝叶经制作技艺、素食制作技艺、雪顿节等项目。

北京智化寺京音乐至今已传承五百多年，被誉为中国古代音乐的“活化石”。它不但以“音声佛事”弘法，满足了广大信众最迫切的心灵需要，还忠实地保存了中国传统音乐的基本风貌，为研究中国传统文化的内涵与变迁提供了典型的生动实例。从现有资料看，大部分学者认为京音乐与唐宋古乐有密切联系。它在曲目、乐器、宫调、演奏方法等许多方面保存了宋、明旧制。智化寺京音乐在传承方面具有很高的要求，不随意增删变易，注重保护继承。从20世纪50年代起，查阜西、杨荫浏等多位著名音乐家对智化寺京音乐进行调查研究，取得了丰硕的成果。从20世纪80年代起，政府、音乐界人士和佛教界人士对智化寺经音乐进行发掘抢救，但至今仍有不少问题难以解决，仍然面临失传的危险，亟待进一步抢救、保护。

位于甘肃省甘南藏族自治州的拉卜楞寺所独有的藏传佛教音乐——“道得尔”音乐有着独特的传承和近三百年的历史。“道得尔”乐队实际上是一个宫廷仪礼乐队，其主要的作用是为嘉木样活佛的正式活动（如上殿、讲经、宴请、出行、迎送贵客等）伴奏。“道得尔”音乐是藏、汉文化的一种特殊混合体，充分体现了藏、汉两个民族文化上的密切交流与融合。其最显著的特点便是使用汉族乐器——管、笛、笙、云锣，而乐曲，则汉、藏兼有，其中的汉族乐曲，也都带有某种藏族风格。乐队所使用的乐谱，亦颇具特色，是用同音藏文记录的在中国汉族广大地区曾广泛流行的“工尺谱”。拉卜楞寺“道得尔”乐团曾参加国内许多重要佛教活动，并曾到法国、比利时等国家演出，参加国际“圣·佛洛朗艺术节”，赢得广泛赞誉。

在省、市、县级非物质文化遗产项目中，涉及佛教的项目还有更多。然而，这对佛教文化在整个中国传统文化中的地位与影响而言，还是远远不够的，只能算是九牛一毛。佛教非物质文化遗产有很多项目可以挖掘、整理、申报，如佛教故事、佛教法事仪轨、佛教医学技术、佛教庙堂建筑及其装饰、佛教造像雕刻艺术等等。造成这种局面的原因是多方面的，其主要原因还在于政府官员、佛教界、文化界及广大民众对此认识不足，由于长期受“左”倾宗教观念的影响，很多人包括一部分政府官员、文化精英及很多民众对各种宗教信仰都持有偏见，甚至笼统地将宗教与“封建迷信”混为一谈，尤其是对广大基层民众日常的民间信仰活动更是持一种否定的态度。因此很多人对于佛教信仰，尤其是普通民众日常礼佛行为及民俗仪式的积极的社会学、民俗学上的意义认识不足，仍将其看作是封建社会遗留下来的“糟粕”，应该消灭而不应该进行保护。而在佛教界内部，则对“佛教是文化”认识不足，更没有认识到申报国家非物质文化遗产保护项目在当前社会中对佛教文化保护、传承、弘扬的巨大作用。

佛教非物质文化遗产是既包括佛教制度、仪轨、艺术等精英文化，也包括广大基层信众日常生活习俗、节庆仪式、传统技艺等民间文化在内的完整而鲜活的文化体系，二者是不可分割的统一体。它们都是中华民族的伟大创造，只有将它们作为一个完整体系整体保护下来，才是对中国非物质文化遗产的真正保护。这需要我们各级政府、佛教界、文化界及广大民众的共同努力，尤其是佛教界对此更应该有积极的行动。而且，只有把包括佛教非物质文化遗产在内的各种优秀传统宗教文化都保护起来，我们中国非物质文化遗产保护事业才是全面、完整和准确的。

本文系 2009 年 3 月 28 日在无锡 – 台北“世界佛教论坛”上的演讲

选自《捡起金叶——田青“非物质”·“原生态”文论集》，

文化艺术出版社 2010 年版

（原载《佛教文化》2009 年第 2 期）

中韩携手，共同保护人类非物质文化遗产

——从韩国“江陵端午祭”申遗谈起

一

非物质文化遗产是人类的共同财富，是民族精神文化的重要标识，内含着民族特有的思维方式、想象力和文化意识，是一个国家一个民族文化生命的DNA。它不仅展现出世界各国人民无限丰富的创造力，而且也体现了世界文化的多样性。在全球化和现代化进程中，世界的文化生态发生着巨大的变化，蕴涵民族精神家园的非物质文化遗产受到猛烈的冲击，有的正面临着消亡，因此，非物质文化遗产保护工作就显得极为重要和迫切。

韩国的非物质文化遗产保护工作开展较早，而且一直走在世界的前列，早在20世纪60年代，韩国就开始着力于传统民族、民间文化的搜集和整理，并于1962年制定了《韩国文化财保护法》。半个世纪以来，韩国已经陆续公布了100多项非物质文化遗产，并根据其价值大小把非物质文化遗产分为不同等级，由国家、省、市及所在地区分别筹资资助。此外，韩国政府还制定了金字塔式的文化传承人制度，对于最顶层被授予“保有者”称号的最杰出的文化遗产传承人，国家给予他们用于公演、展示会等各种活动以及用于研究、扩展技能、艺能的全部经费，同时政府还提供每人每月100万韩元的生活补助并提供一系列医疗保障制度，以保证他们衣食无忧。

韩国的这些非物质文化遗产保护措施对中国的非物质文化遗产保护而言是非常可贵的可资借鉴的经验。近年来，中国政府越来越重视对非物质文化遗产的保护工作，2004年8月全国人大常委会批准了联合国《保护非物质文化遗产

公约》，中国政府和各级社会组织积极开展了一系列非物质文化遗产保护工作和宣传活动。中国的昆曲艺术、古琴艺术、新疆维吾尔木卡姆艺术和蒙古族长调民歌等四项非物质文化遗产先后入选联合国教科文组织“人类口头和非物质遗产代表作”。中国还建立起了国家、省、市、县四级非物质文化遗产项目保护体系，目前已公布了两批国家级非物质文化遗产项目共1175项，第三批国家级非物质文化遗产的申报与评审工作马上就要启动。入选国家级的非物质文化遗产项目都由中央财政拨款予以保护，而省、市、县级的非物质文化遗产则由各省、市、县自己筹措资金进行保护；同时，中国还建立了非物质文化遗产项目代表性传承人制度，已公布第一批国家级非物质文化遗产传承人777名，政府对非物质文化遗产项目代表性传承人有一定的经济补助。自2006年起，由文化部门倡导，在北京及全国各地举办各种非物质文化遗产演出、展览、民俗节庆及学术研讨会等活动，通过电视、广播、报刊、网络等各种传媒系统，广泛地向全国民众宣传非物质文化遗产的价值及保护意义，同时中国政府还规定将每年6月的第二个星期六定为“文化遗产日”，在此期间，全国各地都要举办各种有关活动。中国所采取的政府、专家学者及普通大众三者联动的保护机制，有效地促进了非物质文化遗产的保护工作，目前在中国全国上下已经形成了前所未有的保护非物质文化遗产的热潮。

二

2005年11月，由韩国申报的“江陵端午祭（Gangneung Danoje Festival）”被联合国教科文组织正式确定为“人类口头和非物质遗产代表作”，我们为此感到高兴。但是，由于一些媒体的误导，在中韩两国民间引起了一些不同的声音。端午节是中国古老而重要的节日，在中国起源并传承至今，形成了一系列丰富的节日文化和宝贵的非物质文化遗产。但韩国的“江陵端午祭”却有着一套完整的、与中国的端午节既有关联性又有差异性的民俗活动。中国的端午节主要纪念的是伟大的诗人屈原并在全国各地存在着十分丰富多样的内容和形式，同样存在着普遍性与地方特异性并存的现象；韩国的“江陵端午祭”是从酿制神酒开始，主要内容包括在大关岭举行的萨满祭祀、祭拜山神以及大关岭国师城隍和女城隍等一系列祭祀仪式；中国的端午节民俗活动有吃粽子，赛龙舟，挂菖蒲、艾叶，薰苍术、白芷，喝雄黄酒，儿童戴荷包、五毒兜兜等，意在驱毒辟邪。韩国的“江陵端午祭”民俗活动包括官奴假面戏、农乐竞赛、鹤山奥道戴歌谣、拔河、摔跤、荡秋千、汉诗创作比赛、射箭、投壶等，多为民众娱乐活动。

的确，中韩两国作为一衣带水的邻邦，有着上千年的友好交往历史，两个国家在政治制度、法律、哲学、宗教、教育、文学、语言、艺术、科学技术、礼仪风俗等各方面的交流和融合都非常广泛和深刻，以致在某些方面已密不可分。应该指出，文化的交流从来都是双向的，孔子曾经说过：“三人行，必有我师焉。”韩愈说过：“弟子不必不如师，师不必贤于弟子。”历史上，以儒家思想与汉字系统为代表的中国传统文化曾是韩国的官方文化，许多韩国的大学者都精通汉文化，曾经用汉字精确表达他们卓越的思想和伟大创造，以崔致远（857—？）为代表的新罗诗人曾与唐代的伟大诗人一起创造了“唐诗”的辉煌，他12岁入唐，18岁中进士，其诗作被收入《全唐诗》，其《讨黄檄文》被传颂一时，传记被列入《新唐书 · 艺文志》。韩国高丽朝著名的大诗人李奎报（1168—1241），著有《东国李相国集》53卷，其中收录2000多首汉诗，曾经被时人尊为“高丽李太白”，但他却把李杜视为“日月”，在他的许多诗作中表达了他对李白由衷的崇敬。[①]他在其《问造物》、《理屋说》等文中表达的哲学思想，深受中国儒道思想的影响。

同时，在中国佛教徒的心目中，四大菩萨之一的地藏王菩萨，就是新罗国太子金乔觉（696—794）。唐开元七年（719），金乔觉来到中国留学并接触佛教，后在安徽九华山上苦修了75年，终成正果，于唐贞元十年（794）农历闰七月三十日夜跏趺圆寂，三年后开函时，“颜色如生，兜罗手软，骨节有声如撼金锁”。佛教徒根据《大乘大集地藏十轮经》等相关记载认定他即地藏菩萨示现，尊其为“金地藏”，被视为地藏菩萨应世化身，在中国佛教徒心中有无限崇高的地

① ［韩］禹尚烈《李奎报与李白比较研究》，《中国李白研究》，黄山书社2008年版，346—360页。

位。因为金乔觉，九华山遂成为地藏菩萨的道场，与峨嵋山、五台山、普陀山并称为中国佛教“四大圣地”、“四大名山”。更为重要的是，地藏菩萨“众生度尽，方证菩提，地狱未空，誓不成佛”的伟大思想已超越了民族、国家、宗教，成为人类思想的至高境界。一个出身韩国王族的僧人在中国成佛的宗教记载与逾千年的人类口头史，足以印证中韩两国文化水乳交融的特殊关系。

还以佛教文化为例，自古以来，中韩两国佛教徒之间的交往就十分频繁，有大批新罗僧人来中国学法，如神昉、圆测、胜庄、道证、顺憬等先后入唐成为玄奘一系弟子，传承唯识之学。再如被尊为“海东华严宗初祖”的义湘，“海东迦智山第一祖”的道义，“海东实相山第一祖”的慧（哲）禅师，成立圣住山派的无染禅师，在新罗初传沩仰宗的顺支禅师，海东神印宗的开祖明朗，在三韩首传大藏经的慈藏等，都曾在中国学习佛法并东传三韩。而同时，韩国的僧人也曾将新罗的梵呗传至中国。于日本承和五年（838）入唐，承和十四年（847）回国的日本天台宗三祖圆仁在其《入唐求法巡礼行记》中，曾记载他在中国山东所见“赤山院讲经仪式”中的新罗僧人既有“音曲一依新罗，不似唐音”的“韩风”唱颂，也有“一据唐风”所唱的中国梵呗“云何于此经”，[①]说明当时在中国的新罗僧人们，不但掌握和使用已经华化的中国梵呗，也同时使用着韩国风格的梵呗。

在儒家文化的漫长发展过程中，更存在着“文化圈”或“文化涟漪”的文化辐射现象。对儒家文化的尊崇是韩国长期存在的历史文化现象。不但首尔在历史上曾长期被称为“汉城”，而且古汉城的四门即以儒家的“仁”、“义”、“礼”、“智”、“信”为名，东为兴仁门，西为敦义门，南为崇礼门，北为弘智，中有普信阁，充分体现了的正统儒家思想，整个城廓亦呈现出完整的八卦形。而在唐代的长安和一些沿海城市曾普遍设立的“新罗坊”、“新罗馆”，也成为展示和弘扬朝鲜半岛文化与习俗的窗口。孔子所谓“礼失而求诸野”的情况也曾时有发生。明清之际，在中国发生民族文化大动荡、大交流的时刻，韩国

① 田青：《佛教音乐的华化》，《世界宗教研究》1985第3期。

文化人认为“华夏文物，荡然扫地”，慨然以“小中华”自居，将延续“汉家衣冠”、保存汉文化视为己任，在被迫“剪发蓄辫”的中原大地东面，朝鲜半岛坚守着儒家礼仪和有明一代的文化，成为汉文化在东亚的优秀继承者。在韩国成功申报的联合国“人类口头和非物质遗产代表作”的“宫廷宗庙祭祀礼乐（Royal Ancestral Rite and Ritual Music in Jongmyo）”中，较完整地保留了来自儒家的中国古代礼仪文化的精神和风范，不但是儒家慎终追远、敬祖孝宗思想的体现，更是“八佾舞于庭”礼乐形式的延续和传承。而在中国，这样的皇家祭祖仪典却已中断。就像李奎报对以李白为代表的中国诗人心存感激一样，中国的文化人对此亦心存感激。

三

这些历史现象是中韩两国人民友好交往，互相影响的历史证明。也正因为如此，中韩两国的不少非物质文化遗产项目都具有同源性、相似性甚至同一性，属于两国共享的非物质文化遗产，比如被评为中国国家级非物质文化遗产保护项目的朝鲜族“农乐舞”及其象帽舞、长鼓舞，都在韩国有同样的留存。还有一些项目，在历史上曾经长期互相影响，已在很大程度上难分彼此，甚至可称为“水乳交融”。比如中医药与韩医药，一方面，公元692年，新罗王朝的孝昭王就设置医学博士和开设医学堂，用《本草》、《针经》、《脉经》、《明堂经》、《难经》等中国经典医书作为教材；另一方面，高句丽的《老师方》和新罗的《法师方》亦曾传入中国。再比如音乐舞蹈，一方面，从南北朝的刘宋时高丽、百济乐舞即已传入中国，得到中国士族的喜爱，隋唐时“高丽伎（乐）”更成为燕乐“七部乐”、“九部乐”、“十部乐”的重要组成部分，被李白咏为“金花折风帽，白马小迟回。翩翩舞广袖，似鸟海东来”[①]；另一方面，中国的礼乐制度和乐学、律学及其宫廷音乐亦曾传入朝鲜半岛，来自中国的“雅乐”、

① 《李白诗全集·卷五·乐府三十八首·高句丽》。

“唐乐”与其本土的“乡乐”各占其半，共同构成了韩国传统音乐。对其中一些具体的项目，比如中国古琴（七弦琴）、古筝与韩国玄琴、伽耶琴的关系；中国的传统乐律与韩国传统乐律的关系；甚至韩国的重要音乐理论著作《乐学规范》与中国相关著作的关系等课题，都有着重大的学术意义，今天的学者应该有更多的关注和更深入、客观的研究。

更重要的是，无论是中国申报的非物质文化遗产，还是韩国申报的非物质文化遗产，都是“人类”遗产，不仅属于中国或韩国，而是属于世界，属于全人类。在中国民间，为争夺前辈遗产而起纷争的人常常被人不屑，同样，为保护人类的非物质文化遗产而起纷争，不仅有违保护人类文化遗产的初衷，更有愧于我们的祖先，有愧于这些伟大文明的创造者和传承者。在保护非物质文化遗产方面，我们也应该像我们的祖先一样，互相学习，彼此尊重。在申报联合国非物质文化遗产保护项目的过程中，两国的学者更要客观、公正、科学地对待历史、尊重历史，弄清古今源流之变，以学者的态度，引领公众，反对狭隘的民族主义，提倡文化的包容性和多样性，对两国共有的项目，可以由两国政府在学者的参与下争取共同申报。对于一些重大的学术问题，也可以组织两国学者本着对历史负责、对人类文明负责的精神共同研究、认真探讨。

面对全球化和现代化的巨浪，主要产生于农业文明的中韩两国的非物质文化遗产有着同样的困境与传承的难题，就像李奎报在他思念李白的诗中所写的那样：“一朝捉月入沧海，瀛洲蓬莱何处采灵芝？”假如我们不加紧传承和保护的工作，许许多多祖先的伟大创造将在我们这一代消逝！地缘上，我们无法改变两国的地理位置；文化上，我们同样无法分割两国密切相连的历史和文化，我们只有共同携手，抛弃偏见，努力做好这项关乎中韩两国人民和全人类千秋万代的伟大事业，才无愧于我们的祖先和民族。

选自《捡起金叶——田青“非物质”·“原生态”文论集》，文化艺术出版社 2010 年版

本文系 2009 年在首尔“中韩文化论坛”上的演讲

（原载《中国文化报》2009 年 5 月 8 日）

流布与融合

——中国大运河与非物质文化遗产

一

文化传播学家认为：山隔绝文化——山阳山阴，直线距离不过数里，却语言不通；山上山下，同处于一个纬度，生活方式和生产方式却截然不同。而水则传播文化——君住江之头，我住江之尾，遥遥千百里，共饮一江水。大河上下，常常有着惊人相近的风俗与歌声。

由于地势的原因，在中国广阔大地上的绝大部分河流在绝大部分河段里是由西向东奔流的。这个不可改变的地理因素，使中国主体文化很早便形成了以东西向的水系为横轴的不同文化区，共同构造了诸如黄河流域、长江流域、珠江流域等不同的区域文化。经过数千年的流布与融合，今天的中华文化之所以呈现出一派既丰富多彩又大同小异、既有南北之别又有大统一的格局，是和大运河的开凿与使用分不开的。

中国大运河，这条世界上开凿时间最早、流程最长、使用时间最久的人工运河，是中国土地上唯一一条南北向的大河。它像一条穿越、编织众多纬线的经线，在中华文明的腹地流淌，打破了大自然的文化阻隔，直接促成了南北文化的交融；它又像一根擎天的立柱，撑起了数根文化的“横梁”，构建了中国文化巍峨博大的格局。烟波浩渺数千里，大运河不仅连通了海河、黄河、淮河、长江和钱塘江五大生命水系，哺育了运河沿岸的子子孙孙，更将燕赵文化、三晋文化、齐鲁文化、荆楚文化和吴越文化紧紧联系在一起，共同熔铸着中华民族灿烂辉煌的文化史诗。从公元前486年吴王夫差开凿邗沟开始，这条承载着生机和希望的大运河经过隋代的发展、唐宋的繁荣、元明清的改造疏通，一直奔流到今天，历经了两千多年的风雨沧桑，见证着中华文明的历史变迁，以人之伟力，促成和保证了中华文明的统一与和谐。

中国大运河不仅是物质的，更是文化的。它从南方流到北方，从古代流到今天，流通着数不清的生活资料、生产资料和宝贵财富，更孕育着无数同样宝贵的非物质文化遗产，催生了一座座珍珠般闪耀的名城古镇，向世人展示着世世代代中国人民的勤劳、智慧和伟大创造。

大运河的文化遗产包括物质文化遗产和非物质文化遗产。物质文化遗产是具有历史、艺术和科学价值的文物，包括古遗址、古墓葬、古建筑、石窟寺、石刻、壁画、近代现代重要史迹及代表性建筑等不可移动文物，以及历史上各时代的重要实物、艺术品、文献、手稿、图书资料等可移动文物。大运河两岸的文物古迹，包括河道、码头、船闸、桥梁、堤坝、纤道等水利设施，以及衙署、钞关、官仓、会馆、驿站等相关设施都是物质文化遗产。

而非物质文化遗产，则是指各族人民世代相承的、与群众生活密切相关的各种传统文化表现形式和和文化空间。中国大运河跨越北京、天津、河北、山东、江苏、浙江、河南、安徽等8省市，流经35个城市，运河流经地区那些与人民生活息息相关的民间文学，传统音乐，传统舞蹈，传统戏剧，传统曲艺，传统体育、游艺与竞技，传统美术，传统技艺，传统医药，民俗节庆等都是与大运河相关的非物质文化遗产。这些非物质文化遗产是运河两岸人民世世代代创造性的精神积累，是运河流域人民两千多年文化与智慧的积淀与浓缩。据不完全统计，在2006年和2008年公布的第一、二批国家级非物质文化遗产名录中，大运河沿岸35市仅国家级的非物质文化遗产项目就达200多项，加上省级和市级的非物质文化遗产项目，其内容之丰富、形式之多样，令人叹为观止。各具特色的非物质文化遗产如同粒粒珠玑镶嵌在这条独具魅力、色彩斑斓的文化之河两岸，熠熠生辉。大运河，是非物质文化遗产的宝库。

二

由于大运河的沟通，中国南北的经济、文化交流有了从未有过的便利与顺畅。随着货物和人员的流通，不同地域的地区文化开始广泛进入“他乡”。与宋代的“花石纲”一同进入东京汴梁的，除了奇花异石、珍玩宝物，还有数以千计的苏杭工匠和他们创造传承的手工技艺。在北宋众多大城市的勾栏瓦舍里，来自南方的戏剧及其优秀艺人充分展示着他们炫目的光华。我们共同祖先留下的属于全体中国人的历史故事、道德规范被艺人们用不同的方言、不同的旋律弘扬唱颂。清代乾隆年间形成并活跃在南方的“四大徽班”，在乾隆五十五年首次进京，经过几代艺术家的努力，经过不断的融合与创造，终于在北方的首善之区诞生了后来被称为“国剧”的京剧。

中华文化的重要特点，便是文化形态上的多元统一。不同地区文化的互相吸引和交流，使中国南北相隔千里之遥的许多文化遗产在各有特色的同时保持着惊人的相似性。大运河沿途两岸，这样的例子比比皆是。比如均已列入我国国家级非物质文化遗产保护项目的“苏州桃花坞木版年画”和“天津杨柳青木板年画”就是一个生动的例子。大家都知道，印刷术是我们中国人引以为傲的“四大发明”之一。假如说文字印刷的意义主要是传播思想、理念、概念的话，那么，图画的印刷，则在传播思想、理念、概念的同时，还更多地传播着美，滋养着人们的眼睛，它不仅仅是艺术，不仅仅是美的创造，还在相当长的时间里担负着传播文化、教化民众、对普通百姓普及历史知识的任务。

桃花坞木板年画产生于明代，当时在苏州七里山塘和阊门内桃花坞一带有数十家画铺，年产量多达数百万张，故以桃花坞为名。桃花坞木版年画的画、刻、印分为三大谱系，在长期的创作、生产实践中，身怀绝技的老艺人各自摸索出了独特的经验，形成了一整套特殊的工艺制作程序。桃花坞木版年画继承了宋代的雕版印刷工艺，兼用人工着色和彩色套版，以门画、中堂、条屏为主要形式，题材多为祈福迎祥、驱凶避邪、时事风俗、戏曲故事等。

明代永乐年间，京杭大运河的开通及天津漕运的兴起使杨柳青成为南北商品交易的重要集散地，经济日益繁荣。杨柳青木版年画随即兴起，并日益兴盛，出现了全镇及周边村庄“家家会点染，户户善丹青”的盛况。杨柳青木版年画题材广泛，内容丰富，构图饱满，寓意吉祥，雅俗共赏。它采用刻绘结合的手法，刻工精美，绘制细腻，人物生动，色彩典雅，成为我国著名的年画品种之一。桃花坞木板年画和杨柳青木板年画既有着大致相同的审美趣味，又各具特色，都是中国年画艺术的代表，在中国民间文化发展史上占有重要地位。

再比如属于民间音乐范畴的船工号子，是一种独具特色的劳动歌曲，在船工生活中曾经起着巨大的作用，它不但在劳动中统一节奏、协调意志与动作，而且是船工们精神的寄托和感情抒发的方式，是与江河湖海有关联的最富特色、最具代表性的歌种，是船工在对生命极限的考验中产生的生命乐章。长江的船工号子与运河上的船工号子也有着异曲同工之妙。

被列入国家级非物质文化遗产保护项目的“宜昌长江峡江号子”，流传在滩多水急的长江三峡西陵峡一带，是行船过程中船工呼喊的号子以及装卸、泊船时呼喊的码头号子和搬运号子。长江峡江号子现存一百余首，其中船工号子94首，包括拖扛、搬艄、推桡、拉纤、收纤、撑帆、摇橹、唤风、慢板等9种；搬运号子32首，包括起舱、出舱、发签、踩花包、抬大件、扯铅丝、上跳板、平路、上坡、下坡、摇车和数数等。表现形式为一领众合，有喊唱、呼啸、翻唱等，音乐旋律与内容融为一体，气势磅礴。

“通州运河船工号子”是北京市级非物质文化遗产保护项目。通州是京杭大运河的北起点，早在秦代就有漕运活动。从通州到天津段的运河上也曾经回响着一种气势磅礴的船工号子，漕运鼎盛时期，伴随浩荡船队的是震天的号子：起锚号、揽头冲船号、摇橹号、出仓号、立桅号、跑篷号、闯滩号、拉纤号、绞关号、闲号等，号称“十万八千嚎天鬼”，此起彼伏。气势磅礴的船工号子是运河文化的标志性符号之一，是大运河漕运历史的鲜活记忆，也与黄河、淮河、长江上的号子遥相呼应，用劳动的呐喊和激情共同抒发着一代又一代船工们的梦想。

再比如同样被列为国家级非物质文化遗产保护项目的“山东快书”和“扬州评话”，虽然一个用山东口音，一个用扬州方言，但其表演的内容、形式、艺术手段、曲目，却存在着惊人的相似性，精彩干练的《武松打虎》与洋洋洒洒的《武十回》同样成为那个时代运河两岸普通百姓口口相传的精神食粮。在音乐方面，中国民族民间音乐的一大特点是存在着大量同名异曲、同词异曲的现象，比如中国最为著名的民歌《茉莉花》，在运河上下便流传着多种版本。从河北昌黎苍凉豪放的《茉莉花》，到江浙委婉秀丽的《茉莉花》，“好一朵茉莉花，好一朵茉莉花，花开花谢谁也比不上它……”的同样词句在前者鲜为人知的“十三咳”与后者举世皆知的熟悉旋律的演绎下各美其美。这样的例子数不胜数，以致长期以来，中国人特别喜爱用“南×北×”这样的词组来总结和形容中国传统文化的某些代表性项目，诸如木板年画的“南有桃花坞，北有杨柳青”，刀剪制作工艺的“南有张小泉，北有王麻子”，乃至武术的“南拳北腿”、民族音乐的“南笛北管”……在形成这种文化状态的诸多原因中，大运河的作用不可低估。

三

一项项宝贵的非物质文化遗产在大运河的滋养和灌溉下形成和发展，成为大运河及沿岸城市的文化名片，述说着运河沿岸特有的故事和风采。然而，随着大运河功能的减退和部分河段的干涸，随着现代化、城市化、经济快速发展的进程，在全球经济一体化所带来的文化一元化趋势的冲击下，运河两岸的很多非物质文化遗产面临着消失的危险，如何更好地保护大运河沿线的非物质文化遗产，使这些祖先们创造并赠予我们的宝贵财富能够继续传承下去，牵动着运河两岸人民的心，更关系到大运河的文化命脉。

首先，大运河非物质文化遗产的保护要建立在充分发掘基础资料的基础之上。要知道我们的家底有什么，是什么，然后才能谈到保护。目前，大运河两岸已经列入国家级非物质文化遗产的项目有200余项，其中包含着无比丰富的内容与形式。仅以浙江省进入第一批国家级非物质文化遗产保护名录的项目来说，就有诸如“白蛇传传说”、“梁祝传说”、“西施传说”、“济公传说”、“嵊州吹打 ”、“舟山锣鼓 ”、“奉化布龙”、“余杭滚灯”、“昆曲”、“高腔”、“新昌调腔”、“宁海平调”、“乱弹”、“越剧”、“皮影戏”、“木偶戏”、“温州鼓词”、“绍兴平湖调”、“兰溪摊簧”、“绍兴莲花落”、“小热昏”、“扬州剪纸”、“金石篆刻（西泠印社）”、“青田石雕”、“宁波朱金漆木雕”、“乐清黄杨木雕”、“东阳木雕”、“灯彩”、“嵊州竹编”、“龙泉青瓷烧制技艺”、“龙泉宝剑锻制技艺”、“张小泉刀锻制技艺”、“天台山干漆夹苎技艺”、“绍兴黄酒酿制技艺”、“竹纸制作技艺”、“湖笔制作技艺”、“胡庆余堂中药文化”、“大禹祭典”等涵盖口头传说、民间音乐、传统戏曲、民间美术、手工技艺、中医药、民俗庆典等多个领域的非物质文化遗产。这些遗产，都具有高度的文化价值，悠久的历史和广泛的影响，同时，又都不同程度地处于濒危的处境，亟待保护。

其次，大运河上的物质遗产和非物质文化遗产是不可分割的，二者的保护应该结合进行。一项遗产既要保护它的成果杰作，更要保护创造它的技艺、经验，甚至掌握这项技艺的人，这就是我们非物质文化遗产保护工作中特别重视传承人的认定与保护的原因。以大运河上的桥为例，沿岸有许多著名的古桥，都是珍贵的历史文物。但是这些桥是如何造的？有哪些是大运河桥独有的特点？这些造桥技艺经过历朝历代不断的行业进步和传承是如何发展的？目前掌握这种技艺的传承人在哪里？情况如何？这些都是大运河遗产重要的组成部分。一句话，桥是物质文化遗产，造桥的智慧、技艺、手段、经验，乃至传承人，则属于非物质文化遗产和非物质文化遗产保护的对象。非物质文化遗产保护最强调的是活态传承，如何创造条件让身怀绝技但年事已高的传承人将他们的技艺传给下一代，如何构建环境和社会气氛让年轻一代愿意学习和继承这些已经流传了千百年并曾经创造过历史辉煌的文化遗产，是我们当前的首要任务。

大运河沿岸的非物质文化遗产，都与当地的生产方式、生活方式、自然环境密切相关，一旦自然环境和社会环境产生变化，在这个特定的基础上产生的文化形态肯定会随之变化，因此，我们目前应该抢救的不仅仅是非物质文化遗产的项目本身，更要注意保护产生这些项目的生态环境，在大运河沿岸设立若干“生态保护区”，应该是可行和必要的。当然，对一些已经失去存在条件的项目，应该尽快实行博物馆式的保护，用现代化的技术手段，诸如录音、录像、数码化存储等方式为我们的子孙后代留住一份记忆。比如运河船工的生活方式、生产方式都改变了，船工号子已不可能再在现实生活中原态传承，但对老船工的采访、录影，甚至某些尽可能靠近“原生态”的舞台再现，也都是“不得已而为之”但却必须尽快做的事情，起码可以用这样的方式告诉我们的后人：

“你们的爷爷奶奶曾经……”一旦“人去艺绝”，我们将不得不承担在我们这一代“历史中断”的罪责！

应该让全社会都了解，我们保护非物质文化遗产的目的是要通过传承文化传统使人民的生活变得更好，而不能错误地理解为倒退或停滞不前，保护遗产不是为了昨天，而是为了今天和明天。当然，随着时代的变迁和交通手段的现代化、多元化、立体化，大运河昔日的繁忙景象已不可能全面恢复了，但是，大运河的非物质文化遗产不能随着河流功能的减弱而消亡，因为它承载的不仅仅是运河本身的历史，更承载着几千年中华文明发展的根和灵魂。

留住大运河昨天的美丽，创造大运河明天的辉煌，是我们今天不容推卸的责任。

选自《捡起金叶——田青“非物质”·“原生态”文论集》，
文化艺术出版社 2010 年版

本文系 2009 年 11 月 4 日在第五届中国大运河文化节与“申遗”高峰论坛上的演讲

我们拥有足够的“文化自觉”吗

——有关非物质文化遗产保护的思考

提倡“文化多样性”和关注各民族非物质文化遗产的保护，是进入21世纪以来人类在文化领域里最具有深远意义的举措，也是人类自我认识的重要进步。长期以来，在科学技术取得全面胜利的同时，文化进化论的影响和文化一体化的趋势使越来越多的“弱势文化”处于被“覆盖”和替代的状态；而经济的全球化和以美国当代文化为代表的“强势文化”在全球的扩张，更加剧了这一进程。

保护“文化多样性”和保护非物质文化遗产的运动，为一些处于强势文化包围下的弱势文化提供了一种继续生存的可能，而“文化自觉”，则是保护“文化多样性”和保护非物质文化遗产的前提条件。“文化自觉”是已故的中国学者费孝通晚年最重要的学术思想，他主张每个民族都要通过文化自觉来重新审视自己的文化和他人的文化，找到本民族文化的“安身立命”之地，最终达到“各美其美，美人之美，美美与共，天下大同”的境界。保护本民族的文化遗产，应该是该民族文化自觉后的具体行动。

那么，文化自觉是怎样发生的？文化自觉的前提条件是什么？为什么有的民族通过文化自觉最终改变了对本民族文化的态度，率先提出保护“非物质文化遗产”的理念并付诸行动，而有的民族却甘愿以本民族文化的丧失为代价在“现代化”的进程中全盘异化？对一些在非物质文化遗产保护方面起步较早的国家如日本、韩国和我国一些少数民族对待文化遗产态度的比较研究表明：在大多数情况下，“文化自觉”不会自然发生，它常常是在灾难或巨大的民族危机发生之后的一种深刻甚至痛苦的反思，当一个民族缺乏“文化自觉”的时候，任何来自外部的“越俎代庖”式的“保护”，都是暂时和难以真正起作用的，使

“文化多样性”成为人类文化的基本范式并使各民族的非物质文化遗产得到传承和发展，最终还要依靠各民族自己的觉悟和行动。

“国破家亡”与文化自觉

全世界最早立法保护“无形文化财”的日本对本民族传统文化的保护和尊崇，给世人留有深刻印象，以致许多人误认为日本“一贯如此”。其实日本和中国一样，在近代与西方强势文化的碰撞中沦为弱势。学习西方，是当时中、日及许多亚洲国家的共识。日本明治维新之后，提出“脱亚入欧”、全面西化的国策，整个日本社会积极学习西方，明治五年（1872），日本文部省学习西方教育制度建立学堂、颁布学制。明治六年，大相扑被以“裸体的野蛮游戏”为由遭到禁止。在建筑领域，西式建筑开始大量出现并引领建筑潮流，开始改变日本的风貌。在演艺方面，不但大量移植西方歌剧和话剧（新剧），甚至连日本的国宝“歌舞伎”都曾经被按照西洋歌剧的形式来改造。当时日本的“演剧改良运动”，主张摈弃东方戏剧的抽象主义精髓，采用西方戏剧写实主义理念，采用“具象”的舞台布景和舞美设计，甚至主张抛弃“歌舞伎”传统的音乐手段、歌唱方法和表演程式，采用西洋歌剧的音乐创作手法和“美声唱法”。应该说，日本当时的“西化”程度远比中国为甚，今天的日本成为在世界范围内最早提出保护非物质文化遗产概念并最早把保护本国的非物质文化遗产作为国家行为的国家，实际上有一个巨大的转变。从明治维新到第二次世界大战中战败，日本经历了一个从全面西化到重新肯定、高度重视日本传统文化的社会心理变化，应该说，这是世界上唯一一个经历过核战争的国家在沦为战败国、被美军占领之后，整个民族文化面临全面消失的危险之后的痛苦反思。日本民族终于认识到：作为一个亚洲国家、一个“现代化”较晚的国家，无论你“脱亚入欧”的决心有多大，西方国家仍然视你为“东方”；更重要的是，“国破家亡”的日本终于认识到：一个国家可以没有政治、军事、经济的自主权，可以在“国家大事”上仰人鼻息，但是，只要日本的传统文化还在，只要和服、茶道、柔道、寿司、榻榻米、歌舞伎、三味线等传统风俗、礼仪、节日还在，日本就仍然是一个完整的、受人尊重的国家。文化独立的意义，不是象征性的，而是实质性的，是最本质的独立。

基于这样的一种思想转变，日本于1950年率先制定了《文化财保护法》。日本的《文化财保护法》共有七章112条，附则18条，共计130条。把日本的文化财分为有形文化财、无形文化财、民俗文化财、纪念物、传统建筑物群、保存技术6类，以立法的形式加以保护。1954年之后，又制定了对无形文化财传承人的保护制度，以“人间国宝”的尊称和相应的待遇表达对传承人的全民礼遇。当代日本呈现给世界的面貌，一方面是高度的现代化，一方面是相对的古老和对传统的高度尊重。明治维新后，日本的达官显贵曾纷纷穿起西式的“燕尾服”出席音乐会，今天，日本的观众却重新穿起华贵的和服、以一种近似宗教崇拜的态度去观赏“能”或“歌舞伎”。而明治维新后曾一度遭禁止的大相扑，不但继续着“裸体的野蛮游戏”，更被日本社会视为“国伎”而普获尊崇。

当然，日本在二战失败之前，由于学习西方的成功，随着国势的增强，已经开始了一个从单纯崇拜西方文化到民粹主义抬头的趋势，但真正促使日本全民反思并最终形成目前日本文化崇洋与崇古并重、保守与创新同在、保护与发展并行的大格局，还是在二战失败之后。

韩国也是较早制定非物质文化遗产保护政策的国家。同样，朝鲜战争使一个单一民族的国家分裂为两个国家，而且和日本一样处在美国文化的强势笼罩之下。对民族未来的担忧和对民族统一的渴望，使这个自尊心极强的民族产生了一种对本民族文化的强烈感情。我们应该理解一个优秀但相对弱小的民族在长期外界压力下的一些极端化的反应，对朝鲜民族文化和历史的执着追索与一种类似信仰的文化自尊，促使韩国在20世纪60年代就开始着力于传统民族、民间文化的搜集和整理，并紧随日本之后制定了保护本国非物质文化遗产的政策，于1962年颁布了《韩国文化财保护法》。半个世纪以来，韩国已经陆续公布了100多项非物质文化遗产，并根据其价值大小把非物质文化遗产分为不同等级，由国家、省、市及所在地区分别筹资资助。此外，韩国政府还制定了金字塔式的文化传承人制度，对于最顶层被授予“保有者”称号的最杰出的文化遗产传承人，国家给予他们用于公演、展示会等各种活动以及用于研究、扩展技能、艺能的全部经费，同时政府还提供每人每月100万韩元的生活补助并提供一系列医疗保障制度，以保证他们衣食无忧。

压力与恐惧，似乎是我们的这两个近邻首先“文化自觉”，较早将非物质文化遗产保护制度化并成为社会共识的重要原因。

“襁褓”与文化丢失

那么，在没有压力与恐惧的情况下，在关爱、呵护与“启发”下，“文化自觉”会如愿发生吗？20世纪90年代，一个源于欧洲的保护弱势文化的理念和方式传入中国，这就是曾经成为一时之尚并被人们寄以厚望的“生态博物馆”（Ecomuseum）。

贵州六枝梭戛生态博物馆位于六枝特区以北50公里的梭戛乡陇戛寨内，是中国和挪威文化合作项目，也是中国第一座生态博物馆，该馆于1988年10月31日正式落成开馆，希望用这种方式使梭戛苗族（长角苗）原始、古朴、独特的文化习俗得到保护。但是，由于“所有的保护行为本身并不是来自当地居民自发的内在要求和自觉意愿，而是一种纯粹的外在行为，因而对当地居民来说，整个保护的过程都是被强加的，也是被动地接受的。这就是说，保护只是外部的要求，而‘开发’才是当地居民更强烈的现实意愿”。写下这段话的学者潘年英在博物馆开馆之后四年再度造访梭戛时，他看到的是：“资料信息中心的每个房间基本上大都紧锁着，既看不到博物馆的工作人员，也没有见到本土的管理人员，只有一个彝族妇女在负责看守和接待……但她既不是博物馆的工作人员，也不熟悉长角苗文化。和四年前相比，博物馆资料信息中心的各项工作已基本停止了：既没有了专业人员的介绍，同时中心的各项硬件设施也遭到了严重的破坏——房子漏了没人维修，住宿区的厕所坏了无人管，处处显示出衰败景象。……那么作为博物馆的实体部分的村寨又如何呢？那倒是有了翻天覆地的变化，不过这种变化却是令人不安的。首先，当地政府无偿地为陇戛（博物馆所在地）村民重新修建了一个新村，均为一层楼的小洋房，每幢房屋的成本价格是8万元，楼房整齐，美观、漂亮，初看时，我以为是某公司在此修建的度假村，后来才知道是陇戛苗民新村。其次，当地政府不仅免费为长角苗民修建了洋房，而且免费为其提供新的产业支持，即免费为每家每户供应鸡100只，牛一头，山羊若干只。因而当我走进陇戛新村时，除了长角苗妇女的服饰依旧，我再也看不到任何长角苗的传统文化，相反，我看到的似乎是一个现代的养鸡场。……在这儿，你再也听不到古歌和情歌的自然演唱，再也看不到自发的歌舞欢爱，你也看不到原生艺术的展示和民族的自尊，虽然还能看见有中年和老年妇女把木角戴在头上……但是，和四年前相比，我不得不说，真正原生的长角苗民的文化符号已所见不多了，穿着本民族服装的女孩子也已经大大减少了，尤其是年轻的一代，如果不是为了表演和争抢游客，她们的衣着几乎和别处的汉族村庄没什么两样。”①

这样的情景其实在中国其他一些地方尤其是少数民族地方带有相当程度的普遍性，当发展旅游带动经济的思想成为地方政府的主导思想时，“保护非物质文化遗产”的口号便成为当地政府借此提高地方知名度、开发旅游、增加收入的手段。以贵州六枝梭戛生态博物馆为代表的“生态博物馆”保护方式的失败让我们不得不得出这样一个结论：当一个民族或群体没有意识到本土文化消失的危险与后果时，一切外来的努力都不能代替这个民族的“文化自觉”。在与日本、韩国的文化自觉历程比较之后，我们会发现，“文化自觉”常常是弱势文化在异质文化以强力侵入时的应急机制，是弱势文化自我保护的一种反映。在大多数情况下，“文化自觉”不会自然发生，它常常是在灾难或巨大的民族危机发生之后的一种深刻甚至痛苦的反思。就像生物体对待暴力侵袭与“温柔抚摸”的自然反应不同一样，一种文化和另一种文化遭遇、碰撞的时候，强势文化、外来文化对弱势文化、本土文化的态度，常常是造成后者对前者是接受还是抗拒的关键因素。中华民族的融合过程与以汉民族文化为主体的中华文明的形成就是一个生动的例子。

① 潘年英：《梭嘎生态博物馆再考察》，《理论与当代》，2005年第3期。

“拳打脚踢”与“亲吻抚摸”

在中国历史中，无论是赵武灵王的“胡服骑射”，还是北魏拓跋氏的“禁断胡语”，都是一种文化对另一种文化的主动吸收和拥抱。中华文明对周边民族、国家的影响与辐射，靠的是优秀文化的彰显和示范，是如春雨般“润物细无声”的滋润与渗透。盛唐文化的繁荣及其在东亚的传播，一方面说明一个充满自信的文化对外来文化的包容与吸纳的过程是多么自然、多么愉悦；另一方面也说明一种文化对其他民族的吸引力或“软实力”的内容及形式，也同样应该是自然的、是能带给他人愉悦的。同理，无论是元朝的辉煌还是大清的兴盛，都是蒙古族、满族自动全面融入以汉族文化为主体的中华文明的结果。在这里起作用的，还是“主动”，还是“自愿”。基督教在华传播的历史，似乎也从反面证明了这一点：从唐代时的景教，到元代的“也里可温”，再到明清之际的天主教，基督教曾三次传入中国，又三次受挫，全线溃败。在基督宗教传播的历史上，还未有过需要如此反复多次、重新开始传教的国家。而且，重新开始时都要完全从头做起。成熟并自成体系的中华文明，似乎成了一座巍峨屹立、无隙可入的巨大岩石。明朝末年，一位传教士面对教禁森严的中国大陆曾悲戚地慨叹：“岩石，岩石，你何时开裂？”

“岩石”虽然最终被大炮轰开，在鸦片战争等侵略战争之后，凭借着一系列不平等条约给予“传教自由”的保障，基督教终于在中国开始大规模传播，但这种在“坚船利炮”伴随下的文化侵略，也不断遭到中国人民的抵制和反抗。“义和团”运动与众多“教案”的发生有着复杂的政治因素和社会因素，但沦为弱势文化的中华文明对西方文明强力侵入的反感与反弹，无疑是重要的社会心理因素。从鸦片战争到1949年之前，虽然基督教在华传教取得很大成功，但基本上只是在城市“西化”的知识分子群体和西南偏远的少数民族地区这“两极”传播，在整个中国的宗教格局中，早已融入中国传统文化的佛教和本土宗教“道教”依然是中国影响最大的宗教。改革开放之后，情况逐渐发生变化，基督教在新形势下在某些地区迅速扩展，一些“地下教会”在城市、乡村迅速蔓延，甚至在中国传统文化的腹地中原的广大农村，基督教也逐渐取代了佛教、道教而跃升为影响最大的宗教。造成这种状况的原因同样是复杂的，主流意识形态的弱化乃至丧失为宗教的发展让出了空间，但基督教尤其是新兴的“地下教会”传教手段的“软”化、“温柔”化，无疑起到了关键的作用。关心个体生命和弱势群体、主张“爱”与“奉献”，为逐渐边缘化、失去精神家园的底层民众提供寄托与希望，无疑比“坚船利炮”更容易被接受。

“冷战”时期，一些西方的决策者提出过“和平演变”的战略，随着“冷战”的结束，“和平演变”的名词淡出了政治话语甚至被遗忘，但好莱坞电影、NBA篮球赛、麦当劳与肯德基、牛仔裤与T恤衫……这些“全球化”的西方文化的具体形式已经被中国社会广泛接受，甚至成为当代青年的基本文化模式。这当然是中国社会“现代化”的必然结果，但也同样证明了异质文化相遇的一个定律：当异质文化强大且采取温柔而不是攻击的姿态时，接受便代替了反抗，最终变“他”为“已”，使接受者在不知不觉的状态下以忘掉“已”文化为代价融入了“他”文化。

中国非物质文化遗产保护的“瓶颈”

近几年，我国的非物质文化遗产保护工作取得了巨大的成就，一个几年前还不被人所知的陌生名词“非物质文化遗产”突然成为热门名词和社会关注的热点，这本身便是中国社会“文化自觉”的一个标志和反映，也是中华民族“文化自觉”的重要内容。随着整个国家的现代化，越来越多的中国人认识到：我们的现代化不能够以中断历史、丢掉文化传统为代价。

但是，我们必须看到，虽然中国的“文化自觉”也是在西方强势文化的全面挤压下的一种自我保护的反应，但中国的“文化自觉”不是在日本、韩国这样经历了切肤之痛之后的“幡然醒悟”，而是在改革开放取得巨大成功之后，在现代化、城市化、国际化进程中的一种逐渐产生的自我反思和自我调整。就像“生态保护”、“环境保护”一样，这种反思首先由个别的“精英”知识分子的呼吁开始，逐渐在主流社会产生影响，当这种“呼吁”被政府接受并成为政府行为时，政府强大的行政力量和宣传工具又反过来全面影响了民众，使其成为全社会关注的热点。文化自觉首先要“各美其美”，但对于一个处于强势文化“软性包围”下的民族，却常常认识不到自己的美，因而没有“文化自觉”的可能。贵州梭嘎生态博物馆的兴衰充分说明了光靠外力和“启发”而没有真正的民族文化自觉时，所谓保护该民族文化遗产的努力只能付诸东流。而在我国非物质文化遗产保护取得巨大成就同时存在的一些问题，比如普遍存在的地方政府“重申报、轻保护”的现象、比如普查认真、保护敷衍的现象、比如宣传工作轰轰烈烈、实际保护工作难以落在实处的现象、比如以保护遗产之名行开发旅游产品之实的现象，比如打着“保护遗产”的口号实际上为了商业目的篡改，甚至伪造“遗产”的现象，其实都与中国社会至今缺少一个真正的“文化自觉”有关。我们必须指出，目前许多地方政府热衷于非物质文化遗产保护项目（尤其是国家级项目和联合国“人类非物质文化遗产项目”）的申报，不是真正的“文化自觉”，而是基于利益驱动的行为，其主要动机，不是文化遗产的保护，而是扩大地方知名度、打造旅游产品、增加地方财政收入，甚至争取中央财政支持的功利行为。

妨碍我国非物质文化遗产保护工作深入与落实的“瓶颈”，本质是我国社会“文化自觉”的程度不够，还远远没有成为整个民族的基本价值观，没有产生一种不保护非物质文化遗产我们的民族文化就会消亡的危机感。借用禅宗的语言，假如说日本和韩国是被“迎头棒喝”而“顿悟”的话，那么，中国则是在近百年国势几经曲折、由衰而逐渐转强的漫长过程中的“渐悟”。“顿悟”可以在认识到“本来无一物”的瞬间当下放下，当下了断，明心见性，“即身成佛”。但“渐悟”则不同，必须“时时勤拂拭”，逐渐在实践中加深认识，而在这个过程中，则充满了艰辛和反复。

一个民族或国家的“文化自觉”与人类个体生命“我”的认知类似，亦有“低级”与“高级”两个阶段，个体生命自我认知的“低级”阶段从儿童认知“我”，体会自身与外部世界的区别开始。美国心理学家威廉·詹姆士（William James）把自我认知分为三个要素：物质的自我、社会的自我、精神的自我。只有先认知物质的自我，通过社会的自我，最终完成精神的自我。“高级”的自我认知应该即是佛家所谓的“悟”，从认知“我”，到把握“我”，到破“我执”，把“无我”作为觉悟的标志和人生的最高境界。一个民族或国家的“文化自觉”也要有三个阶段：一是首先认识本民族的文化形态，认知文化的“我”，建立“我”文化的基本结构。二是明了本民族文化的精神、价值、特异性并能够在人类整体文化中定位。三是在有这样一个“立脚点”的情况下虚心学习其他民族其他国家的优秀文化，建立一个开放的、有独特性的大文化。没有第一个阶段，一个连最基本的自我文化认知还没有建立的民族，就像还没有认识到“我”与周围万物的区别的婴儿一样，是软弱无力、无知无识的生命。也只有先认识自己的美，经过“各美其美”的阶段，才能够“美人之美”，最终达到“文化自觉”的高级阶段：“美美与共，天下大同”。

“时时勤拂拭”是佛教的主流认识，也是普通“根器”的众生最可靠的修行方法。当我们没有日本、韩国那样“顿悟”的机缘时，继续深入开展非物质文化遗产保护的宣传、教育工作是唯一的方法。针对我国目前的实际状况和特殊的国情，宣传与教育应该主要针对两大群体，一是加强对青年一代的教育，改变目前许多青年人对本民族文化无知、无感情的状态，王阳明“抛却自家无尽藏，沿门持钵效贫儿”的诗句不应该再成为当前教育的现状。让青年一代通过认识本民族的传统文化、夯实文化根基、追索民族魂魄，构建一个传承了民族文化DNA的开放性的文化体系，最终实现传承、弘扬中华民族优秀文化的理想；二是加强对政府官员的教育，提高各级干部的文化自觉意识，逐渐减弱文化决策的功利性、增加对提高国家软实力意义的认识，保证体现了民族共识、有关中华民族未来的政府高层决策能够真正落在实处，成为可持续的、有意义、有价值的行动。

“文化自觉”的标准和途径是文艺复兴；“文化多样性”和非物质文化遗产保护意识的觉醒是“文化自觉”的核心；在中华优秀传统文化复兴的基础上形成的当代中国文化的大繁荣、大发展，是大国真正崛起的重要内容。

选自《捡起金叶——田青“非物质”·“原生态”文论集》，文化艺术出版社2010年版

（原载《中国文化报》2010年2月22日）

原生态：唤醒文化自觉与维护文化多样性的契机

2006 年，一种被称为“原生态”的民族民间唱法进入主流媒体，成为中央电视台全国青年歌手电视大奖赛中与“美声”、“民族”、“通俗”唱法并列的独立品种，打破了前三者“三足鼎立”的声乐版图，引起了广大电视观众和媒体的广泛关注，甚至成为大奖赛中最吸引人眼球的亮点。

但是，“原生态”的称谓是否准确？如何看待、对待所谓“原生态”的艺术形式和歌手？以往边缘化的民族民间唱法进入主流媒体和专业院校、团体是利大还是弊大？如何在这一不可逆转的过程中保护这些处于“文化弱势”的民间艺术不被现代化的浪潮和专业化的追求异化、同化？如何引导民众将纯粹娱乐的目的和追求新奇的时尚行为转化为全民族的文化自觉？这都需要全社会在“热”后有冷静的思考。

首先必须指出，正像一些学者所说的那样，“原生态唱法”这个概念是不准确、不学术化的，它正确的名称应该叫作“民族民间唱法”。只是由于民族化的美声唱法已经被习惯称为“民族唱法”，于是，这种真正来自各民族民间的、没有经过现代化、专业化训练的传统唱法只好借用了其他领域的概念并首先由媒体使用而普及。当一个名词已经约定俗成并有明确的所指之后，当公众已经广泛接受这一概念之后，学术概念的讨论虽然必要，但也只能局限在学术界了。实际上，不但现在大家已经普遍接受的其他三种唱法的称谓都不够学术化，在其使用之初，也都无一例外地有过争论和不同的称谓，而且，古今中外艺术史上许多流派的称谓，也都是约定俗成的。比如“印象派”的概念，不但同样不够准确，甚至是出于非善意的嘲讽，而且当时就被那些被称为“印象派”的艺术家所反对。但是，我们现在一提到“印象派”，就会想起马奈、莫奈、梵高、雷诺阿、德彪西，想起《日出 · 印象》、《牧神午后》，没有歧见，这就够了。我个人以为，实际推动一种艺术流派或者艺术风格的进步，比书斋中的“名实之辩”更需要、更重要。

至于如何看待、对待所谓“原生态”的艺术形式和歌手？以往边缘化的民族民间唱法进入主流媒体和专业院校、团体是利大还是弊大？我觉得在探讨这些问题之前，有必要回顾一下我们近年来的文化环境，尤其是主流唱法的产生背景与形成原因。

在全国青年歌手电视大奖赛中，“原生态”唱法是从“民族唱法”中独立出来的。而所谓“民族唱法”，和中国 56 个民族固有的传统唱法并没有直接的传承关系，它基本上是用美声唱法的理论、规律、方法来唱中国歌，它解决了西方发声方法与中国语言的矛盾，并借鉴西方声乐有普遍性的训练方法成功地培养了一大批中国歌手。

从20世纪50年代我们要建立自己的民族声乐学派，到今天民族美声发展到精致化、规范化的阶段，并开始遭到一部分听众批评的时候，首先要看到这种唱法产生的必然性，要看到整个时代的要求和一代人审美观的变化路径。造成今天这种民族美声唱法“千人一面”的状况，有许多原因。

第一，是西方至上。从 19 世纪末一直到整个 20 世纪，对西方文明的学习是中国知识分子一百多年来最普遍的追求，在许多中国人的潜意识里，西方文明就意味着进步与现代化，这成为我们几代人努力效仿的东西。在这种思想影响下，中国音乐走了一条逐步现代化的道路，同时，也走了很多弯路。比如，认为民族乐器构造“落后”而“改造”；竹笛加键，学长笛；二胡加指板，“解放弓子”，学小提琴；笙越做越大，成了风琴；民族乐队在“交响化”的口号下不顾民族乐器的特点模仿西洋管弦乐队的编制；用民族曲调加西洋和声“创造”中国音乐作品，等等，都是基于一种我们的民族音乐是“落后”的，西洋音乐是“进步”的这样一种认识。同样，学院派“民族唱法”以西洋美声唱法的美学观和教学方法为基础，也是一个时代的选择。

第二，是科学至上。一百多年来，在中国，科学已经成为真理的代名词。尤其是科学给中国带来巨大的进步之后，人们更是由崇尚科学变为崇拜科学。当我们在艺术领域对科学顶礼膜拜的时候，科学主义却给艺术带来了单一化、规范化和抹杀个性的思想基础。艺术和科学是人类认知世界的两个完全不同的、并立的、不可互相替代，但又相互影响的方式。艺术与科学有相同之处也有相悖之处，有互相涵盖、互相交叉的地方，但更多的是独立与分责的。比如，科学实验一定要有可重复性，但是，艺术的本质就是反对规范化，不能重复，《红楼梦》不能写两遍，个性化与不可替代性是所有艺术追求的标准。

声乐是高实践、超理论的艺术，它更多的是个体的生命体验，正像禅宗所说，如人饮水，冷暖自知。实际上，学院的声乐教学至今也仍然沿袭着最传统的一对一的教学方式，和所有手工艺人的传统传承方式没有任何区别；大部分术语，是“打比方”，要靠学生去体悟，去验证。当然，不是科学并不意味着这种唱法不好、不高级。艺术是艺术，科学是科学，在艺术领域，要破除对科学的迷信，主张对艺术自身规律的复归。

第三，是时代的要求。假如说20世纪五六十年代中国声乐界提出“创立中国民族声乐学派”的口号反映了新中国初建时广大民众迫切希望洗刷列强带来的百年耻辱，体现了“外国有的，我们都要有；外国没有的，我们也要有”的时代认识的话，那么，经历了一代人的辛勤探索之后，改革开放则自然成了民族美声唱法迅速成熟、普及的最大动力。当中国人物质生活得到迅速提高，中国民众一方面进一步强化了对西方文化的认同意识，一方面也增强了民族自豪感，开始有了一种民族意识的觉醒和“大国意识”的萌生，渴望得到国际的承认和尊重。民众的政治意识是会影响审美意识的，而民族美声唱法，恰恰顺应了中国人“大国意识”的萌生，尤其是20世纪90年代之后，一个发生了巨变的民族迫切需要一种响亮、高昂、通透的音色，一种不同于传统、不同于以往农业文明的金属般的音色，一种城市化的、和国际接轨、与西方美声音色相近的音色。这时候，民族美声的形成和发展就是理所当然的了。彭丽媛就是一个代表，她的声音和形象都明亮、大气、端庄，是中国的，但不是乡村的，带点民族风格，但又是现代化的。这就是这个时代的审美要求。而这个时期，也正是电视在中国迅速发展的时期，电视文化促成了大晚会的应运而生，而大晚会的泛滥和一些歌手的成功，则又促成了全国声乐界的群起仿效之风。

问题是，物极必反。电视文化“成也萧何，败也萧何”，它迅速普及了民族美声唱法，也以同样的速度使人们感到厌倦。在第九届青年歌手电视大奖赛上，我曾经说过："上个世纪五六十年代，没有电视，只有广播。但那时候你一听就知道是谁在唱。王昆就是王昆，郭兰英就是郭兰英，马玉涛就是马玉涛，但是，现在你光听，不看电视就不知道是谁在唱。当然，这其实不是歌手本身的问题，甚至也不是他们老师的问题，造成这种局面的主要原因是一个时代共同的审美思潮和审美追求。"我解释说："王昆的时代，中国处在农业社会，农业社会的审美特点就是个性化、地域化，与民间有着深厚的联系。现在这些歌手，是工业社会的产物，是音乐学院的'产品'。工业社会所推崇的，是科学化、规范化。而科学化、规范化的结果，就是我们具备了批量生产歌手的能力，但却抹杀了个性。现在，我们已提前进入信息化时代，信息化时代的审美标准是回归自然，是个性化和多元化。"当时我的这段话，引起了一些人的共鸣，也引起了一些人的反对。

比如，有的人认为造成"千人一面"和单一化的原因不是唱法本身，而是作品风格的单一化造成的。的确，现在的民族美声作品，几乎百分之百是反映集体意识的颂歌。很少听到个体感情的倾诉，很少听到男女之爱。"通俗"、"美声"、"民族"三种唱法，完全成了"风"、"雅"、"颂"。通俗唱法只唱个人的感情，很少关心大事、国事，可以看成当代的城市民间音乐，是"风"；美声唱法大部分是唱西洋歌剧，是典型的知识分子的"小众文化"，是货真价实的"雅"；而民族美声，则独自担负起"为祖国歌唱、为人民服务"的任务，是"颂"。

那么，有什么办法解决这种局面呢？一个是自觉自愿地寻根，向民间学习，提倡民族的文化自觉，找到被自己遗忘的母亲，找到自己的 DNA，接续历史和传统，在本民族文化的河道内汇流成河；二是主张文化多样性，走多元化的道路，主动借鉴其他民族的文化。有人认为只有一种唱法是"科学"的，只有西洋美声唱法是成体系的。其实，我国的许多少数民族有自己独立的、完整的声乐体系，只不过没有被整理出来而已。比如蒙古族长调的唱法，就是民族声乐的奇葩。而让真正的民歌和"原生态"唱法参加电视青年歌手大奖赛，无非是想借这样的平台弘扬民族民间文化，让广大观众尤其是青年观众知道"原来我们民族还有这么多好东西"！这无疑为我们的民族声乐界，提供一种启发。

谈到“原生态”歌手进入主流媒体之后所存在的被同化、异化的危险，我觉得不必多虑。只要我们真正认识了民间文化原真性的价值和艺术的内在规律，认识到非物质文化遗产是我们民族的自我标识和身份的认证，按照“抢救第一，保护为主，合理利用，传承发展”的政策去做，尽最大努力让民众在文化自觉的基础上重塑传统，人们不会永远甘做异质文化的被同化者，不会永远甘愿以牺牲民族特性、中断历史与传统作为代价来追求他人为我们制造的时尚。

有的人认为“原生态”歌手离开了自己的土地，离开了草原、山林、溪谷就不再是“原生态”，认为只要来自民间的歌手进入了专业团体，上了电视，就不再是“原生态”歌手，有一定的道理，但与保护非物质文化遗产、不让这些弱势文化自生自灭、淹没在强势文化的洪流中的大道理比起来，也是文人的“名实之辩”，止于书斋而已。难道在中国吃的西餐就不可以叫西餐吗？只要你用的是他的原料、他的烹调方法，也就是保持了他原来的内容和形式。

因此，我认为，民族民间唱法和来自民间的歌手借“原生态”之名浩浩荡荡地进入主流媒体、进入公众的视野，是一件大好事，是许许多多学者和以弘扬民族民间文化为己任的普通人多年来集体奋斗的结果，也是我国民众开始文化自觉与维护文化多样性的标志。

（原载《中国艺术报》2007年6月15日）

古琴的人文精神*

2003年，中国的古琴艺术被联合国教科文组织批准为“人类口头和非物质遗产代表作”。这个过去对中国文化有着深刻影响的艺术形式，开始被中国社会所重视，或者更准确地说是开始被人们重新认识。中国的传统音乐，包括民间音乐、宗教音乐、文人音乐、宫廷音乐四大类，而文人音乐的代表就是古琴。但是，随着文人阶层在中国的消失，古琴艺术也逐渐被边缘化，甚至被社会遗忘。从 2003 年到今天，古琴艺术和琴人从被人们遗忘、被边缘化，到已经形成了一个不大不小的圈子——主要是在大学生和白领阶层中。奇怪的是，只有短短几年的时间，只取得了一点小小的进步，但已经开始有人嘲讽了。在北京的知识圈里最近流传着这么一个说法，所谓京城新“四大恶俗”——听昆曲、学古琴、喝普洱、练瑜伽。

对这种说法我颇不以为然。所谓“俗”，一般是指普及的大众文化；所谓“雅”，一般是指少数知识阶层的“精英文化”。《诗经》里有《风》、《雅》、《颂》，“雅”是什么呢？是京畿地方，就是当时首都周围知识阶层创作的东西；而“风”是“俗”的，是当时老百姓中传唱的各地民歌。但实际上“雅”和“俗”之间并没有绝对界限，而且常常雅俗互换，尤其是时间可以使“俗”变成“雅”，前朝之“俗”常常成为后朝之“雅”。古琴则不同，在中国古代，它始终是文人的乐器，从来没变成过俗的东西，而且始终和俗处于对立的地位。古琴曾被人遗忘，但现在开始有一批青年学子热心学习，也才不过几年时间，它能够如此迅速地变成“俗”吗？尤其是变成“恶俗”？我觉得有点夸张。是什

* 2010年7月5日在中国音乐学院的讲演。

么使这个“恶”字和“俗”字结合起来成为“恶俗”的呢？我认为，“俗”是大众文化，本不是什么贬义词，而前边加一个“恶”字成为“恶俗”，一定是商业化、庸俗化的结果，即把商业行为置于艺术活动之上，把金钱和低级趣味结合到一起，才可能变成一个恶俗的东西。古琴过去不是俗文化，今天不是俗文化，将来仍然不大可能变成大众文化，更难变成真正的俗文化。因为它身上所负载的丰厚的文化内涵，包括古琴本身的气质、性格就决定了它始终只能是小众的文化，只能是雅文化。古琴本身的人文精神、艺术精神能够保证古琴不会被恶俗。

讲到古琴的人文精神，每个人都会有自己独特的体会。作为中国历史最悠久，文化负载最丰厚的乐器和艺术，简单地总结它的人文精神，一定会挂一漏万，一定不能够被所有人都接受。为了使我的体会能更鲜明地表述，我把古琴的人文精神大胆地归纳为一个“敬”字。徐上瀛“二十四况”的“静”是古琴的艺术风格，我讲的这个“敬”是它更内在、更深层面的精神。那么古琴和“敬”有什么关系呢？为什么我把这个“敬”字提炼成古琴的人文精神？我想这要从中国的文化传统说起。

有“礼乐之邦”美誉的古代中国是最重视音乐的国家。从先秦开始，儒家最强调的两个字，一个是“礼”，一个是“乐”，把“礼”和“乐”之间的关系说得非常清楚。孔子讲：“兴于诗、立于礼、成于乐。”从一个人的人格养成，到治理一个国家，靠的就是“礼乐”。“礼”里面包含着国家制度，包含着一个民族一个国家所尊崇的最重要的精神和相应的仪轨规章；古代的“乐”字不仅仅是音乐，它还包含着舞蹈、文学等所有我们现在称作艺术的内容。那么一个“礼”，一个“乐”起什么作用呢？用荀子的话说，就是“乐合同，礼别异”。异是不同，是分别。一个社会必须有区别，有严格的阶层，有上下、尊卑。但光强调礼也不行，比如古印度把人分为波罗门、刹帝利、吠舍、首陀罗等不容混淆的阶层，尤其是被称为“贱民”的人是不能够和其他阶层通婚的。它的等级鲜明，“别异”得非常清楚。但是阶级过于鲜明，社会就没有包容和亲近感。差别之外，还得有亲和的、融合的东西，这就是“乐”的作用。“礼”的精神其实就是一个“敬”字——没有敬就没有礼。我们知道中国古代以孝治天下，中国人讲孝道，给父母吃穿，生病带他去医院，这是不是孝？孔子说不够。供其吃穿这叫“养”，和养鸡养狗养猪养马是一样的。养和孝最大的区别是孝里头有敬，你要尊敬你的父母。所以这个“敬”字是中国古代传统理念最重要的一个字。

“敬”字联系到一个词叫作“敬畏”。孔子讲君子有“三畏”——“畏天命、畏大人、畏圣人之言”。现在我们的社会缺的就是敬畏之心，很多人没有敬畏之心。没有敬畏之心就没有文化，没有文化就变成动物，这是很简单的道理。所以我们把这个“敬”字理解为中国传统文化一个非常重要的精神内容。“礼乐”是相辅相成的，“乐合同，礼别异”，礼和乐结合起来，才能安定人心，安定社会。所以我把古琴的精神也提炼为“敬”字。那么，古琴精神中的“敬”有哪些内容呢？我认为古琴从五个方面体现了“敬”：第一，敬己；第二，敬人；第三，敬天地，敬自然；第四，敬圣贤，敬先人；第五，敬后人。

一、敬己

学古琴首先要敬己，用孔子的话讲，就是“修己以敬”。那么，讲“己”是不是个人主义？是不是自私？是不是以自我为中心？不是。推己及人，将心比心，只有尊重自己才能尊重别人。你的初心、你的未被污染的心就是你产生道德感、羞耻感的基础，是决定你行为的基础。我们现在讲“以人为本”，这个“人”就包含着你自己。所谓“修己以敬”，只有修养自己才能达到这个“敬”字。很多人认为古琴音量太小是它的缺点，但我认为这恰恰是古琴的一个特点。正因为古琴音量小，决定了这件乐器的特性——它是直接和你的心交流的乐器，它是最个人的乐器，它根本就不是为了让你和大众交流，为娱乐大众而产生的。

古人给古琴赋予了很多内容，如“琴者，禁也”，弹琴是为了约束自己。“禁”就是约束的意思。当然后来明代的李贽说：“琴者，心也。”“心”和“禁”虽然不同，但都很重要。古人弹琴首先不是为了娱人，而是为了和自己的心灵对话；其次是为自然、为天地，与大自然交流；再其次是为友，三五知己，和极少数可称为“知音”的朋友互相欣赏。所以古琴是世界上所有乐器中最私密性的乐器。私密性的乐器还有口弦，但其音量极其微弱，必须离它非常近才能听到。按我们一般的理解，口弦这件乐器应该早被淘汰了——五步之外便听不见，而且就出三个音。但这样一种乐器为什么能够在许多民族中一直流传到现在？因为它是传情表意的最佳工具，是青年男女之间表达爱情的最佳工具。当然，古琴无论其文化的负载量还是表现力都和口弦不在一个层面。但古琴和口弦一样更强调它的音乐是向内而不是向外的，是个人而不是众人的，这是古琴的一个重要特质。而且"琴者，禁也"的话，更凸显了文人重视它是因为它不仅是一件乐器，同时还是礼器，是修身养性的工具。当然，对此琴界一直存在不同意见——有人强调古琴的艺术性，强调古琴是乐器，反对过于强调它的精神、修养的一面，更反对把它作为修身养性的工具。这种"为艺术而艺术"的观点有他的道理。但是古琴千百年来第一强调的还是"琴者，禁也"的理念，强调它是"圣人之器"。我觉得，全世界有成千上万种乐器，只有古琴这件乐器强调了它乐器性之外的东西，强调了它和人道德养成的关系，强调了它与人格、与自然的关系，我认为也无不可。

古琴作为个人修养的工具，是儒家一直提倡的，孔子就是这样，"无故不撤琴瑟"。只有丧事或重要事情发生的时候，这一天才不弹琴不唱歌。而且，他一生就是利用古琴来弦歌教化人生。也正是由于古琴的这个特性，才使古琴和知识分子的人格、独立精神、气节、操守连在一起。著名的竹林七贤的故事最能说明问题。竹林七贤的领军人物嵇康，被司马氏判了死刑，三千太学生赶到刑场为他送行。他临刑之前先"顾日影"，然后"索琴而弹之"。弹完后，他说了人生最大的一件憾事：昔日袁孝尼多次想跟我学《广陵散》，"吾每靳固之"，没教他，"《广陵散》于今绝矣！"从此，在中国的传统语境中，《广陵散》成为失传文化的代名词。 那么，嵇康最让人尊敬的是什么呢？竹林七贤最让人尊重的是什么呢？就是他们独立的精神，独立的人格，不为金钱，不惧权贵，为了保持自己的人格甚至可以舍生赴义。他的《声无哀乐论》问世千百年之后，德国的汉斯利克才讲到音乐本身就是音乐，不存在音乐以外的东西。可是嵇康在那个年代就讲出"声无哀乐"——声音就是声音，音乐就是音乐，哀乐感情是你自己的事！他有千古彪炳的奇文《声无哀乐论》，有他的创作或"代表性曲目"《广陵散》，同时这个人外貌风度也卓然超群。《世说新语》说他的风度是

“萧萧肃肃，爽朗清举”，“凛凛寒松，高拔清俊”，立在那里，“岩岩若孤松之独立”，醉倒了，还“巍峨若玉山之将崩”！他的独立的人格，他的独立的精神，也正是古琴的精神。他尊敬自己，尊敬自己的初衷与气节。竹林七贤里有一个山涛（山巨源），后来做了很大的官，好像是吏部侍郎，来看他。他光着膀子打铁，不理他，还写了《与山巨源绝交书》。能够在临死之前弹古琴，能够心气平和，天下唯此一人。

嵇康尊重自己，尊重自己的信念，尊重自己的人格，所以他才能在他的琴声中体现人最崇高的精神。孟子说：“爱人者，人恒爱之；敬人者，人恒敬之。”不能敬己，岂能敬人？所以古琴精神第一是要敬己。

二、敬人

第二是敬人。光尊敬自己不行，人是社会的动物，所以儒家讲“仁者爱人”，“仁”字单人旁一个二字，两个人才有仁可谈，一个人没有仁可谈，所以“仁者”就不仅仅是爱己，要从爱己推广成为爱人。所以“老吾老以及人之老，幼吾幼以及人之幼”，“己所不欲，勿施于人”成为儒家最基本的思想。从敬己到敬人，是一个君子道德养成的必然规律和必然取向。有许许多多古琴文化、古琴精神反映了“敬人”的思想。大家都知道伯牙、子期“高山流水遇知音”的故事。为什么子期听得出高山、流水伯牙就认为他是知音？因为子期是樵夫，属于普普通通的劳动大众；古琴是文人的乐器，是小众的乐器，是知识分了自得其乐的乐器。作为一个樵夫，子期本来是不应该懂琴的，伯牙也没有奢望他能够懂琴，但是，子期懂他，也唯有子期懂他，所以伯牙叹为知音，以至于子期死后伯牙摔琴，终生再不弹琴。这个平淡的故事中有一种震人心魄的东西。你想过没有？知音死了，他把琴摔了，今生再不弹琴！如此的决绝，如此的激烈，为什么？这就是古琴的精神——敬人，对知音的，对朋友的，对别人的一种最高的尊敬和珍惜。我的琴除了为自己，为天地，就是为知音。

在古琴文化里非常强调人和人的相知，人和人灵魂的相遇。西方有哲学家讲：他人就是你的地狱。什么意思？他是极限夸大了人和人难以理解和沟通的一面。真正的、在深层次上的相知和互相理解的确是一件很困难、很不容易的事情。那么，当你遇到“知音”时应该怎样呢？“知音”之间应该是君子之交淡如水。大家都知道琴曲《梅花三弄》，它最初是首笛曲，据说作者是晋代的桓伊，字子野，官至大将军。当时有个文人叫王徽之，字子猷，是大书法家王羲之的儿子，王献之（子敬）的哥哥。有一天他坐在船上，看到大司马参军桓伊从路上过，就招呼桓伊，说“闻君善吹笛，试为我一奏”。桓伊也素闻其名，“即便回，下车踞胡床，为作三调”，连吹了三首曲子。“弄毕，便上车去，客主不交一言”。这件事情令我很诧异，也令我很敬佩。这里，一切礼俗、一切人情、一切平日存在的社会关系都不见了，除了音乐，什么都不见了。这是真正的“知音”，彼此没有客套，更没有庸俗的东西。所以不用担心古琴恶俗——古琴有这种精神，它恶俗也恶俗不到哪里去。

我所讲的第二个“敬”字，是对别人的尊敬。这种彼此的尊重，是一种内在的、深刻的、超越了世俗观念的尊重，一个“敬”字里面，有对他人的尊重，更有对艺术、对艺术家和“知音”的尊重。

三、敬天地

第三点，叫敬天地，敬自然。中国传统文化里最重要的内容就是“天人合一”。在这一点上，中国的道家、儒家是完全一致的。道家讲“人法地，地法天，天法道，道法自然”。儒家也讲“万物一体”，“天人合一”。中国所谓“三才”，就是指天、地、人这三才。天、地、人密不可分，万物一体，同时又各司其职：“天始万物，地生万物，人成万物。”所以董仲舒讲“天人之际，合而为一”。这是中国传统文化重要的精神，同时也是古琴重要的精神。一张典型古琴的基本长度是3尺6寸5分，代表一年的365天；琴身上有13个取音的徽位，代表着12个月和一个闰月；琴身由两张木板相合而成，面板圆，底板平，一阴一阳，象征“天圆地方”；琴有琴额、琴项、琴肩……象征着人身，一琴之中，天、地、人三才具足。琴的两个出音孔一方一圆，各叫“龙池”，“凤沼”；琴首垫弦的隆起叫“岳山”，琴底拴弦的短柱叫“雁足”；琴有七根弦，除了宫、商、角、徵、羽这五音各与“五行”相对应外，另有两根弦一“文”一“武”。小小的一张琴，仅从其形制上就包含着中国古人对自然、对宇宙、对人生的精辟理解与高度概括。

中国传统艺术中最有代表性的艺术，在音乐是古琴，在形象艺术里就是文人画。古琴和文人画都强调人和自然的贴近，人和自然的不可分，人是自然当中微小的、独立的存在。我们把中国的古代绘画和西洋的古典绘画做一个比较，就会鲜明地看出两者的不同。

西方的古典绘画是以人为母题。大卫也好，基督耶稣也好，蒙娜丽莎也好，《圣经》故事也好，都是以人作为绘画的中心和描绘的主要对象。那么，在西方古典绘画里自然存在不存在呢？存在，但是处在非常附属的地位。包括大家都很熟知的著名的蒙娜丽莎“永恒的微笑”。它的人物形象画得神形兼备、光彩照人。但是蒙娜丽莎后面还画了山水，一般人却不会注意到，因为它不仅仅是作为背景存在，在技法上与人物相比也相形见绌，不在一个水准上。直到16、17世纪之后，西方真正意义上的风景画才从人物画的“背景”中独立出来。中国古代绘画恰恰相反。魏晋之后，“山水滋生”，中国的山水诗、山水画，包括以自然为题的古琴曲大量出现，成为中国古代艺术的主流。我们仅仅看一下古琴传世的曲目就可以感到“满纸烟霞”：《高山》、《流水》、《潇湘水云》、《汉宫秋月》等等，在现存古琴曲目中，超过半数以上的乐曲题目是与自然有关的。典型的中国古代山水画在人们的印象中，一定是有山有水，或苍松翠柏、或泉流石上；山水之间，也许会有一个小桥，桥上有个小小的人，夹着一张古琴；或许山中水边有一座亭子，亭子里坐着一个小小的人，舒适恬淡，怡然自得。在这些画中，人很小，但与大自然融为一体，似乎人就是大自然的一部分。这就是典型的中国古代绘画。

中国传统文化强调人和自然的关系，古琴精神最重要的一点也是强调人和自然的关系——敬天地，敬自然。当然，中国人对自然除了敬畏之外，还有亲近，这种亲近感自魏晋一直流传到现在。过去琴家有“五不弹”，“十四不弹”。比如打雷、暴风雨时不弹，对夷狄不弹，对俗人不弹……现在当然不存在对“夷狄”不弹了，我就一直建议世界各地的孔子学院除了教中文，也要教外国人弹古琴。除了“十四不弹”，还有“十四宜弹”。《红楼梦》里贾宝玉跟林黛玉请教古琴应该怎么弹，林黛玉教导他说：“若要抚琴，必择静室高斋，或在层楼的上头，在林石的里面，或是山巅上，或是水涯上。再遇着那天地清和的时候，风清月朗，焚香静坐，心不外想。”又说：“若必要抚琴，先须衣冠整齐，或鹤氅，或深衣，要如古人的像表，那才能称圣人之器，然后盥了手，焚上香。”你看古画就看得出来，弹琴最好的地方就是古松之下，石旁，水边。王维“独坐幽篁里，弹琴复长啸。深林人不知，明月来相照”的诗，指出了最适合弹琴的地方和环境。竹林七贤也是在竹林中弹琴，这就强调了人与自然的亲近关系。大家不要小看这一点，这是中国文化和西方文化的异同之处——我要强调：是异同，不是优劣。西方文化强调人，这一点对我们来讲是很有启发意义的。我们常常不能以人作为最高目的，这点要逊于西方。但是西方以人为本过分了之后，把自然只作为人的目的物，作为人所需要的一切资源的来源，向自然大规模索取——勘探，要石油，要矿产，要资源，最后把人和自然的关系破坏。一般来讲，工业化的进程，常常是破坏自然环境的过程。我们国家在工业化之后也是迅速使人和自然的关系恶化，破坏了人和自然的关系。中国的传统精神——这种敬自然、敬天地的思想，值得今天的我们好好地继承。

古琴文化里讲到人和自然的关系，也有很多故事，其中最有象征意义的是伯牙跟成连学琴的故事。据说伯牙跟成连学琴，三年不成，成连说：我只能教你弹琴的技艺，但不能教你如何体会音乐的精神和境界。我有个老师叫方子春，在东海上，善“移情”，我带你去找他吧。于是，伯牙便随成连来到东海上的蓬莱岛。没想到，成连把伯牙带到孤岛上之后，便弃他而去。伯牙一个人留在岛上，“延望无人，但闻海水汹涌，林岫杳冥，萃鸟啁啾。悄然而悲曰：先生移我情哉！”在大自然之中，伯牙独自面对大海与山林，终日倾听“澎湃之音”，终于悟得琴道，创作了琴曲《水仙操》，成为一代大家。

敬天地、敬自然，把自然当成最高的老师，把与自然契合作为音乐的最高境界，甚至把“自然”、“不自然”作为衡量艺术家艺术、技艺的重要标准，这就是中国传统艺术的精神、古琴的精神。

四、敬先贤

第四，就是敬先贤、敬圣人。古琴的发明者已无从查考，但无论是伏羲制琴说、神农制琴说，还是黄帝制琴说、舜制琴说，都把古琴的发明与传说中的圣贤联系起来。这和“周公制礼”的传说一样，除了彰显圣人“制礼作乐”的悠久历史之外，更重要的是表达出中国传统文化中“敬圣贤”的观念。

据司马迁记载，孔子跟师襄子学琴，“十日不进”，弹了十天了，还不往前进。师襄子说他弹得不错了，“可以益矣”。但孔子说“丘已习其曲矣，未得其数”。就是虽然弹会全曲，但还不能完全领会其内在的规律。又过了十天，孔子还在习而不进。师襄子催他，他说虽然已得其数，但“未得其志”。志是什么？志是精神。那么得到了精神是不是就结束了？还没有。一直弹到最后，始“得其为人”。孔子终于在音乐中看到了一个面孔黑黑的，个子高高的，两眼有神，有王者之风的人，这个人是谁呢？是文王，是孔子理想中的王者。孔子能从这首曲子里看到古代的圣人，并且把看到圣人作为学习古琴的最终标准，也体现了一个“敬”字，就是敬圣贤。

儒家一直有种对远古的追慕，把周代作为理想的政治典范。文王是孔子理想中的统治者，所以他做了《文王操》。中国的古琴曲里除了大量描写自然的曲子外，其次多的就是像《文王操》、《幽兰》、《思故人》、《思贤操》这种对古代圣贤表达敬仰的乐曲。我们刚才讲敬己也好，敬人也好，但你最终希望自己成为一个什么样的人呢？人格的典范就是儒家所讲的这些圣贤。

敬圣贤其实是对祖先创造的尊重，对人类非物质文化遗产的尊重。前几天我们搞古琴进校园的活动，一个青年记者采访我。他说：“田教授请你谈谈古琴创新的问题。”我反问他：“古琴创新的问题？古琴有创新的任务吗？古琴为什么要创新呢？”他回答说：“不创新怎么能发展呢？”他的这个思想，其实是我们现在大部分人的思想：第一，任何领域，任何艺术最首要的任务是创新；第二，不创新就没有办法发展。我当时很不客气，说：“你先告诉我，古琴为什么要发展？”他说：“发展不是硬道理吗？”我说：“是，但只有创新才能发展吗？继承不能发展吗？把已经出现中断的文化接续不是发展吗？人类有成千上万种乐器，尽可以去创新发展，为什么不能就留一个古琴，只留这一件乐器允许它去崇古呢？”他没有回答我，因为我的这个问题超出了他的理念。我想说的是：第一，我们不要把创新当成一种迷信，当成一种宗教。第二，在艺术领域复古与创新同样重要。我们到日本去，会清楚地发现日本在文化上完全是两轨制，分得清清楚楚。但凡古代的东西，就是崇古，以不变为美，以旧为美。他的歌舞伎，他的三味线，他的雅乐，包括他的大相扑，都以不变为美、以不变为高。

日本分得清清楚楚，“大道朝天，各走一边”，我们不是。我们所有东西一说发展创新，就都要发展都要创新。上海昆剧院演的一出新编“昆剧”，演员被钢丝吊着满台转，在台上唱：“我爱你，你爱我吗？”昆曲与其他戏曲最大的不同就是语言，昆剧是文言，其他传统戏剧包括京剧都是口语。“一见皇儿跪埃尘，开言大骂无道的君”，“我正在城楼观山景，耳听得城外乱纷纷”，这是口语，一听就懂。但昆曲是文言：“袅晴丝吹来闲庭院，摇漾春如线”，没有文学修养听不懂。昆曲如果创新，不用雅语文言，而是大白话，就不像昆曲了。但有人会反对说：“那么昆剧怎么表现现代生活呢？”我想问的是：“我们这么多种艺术形式，为什么都要表现现代生活呢？能不能就留一个昆剧只表现古代生活呢？”

尊古崇古，在现阶段是文化发展的一个重要内容和模式。为什么？因为我们的传统文化已经出现断层，中华民族很多传统的优秀文化已经濒临灭绝需要保护了。古琴文化中这种敬贤崇古的精神正是我们今天需要的一种精神。我们要尊重祖先，尊重遗产，尊重先人的创造。我们要懂得，文化艺术和科技不同，科学要规范，要能重复，而艺术恰恰相反，它不能规范，不能一样。科学永远在发展，新出现的技术会毫不留情地全面取代过去的技术：彩电出来黑白电视就没人看了；数码相机出来，原来的胶片厂就关张了。这就是技术，这就是科学。文化艺术则不同，马克思曾经说过，文化史上常常有后人不可企及的高峰。比如唐诗、宋词、元曲，这都是高峰。科技崇新，但文化艺术却可以崇古、复古，欧洲伟大的“文艺复兴”，就是从复古开始的。所以崇古，敬先贤，是我们中国传统文化的精神，也是古琴所体现的非常重要的文化内涵。

五、敬后人

最后一点，也是古琴精神里了不起的一点：光敬先贤，光敬古人了，不够。人类文明，因因相续、果果相传，如瓜瓞绵绵，所以还要敬后人。古今中外所有的艺术里，只有古琴有这个精神。什么叫敬后人呢？就是专门为后人留下创作和发展的空间。这又回到我讲的第一个问题：所有的特点都既是优点又是缺点。古琴减字谱从公元7世纪的唐代产生一直流传到今天，是人类使用年代最久远，最有效，同时也最有意义的一种乐谱。减字谱由文字谱演变而来，能准确记录音的绝对音高，但没有记录时值，需要由琴家来“打谱”——就是琴家根据乐谱提供的信息结合古琴演奏的规律进行再创作。长期以来，人们认为这是古琴谱的一个缺点，把古琴谱看成是不完备的乐谱。我年轻的时候读香港音乐史家张世斌编的《中国音乐史论述稿》，他讲到这一点时说不是中国人没有聪明才智创造出完备的乐谱，而是减字谱本身不是用来记谱的，是记指法的，“非不能也，是不为也”，是中国人不愿意去做。他是想替我们的祖先讲话，但是没讲到点子上。因为在那个时代，还是以西方文化为中心，大家妄自菲薄，看不到古琴谱的优点——为后人留下充分的创作空间。西方的五线谱是定量定性的，不可改变的。无论哪个钢琴家弹莫扎特的乐曲，任务只有一个，就是阐释莫扎特——钢琴家只是莫扎特的阐释者、解释者，这其中演奏家的空间是极有限的。但是古琴不同，用古琴家吴文光教授的话讲，什么是打谱呢？就是古琴家在古琴之上创造性地、再现性地重建古人的音乐。这就给了后人极大的空间，在音乐出现之时就规定了让每个后来的琴人在演奏这首乐曲时都有自己再创造的权利。当然，这种创造性是以再现为前提的——有规律，有师承，有谱面以外规律性的东西，只有在这个原则上才允许有你的创造性。古琴琴谱在全世界绝无仅有，不仅仅因为它历史悠久，从7世纪到今天还在使用，而是因为它创造性地为后人留下了创造的空间。所以我把中国古琴的人文精神最后归结为敬后人。

魏晋时期文人“左琴右书”，一个文人只有会弹琴，能写一笔好字才是文人。今天情况虽不一样了，但古琴精神和古琴艺术还是应该传承的，因为这是我们中国人的骄傲。

最后讲一个我亲身经历的故事：2006年，温家宝总理访问日本，时称“融冰之旅”。当时总理带了一台节目到日本去，请日本的首相和日本文化界、政治界、经济界等等的上层人物来观赏，叫作国事演出。我们的国事演出阵容历来都是由专业团体组成，是代表中国当代艺术“最高水准”的演出。只有2006年温总理访日带的这台演出是“非物质文化遗产专场”，由中国各民族普普通通的农民、牧民艺术家组成。我是那场演出的策划和艺术总监，从选节目，到组织，一直到在舞台上呈现。我还亲自担任主持人，与日本NHK的主持人镰仓千秋小姐共同主持这台演出。策划的时候我就想，这台节目一定要让日本人震撼，一定要十分精彩。我选了侗族大歌、新疆维吾尔木卡姆，内蒙古长调，泉州木偶，昆剧折子《游园·惊梦》等等，节目是绝对精彩。但是作为整场演出，开台第一个节目很重要，要抓人，要能够一下子让观众安静下来。我经过思考，大胆决定把古琴作为第一个节目。在日本有一些右翼人士，对中国抱着轻视，甚至敌视的态度。怎么能够在第一个节目就让你安下心来，用恭敬之心来听我们这场音乐会呢？——古琴！我在音乐会开始之后先介绍古琴。我说：“这是联合国的人类非物质文化遗产，不仅仅属于中国，它属于全人类。但古琴在中国不仅仅是乐器，它是圣人之器。孔子用它来弦歌教化人生。传说当中，诸葛亮就是用古琴在一座空城之上吓退了司马懿的数十万大军。”日本人都知道孔子、诸葛亮。那天琴家李祥霆带的是一张唐琴。我说：“这张琴叫‘九霄环佩’——所有的乐器当中只有古琴每张琴都有自己的名字，和人一样——‘九霄环佩’是什么意思呢？就是九天之上，仙女们带的玉佩相撞击发出的声音。这张琴是哪一年制作的呢？琴里边有题字：至德丙申年。”我讲的时候，李祥霆先生就拿着这张唐琴给大家看。至德丙申年是哪一年？公元756年。公元756年是什么概念呢？我告诉日本听众：“这一年，中国的诗仙李白55岁。”底下的观众“哗！”——日本的上层没有人不知道李白的。“杜甫44岁”，底下又是“哗！”这张琴问世之后3年，伟大的鉴真和尚开始在日本的奈良建造伟大的唐招提寺。”底下又是“哗！”就这几句话，然后听琴。底下鸦雀无声，再对中国抱有反感的人，再右翼，面对这样古老的文化——这不是假的，不是吹的，不是“纳西古乐”，他只有一个字，就是我今天讲的“敬”！请记住这个字：“敬”。这就是中国古琴的人文精神、艺术精神。

2010年7月5日在中国音乐学院的讲演

（原载《中国音乐学》2010年第4期）

一个音乐学家的社会责任*

音乐学者不能脱离社会实践

在音乐学家有限的一生里，以其有限的生命和精力，究竟应该做些什么？学习、研究学问最终的目的是什么？一个音乐学家仅仅是做一个书斋里的个体学者或追求心目中真理、正义的个体生命，还是把所思、所想跟社会贴近，同时把所学、所得回馈于社会？所谓“板凳宁坐十年冷，文章不敢一字空”，“文章寸心知”，学者往往甘于作一个边缘的存在，但是学问、知识、见解却和社会渐行渐远。作为一个个体生命，作为一个学者、学人，可以不为物质所动，可以不为社会潮流所左右，也可以甘于寂寞，但是假如其所学、所思、所想能够从正面对社会有所裨益，岂不是更好？

我长期以来之所以从事一些实践性工作，比如在社会上挖掘、推出“原生态”歌手，从事中国非物质文化遗产保护的行政工作，其实受到的最大影响来自于我的导师杨荫浏先生。杨荫浏先生是中国音乐史学的泰斗，也是中国音乐研究所的第一任所长。他的《中国音乐史纲》和《中国古代音乐史稿》，是中国古代音乐史研究的奠基之作和至今不可逾越的高峰。虽然其中有很多囿于时代局限的观念问题，尤其是《中国古代音乐史稿》中过分的“阶级观念”，但是至今没有学者能够在中国音乐史的领域“绕”过他，更不能在中国音乐史学术研究的深度、广度上超越他。

除了《中国音乐史纲》和《中国古代音乐史稿》，杨荫浏还为中国的音乐

* 2010年6月3日在上海音乐学院的讲演。

事业做了很多事情，他的研究始终和音乐实践密切关联，这一点更是很少有人能超越。去年哥本哈根中欧文化论坛上，欧洲音乐家为中国文化代表团用竖笛吹奏了一首曲子，就是姜夔《白石道人歌曲》中的《扬州慢》。杨荫浏先生从西安古乐乐谱中找到钥匙，对《白石道人歌曲》中的旁谱进行解译，这是现在仅有的能够百分之百肯定是或者说是最接近宋代音乐的十七首歌曲。还有大家更熟悉的《二泉映月》，刚刚改革开放的时候，日本指挥家小泽征尔在中央音乐学院听了《二泉映月》，他说“这是应该跪着听的音乐”。当年从一个乞丐的内心流露出来的音乐，竟然在几十年后不但感动了世界，甚至极大地鼓舞了一代人，和女排赢球一样成为国人找回民族自信的文化符号！在中国历史上，像阿炳这样的盲人音乐家，不知道有过多少。假如半个世纪之前，没有杨荫浏这位音乐学家为瞎子阿炳录下了六首传世之作，中国人不会有人知道有阿炳这个人，他的六首曲子也会随着他的名字一样，在风中飘散。他命如草芥，就是一个乞丐，靠卖唱为生，他的生命和他的音乐一样“不值钱”。假如没有杨先生的努力，就不会有中欧文化论坛上姜白石的音乐；假如没有这位音乐学家，假如没有杨荫浏，中国古代音乐史是苍白的。

杨先生这位后学非常敬仰的“泰山北斗级”的人物，他是怎么看待学问和实践的呢？是怎么做一个音乐学家的呢？杨先生研究律学，第一要做的是声学实验而不仅仅是数学的计算。最重要的是，他研究律学和乐学的最后一步是到乐器作坊里，告诉做乐器的师傅怎么给笛子钻孔、给琵琶贴品音是准的。很多人把律学作为绝学，认为它远远脱离了实践，但杨荫浏没有把这门学问仅仅放在纸面上。杨先生是基督徒，他研究宗教音乐，用了很长的时间，很大的精力，作为实际上的主编编了一本《普天颂赞》，这是第一本为中国基督徒编辑的赞美诗集，1936年3月初版后，10月便印刷了第2版。到1947年，11年间，《普天颂赞》的各种谱本共印销了37万8千本！这个数字，不仅对于上世纪三四十年代的出版业来说是一个天文数字，即使是对今天的出版业来说，也令人瞠目结舌。《普天颂赞》的问世，无论对于其后几十年中国基督教徒的宗教生活，还是对中国基督教音乐的发展，乃至对世界基督教音乐的丰富，都有着不可低估的影响。

正因为杨荫浏先生重视实践，所以他一直在学术生涯中保持着非常清醒的头脑，其清醒程度有时超出人们的想象和理解。作为杨荫浏先生的关门弟子，我始终记得当年老师给我们上课的情形。杨先生骂人最厉害的一句话就是“不懂音乐！”邓丽君的歌曲刚兴起时，几乎撼动了整个中国社会，有的人写文章把她视为洪水猛兽，认为邓丽君是资产阶级，她的音乐应该批判，不应该听。结果杨先生却说，资产阶级都瞧不起邓丽君，听她的歌，喜欢她的都是普通百姓。“凡是敌人反对的，我们就要拥护！”无产阶级不应该反对邓丽君！杨先生知道邓丽君的音乐里面有当时中国音乐最缺少的东西——一个普通人的感情：哀愁、哀怨、欢乐、爱情、向往。杨先生在那个年代能有这样的观点，就是因为他始终不脱离音乐，他会唱昆曲、吹曲笛，音乐实践、音乐欣赏贯穿他的一生。

杨荫浏先生有社会责任感，他要给社会做些事情。虽然给琵琶贴品、给笛子钻孔是小事，但是他亲自去做了。追究起来，我自己之所以关注当代音乐的发展，并且尽绵薄之力，是受恩师的影响。

要唤起的是对民族文化的自觉

“非物质文化遗产”这个概念来自日本的“无形文化财”。日本松浦晃一郎任联合国教科文组织总干事时，将此观念带到联合国教科文组织大力推行。我国由英文翻译回来，就叫作“非物质文化遗产”。这个概念刚刚传入时并未得到普遍重视。2001年昆曲申报“人类口头和非物质遗产代表作”成功的时候，我国的报纸多是在文化版以“豆腐块”的版面刊登。只有《光明日报》放在头版，但也在很不起眼的右下角。而与此同时，日本的“能乐”被批准，日本朝野各界一片欢呼之声，各大报纸均为头版头条，我国在这方面的意识比日本人要晚很多。

2003年申报第二批“人类口头和非物质遗产代表作”的时候，评选委员会一一认真阅读各项申报材料，最终讨论决定申报古琴艺术。当时用了3天时间编纂了一部十分钟的申报片。关于古琴的历史部分主要是现有纪录片的剪辑，而当代琴人演奏部分是青年演奏家林晨和白云观闵志亭道长。最终申报顺利通过。与此同一批报上来的项目中就有所谓的“纳西古乐”，但是它的申报书上充满着非学术、商业化的“广告”用语，比如把在云南各地普遍存在的汉族儒家的“洞经音乐”说成丽江独有的“纳西古乐”，把全国民间普遍使用的“工尺谱”说成丽江独有的，等等，其中一些“精确”的数据从古代音乐史上看不到任何根据，完全是大胆编造的，比如称“白沙细乐”比海顿的第一交响乐要早480年之类。后来我在《艺术评论》上发表了毕生研究云南少数民族音乐、《民族器乐集成》云南卷主编、云南民族音乐学家吴学源的文章，他讲清“纳西古乐”的主体其实就是汉族的洞经音乐，而且并非只有丽江独有，大理、昆明等地都有。结果引发了一场官司，一度成为社会的焦点。由此也引发了我的思考：一个音乐学家的社会责任是什么？所谓真、善、美——宗教家追求善，艺术家追求美，学者则追求真，求真、求真知、求真理！求真理就一定要捍卫真理。虽然神圣的东西越来越少，但是起码学者还是应该有追求。有追求才有所捍卫，有坚守才有所捍卫。身为云南学者的吴学源先生，为此长时间受到各方面压力，可他最终坚持了一个音乐学家的操守，坚持了社会责任感，坚持了真理。

非物质文化遗产保护的概念开始不为人知，后来通过学者们的呼吁逐渐被社会接受。在早期，有些人敏锐地看到了非物质文化遗产保护背后的商机、利益，比如宣科，他虽然在学术上胡说八道，但你不得不佩服他在文化产业上的开创性和敏感度。他当年属于最早认识到“申遗”价值的少数人之一。可惜的是，那场在丽江开庭的案子虽然由于地方保护主义作怪宣判他赢了，但“纳西古乐”也因此成为文化造假的典型。官司的起因是因为他要将“纳西古乐”申报为“人类口头和非物质遗产代表作”，但一直到今天，他的“纳西古乐”连云南省的省级非物质文化遗产名录都进不去，更甭提国家级和联合国的名录了！现在可以这样说，“纳西古乐”这场官司的结果，是宣科赢了，“纳西古乐”输了！

提到非物质文化遗产的保护，包括“非物质文化遗产”这个名词现在成为全社会关注的焦点。这里我还想谈谈韩国申报非物质文化遗产及其文化心态问题。我曾经专门写过文章讲“江陵端午祭”和中韩应该携手保护人类非物质文化遗产的问题。当时中国媒体一石激起千层浪，责备“韩国抢报端午节”、责备中国政府不表态。但事实上韩国申报的是“江陵端午祭”，这与中国端午节已经不同，完全是另外一套祭祀活动。尽管如此，韩国申报文本也申明端午的习俗最早是从中国传入的。所以在这个问题上，韩国的学术界没有错。中国文化被韩国保存至今，韩国的文化追索、寻根有些时候的做法的确不够科学，也的确存在着某些民族主义情绪。不过我们还是要感谢韩国人，他们所表现出的对中国传统文化的认同、追索、崇敬，他们在保护传统文化方面所做的努力，都值得中国人学习。

我曾经在我的《文化自觉与非物质文化遗产保护》一文中提到凡是对自己民族文化保护好的国家，都经历了一个全民族文化自觉的过程。比如，保护“无形文化财”的观念就是从日本开始的，这个国家一方面非常现代化、日新月异，另一方面又非常传统；他们一方面以现代化的东西为自豪，另一方面又为传统自豪；一方面为自己的日新月异自豪，另一方面又为他们的亘古不变自豪。这一点跟中国人完全不一样。改革开放短短30年里，我们国家的面貌改变这么大，我们有足够的理由自豪。但是我们在自豪的同时，是不是还应该有一定担心？担心传统文化的断代。现代化像一块巨大的橡皮，正在把历史抹掉，把祖先的痕迹抹掉，把那份温润的带着祖先体温的文化抹掉。所以提出保护非物质文化遗产的观念是非常必要的。日本在这方面做得非常好，欧洲也非常好，比如巴黎把每一个街景都当成遗产不能随便改变。当然，日本也经历过崇尚“维新”的过程，而且走得更远。明治维新时期，日本提出“脱亚入欧”的口号，把“全盘西化”作为举国奉行的国策。所以在明治维新后的一段时间出现了许多错误做法，比如日本的歌舞伎就曾经按照西方歌剧来改造，用西方歌剧的发声方法——“科学唱法”；相扑也曾被作为“野蛮的裸体游戏”而明令禁止。但是现在，日本的民族感情经历了一个巨大的转变——是二战的失败让日本民族深刻地反思：一个国家可以没有军队，可以没有独立的经济，但是只要还有“能乐”，还有歌舞伎，还有三味线，还有榻榻米，还有寿司、和服、花道、茶道……日本民族就还在！日本经历了翻天覆地的文化自觉，韩国也是一样。

中国从“五四”就开始反思。但是反思的主流结论是我们的传统文化太差了，这是那个时代的中国人共性的结论，代表是鲁迅、陈独秀。一批学者甚至认为汉字是中国落后的原因，对汉字持一种排斥的态度，主张文字“拉丁化”，要用拉丁文、用拼音字母代替中国汉字。而现在台湾学者希望两岸联合申报书法作为非物质文化遗产项目。但是，联合国对于非物质文化遗产有一些基本要求，首先是有价值，同时还要看濒危程度、濒危性。中国申报但没有被批准的项目，例如中国传统白酒制造技艺、少林功夫，都是因为没有“濒危性”而未被批准。汉字也一样，13亿人在使用的文字，不需要被保护。现在大陆使用简体字，台湾学者还有一定程度的误解，认为共产党推行简体字是对中国传统文化的破坏。其实，第一，简体字不是近代才发明的。实际上，汉字不断简化是汉字普通使用者的一种发自内心的、自然的需求。简体字，最早使用是在什么时代？我当年在巴黎和伦敦研究敦煌变文的时候看到大量反复出现的“ササ”二字，开始不认识，看多了，才发现那是“菩萨”两个字的简写。也就是说，早在唐代，和尚就用两个草字头作为菩萨二字的简体字了。此外，大陆推行的简体字，尤其是第一批简化字，是一大批优秀的语言学家、文字学家经过大量研究的结果，基本是古已有之的俗字和异体字、草书。新中国成立初期，全国4亿文盲，要搞经济建设，简体字是扫盲所需要的。而且，繁、简体的差异并未真正造成两岸交流的隔阂，当今的简繁转换只不过是电脑上的一个转化键而已。最大的问题反而在于，电脑的普及让人们把汉字的手写习惯丢掉了，很多学生都不会写字了。这倒是两岸应该共同面对的问题。书法不可避免地从生活当中退出去，在将来会成为一种修养。

近几年我国非物质文化遗产保护取得了非常大的进展。虽然起步晚，但速度快、力度大。当很多东西濒危、需要紧急保护，而另一方面国民文化自觉又迟迟不能形成的情况下，学者和政府从上而下地努力，初步在我国建立了一个县——市——省——国家四级的非物质文化遗产保护体系。这是很大的成功，但也造成很长时间里，一些地方政府只重视国家级的非物质文化遗产名录，对县、市、省级名录的建设不重视。现在，我们正在努力把这个“倒金字塔”形给纠正过来。目前我国国家级非物质文化遗产前两批有1028项，第三批正在公示的有190项，全国省级非物质文化遗产有7000多项，县级更多。这些项目的评选是通过3年的大普查，我们学习法国人搞非物质文化遗产普查的精神，从市、县到文化馆，并且搞人海战术。例如浙江省做非物质文化遗产保护调查的时候，两年动员了23万人次，每个村子都有三老：老农、老村干部、老教师。通过这个大普查，摸清全国有非物质文化遗产项目97万项，基本做到了摸清家底。

但真的完全摸清还很难。面对民间，面对这么广大的国土，面对56个民族，面对这么丰富的民间民族文化，每个人知识都是有限的，我们常常会发现意想不到的东西的存在。比如今年的CCTV青年歌手大奖赛，云南省文山壮族苗族自治州富宁县坡芽村的原生态演唱《坡芽歌书》，就让人耳目一新。歌书记录在布上，上面有81个图画，每一个代表一首歌。村子里的人一看图就知道是什么歌。他们唱同样一首歌，对唱的时候男、女是两个不同的调子；合唱的时候男、女唱一个曲调，但是在两个隔着四、五度的不同调性上唱，音响非常和谐。以至于让人怀疑这究竟是真的原生态，还是当地文化馆事先排练的。结果调查发现，当地真正的农民就是这样歌唱的，他们坚持自己声部的能力非常强，从头唱到尾，哪怕中间有断开“说”的部分，还是会找到原来那个调再唱下去。这种能力，就是最好的合唱队也不一定做到。所以，民间的歌唱真是让人感觉到以往我们对声乐的理解太肤浅了。

有比学术探讨更重要的

当今社会，从名牌冰箱到海边卖咸鱼的都打出“原生态”的招牌，这个词如此地深入人心是我从没想到的。一些音乐学家经常指出，“原生态”的命名不够准确，也不科学，这是对的。“原生态”这个词最初并不是音乐学家提出的，而是媒体先提出，继而大众接受，然后音乐学家也随之使用。现在音乐学界争论是否要为之重新命名，还存在两个问题：第一，如果能够找到比“原生态”更准确或准确一些的词，又有什么办法让全社会接受这个新称谓呢？就算音乐学家真的能够统一各家意见推选出比较好的新称谓，但又有什么办法让全社会的人接受它而不再使用“原生态”的提法呢？以音乐学家微薄的声音，我以为是绝无可能的。

其实，不但“原生态”唱法的命名不科学，其他的唱法——美声唱法、民族唱法、流行唱法（通俗唱法）的命名，都不准确，也不科学。就你是“美声”，别人都不美？民族唱法？中国有56个民族，你是哪个民族？流行唱法也不对，你有《我的太阳》流行吗？应该知道，所有关于艺术风格、艺术流派的名词，绝大部分都是约定俗成的，都“没道理”，不科学。最典型的是“印象派”，当时记者写文章提出“印象派”以后，几乎所有被归为“印象派”的画家全部反对，但是反对却完全无效，人们还那么叫。事实上，只要一提起“印象派”，人们不约而同地就会想到梵高、高更、雷诺阿，想到德彪西、杜卡，就行了。我觉得，音乐学家可以做学术探讨，但一个音乐学家，还有更有意义的工作做。

我认为，如果能通过我们的绵薄之力，把一个已经边缘化的、被人们遗忘的、古老的祖先留下来的文化推到主流中来，让年轻人认识，并逐渐产生感情来传承它，并在此过程中让普普通通的农民、牧民们改变自己的生活，比自己写一篇“科学”的文章更有意义。如果真正改变人们的社会风潮，甚至能够让社会舆论向自己认为正确的方向转变，哪怕只是一小步，哪怕所做的所有工作都不是尽善尽美，甚至还不够好，那也比仅仅自己写文章成名成家要有意义得多。

一个人如果坚持自己的“初心”，并且始终有一种为这个民族、为这个国家做些事情的愿望，一旦机会来临，你会把握它、会不辜负它。我因为一个偶然的机会被邀请到中央电视台青年歌手电视大奖赛担任评委，初赛时，在每天听几十个甚至上百个歌手演唱的过程中，我忽然发现参加比赛的这么多选手，唱的就那么十几首歌，百分之四十的歌是重复的，而且不同的歌手从音色上根本分辨不出来。当时在比赛现场点评时我就提到了“千人一声”的问题，我说，当年我们没有电视，只有广播，但是你一听就知道这是王昆、这是郭兰英、这是才旦卓玛……但现在，你不看屏幕，你不知道谁在唱。我当时提出一个“拒绝平庸，主张个性”的口号。没想到，这番讲话通过直播引起了轩然大波。两年以后的第十届比赛索朗旺姆得了金奖，这和第九届的点评应该说不无关系。但到了第十一届比赛，“学院派”开始反攻，当时李怀秀、李怀福的海菜腔作为民族组最后一名上场，听完之后，美声组、流行组的评委当场站起来鼓掌。第二天中午“午间新闻”专门播了这条新闻，说昨天青年歌手电视大奖赛，出现了开赛以来从未有过的场面，评委忘记了自己的矜持，为一对来自民间的农民歌手鼓掌……但现场民族组评委的打分却出现了奇怪的现象，有位来自音乐学院的评委打出的最低分和我的最高分居然相差近十分！当监审组让我跟这位评委解释的时候，这位评委居然说：他们的确唱得很好，但是，毕竟还是民间的，还需要提高。这真让我诧异！我觉得真正的艺术家，一定对民间有一种发自内心的热爱，因为那是一切文化艺术的母亲，那是土地！那届比赛之后，舆论开始倾斜，到底唱歌应该用什么标准？只有一个方法唱才是好吗？艺术应该百花齐放，还是一花独放？什么叫“科学唱法”？科学跟艺术是两个概念。科学跟艺术在很多方面是相同的，但在很多方面是相反的，比如科学一定要规范，这是工业化生产必需的。但是艺术不能如此。当一种艺术方法假科学之名的时候，就会出问题。经过这些年不停的斗争和努力，从第十一届开始，中央电视台的青年歌手大奖赛开辟了“原生态”组，来自民间的歌手终于在主流媒体获得了一席之地，当然，能有这样的进步，还要感谢“非物质文化遗产保护”的社会思潮。

在我国的声乐领域，“原生态”之前只有三种唱法，流行、美声、民族。我曾经分别把它们比喻成中国《诗经》的“风、雅、颂”：流行就是“风”，是城市之风。《诗经》中“风”的作者都是当年的民间百姓，百分之八十唱爱情、唱个体生命的感情。流行音乐也是民间的老百姓、青年人唱的，所有流行歌曲都是个体生命面对社会的真诚感受。美声就是“雅”，知识分子小众的艺术。民族唱法就是“颂”，主要歌唱党、祖国、黄河、母亲、父亲、战友……主要表达的是一种集体的、社会性的感情，而非个体的“私情”。可悲的是，如今的民族唱法大多缺少个体的生命体验，容易空泛、也很容易重复、苍白、虚假。所以，在这种情况下，“原生态”进入主流媒体，这是好的。

有关“原生态”的评判，我觉得要看到这件事情对我们整个中国文化的影响，对我们民族文化的未来的影响。通过做非物质文化遗产保护，我始终认为，一定要尊重当地人按照自己的理想追求幸福的方式。回到我最开始提到的“初心”，做学问追求的到底是什么？目的是什么？宋儒所谓“为天地立心，为生民立命，为往圣继绝学，为万世开太平”，话说得太大，一般人都做不到。但是毕竟中国历代知识分子把民族看得比家庭重，家庭比自己重。这是中华民族的道德标准。任何时候，面对民族大业，面对关系到许多人，尤其是普通老百姓命运的时候，哪个才更重要？这一点，是一个音乐学家始终应该记住的一个道德标准。

（原载《中国音乐学》2011年第4期）

找回祖先的声音

——中国民歌与非物质文化遗产保护

非物质文化遗产的保护这些年来取得了巨大的成就，这个成就就像我们国家在经济上所取得的成就一样，本身就是一个奇迹。我曾经用12个字概括我们的非遗保护：“起步晚，速度快，成绩大，问题多。”起步晚是一个历史现实，日本从20世纪 50年代初就制定了关于文化遗产保护的法律，韩国也在1956年制定了法律，在欧洲，文化遗产保护更是深入人心。改革开放初期，我们有个口号叫作一心一意奔现代化，什么叫一心一意呢？就是除了现代化，啥也别想。那时候你要提非物质文化遗产保护，没有人理你，因为大家一心一意要奔现代化，眼睛不往别处看。我们用30年的时间，几乎走完了欧洲用二三百年才走过的现代化历程，应该说创造了一个奇迹。但是也就是在我们创造了这个人类的奇迹之后，全社会（当然首先是由知识分子开始），上到政府高层，下到普通民众，都在反思一个问题——就是我们现代化取得如此巨大的成功的同时，我们丢失了什么？我过去曾做过一个比喻，我们一心一意现代化，拼命向前奔跑，但是快跑到终点的时候，气喘吁吁，突然发现爷爷奶奶放在我们贴身衣服里的祖传的宝贝，在跑的过程中丢掉了。

丢了怎么办？要找回祖先的遗产，包括祖先的声音！这几年非遗保护工作做得有声有色。在非遗保护的开始，七八年前，非物质文化遗产这个词对绝大部分人来讲都是陌生的。但是通过这些年我们的宣传工作，“非物质文化遗产保护”的观念已经深入人心。前几年我们在农展馆办了一次非物质文化遗产的展览，盛况空前。当时我打车去农展馆，司机听说我去农展馆，就问是不是去看非物质文化遗产展览，我当时大喜：一个出租车司机都可以张口就说出“非物质文化遗产”，说明我们这个工作的确是深入人心。为什么深入人心？因为它符合老百姓的愿望，符合老百姓的理想，因为所有的人都有一个心理，就是我们希望现代化成功，但是我们都不希望跑到现代化终点的时候，我们连中国人都不是了，忘记了自己的历史，甚至失去了中国人固有的从道德到审美习惯这一系列精神的东西。

一、非物质文化遗产的内涵

我们在这几年里建立了一个非物质文化遗产的保护体系，把非物质文化遗产分为十大类，第一类是口头文学、口头传说，其中第二类就是我们今天要讲的传统音乐。非物质文化遗产都包括哪些内容？联合国有明确、严谨的说法，《中华人民共和国非物质文化遗产法》也有非常严格的定义。我自己也曾经说过一个通俗的比喻：决定了我们是中国人，而不是别国人的，除了我们的黄皮肤、黑眼睛的一切，几乎都是非物质文化遗产。当然我这个说法也过于笼统，昨天我听周和平馆长讲了三点，我觉得讲得非常好。他说非物质文化遗产有三个标准：第一条，它是人民的创造，我觉得这一点非常重要。人民的创造是什么意思呢？它是人民大众的，是集体的创造。一般来讲，非物质文化遗产很难讲出来作者是谁，比如一首民歌的作者是谁。中国的民歌浩如烟海，只有极少的一部分，我们知道是谁作的，比如《三十里铺》，但绝大部分是人民集体智慧的结晶。第二条，它是人民口口相传。这个“口口相传”一方面告诉我们，它的传承方式主要是人对人、口对口、手对手，另一方面，这里还隐含另外一个意思，就是民歌或者传统技艺，是在人民的手口相传当中一代一代地淘汰、积累、精练、升华、再创作。一首首的民歌，经过一代又一代人的口口传唱，在变成一个群众集体智慧结晶的同时，打磨成像钻石一样璀璨的民歌。可以这么说，民歌的创作就像海潮一样，每天潮起潮落，时间会把那些不够好的，不够优秀的，淘汰出去。大浪淘沙，最后剩下的都是了不起的精髓。第三条，就是和普通民众的生产方式、生活方式是息息相关的，它是活在人民大众中间的。这一点也隐含着很多的意思，第一它是活着的，这也是非物质文化遗产和物质文化遗产一个最大的区别，它是活态传承。另外它不属于某一个人，它是我们整个集体的，整个民族的，或者是一个社群的、一个领域的、一个行业的集体贡献。同时从古到今，它都和人民的生活息息相关，离开了它，这个生活就是乏味的，或者这个生活就不是我们原本的生活。

具体到民歌来讲更是这样。我们中国有 56 个民族，960 万平方公里，我们的民歌真是像海洋一样，没有一个人能数得出来中国有多少民歌。它像天上的繁星，用佛经里的一句话叫作“恒河沙数”。为了研究，学者们也有自己的分类，但是对中国民歌的分类至今也没有一个大家公认的体系。最简单的分类，就是 56 个民族，每个民族有每个民族的民歌。但这么分类解决不了问题，因为各个民族的民歌都很丰富，种类繁多，需要细分。比如其中人口最多的民族汉族。我前些年到印度去，非常震撼。回来的路上忽然想到，我这二十几天在印度去了很多地方，居然没有看到一个印度妇女是穿着现代超短裙之类的。我看到所有的印度妇女几乎都是穿着纱丽。我没有去他们的金融街，也许银行里白领穿西服裙，但是在大街上和我们接触的都穿着民族服装。那时候我想到，我们汉民族是人数最多的民族，但是也是世界上唯一一个没有民族服装的民族。而非遗保护最重要的就是重新唤起我们文化自觉，重新唤起我们整个民族在文化上的自尊和自豪。

二、民歌的分类

广义地来讲，民歌也叫“谣”，“民谣”，最简单讲，就是来自底层老百姓的歌声。从历史上看，据说在周代就有一个风俗“采风”。我们音乐工作者现在到田野去录音，也叫采风。采风这个制度，是历代中国文人的一个理想，希望统治者能够体恤民情，了解民情，了解群众的想法。据说有个官员拿一个木铎到乡下去，木铎一摇，老百姓们就蜂拥而至，然后就提意见，比如医保怎么样，比如房子的拆建问题，于是官员这些问题记下来，回去汇报。民歌还有一个词叫“风”，刮风的“风”，诗经里“风、雅、颂”这个“风”就是民歌。像白居易等文人都从民歌当中学习了很多东西。近代，在延安解放区也曾成立了一个民歌研究会。明代有个冯梦龙说过一句话，他说“世间但有假诗文，但无假山歌”。为什么？他解释说“山歌不与诗文争名，不屑假。”山歌创作过程当中，不是为了名利，所以不屑假，我要唱我自己的感情，我干吗要做假？所有的民歌最开始的时候，是唱给谁的？是唱给自己的，顶多是唱给自己爱的那个人，再往前推一点，可能是唱给天地的，民歌就是这么创作出来的。我今天失恋了，我难受，我在山上放羊，我就想起了我的二妹子，我难受怎么办？我张口就唱，唱出我的心情，那时候我唱给谁听呢？我希望二妹子听，但是二妹子在山那边，我唱给自己听。老百姓有句话叫“女愁哭，男愁唱”，说女的一发愁就哭，男的一愁就唱，其实不尽然，男女愁了都唱。这个歌声本是心上流，它是从心里滴出来的。所以冯梦龙敢说它“不屑假”，他清清楚楚地划分了民歌创作和文学创作最大的区别。文人考科举是为了名利，写文章写诗很多是为了直抒胸臆，但是文人和农民还不一样，他总希望起码要有一些人赏识，真像黛玉一样把自己的词一把火烧了，这样的太少，大部分文人还是希望能得到认可。农民没有这些想法，唱山歌的人没有这些想法。所以民歌的创作真正是中国古人讲的音乐的起源“情动于中，故形于声”，就是你的感情在你心里头激荡，怎么办？“故长言之”，长言还不行怎么办？就是歌咏，就要唱，光唱还不行，就“歌之舞之足之蹈之也”。这里面关键的词是“情动于衷”，没有感情创作出来的东西，或者是为了名利，为了各种目的创作的东西，第一不可能感人。你自己都没有感动，怎么感动别人？第二更不可能流传，精品可不是我们花一笔钱，组织一批人住在高级宾馆里搞出来的，因为这违背了艺术创作的根本规律。民歌能够流传到今天，它真的是人民大众的感情的积淀和升华。

刚才讲民歌的分类，汉族有种分类叫色彩区，有划七个的，有划八个的，有划九个的。色彩区也好，用民族分类也好，无非是为了研究的方便。老百姓唱歌的时候不管是在哪个色彩区的，难过了就唱，高兴了也唱，但是高兴时候唱出来的歌和你难过的时候唱出来的歌，它的文化价值是不同的。就像悲剧和喜剧一样，悲剧的文化价值一般来讲都要高于喜剧。民歌里最好听的歌是什么？好的民歌都是表现“爱别离苦”的。西方音乐家说过一句话，说一个青年人可以因为他失去了爱人而歌唱，但是一个守财奴不可能因为他失去了金钱而歌唱。这句话很精彩，古今中外最感人的歌都是表现这样一种爱的情绪。

中国民歌，东西南北完全不同，很多非常优美动听，南方的田歌、薅草歌很委婉，也很好听，音调婉约清丽，但是和陕北民歌比如信天游比起来，它缺少那种嘹亮、那种悠远、那种豪放。陕北民歌的嘹亮、豪放，它的音调之美，它的感情之真挚，的确是出类拔萃的。但是还有一点，不知道大家考虑到没有，陕北民歌之所以流行，和我们中国共产党在全国范围内取得决定性的胜利有关。当年共产党是从陕北走出来，走向全中国。同时，一些陕北的民歌也跟着革命大军走出来，走向全中国，像《东方红》。除了《东方红》，还有一些歌。我记得，我当年在东北插队，忽然有一天从广播里听到一首歌，根据陕北民歌改编的新歌，那么好听，那么让人激动："热腾腾的油糕哎嗨哎嗨呦，摆上了桌……"我现在一到陕北吃油糕就想起那首歌。陕北民歌有它本身的特点。一般陕北民歌比如信天游就是上下两句，旋律不是很复杂，但是极其优美。更重要的是，陕北民歌产生在黄土高坡，为什么这个地方的歌好听？20世纪90年代我专门写过一篇文章叫《民歌恰似穷乡好》，越穷的地方民歌越好听。这是我发现的一个规律，不是百分之百的，但是大致如此。为什么？我觉得有几个原因：陕北、山西和河套地区，老百姓的生活非常艰难，过去民歌有一句"河曲宝德州，十年九不收，男人跑口外，女人挖野菜。"这样一种生活，就造就了这个地方的生产方式和生活方式，大部分男人一年到头，把麦子种下了，就要外出打工，造成了女人在家孤苦伶仃，挖野菜度日，不知道男人什么时候回来。那时候又没手机，也没法打电话，通信你都不知道写到哪去，就是能通信，有没有邮票钱都不知道。男人一走，什么时候回来都不知道。所以表现思念的歌非常感人。讲思念，过去有一首歌，"山在水在（亲亲呦）石头在，人家都在（亲亲啊）你不在。"如此简单的歌词，蕴含着如此深沉的力量！我第一次听这歌就流了眼泪。当时我最大的感受是什么？我最大的感受就是文人写不出这词来。民歌是一个普普通通的老百姓一生当中喜怒哀乐的最精华、最精彩的一次喷发。他可能唱出来了，无意中被别人听到了，好听，同时他的感情感染了别人，你也唱，我也唱，传来传去。我觉得西北那种穷乡僻壤地方的人，对于爱情的态度和富庶地区的人对爱情的态度是有区别的。当然这话可能有些夸大。但是从民歌反映出来的陕北人怎么恋爱？"咱俩人相好一对对，铡草刀割头不后悔。"还有更厉害的："腰里别着镰刀手里提着锹，哥哥拼着性命也得跟你好。"这哪里是谈恋爱，简直是农民起义嘛！还有《兰花花》，把一个女人的爱情唱得催人泪下，越琢磨越有味道。但是富裕地方的人就不太一样了，有钱了以后，感情不一样，大家最熟悉的江南《茉莉花》，“我有心掐一个花戴，又怕哥哥骂”，这跟“腰里别着镰刀手里提着锹，哥哥拼着性命也得跟你好”相差太多。为啥呢？有钱了，顾虑就多了，他跟她都有很多顾虑要考虑，不会像这种穷乡僻壤的人，啥也不想，全身心地投入。

三、民歌面临的情况

民歌保护现在遇到的困难，应该说是太大了。第一是时代变了，很多传统民歌没有人唱了。首先是生产方式的改变。有一种最简单的分类，三大类：劳动号子、山歌、小曲。山歌包括我刚才讲的《信天游》、《爬山调》，小调指的是《茉莉花》这些小调。其中劳动号子这一类的民歌损失的最多。原因很简单，生产方式变了。比如我刚才讲的《薅草歌》，现在不薅草了，现在洒农药。《插秧歌》，现在不人工插秧了，机器插秧。号子过去分很多种，比如运输类的船工号子非常动听，非常丰富多样。拿长江号子来讲，上游、中游、下游有所不同。有上水号子、下水号子、闯滩号子，不同的号子是应对他所面临的独特的自然环境和劳动形式的。而现在都是轮船，怎么唱号子？船工号子的消亡是无可奈何的。过去东北有森林号子，用这种劳动歌声来指挥大家共同动作。但是现在伐木工人都是电锯，全是机械马达的轰鸣。渔民号子也没有了，过去打鱼撒网，现在也是机动的船。连牧歌都没有了，过去骑着马放牧唱牧歌，现在内蒙古的青年牧民都是骑雅马哈摩托，大功率的，这怎么唱？所以生产方式的改变，造成这一类民歌的无可奈何的消失。

其次是生活方式、恋爱观的改变。恋爱观一变，爱情的歌还那么唱吗？不可能了。过去那种感觉没有了。从前交通不方便，“哥在那个山上妹在沟，咱们见不上面就招一招手”，地形复杂严峻，招招手，还怕别人看见。现在手机一拨，“——老地方见啊”。爱情观变了，山歌也就变了。与生产方式不太相同，生活方式的改变是渐进的。这就是科学与艺术的一个最大的不同。科学技术进步，是对以前技术全面的否定，毫不留情的否定。彩电出来了，黑白电视机就没人要了；数码相机出来了，胶片厂就关门了。但是文化艺术不一样，它不能全面淘汰，它也不能替代，后来出现的艺术再好，也不能够替代、取代先前的，新小说再好，《红楼梦》仍然有崇高的价值。这也是我们今天保护文化遗产的一个重要原因。保护方式是多样的，其中有一种保护方式就是趁着它还有，用各种手段记录下来，用照相录音保留下来，让后代知道它的存在。这是一种博物馆式的保护，也是无可奈何的。而大多数情况下，现在有很多民歌属性已经没有了，而是变成了一种表演。所有音乐学院都在教、都在唱《赶牲灵》、《三十里铺》，而学声乐的，不管你是不是陕北人，都要学。民歌作为艺术品更多的是发挥它的艺术功能、作品的功能。在这个过程当中，我们要注意如何让它不失去民歌原来的本质和特色，不要在我们使它舞台化甚至商业化的过程当中，对它造成歪曲。有的歪曲是由于无知，是由于对民间文化缺乏了解，而有的是为了商业目的，有意的歪曲，后一种更不能要。当然无意的歪曲也存在。

民族唱法唱的歌大部分是创作歌曲，不是民歌，虽然其中也不乏有好的，但是缺一个东西，缺什么呢？缺情。过去三种唱法，叫美声唱法，民族唱法，流行唱法。后来我建议加了一个“原生态唱法”。有人说“原生态”不科学。其实我知道不科学，但是“美声”、“民族”唱法的名称也不科学。比如中国有56个民族，“民族唱法”是哪个民族？“流行唱法”也不科学，美声唱法的《我的太阳》也很流行，全世界都唱，这个东西都不科学。所有艺术风格的名词都不是理论家编出来的，都是群众先说出来的，叫作约定俗成。我过去把美声、民族、流行三种唱法比成“风、雅、颂”。流行唱法就是“风”，是城市之“风”，新民歌，城市的民歌，城市的民谣；美声唱法是“雅”，唱西洋歌剧，懂的人就认为“雅”；民族唱法就是“颂”，民族唱法很少唱男女私情，他们不唱个人感情，唱的都是党、祖国、父亲、母亲、黄河、长江、泰山，全是集体的感情。这个诗经的“风、雅、颂”流传到现在，大家真正记得的是“风”。为什么？因为它真诚。“情动于中，形成于声”，“听见哥哥唱一声，咯颤颤折了一根二号针。”她那个感情要唱出来，结果是流传当世。艺术有它自己的规律，光有愿望不行。现在民族唱法存在“千人一声”的问题，每个人唱的都一样，听不出是谁唱的。现在都画着一样的妆，都贴着一样的长睫毛，穿着七八寸的高跟鞋，连看都一样，分不出谁跟谁来！

（原载《艺术评论》2012年第7期）

中编
学术研究

佛教音乐的华化

佛教音乐，是我国文化遗产中弥可珍贵的一部分，是我国具有优良传统的民族民间音乐在特殊环境下的产物。佛曲随佛教传入中国，经历了一个逐渐华化的过程。探索这一过程，将有助于了解中国音乐的演变，也有助于了解中国佛教本身的演变。

一、佛教音乐的传入

佛教传入中土的时间，其说不一，但大约在纪元前后。佛教音乐在天竺甚盛，梁慧皎《高僧传·译经中·鸠摩罗什传》载鸠摩罗什与其门生慧睿语曰：“天竺国俗，甚重文制，其宫商体韵，以入弦为善。凡覲国王，必有赞德，见佛之仪，以歌赞为贵。经中偈颂，皆其式也。”唐义净《南海寄归内法传·赞咏之礼》更备述天竺礼佛赞咏之事。言：“西国礼教，盛传赞叹。”并记录了几位天竺佛教音乐创始作家的传说。如：尊者摩至哩制吒，“乃西方宏才硕德，秀冠群英之人”，“但逢遗像，遂抽盛藻，仰符授记，赞佛功德。初造四百赞，次造一百五十赞，总陈六度，明佛世尊所有胜德，斯可谓文情婉丽，共天花而齐芳；理致清高，与地岳而争峻”。并言明其在佛教音乐中的宗师地位：“西方造赞者，莫不咸同祖习。无著、世亲菩萨皆悉仰止。故五天之地初出家者，亦既诵得五戒、十戒，即须先教颂斯二赞，无问大、小乘，咸同尊此。”

摩至哩制咤之后，尚有陈那菩萨，“每于颂初，各加其一，名为杂赞，颂有三百”。鹿苑名僧释迦提婆，“复于陈那颂前，各加一颂，名《糅杂赞》，总有四百五十颂。但有制作之流，皆以为龟镜矣”。此外，戒日王亦曾取乘云菩萨以身代龙之事，“辑为歌咏，奏谐弦管，令人作乐，舞之蹈之，流布于代”。东印度月宫大士亦作《毗输安坦罗太子歌》。此歌“词人皆舞，咏遍五天”，似乎在印度广为流传。“又尊者马鸣，亦造歌词及《庄严论》，并作《佛本行诗》……五天南海，无不讽诵。”

义净的记载至少说明了三个问题：

其一，天竺佛赞的内容，主要是“赞佛功德”，“明佛世尊所有胜德”，以诗赞的形式，歌颂佛菩萨。其中有长篇叙事歌曲，如马鸣之作，即“述如来始自王宫，终乎双树”。此种歌曲，称为“佛本行诗”，所谓“取本生事而为诗赞”，梵言则称为“得迦摩罗”。[①]

其二，其形式可以“奏谐弦管”，可以“舞之蹈之”，有歌、有舞、有伴奏，“文情婉丽”，“理致清高”，风格韵味讲究“哀雅”，音色音量要求“明彻雄朗”。

其三，赞叹的目的，对僧言，有六意：“一能知佛德之深远，二体制文之次第，三令舌根清净，四得胸藏开通，五则处众不慌，六乃长命无病。”对俗言，则“先令敬信三尊，孝养父母，持戒舍恶，择人乃交，于诸财色，修不净观。检校家室，正念无常”。“劝行三慧，明圣道之八友；令学四真，证圆凝之两得”。此外，还记载了天竺歌赞的具体方法、场合等。

以上，是佛教音乐在天竺的简单情况。那么，这些音乐是否随着佛教的东来而传入中国了呢？

---

① 本书原注曰：“社得迦”者，本生也；“摩罗”者，即“贯”焉。集取菩萨昔生难行之事，“贯之一处也”。

一提到天竺佛曲是否传入中国的问题，人们便会立刻想到慧皎那段屡被引用的论述："自大教东流，乃译文者众，而传声盖寡。良由梵音重复，汉语单奇。若用梵音以咏汉语，则声繁而偈迫；若用汉曲以咏梵文，则韵短而辞长。是故金言有译，梵响无授。始有魏陈思王曹植，深爱音律，属意经音，既通般遮之瑞响，又感渔山之神制，于是删治《瑞应本起》，以为学者之宗。传声则三千有余，在契则四十有二。"此说既出，历代僧传史书，辗转抄袭，屡引此文，并已形成对此文内容的片面理解：认为佛教经典（金言）虽传入了中国，而佛教音乐（梵响）却没有随之传入。某些学者据此而得出了"中国的佛教音乐，一开始就取材于民间，因而获得了在本乡本土上发芽生根的机会"[①]的结论。

但是，仔细考察历史，便感到问题并不那么简单。

先谈有辞之乐：

陈思王曹植之前，似已有赞呗的存在。从理论上说，既成僧伽，就要有礼佛之仪；既有礼佛之仪，则有赞呗之需。赞宁《高僧传·读诵篇·论》曰："原夫经传震旦，夹意汉庭，北则竺兰，始直声而宣剖；南惟僧会，扬曲韵以通。"把竺法兰（竺叔兰？）、康僧会各奉为北、南两派赞呗的鼻祖。竺法兰原为中天竺人，于东汉明帝永平十年（67）与迦叶摩腾骑白马来华，其时为佛教来华之初。但竺法兰的赞呗歌诵，系"直声而宣剖"，似乎音乐性不强。而且，佛事方兴，译业草创，他所咏赞的，想必是原来的天竺音乐。从东汉至三国，除曹植外，其他几位早期的佛曲作家，基本上都是外族人。如支谦系月氏人，康僧会系康居人，尸黎密多罗系西域人，支昙籥亦系月氏人。他们所造梵呗，不可能没有天竺、西域文化的痕迹。即使是曹植所创佛曲，也是在天竺佛曲的基础上创造的。上引赞宁《高僧传·读诵篇·论》，在回答赞呗"只合是西域僧传授，何以陈思王与齐太宰检经示沙门耶"时曾说："此二王已先熟天竺曲韵，故闻山响及经偈，乃有传授之说也。"慧皎虽然断言"金言有译，梵响无授"，但在其所言中亦能找到曹植之曲与天竺佛曲有联系的证明。他说曹植"既通般遮之瑞

---

① 杨荫浏：《中国古代音乐史稿》第六章第159页，中国佛教协会编《中国佛教》亦持此观点。

响”，“般遮”二字，指天竺佛教中的乐神“般遮于旬”，其神“乃以其琴歌颂佛德”。也就是说，曹植创佛曲，是在熟悉梵音的基础上进行的。“瑞应本起”，即《太子瑞应本起经》，吴支谦译，叙述佛所行事，与天竺之“社得迦摩罗”如出一辙。“渔山”，在今山东省东阿县内，“渔山制梵”的故事，流传甚广。《异苑》云：“陈思王游山，忽闻空里诵经声，清远遒亮，解音者写之，为神仙声，道士效之，作步虚声。”《法苑珠林 · 呗赞第卅四》亦载：曹植“尝游渔山，忽闻空中梵天之响，清雅哀婉。其声动心，独听良久……乃摹其音节，写为梵呗……”中国古籍中谈及作曲，常有“闻天乐”、“得神授”的说法，这或许出于古人对音乐创作的一种崇拜心理，也可能系古人为了追求一种神秘化效果而有意制造的一种氛围。而具体到这两段记载，则包含着一种曹植所创佛曲与天竺佛教音乐有关联的暗示。那么，曹植对中国佛教音乐的贡献，到底是什么呢？

问题的关键，在于如何理解“传声则三千有余，在契则四十有二”这句话。

近世敦煌学者，早在本世纪初，便曾对这句话中的“契”字作何解释颇多探讨。这确是抓住了要害，“契”字不能训，则曹植的创造何在，盖不能明。

首先是周一良先生在《读“唐代俗讲考”》[①]中指出：“六朝时讲经之前，都讲先转读……读时分若干‘契’。”并率先指出：“似乎契又不仅是经里的节段，还有音乐上的意义，各契互不相同。”

其后，关德栋先生《“读唐代俗讲考”的商榷》一文则明确指出：“所谓一‘契’，实在是指一个‘歌赞’而已。”再其后，向达先生推论“契”是Gatha的对音，是“歌”的意思，引申其意为“偈颂”。

笔者以为，“契”字为音乐上的名词已确定无疑，但假如仅仅是一个量词，仅仅表示音乐上的一个单位，一个曲调，则难以解释何为“传声则三千有余”，何为“在契则四十有二”。倘若“契”仅指曲调而言，那么，“传声”的“三千”又是什么呢？难道其声不在曲调之中吗？

---

① 以下所引周一良、关德栋、向达等文，皆见周绍良、白化文编：《敦煌变文论文录》上册，上海古籍出版社1982年版，第9—179页。

其实，“契”的意思，很可能是曲谱。

训“契”字，原为刻写之意。契者，书契之契也。《易》曰：“后代圣人易之以书契。”查《说文》，“契”字从“刀”，而《说文》中凡从“契”者，皆为刻写之意。古人写字，先有刀，后有笔，而刀“写”比笔写更可以长久不变。故“契”字后有一义变为“契约”之“契”。在这个“契”字中，是含有“记录下来，长久不变”的意思在内的。这样慧皎的话便很好理解了。何谓“传声则三千有余，在契则四十有二”呢？就是“口传的曲调有三千之多，其中被记录下来的（很可能在慧皎时方能见到的）有四十二首”。[①]

本来“契”便是写，把音乐写下来，不是乐谱又是什么呢？上引《法苑珠林》中其实也已言明“……乃摹其音节，写为梵呗”。请注意：曹植所“写”的，是其“音节”，而非词句，这样，就排斥了认为所写系唱辞的可能性。那么，曹植所用的乐谱，究竟是哪一种呢？我以为，很可能就是《汉书》中所讲的“声曲折”。《汉书·艺文志》载“河南周歌诗七篇”外，另有“河南周歌声曲折七篇”。后人曾疑“声曲折”为乐谱。王先谦（1842—1917）《汉书补注》解释“声曲折即歌声之谱，唐曰乐府，今曰板眼”，应为有识之见。惜王氏不谙音乐，将“谱”、“乐府”、“板眼”这三个不同的概念，误以为一物。笔者认为，“声曲折”以曲线状声音的高低婉转，是一种较为原始的、直观的，不甚精确的示意谱。它虽不能像现代乐谱那样精确地限定音高音值，但却能为使用它的人起到某种程度的“备忘录”的作用。

---

① 本文发表后，有谢立新发表《中国佛教音乐之初》（《艺苑》1988年第1期）对笔者提出异议，认为曹植只活了40岁，在渔山也只有3年的时间，不可能创作三千余首佛曲。我以为未必。从佛法说，《增一阿含经》有四“不可思议”，《智度论》有五“不可思议”，曹植为得道之人，其创作力当不可思议。从世间法说，与曹植创佛曲类似的人、事亦非仅见，如著名的西方古典作曲家莫扎特（1756—1791）只活了36岁，其一生创作之丰亦不可思议，不算上千首各种各样的小型乐曲，仅大型音乐作品就有：歌剧22部、交响曲49部、钢琴协奏曲25部、小提琴协奏曲7部、长笛协奏曲3部、圆号协奏曲4部，单簧管、双簧管协奏曲各1部、弦乐五重奏9部、四重奏26部、钢琴三重奏7部、钢琴奏鸣曲17部、小提琴奏鸣曲42部、弥撒曲15部、赞美诗130余部、小步舞曲90余部………仅以其中歌剧一项论，其创作量，便不止“三千有余”！我们怎能小觑了曹植这位“七步成诗”的才子呢？

"契"为乐谱，而且是"声曲折"一类的曲线谱，在现存宗教音乐典籍中有实例可证。日本《大正新修大藏经》二七一二有《鱼山声明集》，二七一三有《鱼山私钞》，皆为旁注乐谱之经赞集，其谱既状如"曲折"，两集声明又均名"鱼山"，不但可以证明在日本僧人的心目中佛乐谱系曹植所创，同时也可以作为"声曲折"的实例，佐证《汉书》的记载。

类似的乐谱，在中国还有藏传佛教中的"央移谱"和道教中的"步虚谱"。如扎什伦布寺"央移谱"及《玉音法事》"步虚谱"。值得宗教学者及音乐学者们注意的是，佛教曲线谱是注在字侧，横写，或在字上斜写。而道教"步虚谱"却是注在字下，是中国传统文字书写习惯的竖写。两种乐谱孰先孰后，《艺苑》中说，是道士效曹植所作。研究这两种乐谱形式的演变和相互关系，将超出古谱学的影响范围，而有助于从更宏观的领域里探讨佛、道两教的关系。

此外，释"契"为乐谱，还能解决音乐史学领域中的一些传统问题。如南朝"清商乐"中有"契注声"一词，久不能确解，仅知其为"清商大曲"结尾时的一段无词之乐。若"契"字果如笔者所释，那么，"契注声"也就好理解了。"契注声"就是按"契"所"注"明的那样来演奏。强调按谱奏乐，则包含此段无词的意思，即今世之所谓"纯器乐曲"，是一段类似"尾声"(Coda或postlude)的乐曲。

再如《隋书·音乐志下》载开皇九年平陈之后，高祖获梁、陈清商旧曲。中华书局版《隋书》标点本作："其歌曲有《阳伴》，舞曲有《明君》、《并契》。"[①]其中后二字"并契"括以曲名符号，与《明君》并列，以为曲名。查史无"并契"之曲，原文应断为："其歌曲有《阳伴》、舞曲有《明君》并契"，意为"获歌曲《阳伴》、舞曲《明君》及其乐谱"，或可能通。

当然，中国的文字有其多义性，而许多字在它被使用的过程中，都曾被引申它义，甚至逐渐淡忘了原义。因此，"契"字后来被引申为一个专指音乐单位的量词(如指一曲为一契)，或引申为乐曲结尾时的一段纯器乐曲(如"契注声")，更

---

① 《隋书》第二册，中华书局，第378页。

进而与“乱声”通用，所谓“曲终歌阙，乱以众契”，都是正常的。

这样，似乎可以知道曹植的贡献了：这位据说曾“七步成诗”的才子，也曾在3世纪初，运用或创造了一种类似“声曲折”的乐谱，“摹其音节”，记录了大量他所闻的“天乐”——天竺的梵呗。他“撰文制音，传为后式”，在中国佛教初肇的年代，传播了来自天竺的佛教音乐，而“梵声显世，始于此焉”。[①]

再谈所谓无辞之乐：正史所谓“佛曲”之名，始见于《隋书·卷十五·音乐志下》：

> 西凉者，起于苻氏之末，吕光、沮渠蒙逊等据有凉州，变龟兹声为之，号秦汉伎……其歌曲有《永世乐》、解曲有《万世丰》、舞曲有《于阗佛曲》。
>
> 龟兹者，起于吕光灭龟兹，因得其声。[②]

吕光灭龟兹，时在公元382年，而“苻氏之末”，在公元四世纪末。(384年姚苌起兵渭北，称为秦王。385年于五将山俘苻坚。386年姚苌入长安称帝。394年苻登被后秦所灭) 其时距慧皎著《高僧传》之519年，相距一个多世纪。也就是说，在慧皎断言“金言有译，梵响无授”之前约一个世纪时，《于阗佛曲》就已在中土出现了。

《于阗佛曲》的前身既是龟兹乐，那么，龟兹乐与佛曲又是什么关系呢？我们先考察一下吕光灭龟兹，获龟兹乐的背景。

一个很有趣的事实是：苻坚命吕光灭龟兹的目的，是为了一个和尚。慧皎《高僧传 · 译经中 · 鸠摩罗什传》载：

> (建元) 十八年九月，坚遣骁骑将军吕光、陵江将军姜飞等，将前部王、东师王等，率兵七万，西伐龟兹及焉耆诸国。临发，坚饯光于建章宫，谓光曰：夫帝王应天而治，以子爱苍生为本，岂贪其地以伐之？正以

① 《法苑珠林》第三十四卷。

② 《隋书》第二册，中华书局，第378页。

> 怀道之人故也。朕闻西国有鸠摩罗什，深解法相，善娴阴阳，为后学之宗，朕甚思之。贤哲者，过之大宝。若克龟兹，即驰驿送什。

《晋书·卷九十五》本传亦载：

> ……苻坚闻之，密有迎罗什之意。……乃遣骁骑将军吕光等，率兵七万，西伐龟兹。谓光曰：即驰驿送之。

当然，攻城夺地，原是统治者扩张的本性，苻坚所谓“以子爱苍生为本”的话，或可有疑问。然苻坚即使从利己角度出发，为得到一个有学问的人，一个“国之大宝”的旷世奇才，甚至不惜大动刀兵，不是也可以令今世的统治者们汗颜吗？

鸠摩罗什，为中国佛教四大译经家之一。其人祖籍天竺，生于龟兹，自幼聪颖超人，十二三岁即登座说法，后在西域名闻诸国，以至“每至讲说，诸王长跪高座之侧，令什践其膝以登焉”。其人又“为性率达，不拘小检”，娶妻蓄妾，不住僧房，对天竺、龟兹音乐甚为通晓。他曾与其弟子慧睿“论西方文体，商略同异，云：天竺国俗，甚重文制，其宫商体韵，以入弦为善……见佛之仪，以歌叹为贵，经中偈颂，皆其式也。但改梵为秦，失其藻蔚，虽得大意，殊隔文体，有似嚼饭与人，非徒失味，乃令呕秽也。什尝作偈赠沙门法和云：心山育明德，流熏万由延，哀鸾孤桐上，清音彻九天。凡为十偈，辞喻皆尔”。

罗什对“改梵为秦”困难苦多的感叹，是一个伟大译经家工作过程中的甘苦之言。他考虑到译经过程中存在的兼顾“信”与“达”的困难，不遗余力、孜孜以求，终于达到了译经史上一个崭新的高度，使“众心惬服，莫不欣赏”。我们虽然无从得知罗什所作的十首偈颂如何，但推论其音调，很可能是汉地还不太熟悉的西域乐调，这从他自诩其颂“哀鸾孤桐上，清音彻九天”或可感觉到一点信息。罗什与龟兹乐的直接关系史无所载，然而吕光灭龟兹，可以说得到了两件瑰宝：一为罗什，一为龟兹乐。罗什号称“弟子三千”，其影响之大，冠盖当世，而龟兹乐随罗什入华，终于“大盛于闾阡”，这样的背景，无疑不容忽视。

此外，我们还应注意到唐人对龟兹乐与佛曲的看法。赞宁《高僧传·读诵篇》载唐惟恭、灵归二僧事："释惟恭，不详何许人也。少孺出俗于法性寺，好尚逼下，多狭非法之友……后遇病且死。同寺有灵归，其迹相类，号为一寺二害也。归偶去寺一里，所逢六七人，少年鲜都，衣服鲜洁，各执乐器，如龟兹部。……所见者，乃天乐耳。"其篇末之论，亦有称天乐佛曲"或乐象龟兹，或开口菡萏"句。可见在唐人眼里，佛曲的特点是"如龟兹部"，这恐怕不仅仅指其所用乐器如龟兹部，也包括音调。前者可有敦煌壁画为证，后者可有敦煌卷子为凭：

敦煌曲（伯三〇六五）"太子入山修道赞"曰：

共奏天仙乐，龟兹韵宫商，美人无奈手颐忙，声绕梁。

又，许国霖《敦煌杂录》"维摩诘所说经变文"中，亦有"胡部莫能相比并，龟兹不易对量他"之句。

向达先生在《论唐代佛曲》①中，也曾断言："佛曲者源出于龟兹部，尤其是龟兹乐人苏祇婆所传来的琵琶七调为佛曲的近祖。"

综上所述，可知龟兹乐的入华，已可视为佛曲大量流入中土之始。也就是说，在吕光灭龟兹（382）之后，作为器乐曲的佛曲，已经流入中国宫廷。而且，佛教文化的东渐，大都经过龟兹，因此，在唐人的眼里，龟兹乐与佛曲是非常近似的。

至此，似乎可以有所结论了：把"金言有译，梵响无授"的话理解成天竺佛教音乐从未传入中国，中国佛教音乐自始便是土生土长的观点，是不符合历史真实的。中国佛教音乐之初，应该是天竺化、西域化的，佛教音乐的华化，正像天竺佛教的中国化一样，既是一种必然，又要有个过程。佛曲华化的完成，恐怕是在唐代。当其时也，文化发达，国家鼎盛，泱泱大国，百川汇集。

① 见向达《唐代长安与西域文明》，三联出版社。

从宫廷，到闾巷，一方面，音乐兴旺："六幺水调家家唱，白雪梅花处处吹"；一方面，佛教盛行："街东街西讲佛经，撞钟吹螺闹宫廷"。一方面，唐人对音乐的酷爱，为佛教音乐的繁荣造成了机会；一方面，佛子兴佛化俗、光扬佛法的使命，又促使其投人所好，充分利用音乐的魅力。于是，俗讲大盛，赞呗风闻，"听者填咽寺舍"，唱者"擅名当世"，蔚为一代之风。而在此之前，以南齐竟陵王萧子良及梁武帝等人在清商旧乐基础上的创作为代表的中国风格佛曲的出现，则为佛曲的全面华化铺平了道路，奠定了基础。

二、梁武帝与佛曲

梁武帝萧衍（464—549），字叔达，南兰陵中都里（今江苏常州西北）人。是梁朝的创立者，公元502—549年在位。萧衍少时即以文名世，《南史》本纪称其"少而笃学，能事毕究"。齐竟陵王萧子良开西邸、招文学，萧衍与南朝名流沈约、谢朓、王融、萧琛、范云、任昉、陆倕等并游，号曰"八友"。这个文学集团，不但开创了后世文学史上以注重声律著称的"永明体"诗风，为五言律诗的规范化奠定了基础，而且其中的沈约等人还辅佐萧衍灭齐兴梁，长期掌握着中国的政治命脉。萧衍本人，是战乱频仍的南北朝期间在位最久的皇帝，"自武帝膺运，时年三十有七，在位四十九载"。他对当时中国政治、文化的影响，是相当深远的。

萧衍初信道教，即位后第三年（504）释伽佛诞之日亲制文发愿，舍道归佛。此后，他亲著《大涅槃》、《大品》、《大集》诸经的《疏记》、《问答》等数百卷，并亲往同泰等寺讲说《涅槃》、《般若》等经。为了弘扬佛法，他不吝巨资，所建爱敬、光宅、开善、同泰诸寺，宏伟奇丽，耗金不可胜计。他还效法释祖舍王位出家的传说，四次舍身同泰寺为奴，[①]其中两次均由群臣以一亿万钱赎回，大大充实了寺院经济。至此，佛教在中国的传播趋于鼎盛，"南朝

① 郭沫若《中国史稿》及《辞海》本条目均言梁武帝三次舍身，误，今据《南史》正之：第一次大通元年（527），第二次中大通元年（529），第三次中大同元年（546），第四次太清元年（547）。见《南史》卷六"梁本纪"上第六。

四百八十寺，多少楼台烟雨中”。梵呗赞颂之声，礼佛导引之曲，也盛极一时，高唱入云了。

萧衍是有很深的音乐修养的。《隋书·音乐志》称他“素善钟律”，《旧五代史·乐志》称他“素精乐律”。他即位后，以很大的精力振兴乐事，他正雅乐，定音律，兴佛曲，亲自“纠适前违，裁正一代”，遂开一代乐风。

萧衍的正乐，是在一个特殊的环境中进行的。沈约曾经说过：“乐书事大而用缓，自非逢钦明之主、制作之君，不见详议。汉世以来，主非钦明，乐既非人臣急事，故言者寡。”[①]此话颇有见地。自汉之后，战乱不已。三国鼎立，五胡乱华，十六国逐，南北朝分，哪个还顾得上振兴乐事？庙堂所奏、朝会所闻，大抵是因陋就简。齐帝驳斥任昉、王肃之议，大谈“事人礼繁，事神礼简”之理，“于是不备宫悬，不遍舞六代，逐所应须，即设悬，则非宫非轩，非判非特”，似乎通脱大胆。然萧齐短命，恐怕菲薄周典是假，无力兴乐是真吧！

“梁氏之初，乐缘齐旧。”萧衍于是下诏访百僚，希望能集群策群力，改变晋以来“天人缺九变之节，朝宴失四悬之仪”的状况。然而，“是时对乐者七十八家，咸多引流略，浩荡其词，皆言乐之宜改，不言改乐之法”。看来，大都是心有余而力不足，音乐修养太差，只能高谈阔论。于是，“帝既素善钟律，详悉旧事，遂自制定礼乐”，亲自出马了。

梁武帝不但“改诸辞为相和引”，把歌舞、百戏引进庙堂之乐，致使踩高跷、车轮轧脖子之类的杂技混杂于诸雅之间，[②]甚至使佛曲第一次进入中国封建文化的象牙之塔，成为梁王朝的宫廷“雅乐”。从此之后，一向被视为儒家“根本”的礼乐悄悄地变成了佛乐，跟所有新旧儒家们开了一个大玩笑。[③]在梁武帝的四十九首三朝乐中，有几首带有明显的佛教意味，如第二十七“须弥山伎”。

---

① 见《隋书·音乐志》。

② 见《隋书·音乐志上》所引四十九首三朝之乐，其中二十一首以下皆为歌舞杂技，中有“车轮折胫伎”和“长跷伎”。

③ 田青：《雅乐还是佛乐》，《佛教文化》1995年第1期。

须弥山为梵文Sumeru的音译，是佛经中常说的神话景观，山高八万四千由旬，山尊为“帝释天”，四面山腰为“四天王天”，周围有“七香海”、“七金山”，环周绕以“咸海”，是佛教艺术中常见的题材。估计“须弥山伎”为表现佛教内容的歌舞，当无大错。此外，第三十五之“金轮幢伎”，疑为彰以法轮之幢，与第四十二“青紫鹿”，四十三“白鹿”等伎，俱有“佛徽”之含义。与第四十“五案幢咒愿伎”等，均疑为佛曲。

值得注意的是，梁武帝还是中国佛教音乐最早的作曲家之一。《隋书·音乐志》载：“帝既笃敬佛法，又制《善哉》、《大乐》、《大欢》、《天道》、《仙道》、《神王》、《龙王》、《灭过恶》、《除爱水》、《断苦轮》等十篇，名为正乐，皆述佛法。”

“名为正乐，皆述佛法”八字，不但透露了梁武帝“正乐”的本意，即以帝王之尊，假正乐之名，行弘法之实。而且也透露了这十首佛曲的音乐风格，这一点后面再讲。

除了亲创佛曲外，梁武帝还在中国首创“无遮大会”、“盂兰盆会”等，为佛教音乐的演出、传播，创造了一些极好的机会。

“无遮会”，是梵文Pancaparisab的意译，意思是无贤圣道俗之分，上下贵贱卑尊之遮，众生平等，广行财施。据《大唐西域记》载，天竺戒日王每“五岁一设无遮大会，倾竭府库，惠施群有”，是一种在佛教“平等”、“慈悲”的旗帜下，向众生施惠、普结回向的群众集会。戒日王的无遮大会，会期长达七十五天，届时向一切有情普施惠泽。中国的无遮大会，据《佛祖统记》载：“中大通元年，帝于重云殿为百姓设救苦斋，以身为祷。复幸同泰寺，设四部无遮大会……皇帝设道俗大斋五万人。”《南史·梁本纪》则更详尽地记载了萧衍从中大通元年（529）开始，一直到太清元年（547）止，数次举办无遮大会的情景，其时“上释御服，披法衣，行清净大舍”，几万人云集于此，皇帝开国库设饭斋人。当然，“大舍”是有目的的，吃斋的人也要付代价，代价是什么？就是要听佛子宣讲法事，听佛子演唱佛曲。梁武帝为宣传佛教，肯下这样大的本钱，为佛教音乐的繁荣出了大力。

梁武帝还曾创造了一种以童声演唱佛曲的形式。《隋书·音乐志》曰：“又有法乐童子伎，童子倚歌梵呗，设无遮大会为之。”中华书局版《隋书》标点本，在“法乐童子伎”与“童子倚歌梵呗”间用顿号，旁均无曲线、直线，容易使读者误认为两者皆为一种演唱形式。如果在“法乐童子伎”旁和在“跳铃伎”、“立部伎”旁一样加一直线符号，则文字便一目了然了：设“法乐童子伎”这样一种演唱形式，由童子在音乐的伴奏下演唱梵呗。

那么，这些“梵呗”是否仍是天竺传来的呢？梁武帝的佛曲，是否仍带有天竺音乐的明显痕迹呢？结论是相反的。不管他使佛曲华化的努力是为了便于弘法而进行的有意识的尝试，还仅仅是在他深厚的民族文化背景制约下无意识的结果，反正他的佛曲赞呗，已经在很大程度上“清乐”化了。“名为正乐”的“正”字，恐怕也不是随便说的吧？

说萧衍的佛曲是“清乐”化、中国化的佛曲，不是妄断。首先，我们不能忘记萧衍的文化背景。他对中国传统文化的修养之深，在帝王群中是属于佼佼者流的。道宣《续高僧传》说他：“虽亿兆务殷，而卷不辍手，披阅内外经论典坟，恒以大曙为则。自《礼记》、《古文》、《周书》、《左传》、《庄》、《老》诸子，《论语》、《孝经》，往哲所未详，悉皆为训释……”《南史》本纪中亦说他：“……撰《通史》六百卷、《金海》三十卷，制《旨孝经义》、《周易讲疏》及《六十四卦》、《二系》、《文言》、《序卦》等义，《乐杜义》、《毛诗》、《春秋答问》、《尚书大义》、《中庸讲疏》、《孔子正言》、《孝经讲疏》凡二百余卷。……六艺备娴，棋登逸品，阴阳、纬侯、卜筮、占决、草隶、尺牍、骑射、莫不称妙。”因此，他虽然先道后佛，但在文化认同上，却永远带有中国儒者之风。

更重要的是，他还是一位清乐作曲家。《乐府诗集》曾引“《古今乐录》曰：梁天监十一年冬，武帝改西曲，制《江南上云乐》十四首。《江南弄》七首：一曰《江南弄》、二曰《龙笛曲》、三曰《采莲曲》、四曰《凤笛曲》、五曰《采菱曲》、六曰《游女曲》、七曰《朝云曲》”。这都是典型的清商乐曲。

萧衍还创作过另一首清乐歌曲《阳叛儿》。《唐书 · 乐志》考《阳叛儿》乃《阳伴儿》之误。郭茂倩《乐府诗集》中载此歌辞：“桃花初发红，芳草尚抽绿，南音多有会，偏重叛儿曲。”一直到开皇九年隋高祖平陈之后，在其所获梁、陈旧曲中，“其歌曲有《阳伴》、舞曲有《明君》并契”，显然是梁武遗声。

再看一下梁武“雅乐”的性质。这套包括《须弥山》等佛曲在内的“雅乐”，始终不是庙堂之上的“供品”和“摆设”，它实际上是宴乐性质的清乐，是在当时颇受欢迎的艺术性很强的音乐。有一个具体的例子：侯景之乱以后，“简文帝受制与侯景。景以简文女溧阳公主为妃，请帝及母范淑妃宴于西州，奏梁所常用乐”。当然，这个名为岳父，实为阶下囚的简文帝，不能不闻乐生悲，“潸然屑涕”了。而一个“宴”字，也概括了梁乐与三朝雅乐不同的性质。

清商乐是雅俗合奏、殿宴兼之的音乐，这一点郭茂倩在《乐府诗集》中已经说得很清楚。他说：“……江左所传中原旧曲……及江南吴歌、荆楚西声，总谓之清商乐。至于殿庭飨宴，则兼奏之。”

此外，梁武之乐凡四十九。第一便是“相和五引”，《乐府诗集》文前并言明“敕萧子云改诸歌辞为相和引”。相和歌与清商乐的关系，是音乐史家所熟知的。虽然清乐的概念可大可小，亦有不同理解，然而往小里说，它的基本内容是：“九代之遗声，其始即相合三调是也，并汉魏以来旧曲”，再加上“江南吴歌”与“荆楚西声”。往大里说，则是针对胡曲而言，即所谓“华夏正声”。在后人眼里，梁武帝这套包含佛曲在内的音乐，不啻是“华夏正声”的代表。隋开皇议乐时，黄门侍郎颜之推便曾建议隋高祖“请凭梁国旧事”。不过，当时高祖把政治考虑摆在第一位，以为“梁乐亡国之音”，不肯采用。但到了开皇九年平陈之后，一则由于政治形势的变化，二则由于乐议长年不决，这才承认梁旧乐为“华夏正声”，要求“以此为本、微更损益”，来制定隋乐。①

认为梁武帝的佛曲创作是南方的清乐风格，不仅有正史可证，佛教典籍中亦有线索可寻。道宣对南方佛曲风格的描述，便使人联想到清商乐的某些特点。道宣在其《续高僧传 · 杂科声律篇》中称佛曲“地分郑卫、声亦参差”，“故知神州一境，声类既各不同”，并明确指出南、北两派佛曲风格上的差异：“吴越志杨、俗好浮绮，致使音颂所为，唯以纤婉为工；秦壤雍冀，音词雄远，至于咏歌所被，皆用深高为胜。”他还专门指出南方的佛曲不但音调华丽，

① 《隋书·音乐志》。

而且颇多创作："江淮之境，偏饶此玩，雕饰文绮，糅以声华，随卷称扬，任契便构。然其声多艳逸，翳覆文词……"

道宣之著，虽出于唐，然其所述南方佛曲的特点，则最合梁乐之貌。"南朝文物，号为最盛，民谣国俗，亦世有新声"[①]，正是"吴越志扬"之时；而文化上的浮绮之世，也正是梁武等南朝文人所兴。因此，把道宣的这段描述理解为对南朝及其后南方佛曲的概括，理解为对梁武所创清乐化佛曲的概括，似无拗背之处。

帝王的身份，深厚的中国传统文化的修养，罕见的宗教热情，这三者奇异的结合，使萧衍当仁不让地成了佛曲华化的关键人物，成了中国佛教音乐史上第一位杰出的中国佛曲作家。不可小视梁武帝在中国音乐史上的作用。梁武帝在位四十九年，清商乐的形成，大致即在此时前后。中国化的佛教音乐的形式，亦在此时初现端倪，而当我们考虑到以下这样一个特殊的历史状况时，萧衍创作清乐佛曲的"功德"，则更为明显了：当"周齐皆胡虏之音"时，他坚持了"梁陈尽吴楚之声"，当中国北方的帝王们"获晋乐器，不知采用，皆委弃之"；"乐章既阙、杂以《簸逻回歌》"；"太常雅乐，并用胡声"[②]的时候；当外来的佛教在他本人的倡导下风靡南朝的时候，他以自己的创作实践，促成了佛教音乐的中国化，同时也促成了佛教本身的中国化，从而使汉族音乐在此时到盛唐这一段各族文化大融合的关键时期内，始终保持着主体、母体的地位。

当然，历史的创造者，并非仅是帝王。只靠萧衍一人，是完不成佛曲华化的进程的。六朝叠变，高僧辈出，其中颇多善乐者。他们对佛教音乐、中国音乐的贡献，是不可磨灭的。

---

① 郭茂倩《乐府诗集》。

② 《隋书·音乐志》。

三、汉族艺僧的涌现

有一个值得充分注意的现象：六朝的善乐高僧，几乎都和萧衍一样，有着深厚的中国传统文化的功底。这样一大批兼通华梵的佛教音乐家的出现，是促成中国佛曲繁荣发展的重要原因和保证。

翻开慧皎《高僧传》，一部“唱导篇”，几多善乐者。而其中多数，似皆博通经史、饱览群书者也。试举几例：

> 道照：……少善尺牍，兼博经史……披览群典，以宣唱为业。音吐嘹亮，洗悟尘心。
>
> 慧璩：……该览经论，涉猎书史，众技多娴，而尤善唱导，出语成章……
>
> 昙宗：……少而好学，博通众典……
>
> 昙光：……性喜事五经诗赋。及算术卜筮、无不贯解……

此外，像“经师篇”中诸僧，亦多有博学而善乐者。如：

> 道慧：……志行清贞，博涉经典，特禀自然之声……
>
> 智周：……博学多闻，尤长转读……
>
> 昙迁：……笃好玄儒……善谈庄老……
>
> 昙智：……性风流。善举止。能谈庄老，经论书史，多所综涉……

也有一些唱导经师，曾受过中国传统民间艺术的熏陶，如“唱导篇”中的法愿：“家本事神，身习鼓舞，世间杂技，及蓍爻占相，皆备尽其妙……”

这样一批博通经史、能谈庄老的宗教音乐家，当他们以宣唱为业的时候，不可能不在他们所创、所唱的佛曲中露出鲜明的传统文化的烙印来。更何况，六朝高僧在倡导众心时所讲究的，是一种最需要文化基础、最需要音乐积累的“即兴创作”。比如上例几人：

> 道照：……指事适时，言不孤发……
>
> 慧璩：……出语成章。动辞制作，临时采博，罄无不妙……
>
> 昙宗：……唱说之功，独步当世，辩口适时，应变无尽……

此外，像道儒“言无预撰，发响成制”；慧重“言不经营，应时若泻”；法镜“遗次嘲难，必有酬酢”，都是即兴创作的高手。

慧皎在“唱导论”中，对宗教音乐家的素质，提出过基本的要求：

> 夫唱导所贵，其事四焉：谓声、辩、才、博。非声则无以警众；非辩则无以适时；非才则无言可采；非博则语无依据。至若响韵钟鼓，则四众警心，声之为用也；辞吐峻发，适会无差，辩之为用也；绮制雕华，文藻横逸，才之为用也；商榷经论、采撮史书，博之为用也。

具备了这些条件之后，还要针对听众身份、修养的不同，在唱导时分别采用不同的内容、形式：

> 若为出家五众，则须切语无常、苦陈忏悔；若为君王长者，则须兼引俗典、绮综成辞；若为悠悠凡俗，则须指事造形、直谈闻见；若为山民野处，则须近局言辞，陈斥罪目。几次变态，与事而兴，可谓知时众，又能善说。

这样，便为佛教音乐家们，提出了相当高的要求。慧皎所强调的，是能适合中国各阶层人们的口味，符合中国老百姓欣赏习惯的新创作。他特别指出：

> 若夫综习未广，谙究不长，既无临时捷辩，必应遵用旧本。然才非已

出，制自他成。吐纳宫商，动见纰缪。其中传写讹误，亦皆依而宣唱，致使鱼鲁淆乱，鼠璞相疑。[①]

慧皎之论，既有要求，又有告诫。同时，他的话，还应视为对当时佛教宣传工作的一种总结。从内部素质来说，这些以宣唱为业的高僧们，既具备了中国传统文化的修养；从外部要求来说，又鼓励他们针对不同的宣传对象“投其所好”，因此，弘扬佛法的舟楫佛教音乐的华化，也就成了必然。很难设想，原来天竺所传旧乐在此时能够在质量上、数量上面对中国各阶层如此广大的群众而完成弘法的任务；也很难设想，作为一种外来文化的佛教（包括它的音乐），能在进入中国这块有着悠久、独特、峰高渊深的文化传统的国土之后，会不改变自己本来的面目。在中国佛曲的草创时期，如三国、两晋时的佛教音乐家们，多为祖籍“西域”的胡僧。其中著名者有康僧会[②]、支谦[③]、帛尸黎密多罗[④]、支昙籥[⑤]。而至六朝时，祖籍中土的“土著”佛教音乐家们，大批应运而生了。他们有出众的音乐才华，有特殊的艺术感染力，有中国传统文化的背景，有与中国民族、民间音乐的血肉联系。假如没有这样一批才华横溢的佛教音乐家们，佛曲华化的完成是不可能的。

唐道宣《续高僧传·杂科声律篇》中，记载了自六朝至唐初的一些佛教音乐家的事迹，虽列后科，言简事略，但至今读之，仍令人不免遥遥千古，心向往之：

“释慧明，不知何许人也。……然其利口奇辩，锋涌难加……诸有唱导，莫不推指。明亦自顾才力有余，随闻即举，牵引古今，包括大致，能使听者欣欣，恐其休也。”

---

① 以上均见慧皎《高僧传》卷十五，第四册，第1—18页，金陵刻经处，光绪十年。

② 祖籍康居，世居天竺后移居交趾。曾制“菩萨连句梵呗”三契，并传“泥洹呗声”，清靡响亮，一代模式。

③ 月氏后裔，曾依《无量寿经》、《中本起经》造“连句梵呗”。

④ 西域人，曾对周觊之孤，作“胡呗三契”，又授弟子觅历“高声梵呗”。

⑤ 月氏后裔，“裁制新声，梵响清美，四飞却转，反折还弄……所制‘六言梵呗’，传响至今”。

释法称，江南人，诵诸经声，清响动众……虽无希世之明，而有随机之要。……时有智云，亦善经呗……每执经对御，声震如雷，时参哀转，停驻飞走，……又善席上谈吐警奇，子史丘索，都皆谙晓，对时引挽，如宿构焉。

释真观，字圣达，吴郡钱塘人……舌文交加，状如罗绮，故得含章蕴辩，开神明悟。又声韵锤铃，捷均风雨……

释法韵，姓陈氏，苏州人……又通经声七百余契，每有宿斋，经导两务，并委于韵……从声即造，从受禅道……

释立身，江东金陵人……及身之登座也，创发声咳，呼嗑如雷、道俗敛襟，毛竖自整……

释善权，扬都人……随言联贯如珠壁也……及席列用，牵引啭之，人谓拔情，实唯巧附也……

释法琰，俗姓严，江表金陵人……遂取《瑞应》，依声尽卷，举掷牵迸，啭态惊驰，无不讶之。……师虽迫期颐，而声喉不败。京师虽富，声业甚贫，诸有寻味，莫有高于琰者。

释慧常，京兆人，以梵呗为功……尤能却啭。弄声飞扬，长引滔滔，清流不竭。然其声发喉中，唇口不动，与人并立，推检莫知，自非素识，不明其作。……京师兴善（寺）有道英、神爽者，亦以声梵驰名。道英喉嗓伟壮、词气雄远，大众一集，其数万余，声调棱棱，高超众外。兴善（寺）大殿铺基十亩，棂扇高大，非卒摇鼓。及英引众绕旋，行次窗门，声聒撞击，皆为动震。神爽唱梵，弥工长引，游啭联绵，周流内外，临机奢促，惬洽众心……

昙宝禅师者，……年六十许……而声调超挺，特异仁伦。寺有塔基，至于静夜，于上赞礼，声响飞冲周三十里，四远所闻，无不惊仰。[①]

……

① 以上所引皆见道宣《高僧传续集》第十册，第1—23页，金陵刻经处，光绪十六年。

这些汉族的佛曲专家们，有的长于即兴创作，不但“随闻即举、牵引古今”，以丰富的历史知识点评随时之所见，而且竟然能“依声尽卷，举掷牵迸，啭态惊驰”，用丰富的音乐从头到尾唱完一部书！有的显然是相当高明的声乐家，“年迫期颐，而声喉不败”，很老了仍能歌唱。甚至声动门窗、远闻数十里。这样一大批才高艺绝的汉族艺僧的涌现，是佛曲华化的一个重要标志。这不仅表现于他们与第一代佛教音乐家的民族出身、文化背景的不同，也表现于他们在音乐技巧上作曲、演唱等方面，都要比第一代佛教音乐家们更专业化、更具备技术上的优势。假如说第一代的佛教音乐家们大都以德行、著述、译事名高一世，而以咏经唱赞为“副业”的话，那么，到了这时候，上引那些名列《高僧传》末的“高僧”们，已经是一批以音乐为业的艺僧了。他们把一生的精力、出众的才华，都用来繁荣、发展中国的佛教音乐事业，也仅仅因为他们在这方面的贡献，才得以被后世的佛徒视为有道的高僧，这是一个相当重要的变化。

到了唐代，艺僧们的才能在更广阔的天地里发挥；佛教音乐，在整个唐代的音乐生活中，占着相当重要的位置，并最终完成了它华化的进程。

四、佛曲华化的完成

泱泱大唐，是中国封建文化的鼎盛时期。对佛教音乐来讲，这也是一个繁荣璀璨的时代。佛教音乐随佛教传入中国，经过几百年的演变，终于在唐代完成了华化的历程。佛曲华化最终完成的标志，便是唐代佛曲的大众化、通俗化、多样化。

道宣《续高僧传 · 杂科声律篇》中的“论”，是了解初唐佛教音乐状况的极好材料。因其重要，不得不引：

> ……本实以声糅文，将使听者神开，因声以从回向。倾世皆捐其旨，郑卫珍流，以哀婉为入神，用腾掷为清举，致使淫音婉娈，娇弄颇繁。世重同迷，显宗为得。故声呗相涉，雅正全乖，纵有删治，而为时废。物希贪附，利涉便行，未晓闻者悟迷，且贵一时倾耳。斯并归宗女众，僧颇嫌

之。而越坠坚贞，殊亏雅素，得唯随俗，失在戏论。而复雕讹将绝，宗匠者希，昔演三千，今无一契……

……故东川诸梵，声唱尤多。其中高者，则新声助哀，般遮屈势[①]之类也。地分郑卫，声亦参差。然其大途，不爽常习。江表关中，巨细天隔，岂非吴越志扬、俗好浮绮，致使音颂所尚，唯以纤婉为工；秦壤雍冀，音词雄远，皆用深高为胜。……京辅常传，则有大小两梵；金陵昔弄，亦传长短两引，……剑南陇右，其风体秦，虽或盈亏，不足评论。故知神州一境。声类既各不同。

……京辇会坐有声闻法事者，多以俗人为之。通问所从，无由委者，昌然行事，谓有常宗。

……且大集丛闹，昏集波腾，卒欲正理，何由可静？未若高扬洪音，归依三宝，忽闻骇耳，莫不倾心。斯亦发萌草创，开信之奇略也。世有法事，号曰“落花”，通引皂素，开大施门，打刹唱举，拘撒泉贝，别请设座，广说施缘。或建造塔寺，或缮造僧务，随物赞祝，其纷若花，士女观听，掷钱如雨……[②]

不必解释，道宣的态度是非常明确的。这位唐律宗三派之一的南山宗初祖的道宣，对初唐时佛教音乐的状况，是非常不满的。从他的批评来看，“因声以从回向”的宗旨似乎并没有被僧俗所从；“倾世皆捐其旨”的描述，出自道宣之口，亦非夸大之辞。假如道宣所述，确是初唐佛教音乐的实际状况，那么，是不是可以说，南北朝时飞速发展的佛教音乐，到了唐初就已经衰落不堪了呢？你看：“声呗相涉，雅正全乖”，“宗匠者希，昔演三千，今无一契”，与千余年前孔夫子慨叹“礼崩乐坏”的口气何其相似。而实际上，从道宣论述所显示出的

① 孙楷第以为乃乐调“般涉、乞食”之误（见《敦煌研究论文集》），孙亦误，上文已释“般遮”为“般遮于旬”，为天竺乐神。

② 道宣《高僧传续集》第十册，第18—22页，金陵刻经处，光绪十六年。

另一面恰恰说明唐代佛教音乐的空前繁荣，恰恰说明唐代的佛教音乐正在赢得从未有过的广大听众，正在一个崭新的高度上，融汇中华民族固有的、为各阶层人民所喜爱的民间音乐而形成彻底华化的新佛曲。

道宣，是一位“外博九流，内精三学、戒香芬洁，定水澄奇，存护法城、著述无辍”[①]的律学大师，他不可能不站在传统的立场上主张为宗教而音乐，反对为艺术而音乐。对一位佛教律学大师的耳朵来讲，“淫音婉娈、娇弄颇繁”的音乐、“未晓闻者悟迷，且贵一时倾耳”的宣传方式，都是不能容忍的。但是，“倾世皆捐其旨”，风俗所尚，大势所趋，要“兴佛化俗”，也必须先将自己“俗化”，这恐怕是古今相同的道理。

先谈唐代佛曲的大众化、通俗化。

唐代，俗讲盛行，这已为历来学者所熟悉知论定。韩愈《华山女》诗曰：“街东街西讲佛经，撞钟吹螺闹宫庭。”姚合《赠常州院僧》诗曰：“古磬声难尽，秋灯色更鲜。仍闻开讲日，湖上少渔船。”《听僧云端讲经》诗曰：“远近持斋来谛听，酒坊鱼市尽无人”，皆极言其时俗讲之盛。从宫廷深院，到市井街头，许许多多善乐能歌的佛教宣传家们，以一种前所未有的气势、规模，涌进了唐代的社会生活，浸染了无数善男信女们的心。他们不但在岁时节日举行俗讲，并由寺院发起组织社邑，定期斋会诵经，而且有化俗法师不殚劳苦、游行村落，以最通俗的音乐形式“劝善”化恶，赞佛功德。甚至约集庙会，赏花唱戏。使唐代的众多寺院，在实际上成了一般百姓们的主要娱乐场所。

钱易《南部新书》载：

> 长安戏场多集于慈恩，小者在青龙。其次荐福、永寿。尼讲盛有保唐，名德聚之安国，士大夫之家入道尽在咸宜。

此处所指七寺：慈恩、青龙、荐福、永寿、保唐、安国、咸宜，皆在长安

---

① 见《开元释教录》卷八。

城东，其中慈恩寺的戏场，在当时是很有名气的。

在佛教音乐通俗化的浪潮中，有一些杰出的佛乐专家，他们或通晓大众心理，或专注弘法伟业，或精于音乐之道，因此名声大噪，在当时深得大众的喜爱。他们的事迹，反映了唐时佛教音乐大众化，通俗化的程度。仅举二例：

一如唐净土宗僧人少康（卒于805年），其人七岁出家灵山寺，唐德宗贞元元年初，至洛阳白马寺读净土宗善导大师《西方导化文》，始信净土教义。后到长安礼拜善导遗像，发愿念佛。他回到故乡浙江之后，不遗余力地宣传净土教义，倡导念佛。他曾别出心裁地诱导儿童念佛，每念一声“阿弥陀佛”便付一钱，后念者日众，便念十声付一钱，“如是一年，无少长贵贱，见师者皆称‘阿弥陀佛’，念佛之声，盈满道路”[①]。这样一位虔诚的宗教宣传家，偏偏又颇通艺术，深知民间音乐的妙用。《宋高僧传》本传中说：“康所述偈赞，皆附会郑卫之声，变体而作。非哀非乐，不怨不怒，得处中曲韵。譬犹善医，以饧蜜涂逆口之药，诱婴儿入口耳。”看来，少康是一位对民间音乐颇有研究，同时又精于音乐创作的佛教音乐作曲家。他在创作中，主动去附会“郑卫之声”，主动向民间音乐靠拢。而且，还能融会贯通，“变体而作”，大胆创新，他的音乐，远远超出了一般表情音乐的水平，有一种特殊的魅力和不可言传的神妙之处。

另一例，即大名鼎鼎的文溆和尚。

《太平广记》卷二百四文宗条引《卢氏杂说》：

> 文宗善吹小管。时法师文溆为入内大德，一日得罪流之。弟子入内收拾院中籍入家具辈，犹作法师讲声。上采其声为《文溆子》。

段安节《乐府杂录》“文溆子”条：

① 《宋高僧传》本传及《佛祖统纪》均有载。

长庆中，俗讲僧文叙吟经，其声宛畅，感动里人。乐工黄米饭依其念“四声观世音菩萨”，乃撰此曲。

赵璘《因话录》：

有文溆僧者，公为聚众谈说，所言无非淫秽鄙亵之事。不逞之徒转相鼓扇扶树，愚夫冶妇乐闻其说，听者填咽寺舍，瞻礼崇奉，呼为“和尚”。教坊效其音调，以为歌曲。其氓庶易诱，释徒苟知真理及文义稍精，亦甚嗤鄙之。近日庸僧以名系功德使，不惧台省府县，以士流好窥其所为，视衣冠过于仇雠，而溆僧最甚。前后杖背，流在边地数矣。

唐人的记述，不但让我们得以了解到文溆倾倒俗众，“听者填咽寺舍”的巨大艺术魅力，了解到他“其声宛畅，感动里人”，甚至让宫廷音乐家甘拜下风，“效其音调，以为歌曲”的弘教伟业，也使我们知道，在佛曲通俗化、大众化的进程中，居然也存在着如此严酷的障碍和阻挠：他们之间最优秀的宗教音乐家，不但要受到佛教界内一些人们的鄙夷，甚至还会被专制政权杖背流放。但是，无论哪朝哪代，决定一个艺术家、一部艺术作品、一种艺术流派前途的，归根结底，还是民众的好恶。政权的暴力干涉，常常只能起到与统治者本意相反的作用。文溆在文宗时被流放，然日本僧人圆仁至长安时（开成、会昌之际），他已又高踞莲台之上了，[①]足见左右艺术兴衰的民众之力，是何等伟大。除少康、文溆外，上文中引列的那些佛教音乐家们，无不因其通俗化、大众化的佛教音乐活动而得到大众的喜爱。《续高僧传》中，记载京宝法海寺和尚宝严，也是一位得到民众狂热喜爱的音乐家，“及严之登座也，案邑顾望，未及吐言，掷物云奔，须臾坐没”。真是出尽了风头，就连当今最红的“摇滚”歌星

① 圆仁《入唐求法巡礼行记》：“会昌寺，令内供奉三教讲论赐紫引驾起居大德文溆法师讲《法华经》，城中俗讲，此法师为第一。”

们，怕也要嫉妒如此狂热的场面吧！

还有一个很重要的信息，《续高僧传》中曾说“京辇会坐有声闻法事者，多以俗人为之”。以俗人讲唱，这佛曲可以说真已“俗”到了家。可见其时僧俗两道的佛教音乐家们已合手致力于佛曲的通俗化、大众化。因此，才会出现“打刹唱举，拘撒泉贝”、“士女观听，掷钱如雨”的盛况。

那么，这些通俗化、大众化的佛曲都有哪些流传下来了呢？

任二北先生在其《敦煌曲校录》中，曾细检敦煌卷子中诸佛曲，并详加考订。其中共列佛曲二百八十一首，计：

婆罗门	四首
悉昙颂	八首
佛说楞伽经禅门悉昙章	八首
好住娘	十四首
散花乐	七首
归去来	
出家乐赞	六首
归西方赞	十首
失调名	九首
太子赞	五首
太子五更转	五首
太子入山修道赞	十五首
南宗赞	五首
南宗定邪五更转	五首
十二时	
禅门十二时	十二首
太子十二时	十二首
禅门十二时曲	十首
普劝四众依教修行	一百三十四首

法礼十二时	十二首
百岁篇	三首

任二北先生在其《敦煌曲初探》中，对其中若干曲调的渊源，曾有相当深入的探求，任先生的研究结果，很雄辩地证明了唐代佛曲和民间俗乐的血肉联系。如佛曲有《五更转》，任先生追根溯源：

> 查《乐府诗集》三十三，相和歌辞平调曲内，载陈伏知道之《从军五更转》，乃五言四句平韵诗五首。郭氏曰："伏知道已有从军辞，则《五更转》则陈以前旧曲也。"……《文中子·周公篇》谓"子游大乐，闻《龙舟》、《五更》之曲"，应指《泛龙舟》与《五更转》二曲。……《乐苑》曰："《五更转》，商调曲。"元刘埙《隐居通议》》二七，引杜佑《理道要决》："南吕宫，时号水调，如《五更转》之类。"《羯鼓录》太簇商内，列《五更转》。《唐会要》于太常供奉曲之林锺商、中吕商、南吕商内，皆列《五更转》。……两宋词调中，未见《五更转》，但王楙《野客丛书》十八曰："陈伏知道《从军五更转》……今教坊以五更演为五曲，为街市唱。"……明南曲南吕宫过曲中有《五更转》……刘复等所编《中国俗曲总目》内，列明以后形式或内容不同之五更曲，约九十三套……

一直到今天，我们仍可以在几乎所有的省份里，听到"五更"形式的民歌。

除《五更转》外，如《十二时》为唐太常供奉曲，《百岁篇》为晋人所作，《好住娘》被胡适定为民间曲调等等，从多方面都说明了唐代佛曲在很大程度上都是通俗化、大众化的民间音乐。

这些佛曲虽已可说明问题，但终存有辞无谱之叹。敦煌藏经洞发现的著名的琵琶谱，为五代后唐明宗长兴四年（933）的抄写本，其正面为《仁王护国经变文》，反面为二十五首琵琶谱，从20世纪30年代开始，中日两国学者便致力于解读这一珍贵的乐谱，经过数十年不懈的努力，这一重要的科研领域已是硕果累累。尤其是近年来，古谱学勃兴，有志于古乐者，孜孜以求，诚可嘉褒。然而，唐代古谱仅见这二十五首，似难再有发现，且中国古谱的传统是仅记音的高低，不记音的长短节奏，音乐的两个要素（音高与音值）缺了一半，再“忠实”的“破译”也有一半是自己的想象，因此众说纷纭，莫衷一是。而同时，却有许多具有充分可信性的活着的古乐，因为或藏于深山古刹，或传于僧人之口，而未引起足够的重视。孤简残卷上的几个谱字，固应条分缕析；转折飞弄的众多歌赞，更应收集整理。假如将古谱学的研究与佛教音乐的研究结合起来，互相佐证，寻觅旧曲、光扬古乐之事，则或可有期。

那么，在当今流传的佛曲中间，是否可以找到有可能是唐代古曲而又能说明唐时佛教音乐与民间音乐密切关联的例证呢？一般来讲，这似乎是一个奢望。然而，我们应当感谢访唐的日本僧人圆仁和尚[①]，他的忠实记述使我们有理由认为一首用民间曲调“挂金锁”唱颂的著名香赞“戒定真香”，至少在开成四年（839）之前，就已经在中国的寺院里出现了。

圆仁在其《入唐求法巡礼行记》中，记载他在山东所见“赤山院讲经仪式”：

> 辰时打讲经钟，打惊众钟讫。良久之会，大众上堂，方定众钟。讲师上堂，登高座间，大众同音，称叹佛名，音曲一依新罗，不似唐音。讲师登座讫，称佛名便停。时有下座一僧作梵，一据唐风。即“云何于此经”[②]等一行偈矣。至“愿佛开微密”句。大众同音唱曰“戒香”、“定香”、“解脱香”等颂。梵呗讫，讲师讲经……

圆仁所见当时在唐新罗僧“一据唐风”而唱的“戒香”、“定香”、“解脱香”等曲，是当代几乎每一个释子都会唱的名赞，其中“戒定真香”的曲调一说为“挂金锁”，“定香解脱香”的曲调一说为“豆叶黄”，均为中国古代音乐。仅以“戒定真香”为例，笔者曾收集数首不同地区的传谱，均大同小异（谱例）。

---

① 日本天台宗三祖，于日本承和五年（838）入唐，承和十四年（847）回国，著有在唐求法笔记《入唐求法巡礼行记》。

② 全文为：“云何为此经，究竟到彼岸。愿佛开微密，广为众生说。”见《大正新修大藏经》第八十四卷《鱼山声明集》。

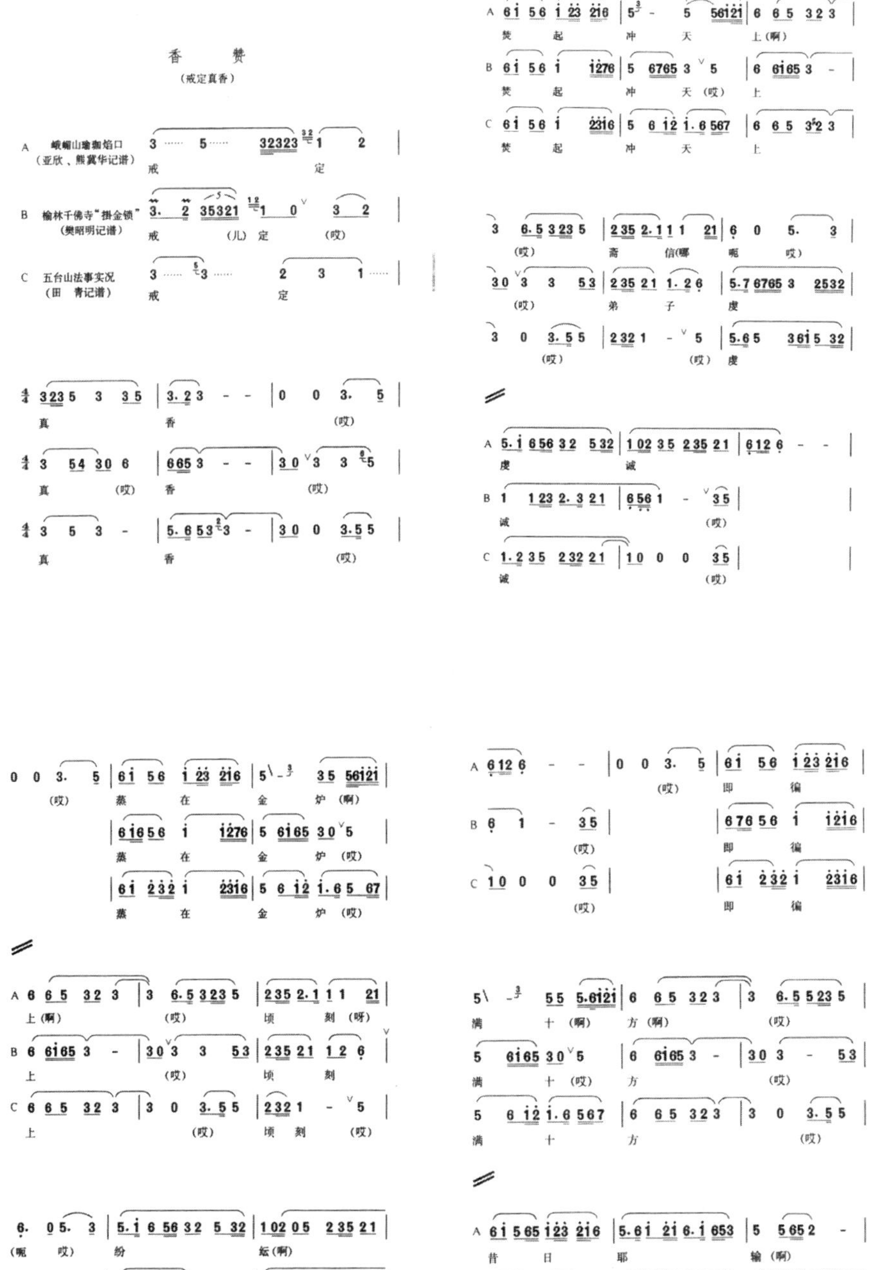
香 赞
（戒定真香）
A 峨嵋山瑜伽焰口
（亚欣、熊冀华记谱）
B 榆林千佛寺“挂金锁”
（樊昭明记谱）
C 五台山法事实况
（田 青记谱）
戒 定 真 香
焚 起 冲 天 上
斋 信 弟 子 虔 诚
爇 在 金 炉
上 顷 刻
纷 纭
即 徧 满 十 方
昔 日 耶 输

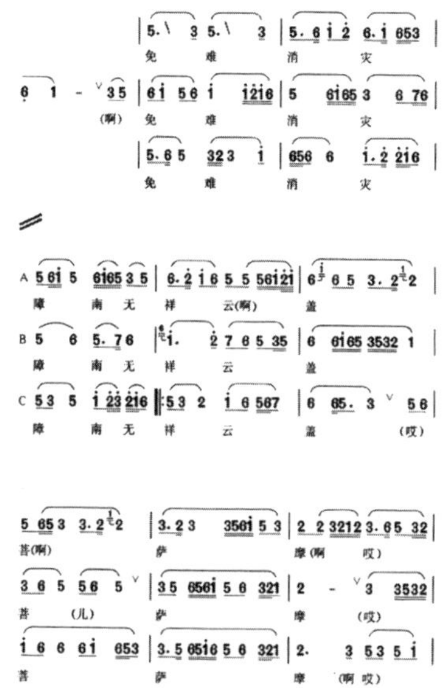

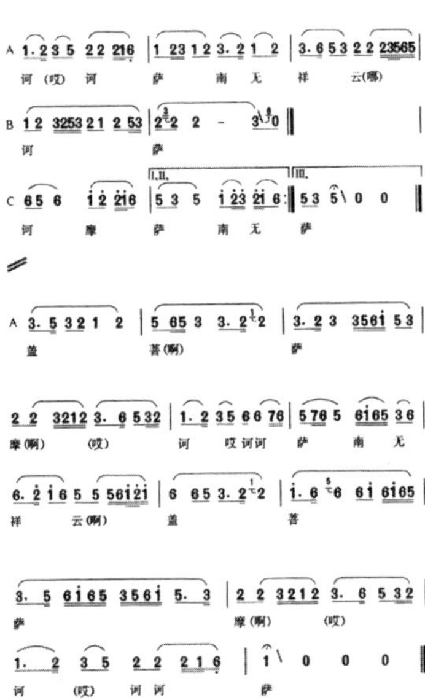

此曲音乐徐缓、悠扬、跌宕，极富旋律性，基本上是一个曲调反复三遍。三个地区所唱的旋律，虽小有不同，但读者仍可以毫不费力地辨出它们之间孪生的血缘关系。这三支谱例中五台山和峨嵋山的曲谱，实际上代表了中国南北两大派佛教音乐的风格。峨嵋山的音乐，更多一些十六分音符，更多一些委婉的风韵，而且无二变之音，是典型的五声音阶，正合南方民间音乐的古老传统。而五台山的音乐，则是北方的风格，更多一些起伏跌宕，变宫音的出现，则突出了它典型的北方音乐特色。榆林千佛寺的一首，音调质朴简练，似乎更接近此曲的原始形态。

一经比较，这几首曲子便显得格外有意思了：它们一方面呈现出南北两派佛曲（同时也是南北两派民间音乐）的不同风格，另一方面又明显地可以看出是同一个曲调。这种在广大地区里共同流传并表现出极大同一性的曲调的存在，无疑可以说明这一曲调的古老性。我们不能肯定这三首大同小异的香赞中的哪一首即是圆仁所听到的那一首，但是我们把这三首香赞的共同的原型看成是自唐宋以来便已经广泛流传的音乐，则似无大错。因为正如大家所知道的那样，佛曲的教学，是靠师徒之间的口传心授。而最讲究“衣钵真传”的佛门出家弟子，是有着充分的时间、耐性来保证所学到的佛曲一丝一毫也不走样的。一直到今天，这种传统仍然根深蒂固地存在。佛门弟子从师父那里学一个赞子，要一句一句花费许多时间，直到师父认为徒弟所唱与己无异，方为合格。这种口口相传、师徒相承的教授方法中所体现的巨大的保守性，从世俗艺术的观点来看，似乎是阻碍音乐艺术发展的桎梏，但是，从另一方面看，也正因其"保守"，它才得以保存至今，使它成了古老音乐的"活化石"。世俗艺术，讲的是"时髦"，以日新月异为荣；佛教音乐，讲的是"如法"，以嫡系真传自诩。佛教音乐与其他许多佛教的外部形式一样是被视为神圣而不可改变的，对佛的崇拜，也表现在对佛教戒律、礼仪及赞呗的忠诚上。我们虽然不能肯定漫长的时间对这首"戒定真香"曲调改变的程度就等于在广大空间里此曲流传时所呈现的"小异"的程度，但我们对这首保存在宗教传统"保险柜"里的曲调的古老性，却毋庸置疑。

再从曲式结构上看。我们知道，唐代较长的乐曲（如燕乐大曲），常分为三部分：先是"散序"，散板，无拍；然后是"中序"，入拍，进入慢板；最后加快，称为"破"。有时，结尾还要"长引一声"。《戒定真香》开始无拍，由维那举腔，领唱散板；众齐唱加入后，始进入慢板（4/4拍），最后的"菩萨三称"，节奏加快，法器的节拍变成2/4拍，末句的唱法，也是拖长之后以一个下滑音结束，类似"长引一声"。这种曲式结构与唐代音乐的一致，从音乐本身证明了此曲与唐代音乐的血缘关系。假如这首香赞真的在唐代便已传唱，那么，我们便找到了一个说明唐代佛曲已经华化的具体例证。这首"挂金锁"调，是一支古老的、曾在中国广大地区内流传的民间曲调，已丝毫没有外来风格的影响了。当然，经过佛徒们几百年、上千年的传唱，曲调中完全是佛教赞颂的典雅风格而不复民间音乐的朴质率直了。

唐代佛教音乐的特点，除了通俗化、大众化之外，还表现出一种明显的多样化来。有风格的多样化，也有演出场合的多样化、观众阶层的多样化。

唐代，佛曲风靡宫廷。陈旸《乐书》卷一百五十九引"李唐乐府曲调有《普光佛曲》、《弥勒佛曲》、《日光明佛曲》、《大威德佛曲》、《如来藏佛曲》、《药师琉璃光佛曲》、《无威感德佛曲》、《龟兹佛曲》，并入婆陀调也。《释迦牟尼佛曲》、《宝华步佛曲》、《观法会佛曲》、《帝释幢佛曲》、《妙花佛曲》、《无光意佛曲》、《阿弥陀佛曲》、《烧香佛曲》、《十地佛曲》，并入乞食调也。《大妙至极曲》、《解曲》，并入越调也。《摩尼佛曲》，入双调也。《苏密七俱陀佛曲》、《日光腾佛曲》，入商调也。《邪勒佛曲》，入征调也。《观音佛曲》、《永宁佛曲》、《文德佛曲》、《婆罗树佛曲》，入羽调也。《迁星佛曲》，入般涉调也。《提梵》，入移枫调也”。

此外，南卓《羯鼓录》载“诸佛调曲”十首：

> 《九仙道曲》、《卢舍那仙曲》、《御制三元道曲》、《四天王》、《半阁磨奴》、《失婆罗辞见柞》、《草堂富罗》、《于门烧香宝罗伽》、《菩萨阿罗地舞曲》、《阿弥陀大师曲》。

“食曲”三十三首中，亦有相当多的佛曲，如《阿弥罗众僧曲》、《多罗头尼摩诃钵》、《婆娑阿弥陀》、《悉家牟尼》等等。看来佛曲的华化进程在宫廷中要比在民间慢一些。但是，佛教音乐民族化的势头却是不可遏制的。天宝十三年（754）七月十日，外来佛曲在宫廷中也已彻底华化的标志，以太常刻石的特殊手段公布于众了。《唐会要》卷三十二载：

> 天宝十三载七月十日，太乐署供奉曲名及改诸乐名……《龟兹佛曲》改为《金华洞真》……《舍佛儿胡歌》改为《钦胡引》……《俱伦仆》改为《宝伦》，《光色俱腾》改为《紫云腾》，《摩酰首罗》改为《改真》，《火罗苍鸽盐》改为《白蛤盐》，《罗刹末罗》改为《合浦明珠》……《苏莫刺耶》改为《玉京春》，《阿个盘陀》改为《元昭庆》，《急龟兹佛曲》改为《急金华洞真》……

共改曲名五十八首。这些被改为汉名的胡曲，大部分是佛曲。

不管唐玄宗勒石太常、更改曲名的目的是什么，但有一点是肯定的，即这些奏于太常的佛曲，在改名之前已与原来的“胡曲”名实不符了。改名，是政治上的需要，[①]但却实实在在地反映了佛曲在唐代已经彻底华化的现实。所以，

---

① 见拙作《音乐史上的唐明皇》（载《燕乐二十八调之谜》，人民音乐出版社1987年版），文中详述太常刻石是唐玄宗调和三教的一个政治策略。

可以认为天宝十三年的太常刻石，是佛曲在中国土地上摆脱舶来的外衣，以一种全新的面目出现于世的正式标志，它是中华文化汇合的一曲凯歌，也是文化史上的一个重要的分水岭。

当然，多样化还更多地反映在唐代佛教音乐的风格多异，瑰丽奇伟上。道宣在《续高僧传·杂科声律篇》中所言的那八个字："地分郑卫，声亦参差"，便是很重要的信息，它说明中国的佛教音乐已发展到这样一个阶段：它已脱离了外来的影响，也脱离了简单划一的初级阶段，而与中国各地不同风格的、原有的民间音乐融合在一起，显出"巨细天隔"、纷呈杂陈的千姿百态了。其中，既有"以纤婉为工"的南方佛曲，又有"用深高为胜"的北方赞呗。我们上文所引《戒定真香》在不同地区的传谱，就很清楚地表现出这一特点。"故知神州一境、声类既各不同"，唐代佛曲，已是蔚为大观了。

综上所述，自"大教东来"，佛教音乐便移植东土，在中国广博精深、千姿百态的传统音乐、民间音乐的滋养下，经过长时间的演变，在许许多多极富才能的艺僧们的创造性劳动中，终于脱胎换骨，形成了一种既有宗教特点，又有民族味道的独特的风格。在此期间，它经历了南北朝时与清乐的融合阶段，而终于在盛唐时完全成熟，成为名实相符的、地地道道的中国佛教音乐。千余年来，它不仅仅是佛教徒弘扬佛法的利器，而且成为中国传统文化的重要组成部分，成为中华民族民族性与民族精神的载体。在中国传统的社会生活中，佛教音乐在相当大的程度上满足了世世代代许多普通老百姓的审美需求，丰富了他们的精神生活，甚至在后世，使"赶庙会"成为下层人民唯一的文娱活动。作为一个音乐工作者，系统、深入地收集、整理、研究这一反映了千千万万普通百姓们珍贵情感的音乐，是责无旁贷的任务，更何况，在这条人迹渺茫的路途中，还存在着发现真正的、活着的古代音乐这样一个巨大的诱惑呢。

本文为作者硕士学位论文，导师杨荫浏、黄翔鹏，1984年通过答辩，原载《世界宗教研究》1985年第3期，其英译本载欧洲《CHIME》14-15期，1999-2000年，译者Hwee-SanTan。

中国音乐的线性思维

音乐是一种思维。由于地理环境、社会背景、经济发展的差异，每一个民族都历史地形成了自己固有的思维性格和方式。与以复音音乐为代表的西方音乐不同，主要是单音音乐的中国传统音乐，体现着一种独特的线性思维。有一种意见认为中国音乐的“单音性”，是中国音乐“落后”的标志，而西方音乐之所以“先进”，主要是由于西方音乐多声的传统。也许，在生物学领域里，复杂意味着进化途程中较为领先的地位；而简单则不免总带些“落后”的嫌疑。但是，在美学的领域里，这样的理论却不是总能讲通的。

那么，应当怎样看待东、西方音乐在美学层次上的异同呢？在得出结论之前，应当首先回顾一下中国传统音乐与西方音乐各自走过的不同道路。

一、宗教与音乐的二重“赋格”

恩格斯在《反杜林论》中指出：人的思维与意识，“是在他们的环境中并和这环境一起发展起来的”。他在《自然辩证法》中进一步指出：思维，“是一种历史的产物”。

音乐思维，是各民族不同环境、不同历史的产物。中国传统的音乐思维——线性思维，以及对音乐的本质与功能的认识、审美标准、审美习惯、创作规律等等，是华夏民族特定环境与历史的独特产物。

复音音乐在欧洲产生并发展壮大，不是偶然的，它是欧洲诸民族特定环境与历史的相应产物。

我们先把目光转向西方，在天主教初期，教堂内的歌唱只限人声。歌唱，也仅有单声部。一直到9世纪“奥伽农”出现，欧洲才步入复音音乐时期。13

世纪，欧洲复音音乐脱离试验性阶段，而进入了“古艺术时期”。对这一时期复音音乐贡献最大的，当推法国的天主教修士们。13世纪末，对位法的名称“punctus contrapun ctum”正式出现。当时，对位艺术的中心由里摩日的圣玛夏尔修道院转到巴黎圣母院。巴黎圣母院的司乐雷翁南（Leonin）及他的继承人裴劳定（perotin）等人，都是对复音音乐做出过贡献的著名宗教音乐家。14世纪，欧洲音乐进入所谓“新艺术时期”。提出“新艺术”这一概念和口号的是法国主教维特利（Philippedevitry，1291—1361），他的主张，曾得到巴黎苏邦尼修道院院长约翰·迪·姆利斯的拥护。而“新艺术”在法国的代表，则是玛舒（Guillaume de machaut），他所作的四声部“弥撒”，是最早的复音音乐的弥撒。玛舒逝世时的职务，是莱姆教区的神父。法国音乐艺术的复调手法更为自由，同时，意大利的新艺术音乐亦蓬勃发展，意大利新艺术的代表人物是佛罗伦萨圣劳伦佐教堂的琴师兰狄尼（Fvancesco Lan-dini），他所使用的将导音下行到六度音然后再解决到主音的终止式，被称为“兰狄尼终止”。

15世纪，尼德兰乐派的作曲家们把对位艺术发展到了一个高峰，当时对音乐的发展起了最大作用的组织，是教堂唱诗班的训练所。罗马教皇的唱诗班，就是最著名的，其中包括许多法国和尼德兰的宗教音乐家。除了教会，各个公国的王侯们，也拥有自己的唱诗班，因为王侯们的宫廷内都设有教堂。16世纪，被当时的人们称为“音乐之王”的宗教音乐大师帕勒斯特里那（Giovanni pierlvigi dapalestrina）开始了他伟大的工作，他继承了以往宗教音乐家们所遗留的复音音乐的全部财产，把宗教音乐推向了一个辉煌的时代，他的大量优秀的复音音乐作品，至今仍令人赞叹。

宗教改革家马丁·路德（Martin Luther）本人便是宗教音乐的改革家。新教的音乐继承了天主教的大部分弥撒曲和经文歌，用德文赞美诗代替了拉丁文歌词。新教的圣咏合唱（Chorale），在与旧教格利高利圣咏对抗的同时，继续发展了复音音乐。从此之后，音乐艺术在全欧洲蓬勃发展，文艺复兴的浪潮，为西方复音音乐的攀峰凌顶，廓清了道路、注进了巨大的活力。

17世纪，德国人沃克梅斯在西方首先提出“十二平均律”的理论，与早他一百年中国的伟大律学家朱载堉提出“新法密律”（即十二平均律）而被束之高阁的结果不同，被誉为西方“音乐之父”的巴赫把这一理论完美地应用到音乐实践中，呈献给人类一部辉煌的复音音乐的杰作——《平均律钢琴曲集》。在这部钢琴曲集的四十八首套曲中，巴赫竖起了西方复音音乐的丰碑。巴赫之后，“复调音乐”开始衰落，然后，继之而起的“主调音乐”，正是复调音乐高度发展的结果。

笔者极简略地列举上述事实的目的，主要在于提醒读者注意到这样一个事实：即西方复音音乐的产生和发展，在很大程度上是宗教影响下的结果。另外，我们也并不否认欧洲音乐中“俗乐”的地位，诸如民歌、游吟歌曲，乃至非宗教题材的歌剧音乐等等。但是，我们必须承认，假如没有天主教与基督教，欧洲音乐将绝不会是现在这个样子。

从9世纪欧洲复音音乐初萌直到古典主义式微、浪漫主义兴起、伟大的贝多芬第一个开始“自由职业者”的创作生活，这漫长的几百年中（这几百年，正是欧洲复音音乐从诞生到滥觞的时间），是教会养育了几乎所有的欧洲音乐家。教堂，像是音乐家的摇篮，许许多多大音乐家，都是从“唱诗班”起步而踏上音乐之途的。

宗教的思想与宗教活动的需要、限定，造成了欧洲音乐的内容与形式。复音音乐（比如弥撒曲）造成的复杂、崇高、神圣、庄严的效果，便是天主教的要求与需要。一方面，宗教提出要求，音乐来适应它；另一方面，音乐与美术一样，又是宗教得力的宣传工具。在把人们吸引进教堂这件事上，很难说是《圣经》的作用更大，还是西斯廷教堂的天顶壁画与管风琴辉煌音响的作用更大。从弥撒曲到赞美诗、到安魂曲、到追思曲、到清唱剧、到康塔塔，这就是欧洲复音音乐在声乐领域内所走过的路。宗教与音乐，好像是一首“赋格”里的“主题”与“对题”，亦步亦趋，交错纠缠，密不可分。

当然，宗教的影响虽然巨大，却远不是全部。在欧洲产生复音音乐并使之发展成熟，还有着其他方面的重要原因。地理环境、社会背景及特定的思维方式、思维习惯、民族性格乃至生产方式，种种因素交织在一起，才结成复音音乐背后的整快幕布。

地理环境的影响无疑不容忽视。

欧洲文明的滥觞地是希腊。贫瘠的大地把贫穷作为礼物奉送给刚出世的希腊，使希腊人不得不把眼光投向大海。在征服海洋，向东方索取物质财富与精神财富的同时，希腊人发展了扩张性的性格，锻炼了冒险精神，推动了商品经济的发展。在这样一种环境下，“个体性自由的原则进入了希腊人心中”[①]，也就不奇怪了。这种“个体性自由的原则”成了欧洲文明和欧洲精神的支柱。甚至在黑暗的中世纪，在严酷的天主教审判“异教徒”的法庭上，这种精神也没有屈服。古希腊奴隶制国家的“民主政治”虽然仅仅是奴隶主和自由人的“民主”，但是，与中国独裁政治的“天子”、“皇帝”不同，“在雅典没有总揽执行权力的最高官员”[②]。当欧洲各国先后进入封建制之后，也与中国封建社会的“大一统”的中央集权封建制不同，大大小小的公国星罗棋布，使得欧洲在上千年的历史中，除了罗马教廷的权威一度在精神上“统一”了欧洲而外，使欧洲始终处在一个“多中心即无中心”的政治环境下。

因此，这种“个体性自由的原则”加上政治上的多中心，不能不说是产生并发展复音音乐的深层背景。假如我们可以用音乐术语来比拟政治的话，那么，我们可以把欧洲的各个国家看成一个个独立的声部，把基督宗教看成使这些声部结构成“织体”的“对位法”，把欧洲的整个文明，看成一部异音并作、繁复错综的复调音乐。

现在，该谈到复音音乐的最高形式——交响音乐的诞生与发展了。交响曲（Symphony）的名称源出于希腊语，原意是“一齐响”。规范化了的交响曲体裁，是由17世纪末意大利歌剧序曲演变而成的。18世纪中、后期，交响曲逐渐脱离歌剧而独立并陆续出现许多开拓性的作曲家，如施塔密茨父子等等。18、19世纪之交，维也纳古典乐派的作曲家们，像一个巨大的星座，灿然出现在欧洲音乐的天穹之上，海顿、莫札特、贝多芬等人，在交响曲这一体裁中，淋漓尽致、完美充分地表达了他们宏伟瑰丽的乐思，使交响曲这一形式，成为人类艺术思维的杰作。

① 黑格尔：《哲学史讲演录》第一卷。

② 《马克斯恩格斯选集》第四卷。

交响曲的产生、发展，以及与之相适应的物质表现手段——管弦乐队的形成、发展，是与欧洲资本主义的产生、发展同步的。资本主义初期那种狂飙式的、横扫腐朽的封建专制制度的政治运动，不仅使欧洲统治者们的一顶顶王冠落地，而且进一步使“个体性自由原则”充分发挥，在“自由、平等、博爱”的大旗下，为复音音乐的充分发展，为音乐思维的解放与高度成熟，提供了精神上的巨大运力。同时，大工业的建立、科学技术的飞速前进，一句话，解放了的生产力与新的生产方式，又为这空前的音乐思维的成果，提供了物质上再现的可能。正是在资本主义大工业的前提下，才出现了现代的管弦乐队。

综上所述，我们可以明白复音音乐在欧洲产生与发展的主要原因，那就是：(1) 自然环境的开放性性格与“个体性自由原则”在精神上的确立；(2) 天主教(基督教)所提出的美学要求；(3) 与多声部的复音音乐相对应的多中心的政权体制；(4) 资本主义大工业的发展。其中最重要、最直接的因素，是宗教的影响与要求。那么，中国呢?

二、在中国传统音乐之上——线性思维的哲学背景与政治背景

中国的情况与欧洲很不一样。首先，中国自进入阶级社会，便从来没有过古希腊式的“民主政治”。从周代开始，“普天之下，莫非王土；率土之滨，莫非王臣”的思想便正式提出，成为中国古代政治思想的始终不变的核心。从秦统一六国，建立起中国历史上第一个中央集权的封建制帝国之后，近两千年间，无论是内部的战乱还是外族的入侵，也无论是改朝换代，还是江山易手，“合久必分，分久必合”，统一的政权，毕竟是中国古代史上最主要的、有连续性的政权形式。这和欧洲因长期存在许多中、小国家而产生的观念绝不会一样。从面积上看，中国仅略小于欧洲，但从公元前221年以来，中国便基本上是一个国家，这不能说不是中国传统文化，包括传统音乐的重要背景。当然，这种政治上一贯的、长期的“主统一，反分裂”的倾向在多大程度上渗入了音乐领域，以至成为一种强有力的观念，最终限制了中国多声音乐的发展，还不好肯定地回答。但是，假如我们把中国这种“大一统”的国家体制和君主至上的

思想结合起来看，便不难发现这种影响的实例。比如，中国儒家便把五声音阶中的每一个音名与政治人事联系起来，认为“宫为君，商为臣，角为民，徵为事，羽为物”，五音有尊卑，不能相叠相混，这种违反音乐本身规律的思想一直到宋代仍被某些正统儒家视为真理。宋代大儒朱熹认为“琴家最取《广陵散》操，以某观之，其声最不和平，有臣凌君之意”。[①]他之所以认为《广陵散》“有臣凌君之意”，除了乐曲本身“纷披灿烂，戈矛纵横”、“怫郁慷慨”的气势以及传说此曲的内容与聂政刺韩的故事有关而外，还在于此曲的定弦法是慢二弦，使宫弦与商弦同度[②]，这便是朱熹所谓的“臣凌君”，在他看来，这是万万不可以的。似乎音乐上某两个音音程的升高大二度或降低大二度，便可以影响到政治，影响到至高无上的君权。在这样的背景下，使音在几个声部中重叠、穿插、交错，那简直便是有“叛逆”之嫌了。

中国，虽然没有欧洲基督宗教那样曾凌驾在王权之上的统一宗教，但中国的儒家、道家以及中国佛教，却也像欧洲的基督宗教对欧洲音乐一样，强烈地影响了中国音乐的进程。

先看儒家，因为自汉代“罢黜百家，独尊儒术”之后，儒家思想始终是中国占统治地位的正统思想。首先，儒家提出“礼乐”的口号，把音乐与政治、伦理道德、氏族宗法制度的礼仪紧密地结合起来，使艺术服从于政治，等同于政治。孔子虽然本身便是音乐家，有着弹琴、唱歌、击筑、作曲等等多方面的音乐实践，但可惜的是，他眼中的音乐，却不是单纯的艺术，而是个人修身立世的根本，齐家治国平天下的要策。他说：“安上治民，莫善于礼；移风易俗，莫善于乐。”[①]他曾经诘问：“礼云礼云，玉帛云乎哉？乐云乐云，钟鼓云乎哉？”[②]那么，音乐不是“钟鼓”，应该是什么呢？孔子说：“歌乐者，仁之和

① 《琴书大全》引《紫阳琴书》。

② 七弦琴调弦法，即“慢商调”，所谓“慢”，即将弦松到所要的紧张度，使其音降低。

③ 《考经·广要道》。

④ 《论语》。

也。”[①]音乐的任务与功能，应该是教化人民、安定社会秩序的工具，是社会伦理道德的一部分。他还说：“……名不正，则言不顺；言不顺，则事不成；事不成，则礼乐不兴；礼乐不兴，则刑罚不中；刑罚不中，则民无所措手足。”[②]他虽然认为音乐是完善人格的最高修养：“兴于诗，立于礼，成于乐”[③]，但是，这修养的目的，却不是为了能够欣赏艺术，而只为了“君子学道则爱人，小人学道则易使也”[④]。因此，他虽然也曾赞叹关雎之乱是“洋洋乎盈耳哉”，但是更主要、更一贯的核心思想，却是主张音乐不要复杂，所谓“大乐必易，大礼必简”。他之所以喜欢《诗经》中的歌曲，也主要是因为“诗三百，一言以蔽之，曰：思无邪”。[⑤]他之所以欣赏《关雎》，恐怕也更多地是因为其内容的“乐而不淫，哀而不伤”。一般说来，他不喜欢气氛热烈的乐舞，因此认为中和之致的《韶乐》才是“尽美矣，又尽善也”；而认为“发扬蹈厉”的《武》“尽美矣，未尽善也”[⑥]。孔子的音乐思想，被他之后的儒者们发挥、阐释、继承，逐渐形成了一个体系。这个体系的思想，被详尽地阐述在荀子的《乐论》和据传系公孙尼子著，但极可能系汉代人编纂的《乐记》中。表面上看，儒家似乎非常重视音乐的作用，但是，他们却不让音乐沿着自身发展的道路向前迈进，而只是把音乐作为“礼”的附庸。儒家所提倡的“礼乐”，实际上是把“礼”与“乐”当成统治方法的两个侧面；用荀子的话说，便是“乐合同，礼别异，礼乐之统，管乎人心矣”。[⑦]

那么，这种作为政治附庸的音乐，应该是什么样的呢？换句话说，儒家对音乐所提出的美学要求是什么呢？

---

① 《孔子家语·儒行》。

② 《论语》。

③ 《论语》。

④ 《论语》。

⑤ 《论语》。

⑥ 《论语》。

⑦ 荀子《乐论》。

荀子在《乐论》中答道："乐中平，则民和而不流；乐肃庄，则民齐而不乱。"他特别强调了音乐要"中平"、"肃庄"。这种"中正和平"的音乐美学观在整个中国封建社会中成为最标准的音乐风格的准则。音乐要使人"血气和平"，要保持"中平"，又怎么能异音并作，异音同出呢？因此，受儒家影响极深的中国传统音乐，便不知不觉地丢掉了在孔子时还"洋洋乎盈耳哉"的艺术手法，沿着一条直线发展，不敢在多声上下功夫，只是四平八稳地追求"单纯"与"中正"去了。中国历代的统治阶级与士大夫们，除了极少数具有叛逆思想同时又真懂音乐的人以外，都把"中和之乐"，当成音乐所唯一应当追求的目标。

这里，有必要探讨一下在先秦诸子的著作中，尤其是在儒家的著作中，当谈到音乐时屡屡提到的"和"字究竟是什么意思？它与现代音乐中的"和声"的"和"字是否一个概念？

本来，"和"字是指不同事物的调和、化合。《春秋左传》中载晏婴与齐侯论"和与同"的一段话，相当清楚地表明了这种观点。这段记载如下：

> 公曰："和与同异乎？"对曰："异。和如羹焉，水、火、醯、醢、盐、梅以烹鱼肉，焯之以薪。宰夫和之，齐之以味。济其不及，以泄其过，君子食之，以平其心。声亦如味……君子听之，以平其心。心平德和……若以水济水，谁能食之？若琴瑟之专一，谁能听之？同之不可也如是。"

很显然，晏子认为"和"不是"同"，这正如羹，是水、火、鱼、肉、盐、梅、醯、醢等各种因素加在一起，再"焯之以薪"，才调和、化合而成的，不能"以水济水"，他并且将此道理引申到政治上，认为臣子不能"君曰可亦曰可，君曰否亦曰否"，那是同，不是和。君主与臣子应当像音乐那样"相济"才好。用《国语·郑语》中史伯的话来概括，便是"以它平谓之和"。必须是不同的东西放在一起才叫"和"。而"声一无听，物一无文，味一无果"。假如按照这种理论发展下去，那么，便很接近现代和声中"和"字的概念了。

但是，古人很快便限制了这个"和"的发展，把它放在了"平"的制约之下。《国语·周语》记载伶州鸠答王问的一段话，便严格限定了"和"的概念。他说："夫政象乐，乐从和，和从平。"你看，他说得多清楚：乐要服从于"和"，但"和"要服从于"平"。而什么是"和"与"平"呢？他明确说："声应相保曰和，细大不逾曰平。"高音与低音要遵守秩序，不能"逾"，不能过，这样，又怎么能使音乐超出线性思维的轨道呢？

到了荀子的时代，"和"的概念已被完全引申为一个政治术语了。他说："故乐者，审一以定和也。""故乐者，天下之大齐也，中和之纪也"等等。"和"作为儒家最高的政治理想，越来越被强调其化异为同的一面，而忽视它原有的不同质的事物并存的一面了。①

儒家是这样，作为中国知识分子的另一个精神支柱的道家的思想，会不会使中国产生多声的音乐思维呢？

当儒家提倡"礼乐"的时候，道家独树一帜，与"礼乐"抗争。道家认为"夫礼者忠信之薄，而乱之首"。②儒家所说的礼乐，不过是"乐之末"，③实际上是"屈折礼乐"，④假如真的按儒家的方式去改造世界，那么，"礼乐遍行，则天下乱矣"。⑤对儒家所提倡的礼乐而言，他们虽然和墨家认为音乐活动将"厚措敛乎万民"；"亏夺民衣食之财"而"非乐"持同样的态度。但道家却没有完全否定音乐，而是从崇尚自然的哲学观、美学观出发，反对人为的、物质性的音乐，提倡一种形而上的、超越物质手段的、纯主观的艺术。老子认为"五色令人目盲，五音令人耳聋"，人们在长期的艺术实践中抽象出来的、与自在的自然物不同的原色、音阶等概念，都只能使人失去辨别自然美的能力。正如在政治上和处世态度上道家提倡"无为"一样，老子认为"大方无隅，大器晚成，

① 近世某些学者如张世彬，引用田边尚雄及霍华纳斯等人的著述，认为在中国古代的音乐中，曾有过多声音乐的段落，即所谓"乱声"。假如在孔子时代，这种"洋洋乎盈耳哉"的艺术手段确实存在过的话，那么，探讨一下中国音乐中"乱"的丢失，则是一件颇有意义的工作。

② 《老子》。

③ 《庄子》。

④ 《庄子》。

⑤ 《庄子》。

大音希声，大象无形”[1]。照他看来，空间是无限的，艺术上，最好、最高级的音乐是人们听不到的音乐，“听之不闻名曰希”[2]；而最好、最高级的绘画，是打破了绘画对客观世界的再现原则，非具象的绘画。有趣的是，他的这些诞生在古老中国的理论，在两千多年之后，被西方现代派艺术家们充分地实行了。从毕加索的抽象派绘画，到约翰·凯奇的无声音乐《四分三十三秒》，虽不可视为这种理论的直接承继者，但现代西方艺术家们对东方哲学不约而同的推崇，却是充分说明问题的。

这种完全超脱了物质羁绊的，既带有神秘主义、虚无主义的色彩，又包含丰富、睿智的辩证法因素的美学观，被庄子发挥得更为淋漓尽致。庄子认为：“擢乱六律，铄绝竽瑟，塞瞽旷之耳，而天下人始含其聪矣。”[3]只有抛掉音律、调式、调性观念的束缚，粉碎人类创造的各种乐器，塞住音乐家们的耳朵，天下人才能真的听懂音乐，摆脱他认为在艺术中的愚昧状态。他进一步把音乐分为“人籁”、“地籁”、“天籁”三种。所谓“人籁”，指的是丝竹之声，这是人工的声音，是丑恶的，是距庄子所谓的“至乐”相离最远的音乐。只有完全不借助外力的“天籁”，才是众窍自鸣、完全自然、完全自发、完全自由的至乐。这种音乐的外部形态是不能用感官来接收的，是“听之不闻其声，视之不闻其形”，却“充满天地，苞裹六极”的。这“无”，不是什么都没有的“无”，而是无所不在，无所不包的“无”。这音乐，你虽然听不到，但却可以靠微妙的精神共鸣与它融为一体，达到“无言而心悦”的境地。但是，对中国的传统音乐来说，这种根本没有给音乐技术，乃至音乐本身留下一点地位的理论，怎么能使中国人产生多声的、繁复的、立体的音乐思维呢？

还有外来的、但被中国化了的佛教。佛教自东汉永平年间传入中国，至南朝萧梁时大盛，以至形成“南朝四百八十寺，多少楼台烟雨中”的盛况，对中

---

① 《老子》。

② 《老子》。

③ 《庄子》。

国人的思想影响，是非常之大的。尤其是中国禅宗兴起之后，一段时间内，中国的文人士大夫，几乎没有不谈禅的。中国佛教对中国音乐的巨大影响，在此无暇细说。但成其为理论的佛教音乐思想，佛教音乐美学，却是基本上承袭了儒家“中正”、“平和”、“淡雅”、“肃庄”的原则。儒家的“乐”要为“礼”服务，音乐要服从政治。在佛家看来，佛教音乐仅是弘扬佛法的舟楫，是宣传教义的工具。梁会稽嘉祥寺沙门慧皎在中国第一部僧传《高僧传》的“唱导篇”中论道：“唱导者，盖以宣唱法理，开导众心也。”这是佛教音乐的唯一目的。因此，佛教的唱导师所要努力做好的，是如何“广明三世因果，却辩一斋大意”，这和天主教的乐师们，把全部精力、才华都用来渲染上帝的伟大、创造教堂中神秘、庄严的天国气氛，因而采用多声部的声乐形式有着根本的不同。要造成伟大、庄严的气氛，单声部便显得单薄，非复音音乐不可；但要“宣唱法理”，则非单音音乐不佳，声部多了，便听不清所唱为何。因此，慧皎对佛教音乐家们所提出的要求，便是“声、辩、才、博”四个字。他说：“非声则无以警众；非辩则无以适时；非才则无言可采；非博则语无依据。至若响韵钟鼓，则四众警心，声之为用也；辞吐俊发，适会无差，辩之为用也；绮制雕华，文藻横逸，才之为用也；商榷经纶，采撮书史，博之为用也。”[①]因此，中国佛教的音乐家们，便把大部分精力放在音乐所负载的内容上，而多少忽略了音乐本身。这一点，在佛教音乐中，成了根深蒂固的传统。到了唐代道宣《续高僧传》时，道宣则明确提出反对“未晓闻者悟迷，且贵一时倾耳”的做法。他说：“至如梵（指“梵音”，即佛教赞呗）之为用，则集众行香，取其静摄专仰也。考其名实：梵者，净也，实唯天音。”他反对“掩清音而希激楚”，反对受到大众欢迎的、通俗、动听的音乐，把这些称为“淫音婉娈，娇弄颇繁”，主张佛教音乐要尽量符合教义的要求，以简单朴素的形式宣唱法理。我们从天主教与佛教对音乐的不同的美学观、不同的要求中，不难找出中国传统音乐中“线性思维”的原因。

---

① 慧皎：《高僧传·唱导篇》。

总之，无论是儒、是道、是佛，所有曾控制中国人的精神，塑造了中国人的思维方式、美学观念，并对中国音乐提出理想、提出要求的哲学、宗教，统统要求中国的音乐要“中和”、“淡雅”、“静”，于是，中国历代的音乐家们，便不约而同地在旋律的转折飞弄上下功夫了。这种哲学背景再加上政治上“大一统”的正统封建观念，加上“宫为君，商为臣、角为民、徵为事、羽为物”，不能颠倒僭越的迷信；加上连续两千年封建社会所造成的保守思想，加上生产力的长期停滞不前，于是，中国传统音乐中可能出现和曾经存在过的多声现象，便完全让位于线性思维了。但是，中国音乐家们的聪明才智却也没有白费，“能量守恒”，那些下在单音音乐上的功夫，终于使中国音乐中的旋律美在广度、深度、质量、数量上彪炳于世，赢得了许多世界性音乐家的尊重。于是，问题的核心便成了：既然中国音乐的单音性是历史事实，那么，应该如何从美学角度来看待中国音乐的线性思维呢？

三、“美”有先进与落后吗

认为“复音音乐表现体制”比“单音音乐表现体制”有着“丰富得多的表现力”，无疑是正确的。[①]但是，“表现力”并不是衡量艺术品的唯一尺度，也不是“美”的实质性内容。尤其当我们把“表现力”与科学连在一起，把“表现力”的概念与“技术手段”的概念等同起来的时候，问题便更加复杂了。我们很难认为一幅用喷枪把丙烯颜料喷涂在合成纤维画布上的画便一定比用古老的毛笔画在宣纸上的画要“进步”些，我们也不一定同意每一部具体的复音音乐作品就一定比一部单音音乐作品更美。在美学领域里，在艺术的领域里，似乎不好用“先进”、“落后”这样的概念。一个民族由于长期的历史、政治、地理等因素造成的独特的审美观念，似乎也难以完全用“先进”与“落后”去判断。假如科学手段、技术手段可以决定艺术种类与艺术品的兴衰的话，那么，

① 蒋一民：《关于我国音乐文化落后原因的探讨》。

在今天这样一个崇尚科学的时代，一切手工制造的工艺品和工艺美术这个五花八门的艺术种类，简直可以寿终正寝了。但恰恰相反，在愈是工业发达的国家里，人们便愈是重视手工制作的工艺品。

有趣的是，当中国人在痛苦地寻找中国音乐“落后”的原因时，“先进”的外国人却得出了这样一个结论：“人类与其动物的不同之处是：人类与自然有更多的非直接关系，他们的适应能力更多是文化性而不是生物性的。人类与环境之间的联系一般都有其特有的文化体系媒介。由习惯、信仰、技术、社会组织和交流系统（指语言、文字、对话、演讲、歌唱、演戏、奏乐、舞蹈、绘画等交流思想与情绪的一切方式）等组成的各种文化类型使人类得以在地球的每个地带与各个角落里生存繁衍。人类最伟大的成就就是创造性地使这个地球成为一个协调而有刺激性的人类栖息地。为此，公正地对待人种的多种文化是理所当然、迫不及待的。”[①]

得出这一结论的人是许多改变了“欧洲中心论”的欧美社会学、人种学、音乐学家中的一个，叫艾伦·洛马克斯（Alan Lomax），自20世纪60年代初开始，他提出一个“歌唱测定体系”，对人种音乐学做出了贡献，在国际上有一定的影响。他利用计算机，测定了非洲文化的各种社会结构与音乐风格的相互关系，他发现歌唱随着生产力程度的变化而变化。他的研究结果是：虽然乐队组织的复杂性与生产规模及社会政体的复杂性成正比，即社会生产力越发达、政体越复杂，所使用乐器的种类、品种也就越多。但是，多声部的合唱，却只在生产程度比较低下的种族里存在，随着生产水平与社会结构的提高，多声部的合唱越来越少，到了他所谓的“高度文明区”，如中国的汉族地区，多声部的合唱已经不见了。事实也正是这样，现在我国存在着多声部合唱的民族，几乎全集中在西南生产力落后的山区。

当然，洛马克斯所研究的物件，是欧洲以外的不发达国家和地区，他的研究既说明不了欧洲多声音乐的发展情况，他所研究的原始合唱艺术也不是有体系、有理论的、现代意义上的复音音乐。但是，他的结论至少可以证明艺术形

---

① 见章珍芳编译《洛马克斯“歌唱测定体系”简介》。

式的发展水平与生产力的发展并不是简单同步的，单音音乐与复音音乐的“先进”与“落后”，也并非完全决定于生产力的“先进”与“落后”。一个民族的艺术思维方式、审美习惯、审美趣味不但是多种因素造成的，同时，这种思维方式、审美习惯与审美趣味，又有着惊人的延续性。虽然生产力的发展与社会结构的空前变革常常带来艺术趣味的改变，促使新的艺术流派出现，但是，却永远也没有人能够回答，作为人类整体的艺术思维、审美观念中，究竟是继承的多，还是改变的多。我认为，至少有一点是肯定的：无论审美观念的变化有多么巨大，却有一些永恒的东西永远不会变。对现代人及未来的人来讲，原始艺术永远有其魅力。当人们把历史割裂开来看的时候，似乎某一个时期的艺术趣味有了根本性的变化，似乎完全否定了前人。但是，当你纵观历史，站在一个更高的角度观察时，就会发现，一切审美观念的改变都是渐进的。对某一时期内出现的惊世骇俗的、走向极端的艺术观念，时间和历史会修正它，使它在不知不觉中向自己的反面靠近。一部艺术史，实际上是一部旧艺术与新艺术的无尽无休的妥协史。否定之否定，在艺术上也是一个永恒的规律。当前世界艺坛上多元化的众多流派并荣的局面，是发人深省的。因此，仅仅站在技术的观点上来否定中国音乐传统美的巨大魅力，以至断定中国音乐的落后，是片面的。

最后，我们再看一下我国其他传统艺术。说也奇怪，在中国传统艺术的各个门类中，都不约而同地表现出“线性思维”的原则。在中国画里，显现在画面空间的线条，早已不仅仅是一种限定时空的“界”，不仅仅是区分画家心目中的幻想世界与现实世界的围栏，它本身便是美，它本身便是审美的物件。在线条上凝聚着的“气韵”、“趣味”，在线条中闪现出的生命的律动、运动的美，远远脱离了它所构造的内容的辖属，而成为一种纯形式的美。中国古代绘画史上类似“曹衣出水”、“吴带当风”之类的赞誉，实际上是反映了中国古代画家们线性思维的杰出成果。正如没有旋律，便没有了中国音乐那样，没有了线，也便没有了中国绘画。从石器时代的彩陶纹样到八大山人的水墨花鸟，无论是抽象的各种曲线、直线组成的几何纹、水纹、漩涡纹、锯齿纹，还是充满个人情感的、极度夸张变形了的具象的枯枝、衰草、呆鸟，无不是线的世界。

在中国传统的建筑思想中，线性思维的原则也很突出。和讲究团块结构的外国建筑相比，中国的建筑美学特别讲究“线”的明快简洁。高高翘起的飞檐，在天空的衬底上画着优美的弧线；“四梁八柱”用坚实的、并列的直线肯定了中国“中正”的美学原则与“四平八稳”的处世哲学。蜿蜒于江南庭院中的幽径、粉墙，盘旋在群山峻岭中的万里长城，不都是线性思维在中国建筑史上创造的伟大奇迹吗？

作为时间艺术的中国舞蹈，用形体的彩笔在时空中勾勒出运动着的轨迹。“剑舞若游电，随风萦且回”，那善舞的广袖，在空间画出过多少转瞬即逝却又美妙无比的曲线啊！线性思维的原则甚至渗透到中国人的一切思维领域，成为中国人思维习惯乃至意识观念中最重要的内容。中国人作文章，讲究“起、承、转、合”；讲事物、逻辑，要看“前因后果”，无不体现一种线的形态。更不用说作为纯粹的“线的艺术”的中国书法了。龟甲兽骨之上，瓦釜金鼎之中，镂刻熔铸的，无一不是给人以无穷美感的长线短线。在中国书法的狂草中，线的艺术达到了一个极致。韩愈称“草圣”张旭：“往时张旭善草书，不治他伎。喜怒窘穷，忧悲愉佚，怨恨思慕，酣醉无聊，不平有动于心，必于草书焉发之。观于物，见山水岩谷，鸟兽虫鱼，草木之花实，日月列星，风雨水火，雷霆霹雳，歌舞战斗，天地万物之变，可喜可愕，一表于书。故旭之书，变动犹鬼神，不可端倪。”[①]张旭等人的草书，把数字连成一线，笔走龙蛇，连绵不断，奇险万状，浑圆遒劲，如天马行空，无拘无碍，在急风骤雨式的节奏中，宣泄着感情，展现出线的无穷尽的美。

中国人的这种线性思维的根源与形成的原因，我们在分析中国音乐的单音性时已经探讨过了。这种心理因素及思维方式的形成，源于古代中国的政治体制、中央集权，以及儒、道、释等各种哲学思想的影响。那么，再往上推，是不是可以追溯到远古，追溯到华夏氏族的古老的图腾崇拜呢？也许，正是我们祖先那种对龙蛇的崇拜，一代代地、顽固地沉积在华夏子孙的集体潜意识之中了。这不但使我们民族在千百年的历史中，把龙当成神物、当成民族的标志，

① 韩愈：《送高闲上人序》。

而且，不知不觉地，左右并逐渐形成了我们祖先的审美观，即在各种艺术门类中，用不同的艺术手段，不同的表现方式，追求一种共同的东西——那曲折、盘旋、扭结、活跃、如虬痕龙迹的线的韵律。

线性思维是我们祖先的遗产，不管我们愿意不愿意，我们只好在这个基础上发展我们的艺术事业。我们承认这种思维方式有它的局限性，我们也愿意抬起头来，朝向世界，虚心学习别人的长处。但是，我认为艺术思维毕竟与科学思维、逻辑思维不同。科学思维的结果有“对”与“错”的区别，一部新出版的科学书籍或新提出的学说，总是对以往的旧学说的否定，例如哥白尼的“日心说”，是对“地心说”的否定。但是，在艺术领域中，没有一部新出现的艺术品是对以往的艺术品的否定，即使后来的艺术品再伟大，也不行。李白的诗否定不了陶渊明的诗，《红楼梦》否定不了《水浒传》，海明威也否定不了托尔斯泰。就连在与科学技术手段关系最密切的电影艺术中，也并不是像有的同志所认为的那样，把彩色片看成是对黑白片的否定。彩色摄影所拥有的技术手段，并不能保证电影艺术家在艺术上超过那些作为电影典范而永远具有高度价值的黑白片。

闻一多在比较中西绘画时曾说过：“西方人认为目的既在创作有体积的形，画便不能，也不应摆脱它与雕刻的关系（他的理由很干脆），于是他用种种手段在画布上‘塑’他的形。中国人说，不管你如何努力，你所得到的永远不过是形的幻觉。你既不能想象一个没有轮廓的形体，而轮廓的观念是必须寄于线条的，那么，你不如老老实实利用线条来影射形体的存在。他说，你那形的幻觉无论怎样奇，离这真实的形，毕竟远得很。但是我这影射的形，不受污损，不牵就，才是真实的形。……这两种追求的手段，前者可以说是正面的，后者是侧面的。换言之，西方人对问题是取接受的态度，中国人是取回避的态度。接受是勇气，回避是智慧。……”[①]

闻一多先生的这段话，启发我们去思考中国音乐的前途。在一个多元化的

① 闻一多：《论形体——介绍唐仲明先生的画》。

现代社会中，要振兴我国的音乐事业，似乎也不应该只走一条路。我们一方面应该“拿过”西洋已发展到顶峰的“复音音乐体制”来创作我们自己的复音音乐；一方面，也不必以为我国传统的线性思维是“落后”的。复音有复音的美，单旋律有单旋律的美。复音音乐讲究不同声音纵向的结合，单音音乐讲究的是旋律横向的舒展。潮州的音乐家们，称他们的传统音乐是“一音三韵”，这几乎是一种中国式的“横向多声”的线性思维了。

中国画的画家们，没有因为油画的存在而放弃创作，放弃他们的“线性思维”。相反的，他们用极简练的线条和水墨所造成的黑白两色的世界，使许许多多的西方人倾倒。中国的传统音乐，也不是没有这种可能。中国传统音乐中古老的“线性思维”，应该像一条巨龙，腾飞在更广阔、更深邃的空间里。中国画家们做到的事，中国的音乐家们，也应该做到。

（原载《中国音乐学》1986年第4期）

佛教与中国音乐

一、宗教对中国传统文化的影响

假如从音乐社会学而不是从音乐形态学的角度去观察中国传统音乐，假如把音乐视为一种思维方式、一种文化现象而不仅仅看成是一门技术或某种形式，那么，把中国传统音乐分成四大类：民间音乐、宫廷音乐、宗教音乐、文人音乐，便是一种合适的分类方法。因此，忽略了对中国宗教音乐的考察与研究，便无法得出对中国传统音乐的总体认识。

宗教是意识形态之一，是人类整体文化中重要的组成部分。一部文明史，在很大程度上、在很长时间内，实际上是一部宗教文化史。众所周知，假如不谈基督宗教美术和音乐的话，19世纪之前的欧洲美术史和音乐史，将是一片空白。从米开朗琪罗到巴赫，欧洲的大部分艺术家，也都可以视为宗教艺术家，但是，对中国传统文化，人们却不做如是观。许多人（包括中外许多研究中国传统文化的专家）有意或无意地忽视宗教对中国传统文化的影响，忽视中国宗教音乐的存在和历史意义。

诚然，有着数千年文明史的文明古国中国，没有产生世界三大宗教中的任何一个宗教[①]，而且，也没有过一个在全国范围内有连续性的统一的国教。与西方相比，中国文化的确不像欧洲文化那样有着如此明显的宗教性；传统的中国

① 郭沫若曾试图从地理文化学的角度解释此现象，他认为厌倦今生、向往来世的思想只可能产生在令社会各阶层人都感到炎热之苦的热带，处于冬暖夏凉的温带中国的上层人士，不可能产生类似的思想。而厌倦今生、向往来世（或天堂）的思想却是一切宗教思想的核心。

人，也不像传统的欧洲人那样有着专一的与世俗思想相对立的较强的宗教意识。但是，这绝不能说明中国无宗教文化，更不能说明中国传统文化中没有宗教的强烈影响。对于一个可以同时信奉多种宗教而又从未经历过宗教战争或宗教迫害的中国人而言，宗教对文化的影响常常是“水银泄地”式的，既无孔不入，又与固有文化密不可分。而且，任何一种外来的或后起的宗教思想都不可能完全抛开中国唯一“正统”的儒家思想而单独作用于中国文化。换句话说，在中国，任何一种宗教在影响中国传统文化的同时，都或多或少地与儒家文化联系在一起。

说明这种“水银泄地”式的影响，佛教是最好的例子。

与道教不同，佛教本是一种外来的宗教。但是，不仅流传至今的佛教已完全中国化，而且，佛教的语言如此广泛地深入到汉语之中，以至每一个中国人在日常口语中频繁地使用着众多的佛教语言而毫不自知。比如小学生要做“功课”，研究生要随“导师”，谈恋爱时“心心相印”，吵嘴时“话不投机”，以至现代人常挂口边的“新名词”：世界、智慧、微妙、实际、相对、绝对、解脱、默契、如实、头头是道、不可思议等等，都来自佛教语汇。在文化艺术领域中，佛教的影响也如在汉语中的影响一样，是深远、广泛，同时又不露痕迹的，这也正如禅宗的绝妙阐述一样：无一处无佛，同时，又无一处有佛。

所以，我认为宗教对中国文化的影响有两种方式，一种是“有形的”影响，一种是“无形的”影响。前者，仍以佛教为例，我们可以举出许许多多的实证，这些，都是“有目共睹”的，诸如闻名于世的我国十大石窟艺术，其中敦煌、云岗、龙门、麦积山的壁画、雕塑，堪称世界艺术的瑰宝。我国现存古代建筑，多为宗教寺观。其中佛教寺塔如嵩山嵩岳寺砖塔、应县大木塔、五台山南禅寺、佛光寺等，均是研究我国古代建筑的珍贵实物。而乐山大佛、雍和宫大佛、扎什伦布寺大佛，更是雕塑史上的奇迹。

其他有形的影响也很多，诸如“曹衣出水，吴带当风”的画法，我国古代的雕版印刷术，宋守温的三十六字母与反切，怀素的草书，一行的《大衍历》等等，无不是我国宝贵的文化遗产，无不凝结着佛教徒们创造性的劳动。

而“无形”的影响，则更多，也更应引起人们的重视。在文学、音乐与绘画方面，佛教的影响是巨大的。许多文学史家指出，北凉昙无谶译、马鸣著

《佛所行赞》，是中国长篇叙事诗的典范，而情节性极强的《法华经》、《维摩诘所说经》以及鲁迅曾集资刊印的古印度僧伽斯那著《百喻经》（南朝齐求那比毗地译），则为晋唐小说的繁荣开启了思路。作为哲学思想及方法论的佛教，在更深的层次上影响着历代中国的艺术家们，尤其是般若学与禅学，几乎以一种不可抵御的魅力吸引着中国封建社会从盛期到末期的大部分知识分子和艺术家。陶渊明、王维、白居易、苏东坡与佛教的渊源不必说了，就连以耽道迷仙闻名的李太白，也有“宴坐寂不动，大千人毫发”的诗句，一贯以“正统”儒家为楷模的杜甫，也有“身许双峰寺，门求七祖禅”的愿望，一直到近代，从梁启超、谭嗣同对佛教的巨大兴趣到近代史上杰出的艺术家、高僧弘一法师的皈依空门，可以举出无数例子。因此，王安石所谓“成周三代之际，圣人多出儒中；两汉以下，圣人多生佛中”[①]的概括，就不能视为妄言了。

纵观历史，中国传统文化的鼎盛时期是唐代；横着比较一下东西方文化，则最能代表中国美学观念、最具中国特色的艺术形式，或一个西方人一提起“中国艺术”时最先忆起的印象，应该是中国的文人画（写意画）与单声音乐。而无论是唐代文化的繁荣（尤其是音乐），还是文人画与中国单声音乐的形式，其美学意义的底蕴则是宗教，主要是佛教的影响。

王维，被董其昌尊为“文人画之祖”。世人称他“诗中有画，画中有诗”，其根本原因，是他诗与画中皆有禅。《大正新修大藏经》中《神会语录》残卷（巴黎藏敦煌写本，胡适校）载，王维曾问神会：“和尚若为修道得解脱？”神会答：“众生本有静，更欲起兴，不可解脱。”王维闻此道，惊叹：“大奇！”南宗的这种人性之中即有佛性，刻意追求反而“不可解脱”的理论，如灯续焰，开启了中国知识分子艺术家们神奇的想象力与认识事物、表现事物的方法。既然禅宗主张“不立文字”、“见性成佛”，于是中国文人画便任意挥洒，率性涂抹，用浓墨大笔在雪白的宣纸上天马行空似的宣泄他们的灵感。文人画的这种瞬间性与随意性，不能说不是来自南宗的“顿悟”说。同样，既然禅宗主张“简约”，讲究“教外

① 见慧洪《冷斋夜话》卷十。

别传”，文人画于是也不讲求素描的工夫，不求形似，只求意境、神韵，用极简约的线条充分表现人的内心世界，表现空灵、飞动、含蓄的意境。王维的“意在笔先”，“夫画道之中，水墨最为上”，强调“意”，弃绝颜色而认定“墨分五色”，把黑与白当成大千世界的本来颜色，无不出自禅宗的启悟。而一直到毕加索发出振聋发聩的宣言：“我不摹仿自然，我只是面临自然”和他开创的抽象派艺术滥觞于西方之后，西方人才不再把对客观事物的准确再现当成绘画的唯一目的。而中国，早在禅宗大盛的宋代，便已出现“论画以形似，见与儿童邻”的名句了。

“青青翠竹，皆是法身；郁郁黄花，无非般若”，中国画家、音乐家与诗人们，从汉魏六朝之后，便发现了人与自然的和谐是超出一切功利的、最可宝贵的追求。从中国的山水诗、山水画，到中国传统音乐中大量表现自然美、以自然为题的乐曲，如《高山》、《流水》、《春波绿》、《淡黄柳》、《梧桐树》、《翠黄花》、《雨打芭蕉》……实际上体现了中国人的一种思想，即认为“道无不在”，一草一木，“麻三斤”、“庐陵米”、“蒲花柳絮、竹针麻线”之中，都深蕴着至高无上的真理。同时，禅宗“一切众生，皆有佛性”的观念，也早已在中国产生。“不杀生”和对自然界动、植物的热爱与保护，不仅仅是佛教徒的心跳与品质，也影响了大部分中国人。在西方，自然作为艺术的母题，要等到浪漫主义勃兴之后；而强调人与自然共生的密切关系，更要等到现代那些以保护野生动物、自然环境为己任的“绿党”一类自然保护组织出现之后，才成为一种有影响的思潮。

总之，佛教对中国传统文化的影响，绝不是如有些人想象的那样微乎其微，佛教及其思想以大量有形无形的方式，渗透到中国传统文化的各个领域、各个层次，从语言，到文字、雕塑、绘画、书法、建筑、音乐，从至今仍存在于祖国大地的众多菩萨佛像、寺庙道观，到造成中国艺术重意境、求神韵、视空灵淡薄，“羚羊挂角，无迹可求”为美的美学观念，都可看到佛教的影响。

二、中国传统音乐中的宗教

与其他艺术领域中的情况一样，宗教对中国传统音乐有着深远、有力的影响。这种影响表现在以下几个方面：

1. 在美学层次，佛教思想与道家思想、儒家思想一道塑造了中国音乐的一切美学特征。

2. 为中国固有音乐提供了新的物质材料与新的形式。

3. 作为音乐家的宗教职业者为中国音乐的繁荣所进行的创造性劳动。

4. 以庙会的形式为中国广大民众提供了一个大众性的娱乐场合。

先谈第一个问题：

中国传统音乐的最大特点，便是它的单音性。有一种意见认为，中国音乐的单音性，是中国音乐“落后”的标志，而西方音乐之所以“先进”，主要是由于西方音乐的多声传统。笔者在《中国音乐的线性思维》[①]一文中，曾从美学与音乐史的双重角度阐述了与此意见不同的观点，认为音乐是一种思维，由于地理环境、社会背景、经济发展的差异，每一个民族都历史地形成了自己固有的、独特的思维方式。而艺术思维与科学思维、逻辑思维不同，不存在“对”与“错”的问题，技术手段的提高并不能保证“艺术品质”的提高。同时，和自然科学领域内的进步方式不同，后出现的艺术品，并不能否定在它之前的艺术品。因此，“美”是不存在“先进”与“落后”的差别的。美，在某种意义上讲，有它的超空间、超时间的永恒性、普遍性。

那么，中国传统音乐的“美”有什么特点，它又与宗教有什么联系呢？

中国音乐虽然博大精深、丰富多彩，又有众多的形式、流派、风格。但“正统”的中国传统音乐美学，除去其与政治的紧密联系外，它的纯审美的要求，却是有着相当稳定的一贯性的。徐青山的《溪山琴况》，虽然是琴学专著，但他总结的二十四况，却可以视为中国传统音乐的全部审美要求。这二十四个字是：和、静、清、远、古、淡、恬、逸、雅、丽、亮、采、洁、润、圆、坚、宏、细、溜、健、轻、重、迟、速。

这二十四个字，除去几个专门的古琴技法而外，几乎适用于中国宫廷音

① 载《中国音乐学》1986年第4期，见上文。

乐、宗教音乐、文人音乐中的绝大部分及民间音乐中的一部分。而这种美学观的确立，却是宗教思想与儒家思想一致要求的结果。

禅宗兴盛之前的中国佛教，很重视用音乐来开导众心的作用。中国的第一部僧传——梁会稽嘉祥寺沙门慧皎著《高僧传》，即专辟有“经师篇”与“唱导篇”，在其十大门类中占据其二。佛教音乐美学，与儒家的音乐美学有着许多相似的地方，都把“中正”、“平和”、“淡雅”、“肃庄”作为基本原则。儒家的“乐”要为“礼”服务，音乐要服从政治。而佛教徒也把音乐视为弘扬佛法的舟楫，宣传法理的利器。佛教徒认为，佛教音乐的目的只有两个，一是“赞佛功德”，一是“宣唱法理，开导众心”。而“广明三世因果，却辩一斋大意”，则是唱导师最重要的任务。

东西方宗教音乐美学最根本的不同，就在于对音乐功能的不同看法。复音音乐在欧洲产生并发展壮大，不是偶然的，它是欧洲诸民族特定环境与历史的产物，也是天主教的直接产物。从9世纪天主教音乐“奥伽农”出现到巴赫等人矗起欧洲古代音乐的丰碑止，几百年的时间里，复音音乐在教堂的穹顶下逐渐完善。基督宗教音乐家们的全部精力，全部才华，都被用来渲染上帝的伟大，创造教堂中恢宏、庄严、神秘的天国气氛。多声部的唱诗班与管风琴的巨大音响，恰如其分地完成了这种任务。也许是由于世代相传的天主教徒从小便熟悉了唱诗班的生活与弥撒曲的歌词，音乐在教堂中的主要作用在于创造神圣的气氛，而不是讲道。后者的任务是由神父们的讲演独立完成的。这种分工，使音乐家们可以不仅顾及唱词的清晰程度而专心致力于由多声部的交错起伏、和声的丰满浑厚组成的音响世界。佛教则不同，佛教从一开始，便把音乐当成“宣唱法理”的工具，并从一开始，便选择了一种由唱导师“夹唱夹叙”的“说唱形式”。同时，和欧洲的民众也不同，中国老百姓在一贯以儒学为正统，同时又可以既信佛，又通道，也可以什么都信，什么都不信的相对自由、相对淡薄的宗教气氛中，不可能具有较深入、专一的宗教知识，也不可能像天主教徒熟悉弥撒曲那样熟悉佛教或道教音乐，和尚所唱的内容，对大部分听众来讲，是与形式同样重要同样新鲜的。既然目的与条件不同，结果便也很明显地不同。要造成伟大庄严的气氛，单声音乐便显得单薄，非复音音乐不可；但要“宣唱法理”以警世众，则非单音音乐，非旋律平缓不可，声部多了，节奏快了，便不知所唱为何，失去了“唱导”的意思。因此，中国的佛教音乐家们，便把大部分精力放在音乐所负载的内容上，而多少忽略了音乐本身。唐代道宣在《续高僧传》中，明确提出反对“未晓闻者悟迷，且贵一时倾耳”的做法，反对“掩清音而希激楚”，主张“至如梵（指“梵音”）之为用，则集众行香，取其静摄专仰也。考其名实：梵者，净也，实为天音”。他还说明佛教呗匿之所以放在佛事结束时唱，是为了“谓众将散，恐涉乱缘，故以呗约”。而义净在其《南海寄归内法传》中，也明确指出佛教音乐的意义，对僧人而言，有六种：“一能知佛德之深远，二体制文之次第，三令舌根清净，四得胸藏开通，五则处众不慌，六乃长命无病。”对听众（俗人）而言，则起到“劝行三慧，明圣道之八友；令学四真，证园凝之两得”的作用。唐道世在其《法苑珠林》中则更具体地谈到佛教音乐的作用，是为了使中夜用功的和尚们不至于昏然入睡：“若夫称讲联斋，众集永久，夜缓晚迟，香消烛擒，睡盖复其六情，懒结缠其四体，于是择妙响以升座，选胜声以启轴……能使寐魂更开，惰性还肃……”

因此，“和、静、清、远、古、淡……”的审美情趣便诞生了。值得注意的是，这种审美理想与审美情趣，不仅仅是某一思想体系的产物，而是儒、释、佛三家互相渗透、融和、妥协的共同产物。

第二个问题是：宗教为中国固有的音乐，提供了哪些新的物质基础与新的形式。

仍以佛教为例，在中国音乐的发展过程中，佛教曾不断向中国固有音乐提供新的乐曲、乐器、乐谱，乃至音乐理论，这些新鲜血液不但极大地丰富了中国传统音乐的内容，也极大地丰富了中国传统音乐的表现力，增加了新的体裁、形式、风格，并最终与中国传统音乐融合、成为一个水乳交融的整体。

先谈乐器。《法华经》卷一“方便品”说：“若使人作乐，击鼓吹角贝，箫笛琴箜篌，琵琶铙铜钹，如是众妙音，尽持以供佛，或以欢喜心，歌呗颂功德，乃至一小音，皆已成佛道。”这佛经中所提到的许多种乐器，都是随佛教流入中原的。日本林谦三氏，曾就佛典中所见乐器、音乐、舞蹈作一考察，列举如《妙法莲花经》、《无量寿经》、《佛所行赞》、《方广大庄严经》等典籍中所见乐器名，其管类有：螺、贝、角、管、笛、笳、笙、竽、筚篥等。弦类有：琴、筝、瑟、筑、琵琶、箜篌、五弦等。鼓类乐器有：法鼓、大鼓、鼗、鼙、细腰鼓、都昙鼓、奎楼鼓等。这些乐器中的一部分，至今仍作为我国的“民族乐器”而活跃在人们的音乐生活和舞台上，人们很少会想到，这些乐器原本并不是我们的“民族乐器”，而是外来的、是佛教馈赠的厚礼。比如目前几乎可以在我国的任何一个戏曲剧种、民间乐种中发现的铜钹，就起源于西亚，并由天竺（古印度）经西域传入中国。铜钹作为乐器名，最早见于东晋法显著《佛国纪》，至唐时《一切经音译》：“铜钹……古书无钹字，近代出也”。目前流行的琵琶，唐时称为“胡琴”，也是随佛教的东渐进入中原的。敦煌壁画中的“净土变”，记录了当时佛教音乐——供养佛的伎乐——所使用的乐器和乐队形制。其中琵琶、五弦琵琶、风首琵琶（梵文viua）、铃等乐器最为常见。当然，当年横抱在“伎乐天”怀中的琵琶，经历代各民族音乐家们不懈的努力与改良，在唐代便已开始弃拔用手，在近代更是增项加品，发展成完全具有中国风格的独特乐器了。

在中国音乐史上，佛教乐曲的引进也令人瞩目。早在佛教传入中原之前，佛教音乐就已经进入汉廷，并被中国宫廷音乐家改造成中国最早的军乐了。《晋书·乐志》云：“张博望入西域，传其法于西京，惟得《摩诃兜勒》一曲。李延年因胡曲更造新声二十八解，乘舆以为武乐。”[①]张骞凿空，出使西域，共有两次。第一次在公元前138—126年，第二次在公元前119年，此时佛教尚未传入中原。而张骞带回的这首《摩诃兜勒》，却系舞曲无疑。兜勒系人名，《佛说义足经》中有《兜勒梵志经》一品，讲兜勒如何从迷信外教而经释迦牟尼点化皈依佛教的故事。“摩诃”在梵文中是“大”（waha）的意思，兜勒改变信仰，终于变成“摩诃兜勒”（伟大的兜勒），值得歌颂。但此曲传入汉廷后，会被当时的“协律都尉”李延年改编成马上横吹的军乐，助杀伐之兴，扬兵旅之威，完全违背了佛教的宗旨，却是令人啼笑皆非的事。但李延年是当时最好的音乐家，一曲《摩诃兜勒》竟让他灵感大发，改编或在乐曲的启发下重新创作了28首军乐，

① 《晋书》第三册，中华书局标点本，第715页。

可见其艺术上的独特魅力[①]。

佛教音乐的大量传入中国宫廷，是在吕光灭龟兹之后。《隋书·音乐志》：“西凉者，起于苻氏之末，吕光、沮渠蒙逊等据有凉州，变龟兹声为之，号秦汉伎……其歌曲有《永世乐》、解曲有《万世丰》、舞曲有《于阗佛曲》。”“龟兹者，起于吕光灭龟兹，因得其声。”

吕光灭龟兹，时在公元382年，而苻坚命吕光发动攻占龟兹的战争，目的却是迎取佛教文化，抢夺高僧鸠摩罗什。《高僧传》卷二载：“……苻坚闻之，密有迎罗什之意。……乃遣骁骑将军吕光等率兵七万，西伐龟兹及乌耆诸国。临发，坚饯光于建章宫，谓光曰：朕闻西国有鸠摩罗什，深解法相，善娴阴阳，为后学之宗。朕甚思之。贤哲者，国之大宝。若克龟兹，即驰驿送什。”

大德鸠摩罗什至汉地后，不但致力于他伟大的译经工作，而且，还传播了他所创作的十首佛曲，使“众心惬服，莫不欣赏”。当然，龟兹乐对中国固有音乐的影响，不仅是鸠摩罗什一人的功劳。龟兹地处中西交通要冲，印度文化（主要指佛教文化），大都是通过龟兹传入中原的。在相当长的时间内，龟兹是当时中西文化交融的中转站。而且，龟兹音乐的发达，在当时就是很著名的。玄奘《大唐西域记》载：“屈支国……文字取则印度，粗有改善。管弦伎乐，特善诸国。”又谓其国“伽蓝百余所，僧徒五千余人，经教律仪，取则印度”，是一个佛教与音乐都很发达的国家。龟兹乐有“西国龟兹”、“齐朝龟兹”、“土龟兹”三种，至“开皇中（581—600），其器大盛于闾闸”。而到唐时，龟兹乐几乎成了燕乐的主体。《旧唐书·音乐志》言：“自周隋以来……鼓舞曲多用龟兹乐，其曲度皆时俗所知也。”在讲到立部伎时言：“自《破阵乐》以下，皆擂大鼓，杂以龟兹之声，声震百里，动荡山谷……”在讲到坐部伎时则言：“自《长寿乐》以

① 张骞第一次使西域，历尽千辛万苦，费时十余年方归中原，去时百余人，归时只二人，又是仓促逃归，不可能携什么乐曲回国。第二次他只至乌孙，归时“乌孙发驿道送骞，与乌孙使数十人，马数十匹，报谢。”然其时断无乐谱，此曲如何携回？也许是随他回汉的数十人中即有乐工？若非乌孙乐工传曲，李延年因何而知？

下，皆用龟兹乐。”

那么，龟兹乐到底是何种音乐呢？其实，在唐人眼里，“龟兹乐”与“佛曲”原本就是一个东西。赞宁《宋高僧传 · 读诵篇》载唐惟恭、灵归二僧事，言灵归“偶去寺一里，所逢六七人，少年鲜都，衣服鲜洁，各执乐器，如龟兹部……所见者，乃天乐耳”。篇末论曰：天乐佛曲“或乐象龟兹，或开口萏萏”。龟兹乐乐器有竖箜篌、琵琶、五弦、笙、笛、筚篥、毛员鼓、腰鼓、羯鼓、鸡类鼓、铜钹、贝等十五种，工二十人，着皂丝布头巾，绯丝布袍、锦袖、绯布[①]。与敦煌（伯三O六五）“太子入山修道赞”有诗云：“共奏天仙乐，龟兹韵宫商”，也视龟兹乐为一物。至此可见，隋时“大盛与闾闸”，唐时在燕乐中占据主要地位的龟兹乐，基本上即是佛教音乐[②]。

南北朝时，佛教音乐已开始华化，在日益繁兴的同时，逐渐与中国固有音乐（主要是民间音乐）融合，开始产生一种能够表达中国佛教徒的思想、理念、感情，具有中国风格的佛曲了。继三国曹植首创中国佛曲之后，[③]南齐武帝永明七年，竟陵王萧子良大集“善声沙门”于京邸，造经呗新声。另据僧佑《出三藏记集》及《法苑杂缘》目录载，“有齐文皇帝制法乐梵舞记”、“齐文皇帝制法乐赞”、“齐文皇帝令舍人王融制法乐歌辞”等篇目。而梁武帝萧衍，则更是身体力行，不但把佛教音乐正式引入宫廷音乐，且亲创佛曲。《隋书 · 音乐志》载：“帝（指萧衍）既笃敬佛法，又制《善哉》、《大乐》、《大欢》、《天道》、《仙道》、《神王》、《龙王》、《灭过恶》、《除爱水》、《断苦轮》等十篇，名有为乐，皆述佛法。”除此之外，梁武帝还在中国首创“无遮大会”、“盂兰盆会”等佛教节日，并以童子歌咏梵呗，号为“法乐童子伎”。重要的是，梁武帝亲自制定的梁代“雅乐”中，就已经堂而皇之地融进不折不扣的佛教音乐了。[④]

---

① 见《唐书·乐志》。

② 唐十部乐中，除“燕乐”、“清商”二部外，其余“西凉”、“天竺”、“龟兹”、“高丽”、“高昌”、“安国”、“疏勒”、“康国”等伎，大部分来自佛教国家，其乐亦有佛教成分。

③ 参见拙文《佛教音乐的华化》。

④ 参见拙文《梁武帝与音乐》。

唐代，佛教音乐发展到了顶峰。韩愈《华山女》诗云：“街东街西讲佛经，撞钟吹螺闹宫廷。”姚合《赠常州院僧》诗云：“古磬声难尽，秋灯色更鲜，仍闻开讲日，湖上少鱼船。”皆言当时佛乐之盛。在民间，当时俗讲风行，唐代开始盛行的庙会，在其后千百年里，成了普通劳动人民主要的娱乐场所。钱易《南部新书》载：“长安戏场多集于慈恩（寺），小者在青龙（寺），其次荐福（寺）、永寿（寺）。尼讲盛有保唐（寺）明德聚之安国（寺），士大夫之家人道尽在咸宜（寺）。”而在宫廷，佛乐更是登堂入室。在唐代燕乐的十部乐与坐、立部伎中，实际上有许多是佛教国家传来的乐器，演奏佛教国家传来的乐曲。陈旸《乐书》卷一百五十九引“李唐乐府曲调有《普光佛曲》、《弥勒佛曲》、《日光明佛曲》、《大威德佛曲》、《如来藏佛曲》、《药师琉璃光佛曲》、《无威感德佛曲》、《龟兹佛曲》，并入婆越调也。《释迦牟尼佛曲》、《宝华步佛曲》、《观法会佛曲》、《帝释幢佛曲》、《妙花佛曲》、《无光意佛曲》、《阿弥陀佛曲》、《烧香佛曲》、《十地佛曲》，并入乞食调也。《大妙之极曲》、《解曲》，并入越调也。《摩尼佛曲》，入双调也。《苏密七俱陀佛曲》、《日光腾佛曲》，入商调也。《邪勒佛曲》，入徵调也。《观音佛曲》、《永宁佛曲》、《文德佛曲》、《婆罗树佛曲》，入羽调也。《迁星佛曲》，入般涉调也。《提梵》，入移枫调也”。

南卓《羯鼓录》中，亦载有十首唐代“诸佛调曲”：“《九仙道曲》、《卢舍那仙曲》、《御制三元道曲》、《四天王》、《半阁磨奴》、《失婆罗辞见柞》、《草堂富罗》、《于门烧香宝罗伽》、《菩萨佛罗地佛曲》、《阿弥陀大师曲》。”

至天宝年间，酷爱音乐又要在政治上调和“三教”的唐玄宗李隆基，以太常刻石的特殊手段，更改了许多曲名，并将改定的曲名公示于众。从《唐会要》卷三十二所载，可窥见佛曲在大唐燕乐中所占位置之多，已到了使大唐天子不得不采取“行政手段”的地步了：

> 天宝十三载七月十日，太乐署供奉曲名及改诸乐名……《龟兹佛曲》改为《金华洞真》……《舍佛儿胡歌》改为《钦胡引》……《俱伦仆》改为《宝伦》，《光色俱腾》改为《紫云腾》，《摩醯首罗》改为《改真》，《火罗鸠鸽盐》改为《白蛤盐》，《急龟兹佛曲》改为《急金华洞真》……

在敦煌所传卷子中，也保存着众多唐代佛曲的曲辞。任二北在其《敦煌曲校录》中，曾检校考订诸佛曲并列出佛曲目二百八十四首，其中有：《婆罗门》、《悉昙颂》、《佛说楞伽经禅门悉昙章》、《好住娘》、《散花乐》、《出家乐赞》、《归西方赞》、《太子赞》、《太子五更转》、《太子入山修道赞》、《南宗赞》、《南宗定邪五更转》、《十二时》、《百岁篇》等篇。

当人们谈到唐代音乐繁盛的时候，应当想到，这光耀千古、远播域外的唐燕乐，是中华民族各族人民共同劳动的结果，也是中外音乐积极交流的结果：而唐文化的不朽光辉中，就含有宗教文化的多重成分。除乐器与乐曲外，随佛教传入中国的，还有西域杰出的音乐家和印度的音乐理论。公元439年，孝文帝迁都洛阳，西域旅居洛阳落户的竟有一万多家，其中不乏大量的佛教徒与音乐家。西魏文帝时（535—551），如著名的音乐家“曹婆罗门”，其名字便清楚地指明了他的宗教背景与身份。公元568年，北周武帝娶突厥皇后阿史那氏，随她入朝的龟兹、疏勒、康国的乐工甚众。其中龟兹乐人苏祇婆，“善胡琵琶，听其所奏，一均之中，间有七声”。关于苏祇婆的七调理论，中外学者论述甚多，也多有歧见，但有一点却是没有疑问的：即苏祇婆所传授的理论，来自古印度。而且，苏祇婆的理论，曾经在中国宫廷音乐因战乱而“礼崩乐坏”的情况下，脱颖而出，使中国宫廷音乐在隋时得以复兴，并为唐燕乐的空前繁荣奠定了基础。《隋书 · 音乐志》载，自开皇二年颜之推上言“请凭梁国旧事”，考定宫廷音乐，而高祖否定了梁乐，命乐工齐树提“检校乐府，改换声律”起，宫廷音乐的混乱状态，一直未能改变。甚至集太常卿牛弘，国子祭酒辛彦之、国子博士何妥等专家们的力量，也终因“论谬既久，音律多乖”而“积年议不定”。当这场音律方面的探求与讨论不得不以“高祖大怒”而牛弘等人要掉脑袋来结束的时候，柱国沛公郑译才抬出苏祇婆的转调手法与音律理论来解了围。苏祇婆的理论不但结束了中国宫廷音乐因战乱而暂时中断的窘况，而且救了当时主管文化的最高官员们的生命，这确实可以看成是佛教音乐的一个大“功德”。

还有一个问题亦不容忽视，这就是作为宗教职业者的音乐家在中国音乐历史长河中所作的贡献。我在拙文《佛教音乐的华化》中，曾举过几位佛教音乐家的著名例子，如少康、文溆以及段善本等僧人。少康，是净土宗名僧，曾别出心裁诱导儿童念佛，每念一声“阿弥陀佛”则付一钱，“如是一年，无少长贵贱，见师者皆称‘阿弥陀佛’，念佛之声，盈满道路”[①]。他所唱的佛曲，直接向民族音乐学习，在宣传上获得了很大的成功：“康所述偈赞，皆附会郑魏之声，变体而作。非哀非乐，不怨不怒，得处中曲韵。”而文溆和尚，则在当时更为著名，他不但因善乐而赢得群众的喜爱，而且在艺术上强烈影响了当时的宫廷音乐家，成为他们效法的楷模。《太平广记》文宗条引《卢氏杂说》：“文宗善吹小管。时法师文溆为人内大德，一日得罪流之。弟子入内收拾院中籍入家具辈，犹作法师讲课。上采其声为《文溆子》。”段安节《乐府杂录》在介绍乐曲《文溆子》时说：“长庆中，俗讲僧文叙善吟经，其声宛畅，感动里人。乐工黄米饭依其念四声观世音菩萨乃撰此曲。”赵磷《因话录》亦载：“有文溆僧者，公为聚众谈说……愚夫治妇乐闻其说，听者填咽寺舍，赌礼崇奉，呼为‘和尚’。教坊效其音调，以为歌曲。”

善本，俗姓段，唐贞元时长安庄严寺僧人。《乐府杂录》中有这样一段有趣的记载，充分说明了他出众的琵琶技艺：在一次祈雨的活动中，“市人广较胜负，及斗声乐”。当时，街东请号称宫中第一手的音乐家康昆仑登楼，“弹一曲《新翻羽调绿腰》，必谓街西无以敌也”。谁知街西市楼上“出一女郎，抱乐器，先云：‘我亦弹此曲，兼移在枫香调中’。乃下拨，声如雷，其妙入神。昆仑即惊骇，乃拜请为师，女郎遂更衣出见，乃僧也”。康昆仑，疑为昭武九姓国之康国乐师，以世代善琵琶而奉宫中，能使这样的音乐家折服，其技艺之高超，恐怕在当时是无与伦比的。

此外，在梁慧皎《高僧传 · 唱导篇》中，还记录了许多僧人音乐家的事迹，其中如“以宣唱为业，音吐嘹亮”的道照；“尤善唱导，出语成章”的慧璩；“唱说之功，独步当世”的昙宗；“能使听者欣欣，恐其休也”的慧明；“执经对御，声震如雷，时参哀转，停驻飞走”的法称和智云；“声韵锤铃，捷均风雨”的真观；“创发声咳，呼嗑如雷”的立身；“随言联贯如珠壁也”的善权；

① 见《宋高僧传》本传及《佛祖统记》。

“依声尽卷，举掷牵进，啭态惊驰，无不讶之……虽年迫期颐，而声喉不败”的法琰；“弄声飞扬，长引滔滔”的慧常；“喉嗓伟壮，词气雄远”甚至使门窗“皆为动震”的道英；“弥工长引、游啭联绵”的神爽；“声响飞冲周三十里，四远所闻，无不惊仰”的昙宝禅师，等等，无不是技艺高超的音乐家。在中国音乐史上，实在不应当没有他们光辉的名字。

记谱法的发明与使用，也与宗教有密切的关系。在三国时即已出现[①]，并与《汉书》中所载的“声曲折”有一定的关系。而在中国民间广泛使用的工尺谱也与佛教有关。有学者认为，工尺谱的前身即从印度七声梵文的首字而来，而梵文引进及中国音韵学的产生，都是佛教经典浩大翻译工程中的副产品，则是众所周知的了。

1986年联合国教科文组织“亚太地区传统音乐研讨会”论文

（原载《音乐研究》1987年第4期）

① 参见田青：《释“高僧传”中的契字》，《民族民间音乐》，1985年第1期。

《金瓶梅》与佛曲

一、《金瓶梅》在佛乐研究中的价值

在中国文学史上，大概再没有一部别的书比《金瓶梅》更际遇坎坷、更遭误解非议，同时又更具魅力的了。从它问世之后，“天下第一淫书”的恶名便随之左右。40年来，大陆的大部分年轻一代的中国学者们，几乎没有机会见到这部书。因此，对这部杰出的现实主义名著的研究和沸沸扬扬的“红学”研究比起来，更显得“门庭冷落车马稀”了。

《金瓶梅》产生于明隆庆二年至万历二十年（1568—1592）之间，是我国第一部超越了神魔将相、英雄义士的题材而表现普通人生活的长篇小说。它以《水浒传》中一个次要人物西门庆及他的妻妾们的日常生活和相互关系为主线，勾画了一幅明中业社会生活的广阔图景。此书成书之时，正值明帝国由盛转衰、社会风气日益浮靡腐败的时期，用《金瓶梅》第三十回中的话说，是“天下失政，奸臣当道，谗佞盈朝……以至风俗颓败，赃官污吏，遍满天下”。在这样一个社会背景下，作者用他现实主义的如椽巨笔，刻画了一个个生动鲜明的人物形象。鲁迅在《中国小说史略》中称：“作者之于世情，盖诚极洞达，凡所形容，或条畅，或曲折，或刻露而尽相，或幽伏而含讥，或一时并写两面，使之相形，变幻之情，随在显见，同时说部，无以上之。”更重要的是，此书在刻画人物的同时，还记录了大量关于当时社会的宝贵资料，大凡政治、经济、文化、艺术、社会生活、风格习惯诸多方面，无不一一道来，且用笔细腻逼真、翔实准确，被学者誉为明末社会生活的百科全书。因此，美国大百科全书称《金瓶梅》“是中国第一部伟大的现实主义小说，它虽然写的是中国12世纪早期的故事，实际反映了中国16世纪末期整个社会各个等级人物的心理状态，宣扬了惩恶扬善的佛教观点，对中国16世纪的社会生活和风俗作了生动而逼真的描绘”。

对我们来讲，这部历来被视为“诲淫之作”的奇书，更是不可多得的研究物件，这部书中所保存的有关明代佛教音乐的大量资料，对于中国佛教音乐的研究，有极大的帮助。

《金瓶梅》的作者对佛教及佛教仪规、佛教音乐非常熟悉，他用大量篇幅描述了明代各类法事的详细过程。书中言及佛教音乐的章节很多，据初步统计，有：

第七回“薛嫂儿说娶孟玉楼，杨姑娘气骂张四舅”

第十六回“西门庆谋财娶妇，应伯爵庆喜追欢”

第三十九回“西门庆玉皇庙打醮，吴月娘听尼僧说经”

第五十一回“月娘听演金刚科，桂姐躲在西门宅”

第六十三回“亲朋祭奠开筵宴，西门庆观戏感李瓶”

第六十五回“吴道官迎殡颁真容，宋御史结豪请六黄”

第六十八回“郑月儿卖俏透密意，玳安殷勤寻文嫂”

第七十四回“宋御史索求八仙鼎，吴月娘听宣黄氏卷”

其中僧、尼做“水陆”三次，放“焰口”二次，拜忏三次，宣卷三次。所颂经典有《法华经》、《华严经》、《金刚经》、《三十五佛明经》、《孔雀经》等，所宣宝卷有《黄梅五家卷》、《黄氏女卷》、《红罗宝卷》，所唱佛曲曲牌有《金字经》、《耍孩儿》、《五供养》、《一封书》、《楚江秋》、《山坡羊》、《皂罗袍》及词牌《临江仙》等，忏法有《梁皇忏》、《血盆忏》、《三昧水忏》，并颂演《金刚科仪》。此外，一次由喇嘛所作的佛事，“念番经、结坛、跳沙、撒花米、行香、口诵真言”。所涉及佛教音乐范围之广，种类之记述之详，在中国古典文学名著中，是绝无仅有的。

当代学者研究佛乐，无非两种途径，一是从搜集、整理现存寺庙音乐、民间佛曲入手，逆向考察；一是自古代遗留的典籍、乐谱入手，顺藤摸瓜。但现存佛乐已多有变化，且残缺不全，而古典之载文多略而不详，传世古谱更不多见。在这种情况下，《金瓶梅》的作者[①]则以其现实主义的大手笔，为我们提供了许多上可印证古典，下可校勘现存佛教音乐的珍贵资料，使今人可以从中窥见明代佛教音乐的一般状况。

二、从俗讲到宝卷

佛乐自入中土，在其华化的过程中，从魏晋、六朝便滥觞于世的唱导制度，起了主要的作用。唐代，源于唱导的俗讲风靡朝野，盛极一时，以致出现了“街东街西讲佛经，撞钟吹螺闹宫廷”，[②]“仍闻开讲日，湖上少渔船”[③]的盛况。当时，不但“尼讲盛于保唐，名德聚之安国，士大夫之家入道尽在咸宜”[④]诸寺，就连皇帝也亲临寺院聆听僧人俗讲，如唐宝历二年六月已卯，“上幸兴福寺观沙门文溆俗讲”[⑤]。甚至高僧登座之后，“未及吐言”，已是“掷物云奔，须臾座没”[⑥]。对著名的俗讲僧文溆的崇拜，更是无以复加，不但“愚夫冶妇，乐闻其说，听者填咽寺舍，瞻礼崇奉，呼为和尚”，就连当时的“皇家音乐学院兼皇家乐团”的教坊，也“效其音调，以为歌曲”。[⑦]但是，自两宋以降，直至近代敦煌文物被发现止，很长的一段历史时期中，“俗讲”二字不再被提起，似乎这倾动朝野，浸淫了千百万人心的伟大的佛教艺术，也随着天宝盛世一道，在动地而来的渔阳鼙鼓声中玉殒香消了。一般的学者过去认为俗讲这种形式，在唐后便衰微了[⑧]，但《金瓶梅》中有关尼僧宣卷的详细描述，不但填补了明代佛乐这方面的空白，且充分说明，明代的宝卷，实际上就是唐代的俗讲。

---

① 有关《金瓶梅》作者的问题，至今仍未解决，学术界有多种说法，本文不涉及此问题。

② 韩愈：《华山女》。

③ 姚合：《赠常州院僧》。

④ 钱易：《南部新书》。

⑤ 《唐鉴·唐纪·敬宗纪》。

⑥ 赞甯：《续高僧传·宝严传》。

⑦ 赵磷：《因话录》。

⑧ 如徐嘉龄：《我对变文的几点初步认识》，见《敦煌变文论文录》。

我们可以把唐人讲经的仪式和《金瓶梅》中的描述对照一下：

宋僧元照《四分律行事抄资持记》卷三

“释导俗篇”：“夜下明设座，或是通夜，不暇陈设，故开随坐、三中六法：初礼三宝，二升高座，三打磬静众，四赞呗，五正说，六观机进止，问听如法，乐闻其说，七说竟回向，八复作赞呗，九下座礼辞。”

日本僧人圆仁《入唐求法巡礼行记》

辰时打讲经钟，打惊众钟讫，良久之会……讲师上堂，登高座间，大众同音，称叹佛名……时有下座一僧作梵……梵呗讫，讲师讲经题目，便开题，分别三门。释题目讫，维那师出来，于高座前，设申会兴之由……申讫，便以其状转与讲师，讲师把麈尾一一申举施主名，独自誓愿。誓愿讫，论义者论端举问……讲师……谢问便答……

圆仁所述，是他入唐求法的第二年，即唐文宗开成四年六月在山东文登赤山院所闻见的忠实记录。

我们再看一下《金瓶梅》的描述。

首先，是明代的宣卷与唐俗讲同，俱在夜间，“或是通夜”。

第三十九回：“不一时，房中掌上灯烛，月娘吩咐小玉把仪门关了，炕上放下小桌儿，众人围定两个姑子，在正中间梵下香，秉着一对蜡烛。”宣卷中间，休息一次，吃了茶食，一直到“月娘见大姐也睡去了，大衿子歪在月娘里间床上睡着了。杨姑娘也打起欠呵来，桌上蜡烛也点尽了两根。问小玉：这天有多咱晚了？小玉道：已是四更天气……月娘方令两位师父收拾经卷”。

第七十四回：“薛姑子宣毕卷，已有三更天气。”

此外，圆仁所记“大众同音，称叹佛名”的程序，在《金瓶梅》中亦有反映。该书第三十九回：“大师父说了一回，该五姑子接偈。月娘、李娇儿、孟玉楼、潘金莲、孙雪娥、李瓶儿、西门大姐并玉箫，多齐声接佛。”再联系唐道宣

《广弘明集》中“八关斋制序”中“听契经终，有不唱赞者，罚礼十拜”的记载，似乎可以认为，自唐至明，无论俗讲还是宝卷，在程序、内容及形式上，是一脉相承的。例子有很多，如自魏晋六朝以来，讲唱经文例用二人，一为都讲，一为法师；前者唱经，后者释义。此种制度，僧传中屡有所载。如梁慧皎《高僧传·支遁传》：“讲《维摩经》，遁为法师，许询为都讲。”讲说之际，二人有“论端举问”、“谢问便答”的通例。整个俗讲过程，一般是先作梵唱，然后众齐声念佛号，再说题，讲押座文，再讲经文。其中唱、吟、白夹之，且循环往复，节奏上有张有弛、有松有紧；文体上亦是韵文与白文交错，构成一套完整、丰富、有对比、有变化的说唱体。巴黎所藏Pelliot3849敦煌卷子背后，有关于俗讲《维摩经》的整个过程的程序记录，把它和《金瓶梅》中宣卷的描述两相对照，其嫡亲关系则了然可见。先看敦煌卷子：

> 夫为俗讲，先作梵了；次念菩萨两声，说押座了；素唱《温室经》，法师唱释经题了；念佛一声了；便说开经了；便说庄严了；念佛一声，便一一说其经题字了；便说经本文了；便说十波罗密等了；便念念佛赞了；便发愿了；便又念佛一会了；便回向发愿取散云云。已后便开《维摩经》。讲《维摩》，先作梵，次念观世音菩萨三两声；便说押座了；便素唱经文了；唱日法师自说经题了；便说开赞了；便庄严了；便念佛一两声了；法师科三分经文了；念佛一两声，便一一说其经题名字了；便入经说缘喻了；便说念佛赞了；便施主各发愿了；便回向发愿取散。

此中所说，可与《金瓶梅》中的宣卷程序对照比较：

先看第三十九回，梵香秉烛之后，即宣《黄梅五祖出家卷》。其程序如下：

> 先是大师父说道：“盖闻大藏经中，讲说一段佛法……”（白）
>
> 大师父说了一回，该五姑子接偈，月娘及众人“多齐声接佛”（念佛号）。
>
> 五姑子念道：说八个众夫人，要留员外……（念十言偈）
>
> 《金字经》：夫人听说泪不干，苦劝员外莫归山……（唱）

员外便说："多谢你八个夫人！……"（白）

又偈：老员外，唤梅香，把灯点起……（十言偈）

说得八个夫人闭口无言……（白）

《金字经》：夫人听我说根源……（唱）

念了一回，吴月娘道：师父饿了……（休息）

月娘从新剔起燃烛来，炷了香，两个姑子打动击子儿，又高念起来……（白）

五姑子唱了一个《要孩儿》：一灵真性投肚内……（唱）

说：千金小姐来到嫂子房中……（白）

千金说，在绣房，成其身孕……（念偈）

五祖投胎在母腹中……（白）

五祖一佛性，投胎在腹中……（五言韵文结束）

再看《金瓶梅》第七十四回宣《黄氏女卷》的程序：

……月娘洗手炷了香。这薛姑子展开《黄氏女卷》、高声演说道：盖闻法初不灭，故归空……（白）

唱《一封书》：生和死两下……（唱）

开卷曰：应身长救苦……（白）

偈曰：无上甚深做妙法……（念偈）

昔日汉王治世，风顺雨调……（白）

（唱《金刚经》）（唱）

阎罗王闻言心内忙，急点无常鬼一双……（念，韵文）

《楚江秋》：人生梦一场……（唱）

不说令方牺惶事，且言黄氏赴阴灵……（白）

（唱《山坡羊》）（唱）

黄氏到了那森罗宝殿……（白）

（唱《皂罗袍》）（唱）

黄氏在张家托化……（白）

《刮临江仙》一首为证……（唱或念）

虽然在此段后半明显有脱字现象，并缺少《山坡羊》、《皂罗袍》的唱辞，但仍可看出整个宝卷说、唱夹之的结构来。值得注意的是下面这段跳跃性极强、疑有脱字、错字的文字：

宝卷已终，佛圣已知，法界有情，同生胜会，南无一乘字无量又真空诸佛海会悉遥普使河沙同净土，伏愿经声佛号，上彻天堂，下透地府……①

其中“南无一乘字”应是“南无一乘宗”，“诸佛海会悉遥”后应有一“闻”字，应是《炉香赞》中的句子。《炉香赞》全文如下：

炉香乍热，法界蒙薰，诸佛海会悉遥闻，随处结祥云。诚意方殷，诸佛现全身。南无香云盖。菩萨摩诃萨。

此赞是佛教八大赞中著名的一首香赞，是拈香礼拜时使用最多的一首梵呗。元照《四分律行事抄资持记》中所谓“八复作梵呗”及其他记载唐俗讲的资料，都提到俗讲最后以梵呗及佛号结束。如此看来，明时的宝卷，亦保持了此一种程序及风格，仍以梵呗《炉香赞》及“上彻天堂，下透地府”的佛号声作结。

《金瓶梅》第五十一回中，薛姑子演颂《金刚科仪》，其中薛姑子与王姑子的对答，完全是元照《资持记》中“问听如法，乐闻其说”的旨意：

先是薛姑子道：“盖闻电光易灭，石火难消……（白）”然后，王姑子

① 北京图书馆旧藏明万历年间刊本《金瓶梅词话》。

> 道："当时释迦牟尼佛，乃诸佛之祖，释教之主，如何出家，愿听演说。"薛姑子便唱《五供养》："释迦佛，梵王子，舍了江山雪山去……"五姑子又道："释迦佛既听演说，当日观音菩萨如何修行，有庄严百化化身，有大道力，愿听其说。"薛姑子又道："大庄严，妙相立，辞别皇宫香山住……"

此后，还有同样的程序两次，由五姑子开题设问，薛姑子唱《五供养》解答。这种方式，完全是魏晋唱导、唐俗讲的风范。

从《金瓶梅》的描述中可以看出，明代宝卷在程序上与唐代俗讲大致相同，也同样由两位尼僧（类似法师与都讲）宣讲，二者之间在形式上有着一脉相承的嫡亲关系，俱用夹唱夹叙、有白文有韵文的形式。从其目的（宣唱法理、开导众心）、内容、在社会生活中的作用及影响等方面看，也都完全相同。因此，有理由认为，魏晋的唱导、唐时的俗讲、明代的宝卷，其实质是一样的，或者可以认为，三者本来是一个东西，只不过在不同的时代换了不同的名称而已。就像"东北二人转"被冠以"龙江剧"、"吉剧"之名在"文革"中上演，或以"京剧"的名称代替"西皮"、"二黄"的旧称一样，是"换汤不换药"。中国的传统文化，源远流长，且有着极强的生命力。在某些时候，在某种特殊情况下，某种艺术形式或艺术品种会随着社会的巨变而发生变化，也会有一些品种可能淘汰，但是，就像嵇叔夜"广陵散于今绝矣"的慨叹发出千百年后，琴家一直在弹奏着《广陵散》一样，真正植根于民族、有着深厚群众基础和文化根基的优秀艺术，是永远不会真正消失的。有时，它可能出于某种原因改变了"身份证"上的名字，但其精神气质、音容笑貌乃至肌骨发肤，却依然故我。不了解这一点而一头钻进中国传统文化长河的人，一定会经常在百转千回、时隐时现的清流的冲击下而感到困惑的。

三、明代佛乐与社会生活

明太祖朱元璋，出身僧侣，因此洪武之初，汉传佛教各宗如禅、净土、律、天台、贤首等，皆得到恢复和发展。永乐时，成祖朱棣曾颁布《诸佛世尊如来菩萨尊者歌曲》五十卷，通令全国僧侣习唱。但同时，为了政治上的平衡，他还颁布了道教音乐集《大明御制玄教乐章》，钦定十四首道乐曲。一直到天顺、成化年间，明代统治者都把佛教看得比道教要高一些。但嘉靖时，陶仲文、邵元节得宠，道教势力渐在佛教之上。到了《金瓶梅》成书的隆万之际，道教势力受挫，佛教影响遂日益增大。《金瓶梅》一书，虽也写到西门庆打醮、官哥儿装小道士的事，但纵观全书，却很明显地反映出当时社会上佛、道两教的势力对比来。

通过透视《金瓶梅》中对佛事活动和佛教音乐的描述，可以看出明代佛乐的一些特点。

首先，虽然明代的宝卷系六朝唱导、唐代俗讲的嫡裔，但明代宝卷与其前身的最大不同，则在于与唱导、俗讲比起来，宝卷在通俗化的程度上又加深了一步。一般来讲，唱导与俗讲的场所都在寺院，而且，唐代的俗讲有很多系奉旨而为，如圆仁《人唐求法巡礼行记》中屡载："……改开成六年为会昌元年，及敕于左、右街七寺开俗讲。""九月一日敕两街诸寺开俗讲"，"会昌二年……五月奉敕开俗讲，两街各五座"等等。而从《金瓶梅》中可以得知，明代的宣卷，则已从寺院走进民间。当然，还不是"飞入寻常百姓家"，而是走进高宅大户。如第四十回中王姑子介绍薛姑子时说："他也是俺女僧，也有五十多岁。原在地藏庵儿住来，如今搬在南首法华庵儿做首座，好不有道行！他好少经典儿，又会讲说《金刚科仪》，各样因果宝卷，成月说不了。专在大人家行走，要便接了去，十朝半月不放出来。"第五十七回讲到薛姑子时，亦言其"专一在些士夫人家往来，包揽经忏"。可见当时的佛教音乐，已在士人大户中流行。但门第虽高，却并不意味着只有上等阶级才能欣赏。《金瓶梅》中，每一次宣卷，除月娘及各房夫人外，丫环使女及亲戚也都来听，且齐声称颂佛号，这似乎是这个等级严明的富贵人家中唯一表现出"众生平等"观念的场合了。

现代的佛教法事，北方少有水陆而单放焰口，水陆只在江南流行。从《金瓶梅》中可以得知，在明代的北方[①]，是水陆、焰口、忏法并重的。书中既描述

① 许多专家认为，《金瓶梅》是以北方方言，尤其是山东枣庄一带的方言写成的。

了水陆法会的情景，又描写了放焰口、拜忏的仪式。

可贵之处还在于《金瓶梅》以只有长篇小说才具备的容量和情节上的连续性，描写了从李瓶儿死后的“首七”直到“断七”这七七四十九天里的几场佛事，使我们得以了解明代大户人家办丧仪的全过程。

> 第六十三回：“……看看到首七，正是报恩寺十六众上僧，黄僧官为首座，引领做‘水陆道场’，诵《法华经》、拜《三昧水忏》。”
>
> 第六十五回：“到李瓶儿三七，有门外永福寺道圣长老，领十六众上堂僧来念经，穿云锦袈裟，戴昆卢帽，大钹大鼓，早辰取水，转五方，请三宝，浴佛，午间加持召亡破狱，礼拜《梁皇忏》，谈《孔雀》，甚是齐整。”
>
> “十月初八是四七，请西门外宝庆寺赵喇嘛，亦十六众，来念佛经，结坛，跳沙，洒花米，行香，口诵真言。”
>
> 第六十八回：“薛姑子听见月娘许下他到初五日李瓶儿断七，教他请八众尼僧，来家念经，拜血盆忏。”“到初五日早，请了八众女僧，在花园卷棚内建立道场，各门上贴欢门吊子，讽诵《华严》、《金刚》经咒，礼拜‘血盆宝忏’，洒花米，转念《三十五佛明经》，晚夕设放焰口，施食……尼僧也不打动法事，只是敲木鱼、击手馨、念经而已。”

大户人家的葬仪，如此隆重，首七、三七、四七、断七，共请了两次十六众僧人，一次十六众喇嘛，一次八众尼僧共四场佛事，而相比之下，小户人家的佛事则要气魄小得多了。第八回中写潘金莲为武大烧灵，“教王婆报恩寺请了六个僧，在家做水陆超度武大，晚夕除灵，道人头五更就挑了经担来，铺陈道场，悬挂佛像……不一时，和尚来到，早辰发牒，请降三宝，证盟功德，请佛献供，午刻召亡施食，不必细说”。六个僧人做一堂水陆，也忒难为了。

现存佛教音乐中，保存有许多唐宋古曲，也有许多明清散曲甚或民间小曲，如五台山佛乐中既有《千声佛》、《五声佛》、《绕佛座》、《普庵咒》之类的佛教乐曲，也有《折桂令》、《望江南》这类唐宋遗音，更奇怪的是，还有许多如《亲家母》、《采茶》这样的民间俗曲。而同时，在民间器乐曲，如“山西八大套”中，也有《普庵咒》、《五声佛》等佛教乐曲，这种佛、俗音乐双向交流的情况，不但在《金瓶梅》中就有体现，而且还详细描述了尼僧与妓女“同台演出”的实况，为我们理解佛教音乐与民间音乐互相渗透、交流的过程，提供了一个有趣的实例。

> 第四十七回：“薛姑子宣毕卷，已有二更天气……李桂姐道‘三位师父宣了这一回卷，也该我唱个曲儿孝顺’……当下桂姐送众人酒，取过琵琶来，轻舒玉笋，款跨鲛绡，启朱唇，露皓齿，唱道：‘更深静悄，把被儿熏了……’”
>
> “桂姐唱毕，郁大姐才要接琵琶，早被申二姐要过去了，挂在胳膊上，先说道：‘我唱个《十二月儿》、《挂真儿》[①]与大妗子和娘每听罢。’于是唱到：‘正月十五闹元宵。满把焚香天地也烧’一套。”

这种尼姑与妓女先后献艺，同室观摩的结果，必然造成佛乐与民间音乐的取长补短，相互吸收。

《金瓶梅》中，还提供了一些有意思的音乐社会学方面的资料，如做一场佛事的报酬，小户人家则所需不多，如第八回中，潘金莲为武大做“水陆”请了六个僧人，“道人头五更就挑了经担来，铺陈道场，悬挂佛像”，“咒演《法华经》，礼拜《梁王忏》”，折腾了一天，不过由“西门庆拿了数两散碎银钱，二斗白米斋衬”。大户人家当然要多些，但第六十八回中王姑子被薛姑子吃了独食，“讪讪地坐了一回”，月娘只给了他“一匹蓝布”。月娘问他：“‘老薛说你接了六娘《血盆经》五两银子，你怎的不替他念？’王姑子道：‘他老人家五七时，我在家请了四位师父，念了半个月哩’。”王姑子的话，未必可信，但“四位师父，念了半个月”的“时价”是五两银子，恐怕还是合适的。那么，当时的妓女唱一首曲子可以得到多少钱呢？《金瓶梅》第十一回“潘金莲激打孙雪

① 疑为《挂枝儿》之音误。

娥，西门庆梳笼李桂姐”中，西门庆与众帮闲在李桂姐家，要李桂姐唱曲儿，“李桂卿在旁就先开口说道：‘我家桂姐，从小养的娇，自来生得腼腆，不肯对人胡乱便唱。’于是西门庆便叫玳安小厮书袋内取出五两一锭银子来，放在桌上”，如此，李桂姐才“不慌不忙，轻扶罗袖，摆动湘裙”，唱了一首《驻云飞》。

《金瓶梅》写了众多有个性的人物，他们每个人对佛曲的态度，也是不一样的。书中所有宣卷的主人，都是“温良敦厚”的月娘，第三十九回写宣卷到了“四更天气”，众人都睡了，尼僧也收了经卷，月娘还问王姑子：“后来这五祖长大了，怎生成了正果？”但潘金莲则不同，第五十一回中，有这样一段有趣的记载：

> 月娘在后边，打发两个姑子吃了些茶食儿，又听他唱佛曲儿，宣念偈子儿。那潘金莲不住在傍，先拉玉楼不动，又扯李瓶儿，又怕月娘说。月娘便道：“李大姐，他叫你，你和他去不是，省得急的他在这里凭有刮划没是处的。”那李瓶儿方才同他出来，被月娘瞅了一眼，说道：“拔了萝卜地皮宽。交他去了，省得他在这里跑兔子一般，原不是那听佛法的人！”

而潘金莲，也自有她的话头，“因说道：‘大姐姐好干这营生！你家又不死人，平白交姑子家中宣起卷来了……’”反映了两种截然不同的态度。

值得一提的是，崇祯本《金瓶梅》的木刻版画插图中，有一幅描绘第三十九回“吴月娘听宣黄氏卷”的插图，为我们了解明代宣卷的实际场景提供了直观的画面。画中，烟云叆叇，高烛晃晃，似是夜间。广庭上横置一案，案上除香烛灯花外，尚有宝卷底本。尼僧一人端坐案后，双手合十作念念有词状。尼僧右侧下手，陪坐一夫人，疑是书中月娘。长案两侧各横坐女眷两人，当是听众无疑。画面右下角廊内，尚有一丫环手托茶盘，上有茶点，附合书中宣卷至午夜小憩片刻，吃些茶点的描述，整个画面构图严谨，线条洗练，形象生动，其中无论作势的宣卷尼僧，还是或仰首侧耳聆听，或左右顾盼，似招呼托盘丫环的听众，都细腻入微，各具情态。从画中可以一目了然地看出唐俗讲到明宝卷之最大不同：即从寺院走进深宅，舍高座而同围长案。

《金瓶梅》中，还有许多宝贵资料，其中涉及明代俗乐以及声腔（海盐腔）散曲等内容的更多，本文只是挂一漏万的初步整理、探讨，更由于本人才疏学浅，又由于时间关系，匆匆草就，难免贻笑于大方之家，不当之处，切盼匡正。

1989年香港“第一届国际佛教音乐研讨会”宣读

（原载《中国音乐学》1992年第2期）

“阿央白”与佛教密宗的女性观

云南有个剑川，剑川有个石宝山，石宝山有个石钟寺。石钟寺最出名的，是我国十大洞窟艺术中的“石钟山石窟”，石窟中最出名的，则是在精美的佛教石雕群中突兀而出的女性生殖器石雕——“阿央白”。

“阿央白”位于石钟寺石窟的第八窟。窟分上下两层，上层四龛，下层五龛，似为佛像、天王像等，已损毁严重，不可确辨。石窟正中莲座上，以接近圆雕的高浮雕形式，赫然雕着一女性生殖器。石雕高约90厘米，因长年被来此祭拜求嗣的白族妇女涂抹香油而黧黑润泽。龛上有墨书“西匹乃”三字，左右两侧有联曰“大开方便门，广结化生路”，似均为现代人所写。石窟壁上，另有些较早的题记，亦模糊难辨。依稀可辨者，有“至正六年”、“至正十年”、“正统□年”、“泰定元年”等，均为元代、明代年号。另有“盛德四年作□己亥岁次八月三日记”一款，是大理国王段智兴年号，时当南宋淳熙六年（1179）。座前石板上，有香客们长期跪拜形成的凹痕。“阿央白”莲座两侧的石龛内壁上，有线刻佛像两尊。

“阿央白”亦称“白乃”，都是白族对女阴的称谓。“白乃”二字，直译为“开裂的东西”、“开裂处”。“阿央”是白语“小姑娘”的意思，“白”是“匹”的变音，意指女性生殖器。对这一解释，白族学者们似无分歧。问题是：在佛教艺术的石窟中，何以竟出现这样一尊至今令人惊诧并议论纷纷的石雕呢？虽然“阿央白”自20世纪50年代起即引起人们的关注，近年来更多有文字论及，但根本的问题，即“阿央白”与佛教的关系问题，却始终未能解决。

先综述一下各类意见。第一种意见，认为“从两旁精美的佛像雕刻总布局看，这里开始可能也雕的是佛像，但没有成功或是被后人毁了，经过人改造，成了今天的这具女生殖器”，[①]这种意见，代表了一部分对“阿央白”关注较早的学者们的意见。用当地学者的话说，即“笃信佛教的人，对它当然是深恶痛绝。就连研究佛教的学者中，也有认为这纯粹是后人对佛教的猥亵而导演的一场恶作剧”。总之，是“以善良的心愿努力将‘阿央白’与佛教划清界线，把一顶纯民俗学的桂冠戴给它，只字不提与佛教的关系，仿佛一提就会出现同流合污的丑闻”[②]。

第二种意见，近来颇为流行，即认为它只与原始宗教信仰有关，是白族（一说彝族）先民的原始宗教形式性生殖器崇拜的遗迹。认为“这种原始的性生殖器崇拜，在古代不仅白族地区有，其他民族也有过”。“只是说在白族地区还比较完整地保存下来……其他民族和地区，则早已消失，或演变为其他形式，被人遗忘了”[③]。持这类观点的还有一些学者，并见于近年来的各种有关专著[④]。但这种意见最大的问题，是忽略了这中间存在的时间上的矛盾。石钟寺石窟中已见的最早题记是“天启十一年”，即公元850年，“阿央白”窟中的题记，则大多在元代。原始宗教的形式，何以在自唐至元，在密宗佛教大盛于此的时候“登堂入室”呢？

第三种意见，即笼统地承认它与佛教密宗有关，但仅仅因为石钟寺石窑所雕佛像“同西藏是一个密宗支派”，而一般人都知道，在“西藏佛教密宗寺庙里的欢喜佛，塑的就是男女二人相互搂抱”[⑤]。但没有从佛教密宗的教义教理中寻找原因，缺少理论的证明。而且，剑川佛教虽然在历史上可能受到藏传佛教的影响，但剑川佛教信徒们所用的经典、仪规，却至今仍用汉字抄写，当属汉语系佛教系统，它与藏密，还是有所区别的。即使把汉密与藏密的区别之处忽略

① 张旭：《剑川石钟寺石窟“阿央白”试释》，《大理白族史探索》，云南人民出版社1990年版。

② 杨郁生：《石钟山石窟艺术断想》，《石宝山》，云南民族出版社1990年版。

③ 张旭：《剑川石钟寺石窟“阿央白”试释》，《大理白族史探索》，云南人民出版社1990年版。

④ 赵国华：《生殖崇拜文化论》第五章《中国原始社会的女性生殖器崇拜》，中国社会科学出版社1990年版。以及宋兆麟《生育神与性巫术研究》第二章《性器信仰》，文物出版社1990年版。

⑤ 张旭：《剑川石钟寺石窟“阿央白”试释》，《大理白族史探索》，云南人民出版社1990年版。

不计，放大一点儿看，那么，在藏传佛教的全部艺术品中，至今也没有发现有“阿央白”同样的东西。

第四种意见，即将此文化与印度教文化相提并论，认为“阿央白”是印度教文化与原始生殖器崇拜结合的产物。如“石钟山石窟的阿央白石刻，当然是佛教密宗供奉的印度色彩的神像，但与白族古老的性生殖崇拜也相适应”。[①]“密宗与印度教是印度婆罗门教肚皮生的孪生兄弟”，“‘阿央白’的出现，除了证明本土文化民族意识的不可侵犯，也证明佛教为了立足云南，对当地的本土文化采取的妥协和献媚”[②]。值得指出的是，印度教中所存在的大量与性崇拜或生殖崇拜有关的内容与形式，虽早已引起学者关注，但印度教并不等于佛教。“阿央白”与印度教文化或许有某种相似之处，但若将其称为印度教文化，则缺乏有力的证据。从理论上讲，可以用彼存在证明此存在的现实性，但无法仅用彼存在证明此存在的合理性。

毋庸讳言，目前这几种意见都有其一定的道理，但也都存在着缺陷。许多学者认为，要正确解释“阿央白”，应当首先解决两个实质性的问题：一是要研究并论证石钟寺石窟的整体性与统一性，即分析“阿央白”与石钟山石窟中其他窟的雕像是否是一个体系，一个东西；二是不论它属于哪个体系，都要找出它存在的理论根据，以充分证明它存在的真实性背后的合理性。

我个人认为，目前要解决第一个问题尚有困难。第八窟中最早的题记假如不伪的话，也仅可以说明该窟开凿年代的下限，即该窟的开凿不晚于盛德四年（1179）。但仍无法证实该窟的中心内容“阿央白”与当初雕塑者的主观愿望和艺术想象是一致的。也就是说，无法证明“阿央白”就是雕塑者最初的目的物。认为“阿央白”是在未成功或被毁坏佛像的基础上由“第三者”改造而成的意见，自有其道理。其最有力的证据，是该龛两侧内壁上雕刻的两尊佛像，而且，其一为大日如来。大日如来，即毗庐遮那佛（梵文为Vairocana），按佛教流传

① 张旭：《剑川石钟寺石窟“阿央白”试释》，《大理白族史探索》，云南人民出版社1990年版。

② 杨郁生：《石钟山石窟艺术断想》，《石宝山》，云南民族出版社1990年版。

最广的“三身”说和佛像雕塑的惯例，假如两侧佛像中其一为“法身佛”毗庐遮那的话，那么，另一侧应为“报身佛”庐舍那，中间的应为“应身佛”释迦牟尼。但这也仅仅是猜测。从整个石窟看，第八窟雕不成功和单独被毁的可能性缺乏说服力。而且，即使“阿央白”并非佛教艺术家们要表现的初衷，也仍然需要解释，它何以能与整个佛教石窟长期“和平共处”。“阿央白”是石钟寺石窟中的一部分，这是一种现实存在。至少在目前找不到更有力的证据证明“阿央白”系旁人强加给石钟寺石窟的时候，我们只能把它们视为一个整体。

于是，剩下的问题便是：假如“阿央白”是佛教密宗艺术中的一部分的话，那么，如何用密宗的理论解释它的出现呢?

首先，我们看一下佛教密宗对女人的态度。释迦牟尼在世时，曾拒绝一大户的布施而接受一妓女的邀请到她家化缘的故事，是众所周知的。佛教发展到密宗，便形成了一种对女人特殊尊重的思想。其中心的思想，即认为女人是一切智慧之所由生处，是“般若佛母”。因此，修密之人绝不可轻视女人，而应“想此女人，为一切佛母，为一切佛之生处，为一切本尊所化现，为调伏众生者”[①]，对其生恭敬心。唐一行《大日经疏》中强调说：“云女人者，是般若佛母，无碍智人，皆悉从是生。”该书还进一步指明“女是三摩地义”，“男是智慧，女是三昧”。所谓“三摩地”、“三昧”，梵文为Sam ā dhi，皆为禅定之意。佛教各宗都认为在戒、定、慧“三学”之中，戒是为了能定，而定则能生慧。因此，不但智慧由定所生，男人由女人所生，一切“无碍智人”，一切佛，皆由女人所生。唐金刚智译《金刚峰楼阁一切瑜珈瑜祇经》中说了这样一个故事：真言宗二祖金刚萨埵，“对一切如来前，忽然现作一切佛母身，住大白莲，身作日月晖，两目微笑，二手住脐，如人奢摩他”。“奢摩他”，梵文作Samatha，禅定七名之一，亦是定义，汉译为“止”、“止息”。对于这位化作女身人定的菩萨，所有的佛皆作礼，“敬本所出生”。而另一则故事说帝释“于无量光佛前化现女形”，并说“勿住于此”，对女身表现出略有不恭之时，佛即对帝释说：“汝当感

① 根造、显密：《显密尸罗略说》，见《常乐文库》合订本，美国大圆满心髓研究中心版。

受不良之果”。

佛既如此尊重妇女，佛徒更应如此。密宗不但从理念上尊重妇女，而且把对妇女的尊重，列为戒律之一。密教有“三昧耶戒”，亦名“金刚乘三昧耶戒”，是修密之人初入门的戒律，亦是密宗各派共同遵守的戒律。其中最核心的内容，即“根本十四堕之三昧耶戒”。这“根本十四堕”是：

（1）违依止敬谤辱师；（2）犯别菩萨密律仪；（3）不善同学起怨诤；（4）失慈悲嫉有情乐；（5）畏难不度退菩提；（6）谤显密法非佛说；（7）灌信不具授密法；（8）损苦自蕴不如佛；（9）空有二轮违等持；（10）慈身口袒破法者；（11）背性相谛废观空；（12）不应机说障善根；（13）疑诸自性清净法；（14）毁谤妇女慧自性。

这第十四条，即为“毁谤妇女慧自性”。密宗认为犯此戒条，甚至怀疑妇女不能成佛，都是“根本堕”，“虽作善行而不能圆满资粮，身心多感不适，所求不遂，死堕金刚地狱。”

对妇女是如此尊重，那么，对女性生殖器呢？佛教显密各宗都极为尊崇，被称为“千部论主”的龙树菩萨[①]说：

> 所有一切幻化中，
> 女身幻化为最胜。
> 分别所谓三智者，
> 于彼密处为表示。[②]

这一颂偈，可以说直接解开了“阿央白”之谜。“幻化”，指佛、菩萨等以幻力所成之种种变化，幻力无边，幻化亦无穷。虽然万事万物，皆如幻影，但

① 龙树，亦译龙猛、龙胜，约三世纪，大乘佛教中观学派创始人，后世密宗、禅宗皆奉其为祖师，论著甚多，其要者有《中论》、《十二门论》、《大智度论》等。

② 根造、显密：《显密尸罗略说》，见《常乐文库·显密会要》。

“所有一切幻化中，女身幻化为最胜”，其中包含着对女性人体美的最高赞颂。更进一步，龙树菩萨振聋发聩地指出，佛教的一切智慧，无论是“三智”中的“一切智”、“道种智”，还是“一切种智”，皆“于彼密处为表示”。这样的一种观点，不是比一尊石雕的形象更令俗人震颤吗？而且，既然女人之“密处”不但生出一切人、生出一切佛，生出一切佛智，那么，将彼“密处”再“表示”一下，雕为石像、化为坛城、结为道场，不是天经地义的吗？近来有学者指出，密宗所谓曼荼罗（Mandala），系由女性生殖器的象征圆圈演变而成，而密宗的“六字真言”唵嘛呢叭咪吽（Ommanipadmehum），所咏诵的“红莲之珠”，亦是女阴的象征。[①]那么，可不可以认为“阿央白”即是佛教密宗的一个特殊的、写实主义的“曼荼罗”呢？

当然，这也许亦是妄断。也许“阿央白”之谜，亦如禅宗的话头，是“不可说，不可说”。但最后我还想指出一点，即不但剑川在历史上曾被称为“土教”、“土僧”的佛教密宗“阿吒力”（阿闍黎）教派至今仍在剑川广大农村流传，一些也许从未灌过顶的“阿吒力”们至今仍在为信徒们大作法事，而且，他们所用的经籍书文，一律用汉文写成，无论如何，应被视为汉语系佛教密宗的仅存之果。而对汉语系佛教密宗的研究，也正如对“阿央白”的研究一样，都仅仅是个开始。

（原载《中国文化》1993年第8期）

① 赵国华：《生殖崇拜文化论》第四、第七章。

有关唐代“俗讲”的两份资料

俗讲，是唐代寺院中的一种非常重要、普遍的佛教艺术形式。它源于六朝的“斋讲”，始兴于初唐，盛于中唐，衰于五代。虽然宋真宗（998—1022）时曾明令禁止僧人讲唱变文，但据《佛祖统纪》卷三十九引《释门正统》良渚所言，至南宋理宗（1225—1264）时俗讲仍未尽绝。俗讲在中国文化史上的重要，不仅仅因为它是研究佛教文学、音乐的重要物件，而且因为它是中国说唱音乐的先祖。两宋以降，直至明清，甚至近代，诸凡话本、宝卷、诸宫调、弹词等，莫不可溯源于此。

1899年，敦煌藏经洞始见于世。两万余个卷子中，有大量僧人讲唱佛经和历史故事的底稿，如《金刚般若波罗密经讲经文》、《破魔变文》、《八相押座文》、《温室经讲唱押座力》、《伍子胥变文》等大量内容。但是，有关俗讲的形式，却因材料不多，而在研究中留下一些疑点。长期以来，可供研究俗讲形式的资料除唐、宋以来个别僧人所记，如宋僧元照《四分律行事抄资记·释导俗篇》及日僧圆仁《入唐求法巡礼行纪》而外，来源于敦煌卷子中的第一手资料，只有现藏于法国巴黎国家图书馆的Pelliot3849卷。此卷正面为京兆杜友晋撰《新定书仪镜》及黄门侍郎《仪例》一卷叙；纸背还有两段文字，其一为《佛说诸经杂缘喻因由记》，另一段即被后世学者屡屡引用的所谓“俗讲仪式”。

众所周知，由于唐人写本系民间所流传，多有别字、俗字、讹字、脱字等，的确给后人读和进一步研究造成了一些困难。虽然20世纪初至今，许多敦煌学者们创造性的艰苦劳作为我们开辟草莱、奠定基础，使我们得以窥见唐人俗讲的大致情景，但囿于材料的困乏，缺少有力的旁证，致使P3849卷子的“俗讲仪式”始终是一个孤证。

1993年10月至11月，笔者在英国讲学期间，于伦敦大英图书馆的东方部，找到了一份非常珍贵的材料Stein4417“俗讲”，可以与P3849互相印证，比较研究，廓清一些问题。

该卷子系斯坦因所获敦煌卷子中的一小卷，原藏伦敦大英博物馆，后转至大英图书馆东方部。该卷真迹保存良好，字迹清晰，字体老到娴熟，用唐人写本的习惯，将“念”简写为“令”，将“菩萨”简写为“卄”，“佛”写为“仏”。

从内容上看，此卷子与P3849系同出一源，如非一人所写（由于笔者没有机会将英藏S4417与法藏P3849的真迹相比较，故无从判断是否出自一人之手），也是出自同一师承或同一母本。因为两卷子不但内容大致相同，其大部分字句也都一样。为方便诸方家研究，特将此卷文字抄录于下，并与P3849做对照比较。

S4417[①]：

夫为俗讲，先作梵。了，次令（念）卄（菩萨）两声，说“押坐（座）”。了，素唱《温室经》。法师唱释经题。了，念仏（佛）一声。了，便说开始。了，便说发愿。了，念仏（佛）一声，便一一说其经题字。了，便说经本文。了，便说十波罗密等。了，便念佛赞。了，便发愿。了，便又念仏（佛）一会。了，便回向发愿取散。（后分两行写小字：云了，已后便开《维摩经》）

夫为受座，先启告请诸仏（佛）。了，便道一文表叹使主。了，便后赞戒等七行事科。了，便说八戒了。了，便发愿施主。了，便结缘念仏（佛）。了，回向发愿取散。

讲《维摩》先作梵。次念观世音菩萨三两声，便说“押坐（座）”。了，便素唱经文。了，唱曰法师自说经题。了，便说开赞。了，便发愿。了，便念仏（佛）一两声。了，法师科三分经文，了，念仏（佛）一两声，便一一说其经题名字。了，便入经说缘喻。了，便说念（佛）赞。

法藏P3849卷，据向达《唐代俗讲考》[②]所引并点校如下：

① 标点系笔者所加，括号内正字亦为笔者所写。

② 载《唐代长安与西域文明》，三联书店1957年第1版，第303页。

夫为俗讲：先作梵了；次念菩萨两声，说押座了；素旧（向注：二字不解）《温室经》法师唱释经题了，念佛一声了；便说开始了；便说庄严了；念佛一声，便一一说其经题字了；便说经本文了；便说十波罗密等了；便念念佛赞了；便发愿了；便又念佛一会了；便回向（向注：收脱向字今补）发愿取散云云。已后便开《维摩经》。讲《维摩》先作梵，次念观世音菩萨三两声；便说押座了；便素经文了；唱日法师自说经题了；便说开赞了；便庄严了；便念佛一两声了；法师科三分经文了；念佛一两声，便一一说其经题名字了；便入经说缘喻了；便说念佛赞了；便施主各发愿了；便回向发愿取散。

两相比较，不难发现，英藏S4417与法藏P3849两卷文字，除S4417中间一段，即“夫为受座”至“发愿取散”共53字为P3849所无以外，其余文字（不计错字、讹字）两卷完全相同。分析起来，S4417实际上是三段文字，即“俗讲仪式”、“受座仪式”和“讲《维摩经》仪式”。而P3849，则“俗讲仪式”紧接“讲《维摩经》仪式”。从文气上看，“俗讲仪式”末句“已后便开《维摩经》”后，接“讲《维摩经》仪式”是合理自然的。而“受座仪式”，似应放在“俗讲仪式”之前，因为“受座”，即“登座”，系俗讲法师与都讲升坐讲坛的仪式。唐时俗讲师登座之仪除上引文字外，亦缺旁证，现将唐百丈怀海禅师（720—814）所编《百丈清规》[①]卷八“夏中讲经”条标点录下，可知“升座仪式”之一二：

……初开讲日，早粥后，法堂香灯铺设讲经法座。（座前供佛像一及两边听经桌凳，若无法堂，即在斋堂，小食过堂后，方可铺设）小食后鸣大钟十下，收钟二下，听经者搭衣持具，法堂两边站。住持命侍者三人：传牌、传经、传炉，到法堂行十方圆礼。已，随即鸣大钟鼓。听经者持具上方丈，请法师升座。引

① 唐洪州百丈山沙门怀海集编清古杭真寂寺苾刍仪润证义，金陵刻经处版。

> 磬先行，众随后。监院执香居末。到方丈，众两边照位对立。侍者与维那请法师出登座。已，监院出位上香，展大具，三拜。次，大众向上展四折具，三拜，已，仍引磬前行，众随后。监院执香在大众后，法师又在后，侍者随从。到法堂，维那法师至中立定。打磬一下，钟鼓齐歇。随举偈云："降伏魔力怨，除结尽无余。闻此妙响音，尽当云来集"。（候法师三拜，问讯。偈毕，随即举）"南无云来集菩萨摩诃萨"（四称，末后于"云来"上加"海会"二字）法师登座，拈香三瓣。维那呼众顶礼三拜。已，众各归位坐，入定少倾，维那鸣磬三下，（或鸣手钟三次亦可）按磬唱云："钟声传三千界内，佛法扬万亿国中。功勋酬帝主深恩，利益极檀那厚德。"（偈毕，举）今为讲某经，说者（举）："南无本师释迦牟尼佛"（众同三称）次举"开经偈"，众作梵唱。已，各将经揭开，然后开讲。乃至讲竟。法师云"向下文长付与来日……"众唱"回向偈"。云："讲经功德沙界难量，情传无情同圆种智"。偈毕，遂鸣钟鼓，法师下座……①

《百丈清规》所列，系佛门内部"结夏安居"时讲经的仪轨，并非面向大众的俗讲。但其仪式，实与俗讲大同小异，如法师登座后，讲经前，先举腔念佛三称，次举《开经偈》，众作梵唱，讲经后众回向，唱《回向偈》等，皆无二致。

S4417的发现，使P3849不至成为孤证，且可以与其互为校雠。现在可知，向达先生认为"不解"的二字"素旧"，按S4417本，则应为"素唱"。全句为"素唱《温室经》。"与其后"讲《维摩经》仪式"中"素唱经文"同。"素唱"，疑为现世所谓"清唱"，即无乐器伴奏的演唱方式。"素唱"的内容，皆为经文，与"赞"、"偈"等韵文不同，也许不但不被之管弦，甚至并不配合宫商，无旋律可言。如此，则"素唱"即可能是吟诵之意了。现世僧人朝暮课诵，常在诵经时以木鱼击节，一字一板，平静单调，无起伏，亦无音高。其所唱，似暗合"素唱"之意。据此，可以推测"素唱"至少有三种可能：

① 括号中字在原书中为小字双行。

1．有旋律，但无管弦，无乐器。

2．有节奏，有法器（如木鱼）击节，但无旋律，更无乐器。

3．有节奏、有简单旋律，如西洋歌剧之宣叙调（Recitative），即佛教所谓“白腔”。但无法器、乐器。究竟如何，尚难定论。

据S4417本，可知P3849本“便说十波罗密等了”之后，“便念念佛赞”句中，多一“念”字，应为“便念佛赞”。此“念”字，应为动词。“佛赞”，即所谓“歌颂佛德”之赞呗，如近世殿堂中之《佛宝赞无穷》、《弥陀佛大愿王》等赞。而念佛一事，为子修行之法门，无须在佛前赞叹，因此不可能“念《念佛赞》”。

另，P3849本中，在“讲《维摩经》仪式”中，有“唱日法师自说经题”一句。此句在S4417中，“日”字为“曰”字。但无论“日”还是“曰”，均不可训读。笔者疑此字为“白”之误。“白”，即“念白”、“白腔”，似可为一解。唐时俗讲，例用二人，一为“法师”，一为“都讲”。法师主讲经文，都讲唱释经题。主讲的法师，不必能唱，但一定德高望重，精通佛典。都讲，则类似如今之“助教”，亦恐为后世“维那”一职的前身，专司举梵领唱之事。俗讲之时，法师与都讲互相配合，各有所长，各尽其职。按惯例，法师讲经文内容，都讲唱释经题，但此处由要主讲的法师“自说经题”，所以是“唱白法师自说经题”。不知可否成理，切盼方家教正。

先贤研究敦煌文献，多有所得。但“法师科三分经文”一句，未作解释。唐代俗讲习惯，是将所讲唱之经，分为三科：“序分”、“正宗”、“流通”。如《长兴四年中兴殿应圣节讲经文》中，即有：“将释此经，大科三段：第一，序分，第二，正宗，第三，流通。”[①]再如《佛说阿弥陀经讲经文》：“将释此经，且分三段，初乃序分，次则正宗，后乃流通。”[②]“法师科三分经文”的意思，是指法师按惯例将经文分为“序分”、“正宗”、“流通”三段。“序分”是序，“正宗”是主题，是正文，“流通”是引申发挥。

---

① 《敦煌变文集》下册，人民文学出版社1957版，第413页。

② 同上，第47页。

英藏S4417的发现及其与法藏P3849的比照研究，无疑使我们对唐代俗讲的形式有了更深一步的了解。假如这两卷文字不是出自一人之手，那么，其重要的意义恐怕是在于使我们可以相信，在唐代，俗讲的仪式是已固定的、不可更易的，有普遍性的。

但S4417卷中，由于多出了“受座仪式”一段文字，同时，也又增加了一些疑难之处。如“便道一文表叹使主了”及“便后赞戒等七行事科了”两句，尚不能训。第一句“使主”疑为“施主”之误，然“叹”字终不能解。第二句中“七行”一语，可能是“七八行”，而脱一“八”字，也可能是“七支”之误。所谓“七八行”，即七觉支、八正道之略称。“七觉支”，梵文为Saptabodh-yanlga，为佛教修行法门“三十七道品”之一类，亦称“七觉分”、七等觉分”、“七菩提分”。“八正道”，亦为“三十七道品”之一类，梵文为ā ry ā tangikam ā rga，意为八种解脱之道。“七支”，指七种恶业，即杀、盗、淫、妄、绮语、恶口、两舌，也称“七恶支”。此句文字之后，有“便说八戒”一句。“八戒”，即“八斋戒”，亦称“八关斋戒”，指佛教居士（在家修行者）的戒条，在通常“五戒”（杀、盗、淫、妄、酒）之外，再加“不眠坐高广大床”、“不观听歌舞”及“过午不食”三戒。从此段文意分析，在讲解“七八行”，即讲解佛教的“三十七道品”之后，接着讲“八戒”，是合乎逻辑和佛教理论的。因为佛教“戒”、“定”、“慧”之“三学”，“戒”是为了“定”，“定”是为了“慧”，实行“八戒”，是为了更好地进入“三十七道品”的修行次第。

研究唐代俗讲的形式，将两卷分别藏在巴黎和伦敦的敦煌遗文进行比较，只是一种方法。而将现代尚存的佛教讲经仪式及相关法事与唐代俗讲形式进行比较，也是一种方法。也许，只有将这两种比较研究的方法结合起来，我们才能对唐代俗讲有一个更清晰的认识。

（原载《比较音乐研究》1994年第2期；《中国音乐学》1995年第2期）

智化寺音乐与中国音乐学

一、从瞎子摸象谈起

在中国，“瞎子摸象”的故事可以说是脍炙人口，但大多数人可能并不知道这个故事出自一部佛经——《佛说义足经 · 镜面王经》。经中说，在“过去久远”，有一个镜面王，他命令全国所有的瞎子都到国王的象厩中去捉（摸）象，于是，“有捉足者、尾者、尾本者、腹者、肋者、背者、耳者、头者、牙者、鼻者”。摸过之后，王问他们见到象了没有，所有人都说：“我悉见。”王问：“何类？”得足者说：“象如柱。”得尾者说：“如扫帚。”得尾本（尾根）者说：“如杖。”得腹者说：“如缍。”得肋者说：“如壁。”得背者说：“如高岸。”得耳者说：“如大箕。”得头者说：“如臼。”得牙者说：“如角。”得鼻者说：“如索。”

对于中国的音乐学家而言，中国的传统音乐，也是一只硕大无朋的巨象。从20世纪30年代开始，中国的音乐学家们，在光线黯淡的条件下，像睁眼瞎一样，开始了“摸象”的工作，一直坚持到现在。当时，使中国的音乐学家们能够基本“摸”到这只象的因缘和条件是：从19世纪后半叶开始的长达百余年的战乱结束后，20世纪50年代的中国大陆，有一个难得的、相对安定的社会环境。这可以说是从1840年“鸦片战争”之后的百年中唯一没有大战争和大动荡的10年（其实还不到10年，更准确地说，是从1949年到1956年，因为从1957年“反右”开始，中国大陆便从整体上失去了学术自由的空气），可不能小看这几年，如果没有这几年，我们书架上那本《中国音乐词典》中的一半条目几乎都不可能写出！当然，人们当时还不可能窥见全象，但是这只“象”的绝大部分几乎都被“摸”到了。不过，“摸”到并不等于看到，人们“摸”到的，只是象的“足”、“尾”、“肋”、“耳”、“头”、

“牙”、“鼻”；人们头脑中所反映出来的“象”，也只能是“如柱”、“如扫帚”、“如壁”、“如大箕”、“如臼”……

政治环境的相对稳定、宽松，使学术研究成为可能；而一个新的国家在初肇期的朝气与光彩，更极大地激发了知识分子们的创造力和工作热情。周恩来1949年7月6日所作的《在中华全国文学艺术工作者代表大会上的政治报告》在当时起了很大的作用。他在这个报告中明确指出：“凡是在群众中有基础的旧文艺，都应当重视它的改造……现在是新社会新时代了，我们应当尊重一切受群众爱好的旧艺人。”虽然重视民间艺术、重视民间创作是中国历史上许多进步知识分子的一个优良传统，但是，周恩来的报告是第一次作为国家的文艺政策公开提出，这无疑促使大部分从旧社会过来的知识分子开始把他们的视野从自己的书斋投向四野八荒。

除了大环境和音乐学家们的努力之外，还有一个助因也起了很大的作用，这就是1953年4月举行的“第一届全国民间音乐舞蹈会演”。为了准备会演，各个省、市、自治区都各自举行了本地区的大规模会演。此后，各种各样的“文艺调演”、“文艺会演”、“音乐周”，成了中华人民共和国文艺界的特殊景观和最重要的活动。这些活动，是由政府文化部门层层选拔、组织的专业、业余的文艺演出。这个“选拔”的终点是北京、是中央。多年来，对于一个地方的文艺团体来说，能够“晋京”参加会演，不啻是对这一团体政治、艺术的双重肯定；对一个民间艺人和一个民间艺术社团来说，则更是一个难得的殊荣。当然，在以往的整个中国历史中，也曾有过“暖风熏得游人醉，直把杭州作汴州”的醉生梦死和虚假繁荣，但一般来讲，“歌舞升平”与“太平盛世”还是联在一起的。而无论从哪一方面说，20世纪50年代，都是中华人民共和国难忘的青春期、上升期。尤其是“推陈出新”、“百花齐放，百家争鸣”、“古为今用，洋为中用”等一系列方针政策的提出，不但充分反映出新政权在政治上的自信和大度，也的确在中国的文艺舞台上创造出了一个历史上从未有过的繁荣景象。以普通劳动者为政治基础的工农政权及其上层建筑的确立，与当时世界上发达国家文化界、知识界流行的“波普（大众）文化”思潮同步，使许多过去从未被舆论重视的民间艺术堂而皇之地走进了艺术的殿堂，也使一些在过去动荡的社会环境中穷困潦倒的民间艺术家有了一个登堂入室的机会。有趣的是，唯一对这种“盛况”感到尴尬的，应该说是年轻的中国音乐学界。现在说来可能让人几乎难以置信，目前《中国音乐词典》和民族音乐教科书上的许多“乐种”名称，诸如什么“江南丝竹”、什么“河北吹歌”等等，其中有许多是当时为了各类“音乐会演”印节目单的实际需要而仓促起的名字。为这些“乐种”命名的人，绝大部分不是经过专业训练的音乐学家，而是这些节目的演奏者或地方的文化干部、部门领导；为这些“乐种”命名的过程，也大多不具备学术气氛和科学命名应有的严肃性。因为大多数民间艺术在原生态时都没有一个正式的名字，所以，许多“乐种”名称，如在民间被称为“音乐会”、“乐会”的“冀中管乐”，在民间被称为“细乐”、“水会”的“西安鼓乐”等等，也大抵是地方的音乐工作者和个别音乐学家基于1950年代的眼界和研究水平命名的。几十年过去了，这些名称中的大部分在今天看来都不同程度地存在着一个相同的问题：即在当初命名时没有考虑到其他地区同类音乐的存在，更不可能站在“中国传统音乐”的高度来全盘考虑乐种的本质、分类，以及乐种与乐种间的关系问题。有一些连“命名”都谈不上，只是一个人随便一叫，旁人便也跟着叫，时间长了，也便成了“正式”的名称。这就像过去给小孩起名字，一般只有大户人家和知识分子才会为孩子的命名再三斟酌，而既无衣食，又无文化的穷苦人家，大多只能“见物命名”，随口称之。一个一直被家人和同伴叫作“狗子”的放牛娃只有当他有幸进入学堂时，才可能从皱着眉头的先生那里临时讨个“学名”。问题是：当原来的“狗子”长大成人，甚至走出家门、走出国门之后，学堂先生当年随口起的名字便名满天下，“名正言顺”地助“狗子”成了正果。而一个地方乐种一旦超越地域性的影响，成为音乐学院教科书和音乐词典中的一个条目时，当年那个“先生”命名时的随意性，便可能给以后严肃的学术研究带来混乱。

二、杨荫浏与查阜西

“文艺会演”带来的文艺热潮和“太平盛世”的祥和环境，虽然为音乐学的研究提供了前所未有的丰富物件和材料，但对于从广阔地平线的沉沉雾霭中蓦然出现的中国传统音乐这只巨象来说，中国音乐学的研究队伍，还是太年轻、太弱小了。20世纪50年代称得上“音乐学家”的人，在中国还寥寥可数。那时的音乐学研究，也基本上是对“木”与“雀”的分析，而不是对“林”与“禽”的概括。杨荫浏、查阜西等人1952—1953年对“智化寺京音乐”的“发现”及研究，便是当时中国音乐学研究中的一个突出代表。

首先应该指出的是，所谓对智化寺音乐的“发现”，完全与“哥伦布发现新大陆”一样，仅仅指的是主流社会与强势文化对非主流社会与弱势文化的“发现”。就像在哥伦布“发现”美洲之前千百年，美洲的原住民便已经世世代代生活于斯一样，在北京的音乐界与知识界听到智化寺的笙管之声时，智化寺的艺僧们，也已经在北京东城的一条叫作禄米仓的小胡同里吹打了几个世纪了。而且，这条不宽的胡同与这座破败的寺院距杨荫浏先生后半生居住、生活的地方顶多只有5公里，距这位中国音乐学界的泰斗去世的朝阳医院的直线距离则无论如何到不了一公里！人们不禁要问：假如说是浩瀚的大洋阻碍了哥伦布对美洲的“发现”，那么，除了社会原因以外，又是什么原因使中国的音乐学家们一直到20世纪50年代才蓦然回首，重新“发现”早已响在耳畔的智化寺音乐呢？

我们知道，一个学科的开创者与学术带头人本身的素质，在很大程度上决定了这一学科初期的风貌与未来的命运。但是，中国音乐文化的复杂和多样，却使任何一个音乐学家的视野和教育背景在它的庞大体系面前都会显得有所欠缺，即使是号称“学贯中西”的音乐“全才”杨荫浏与有着丰富经历与深厚文化教养的查阜西也不例外。中国文化，素有南北之分，雅俗之别，即地域文化与阶级（阶层）文化的种种藩篱，音乐文化尤甚。早在唐代，一位名叫道宣的律宗和尚便曾用八个字概括了辽阔的中华大地上民间音乐的无与伦比的丰富性和巨大的差异性：“地分郑卫，声亦参差。”他还说过：“神州一境，声类既各不同。”由于方言及风俗的巨大差异，在中国，一个出身北方农家的文学家可能一辈子也听不懂一段弹词开篇；而另一个生长于江南琵琶世家的音乐国手，也可能一辈子不知道北方民间流行的“管子”是一种什么乐器。社会阶层和受教育程度所造成的巨大鸿沟，更使某种“俗文化”有可能永远难达知识分子的青眼。杨荫浏与查阜西都是南方人，一个生于江南名城无锡，一个生于湖南省的永顺。两个人都是幼时即受到当地民间音乐和文人音乐的熏陶，稍长，又都接受了现代的新式教育。两个人的古文、英文都好，一个精于江南丝竹和昆曲，一个善古琴。1949年之前，两个人的职业一个是大学教授，一个是航空公司的高级职员。两个人都属于那类“新旧交替”时期的精英人物，属于那种受过新式教育的传统文人或有着深厚古典传统的新知识分子。在音乐领域，两个人都应该说是既有理论，又有实践。但另一方面，两个人也都是1949年之后才长期生活在北京，以前一直没有机会接触中国北方的民间音乐。这样的一种个人背景，再加上20世纪50年代在知识分子当中普遍存在的一种真诚的自我改造意识，即努力向工农学习，向民间学习的意识，便决定了他们对“突然”出现于他们面前的“智化寺京音乐”的态度。

三、北京有个智化寺

智化寺，是北京数百所寺庙中的一座。《明宪宗实录》载：“成化十七年以前，京城内外敕赐寺观至六百三十九所，后复增建，以至西山等处相望不绝。自古佛寺之多，未有过于此者。”一直到1949年中华人民共和国成立之初，北京佛寺之多，仍居全国之首，而其中如潭柘寺、卧佛寺、碧云寺、法源寺、戒台寺等古刹名寺，更是历史久远，影响深广，声播域外。与这些名寺古刹相比，智化寺不但“年轻”，而且“力弱”。智化寺的为人所知，是在20世纪30年代以后。它的出名，主要靠两件事：第一，是20世纪30年代“中国营造学社”对智化寺建筑艺术进行的考察；第二，是20世纪50年代中国艺术研究院音乐研究所（当时称“中央音乐学院古代音乐研究室”）对智化寺音乐的考察。因此可以这样说，智化寺的扬名，实赖于一批受过西方式教育、有着强烈的民族意识和传统文化修养的知识分子的关注。

“中国营造学社”对智化寺建筑的调查，前后持续了三年。在中国古建筑领域号称“南刘北梁”的刘敦桢和梁思成，都领导和参与了对智化寺建筑艺术的调查。遗憾的是，刘敦桢对智化寺建筑的“发现”，也比应该“发现”的时间晚了一步：在他迈进智化寺大门之前不到一年，智化寺万佛阁和智化殿顶部的两块精美绝伦的明代藻井，便已被“独具慧眼”的美国纳尔逊博物馆和费城艺术博物馆从该寺主持普远手中买走，直到今天，仍在大洋彼岸向世人默默昭示着中华的文明与无知、光荣与耻辱。一直到半个多世纪之后，即1987年1月北京佛乐团出访欧洲，在德国、法国、瑞士等国成功地演奏了“智化寺京音乐”之后，才让那些过去只心仪于中国古代空间艺术的西方人，领略了中国古代时间艺术的美妙；同时，也才以迟迟赢得的国际赞誉，使国人对半个世纪前国宝流失的复杂心情得到些许抚慰。

令人欣慰的是，对智化寺音乐的“发现”虽然比对智化寺建筑的“发现”还晚了几十年，但这个“发现”，中国人总算走在了洋人的前头。1987年使洋人吃惊赞叹的情景在1952年底首先发生在中国音乐学家们面前。那时，古琴家查阜西从对佛学颇有研究的音乐理论家潘怀素处得知智化寺音乐的信息并立即前往考察，艺僧们的穷困潦倒和精湛技艺之间的巨大反差给查阜西留下了深刻的印象。随后，艺僧们被请到中央音乐学院表演，几乎所有的音乐界上层人士——不论是自幼学习西方音乐的“洋专家”，是“琴棋书画”样样精通的儒雅的老派文人，还是解放区来的文化干部，都没有想到这些艺僧——吹鼓手，会肩负着中国古老音乐文化的遗续。因为在此之前，这些世世代代以在民间“应酬”佛事为生的艺僧们，与上层社会及社会的主流文化隔着十万八千里。在佛门清修僧的眼里，他们是些不修行、不持戒、不问佛法大意，只知“赶经忏”敛财的“假和尚”，甚至被某些正统的僧人骂为“经忏鬼”、“佛门败类”；在文人音乐家的眼里，他们是“下九流”，是没有文化的、不能登大雅之堂的吹鼓手；在自幼学习西方音乐的“洋专家”眼里，他们是土得掉渣儿的、连音都吹不“准”的匠人；在主张唯物论的大部分共产党文化干部眼里，他们是宣传封建迷信的、与各种“反动会道门”联系密切的旧社会的残渣余孽。但是，他们毕竟赶上了一个百年难遇的好时代，用佛教的话来讲，叫作“殊胜因缘”。还是那个在20世纪30年代拆卖智化寺的百年古树和精美建筑的普远和尚，1953年2月10日被请进了北京文联，与其他的十几位艺僧一起，为丁西林、吴晗、老舍、叶恭绰、赵树理、周叔迦、巨赞法师等150名北京文化艺术界的知名人士们演奏了智化寺音乐。而那个在他之前把敦煌卷子卖到外国去的王道士，却正在被国人唾骂，并永世不得翻身。

这陌生的、神奇的音乐，使音乐学家们耳目一新、激动不已。僧人们翻出了一本清康熙三十三年（1694）的手抄本乐谱，更让音乐学家们热血沸腾。党不是让我们向人民学习、向民间学习吗？这些在旧社会被人歧视、在当下仍然贫困的“贫下中僧”们，不正是我们应该学习的物件吗？谁能想象在寺庙——这个“封建迷信的”、“落后愚昧的”地方，会保存着古老的文化呢？于是，一直“高高在上”（我指的是航空公司的工作）的查阜西夜不能寐，奋笔疾书，写了一篇热情洋溢的文章：《写给智化寺僧人的信》，为智化寺音乐的本质、内涵、历史价值与现实意义定下了高昂的调子。随后，杨荫浏迈进了智化寺的大门。也许因为在两年半以前杨荫浏便接触了“河北定县子位村吹歌会”的管乐，也许是西方基督教文化的熏陶给了他更多的学术的严谨性，所以，杨荫浏的研究显得要冷静得多。他们的研究成果，集中在当时以油印本形式印刷，注明“本书系初步资料，仅供参考”的两本“采访记录”——《智化寺京音乐》中。

四、20世纪50年代的研究成果

名为《智化寺京音乐》的两本“采访记录”，共分三个部分。第一册是“中央音乐学院中国古代音乐研究室采访记录第一号与第五号”，即“智化寺京音乐（一）（二）”，第二册是“中央音乐学院中国古代音乐研究室采访记录第二十一号”，即“智化寺京音乐（三）”。在第一册的第一页，杨荫浏便先打出了一块“盾牌”。他说：“统治阶级所设立的寺院里面的僧人，并不等于统治阶级自己；他们是为统治阶级所雇佣、所使唤的。这些不属于禅门的僧人，他们的宗教信仰，向来被禅门所看不起。他们与人民较为接近，他们有更多的生活，因之他们能保存民间较丰富的音乐。”几年前，一个海外的音乐学家曾用遗憾的口吻谈及杨先生《中国古代音乐史稿》中有一些带着鲜明时代色彩的政治术语，以为这影响了这本传世之作的学术价值。当时，在场的中国学者们竭力强调杨先生的“苦衷”，竭力强调在当时的中国使用这种方法——即往严肃的学术思考中掺“政治沙子”的方法的必要性，竭力强调说一些违心话是当时的中国学者为了得到学术生命的延续而普遍付出的代价。但实际上，问题的实质却远比这些“解释”复杂得多、深刻得多。某些学者当时这样做可能是为了达到学术目的而有意在政治上“曲意奉迎”，但更多的学者当时这样做恐怕并非出自如此“实用”的考虑。实际上，就像现在谁都不能不承认《中国古代音乐史稿》奠基性的学术价值一样，谁也都无法怀疑杨先生在这些学术著作中所表露出政治观点时的真诚。要知道，那一代的大多数中国学者，当时的的确确是在自觉自愿地“洗脑”，自觉自愿地用当时流行的意识形态指导自己的学术工作。应该说，他们往自己的学术思考中“掺沙子”，绝不是“资产阶级知识分子‘打着红旗反红旗’”的“伎俩”，而是一种发自内心的政治冲动。没有人强迫或建议杨荫浏把“民歌”和“民间音乐”放在每一章的最前面阐述，也没有人让他在他的著作中得出一个“统治阶级痛恨民歌”的结论。杨先生之所以如此，是中国那一代知识分子从“五四”便开始的、充满痛苦与自虐心理的思想历程的必然结果；是从20世纪刚刚开始便喊出“劳工神圣”的精英们在“工人阶级当家作主”之后在文化上的合乎逻辑的结论。“天下皆醉我独醒”的大智者和思想上的大勇士不是没有，但的确是太少了。为了一个崇高的目的牺牲生命和事业已属不易，但要保持自己完全独立的、不受任何社会思潮影响的思考和表达思考的方式似乎更难，尤其是当这个社会刚从一个腐败的社会脱胎出来而自己还没有来得及腐败的时候。一个独立思考的个体生命在拒绝一个社会的意识形态的同时，还要拒绝这个社会的话语系统才行，而一旦失去了共同的话语，思想家将如何把自己的思想表达给他人呢？失语，是思想者的悲哀，也是任何一个话语系统中保持自己的独立思考和独立表达方式所必须付出的巨大代价。而只有了解到这一代人尤其是这一代知识分子心灵扭曲的“真诚性”，才能真正认识20世纪这场悲剧的深刻性。

在《智化寺京音乐（一）》中，杨荫浏考察了“智化寺的历史及其音乐传统”、“擅长京音乐的僧人”、“曲调”、“乐谱”、“宫调问题”、“乐器”、“音律矛盾问题在近代合奏乐器间之逐渐加深”、“音律矛盾之解决途径”、“管乐器及云锣的奏法”、“绝对音高”、“曲牌名称”等问题，对智化寺音乐进行了历史及音乐形态学的初步研究。他调查了19个僧人的基本状况，分析了当时见到的四种乐谱，着重研究了智化寺京音乐所用的宫调和乐器。他特别指出：智化寺的笙“还是北宋‘大乐’所用的笙的旧制”。“民间一般流行的笙，大都有十三簧；河南流行的方笙有十四簧；保定‘吹歌会’中虽然有自己点的所谓‘全字笙’，但十七管中，有二管无簧不用，实际只用到十五簧。现在我们所遇见的乐队，实际应用十七簧的，还只有智化寺的乐队，这是可以注意的。”他还特别以此为例批驳了日本音乐学家田边尚雄“今日中国所行者备十三簧，四管不用簧”的成说。对智化寺的九孔管，杨荫浏也指出：“现在一般流行的管，都是前七孔、后一孔，共八孔。但宋陈旸《乐书》(1099) 讲到筚篥，却曾说：‘其大者九窍’，而且又加注：‘今教坊所用，前七孔，后二孔……’现在智化寺的管九孔，确是北宋教坊筚篥的遗制。”杨荫浏在面对这些珍贵的古代文化的“活化石”，面对这些被外国“权威”轻易否定了的文化遗存时，并没有像他的一些同行一样过于激动，而依然保持了他学者的冷静和深入的思考。使他比他的许多同事对日后的音乐史研究有更多影响的原因之一——他对中国古代音乐史深入而广博的知识，使他在研究“音律矛盾问题在近代合奏乐器之间逐渐加深”的课题时，得出了这样非但不够“热情”，反而略带“遗憾”的结论：智化寺笙是从宋笙“倒退一步”的产物，“它继承了唐宋间的巢笙，而忘记连它原有的两个义管一同保存下来；因之，它虽然可以翻调，但无论如何，决不能翻全十二调。”而他对智化寺笛与云锣的音乐形态学研究，也使他得出了唐宋之后，尤其是“明代宣宗 (1426—1435) 以后，有着连一接二的外患，直接对于人民的生活，间接对于民间音乐艺术的发展，都起着不利的影响”的结论。

在这本“采访记录”中，还有署名查夷平的三份“参考资料”。其一是“据北平研究院出版许道龄编”《北平庙宇通检》查出的“智化寺著录”；其二是查夷平的“访闻杂录”，谈谱本及艺僧的情况；其三即他那封热情洋溢的“写给智化寺僧的信”。在“信”中，查阜西诚恳地说：“看到了你们的乐器和乐谱，听到了你们的乐调和乐音，我在 (疑是“才”字) 十分惭愧地感到：反而是你们这些过去被人视为‘下贱僧徒’的苦人们才能拿出证据，去驳倒所谓日本的‘中国音乐史世界权威’的鬼话！才能否定他所肯定的‘中国音乐史家’所供给他的材料；才能替祖国的这种光荣传统理直（原文如此），也就是说，祖国的这种光荣传统，是寄托在或蕴藏在过去的劳苦群众或‘下贱僧徒’身上！”他并且断定“这套音乐，最晚也和北宋的鼓吹教坊有关”。他还断定智化寺四调中的“接调”、“分明是梁、隋间的‘碣石调’，经唐宋后讹变成‘歇指调’，到了你们的时代又音讹为‘结之’或‘皆止’”，“同样也很显明，‘月调’是唐代的‘越调’。”在信的最后，查阜西热诚地祝僧人们“有着光明的前途”。这册中还有署名简其华、王迪、杨荫浏的《智化寺京音乐（二）》，主要是一份录音记录和绘制精细的乐器图。

从1953年1月1－4日杨荫浏第一次采访智化寺艺僧，2月9－12日作录音采访后，在这一年的3月至4月，杨荫浏又写出了《智化寺京音乐（三）》，在这篇“采访记录”中，杨荫浏继续考察了“智化寺京音乐”的乐队排列，为艺僧们使用的音乐术语和符号作了说明，探讨了“‘阿口’是什么？”和“从原始谱到口授谱”的问题，对照了《雁过南楼》的原始谱和口授谱，还记录了《雁过南楼》实际演奏的管子谱。他还对智化寺法器的运用及其与四调的关系、转调问题、几个谱字的认识问题作了进一步的研究。至此，这个起码长达四个月的音乐学调查和研究便告一段落了。这次考察的成果是丰富的，影响是深远的。似乎可以这样说，这是近代中国音乐学家们有组织地进行的第一次较大规模的学术考察，它为三年之后（1956.4.25－1956.7.7）以杨荫浏为首的中国音乐学家对湖南民族民间音乐的大规模普查探索出一些可贵的经验。假如真能照这样做下去的话，也许用不了几十年，中国传统音乐这匹巨象的全貌，就会被中国的音乐学家们“摸”得差不多了。

五、“定格”与“四大集成”

遗憾的是，从20世纪60年代开始，中国音乐学与中国其他所有学术活动一样被天灾人祸和政治的狂飙拦腰打断了。对于自20世纪60年代中期至70年代末期这长达十几年的文化空白和文化“定格”，人们在痛定思痛之后，逐渐有了比较理智的认识。一方面，谁都不能不承认这十几年的损失是巨大的，尤其是对于中国知识分子个人而言，就更是如此。在人类的历史上，十几年当然只是短短的一瞬，但对于一个人的学术生命来说，却几乎等于一半的时间，若这十几年正好赶上一个人创造与思考的黄金时期，这损失就更难估量。另一方面，对那场“浩劫”之于中国文化危害程度的估计，却一直因为感情因素的影响而不够冷静和理智。曾有一些海外的学人，错误地以为“文革”之后中国的传统文化遭到了“毁灭性”的打击，从而认为中国传统文化在大陆已经“中断”、“断根”，中国传统文化研究的中心也已因此而转移到了海外。持这种观点的人，对中国传统文化的生命力和大陆知识分子的精神力量未免有些估计不足。君不见，在秦火之后，便是汉代经学的大发展；在“三武一宗”的每一次“法难”之后，便是佛教的大发展。我曾在一篇批评台湾某位朋友对中国传统文化不够了解、对大陆知识分子不够尊重的文章[①]中指出：“大陆虽然有过包括‘文化大革命’在内的种种动荡，传统文化遭到过严重的损失。但是，中华文化的血脉却从没有断绝……如果我们不带任何偏见的话，我们应该承认：中华文明的根在大陆；生活在大陆的华夏子孙和知识分子们，曾为传承、保护、发扬中华传统文化付出了巨大的努力。……大陆所谓的‘文化断层’并没有像过去彼岸宣传的那样‘伤筋动骨’，套用一句《红楼梦》中的话，是‘瘦死的骆驼比马大’。假如考虑到大陆的知识分子在抢救、挖掘、研究中国传统文化时曾面对的种种困难的话，海外的同行们，更应该善待这些来之不易的学术成果。”

的确如此，只有从来不深入到民间、尤其是不深入到远离城市的偏远山村，只在自己的书斋里作俯视状的学者，才会对中国民间至今尚存的活活泼泼的传统文化一无所知，才会断言大陆的传统文化和传统精神已经“断裂”。就中国音乐学来讲，自20世纪70年代末以来，得到了前所未有的发展。尤其是对传统音乐的搜集和整理工作，更是规模空前、成果赫赫。从1979年起相继开始的、被誉为“中国民族音乐文化新长城”的系统工程——“四大集成”（包括“中国民间歌曲集成”、“中国曲艺音乐集成”、“中国戏曲音乐集成”、“中国民族民间器乐曲集成”），不但可以

① 《〈醒世梵音〉中的不谐和音》，《佛教文化》1997年第3期。

说是20世纪对中国传统音乐最大规模的一次普查和整理，甚至也可以说是中国有史以来最大的一次文化搜集和整理的工程。“四大集成”由文化部和中国音乐家协会直接领导，分别按31个省（含台湾省）、自治区、直辖市立卷。为了开展工作，从中央到地方，各级政府的文化部门都建立了相应的专职机构，总共在全国动员了数万名文化干部和其他有关人员参与工作。10年来，“四大集成”的工作极大地扩展了中国音乐学家们的视野，许许多多过去不为人知或人们知之甚少的音乐品种、音乐样式、音乐形态和数不清的至今鲜活的传统乐曲、传统民歌浩浩荡荡地走进了音乐学的殿堂。人们公认的杨荫浏先生最出色的学生和继任者黄翔鹏在20世纪90年代初发表了《〈中国民间歌曲集成〉是文化史上的千秋大业》一文，在回顾了中国历史上“几次文化大整理的高潮”后，他热情洋溢地称：“只有这第四次歌曲总集的出现，才真正体现出民族音调的丰富多彩与万紫千红！”这位始终未退尽艺术家气质的学者激动地说：“作为一个中国传统音乐的研究者，我自己更是深深地感谢全国从中央到地方兢兢业业地参加民歌集成的采集、编辑的广大音乐工作者们……由于他们的工作，使得穷个人一生也绝难探得一瓢一掬的中国民歌海洋，已如史书一般摊开着，展现在每一个愿意从中学习者的眼前。”“如果没有这种搜集、整理与保存工作，许多传统民歌珍宝即将永世不为人知了。厥功至伟，高如青天！”①

的确可以这样说，“四大集成”的工作是功在当代、利在千秋的伟业，它使中国的音乐学家们在浩叹中国民族民间音乐的“丰富多彩与万紫千红”的同时，得以看到了以往中国民族音乐理论中的不足之处和错误之处；得以站在一个前所未有的高度、以前所未有的视野重新审视中国民族民间音乐这匹“巨象”。这是新一代中国音乐学家们的福气。当中国北方（从东北到华北、西北）各省的《中国民族民间器乐曲集成》陆续编辑完成并陆续出版之后（如陕西卷、山东卷等等），人们终于发现，智化寺音乐并不是一个“孤儿”，并不是独立的、独一无二的、与其他地区的民族民间音乐相隔绝的文化现象和艺术品种，也不是唯一

① 见《人民音乐》1992年第4期。

保存了古代音乐文化、目前仍然使用着古老的乐器和乐律的音乐形式。它是至今仍然活跃在中国北方广大农村并在当地农民生活中起着重大作用的北方笙管乐的一个支系；它与五台山佛乐、晋北道乐、“山西八大套”、西安鼓乐、河北各地的“音乐会”、东北三省的鼓吹乐血肉相联并同属于一个元体系。它们不但有着大致相同的乐器、乐律、风格和演奏方式，也有许多共同拥有的乐曲和传承方式。到目前为止，中国的音乐学家们还没有给这样一个庞大、古老，包括许多既有共性又有个性的“支乐种”，丰富多彩，千姿百态，有着广泛群众基础和极强生命力的音乐体系正式命名，但，这头“巨象”伟岸雄壮的身躯，已全部暴露在人们面前了。应该指出的是，在让人们打开蒙眼的白翳“看”到巨象全貌的过程中，除了参与“四大集成”工作的成千上万中国基层的音乐工作者们和一直孜孜不倦地将考察、研究民族民间音乐作为自己学术生命的中国音乐学家们的努力之外，一个痴恋着中国传统音乐的英国音乐学家也起了重要的作用。

六、一个与中国农民实行“三同”的英国音乐学家

这位英国人叫钟思第（Stephenjones），毕业于剑桥大学中文系，是一位专业的小提琴家。他自20世纪80年代中期来华学习中文和中国音乐后，便对中国传统音乐产生了浓厚的兴趣。他曾多次自费来华考察各地的民间音乐。他对中国传统音乐的“痴迷”程度，甚至使专门研究中国传统音乐的中国同行们都感到吃惊。他喜欢中国北方的农民，喜欢他们的音乐和他们的生活，每次下乡，他都自觉自愿地与农民实行“三同”——同吃、同住、同劳动（演奏）。甚至在他回到伦敦的家中时，他仍然坚持给每一个到他家里来的客人放他最喜欢的那盘农村娃娃唱工尺谱的录像，也不管人家喜欢还是不喜欢。20世纪90年代，他争取到英中文化协会的资助，与中国艺术研究院音乐研究所正式合作，对华北的笙管乐——“音乐会”进行了较详尽、认真的普查。他与该所的音乐学家乔建中、薛艺兵、张振涛等人组成一个普查小组，深入农村，实地采访。仅1993年7月至1994年5月间，便行程逾万里，调查音乐会近50家，采访了许多民间艺人，普查范围包括河北省保定地区的雄县、安新县、高阳县、涞水县、新城市、徐

水县、易县、定兴县，廊坊地区的永清县、霸州市、文安县、安次县、固安县、大成县，沧州地区的任丘市、河间市，北京的大兴县、通县，天津的静海县等67个乡、镇、自然村。他们在其后发表的《冀中、京、津地区民间“音乐会”实录》[①]中称：

> 通过这次普查，我们对冀中“音乐会”的文化价值有了进一步的认识。音乐会所保留的音乐传统和民俗传统，至少在以下几个方面引起我们的关注：
>
> （一）乐器：“音乐会”传统中使用的主要应律乐器，是十七簧笙（有木斗、铜斗两种）。虽然现有的大多数笙已非全簧，但许多老乐师们依然以原有谱字说明各根笙苗的音位。这使“音乐会”成为全国罕见的至今保留着宋传十七管满字全簧笙的乐种。……特别是九孔管子的普遍存在和仍见使用，是与唐、宋典籍中记载的型制相一致。许多“音乐会”的打击乐器也都是百年以上的器物。
>
> （二）乐谱：我们在普查中所见到的工尺谱本有60余种……大部分属明、清两代的工尺谱，有些则保留着宋代俗字谱的记写方式。
>
> （三）曲目：“音乐会”演奏的曲牌，大部分与唐、宋词曲以及元、明、清以来的戏曲曲牌、民间小令的曲名一致。
>
> ………

我们不知道杨荫浏与查阜西两位先生如果在世并看到他们学生的学生有如此丰厚的成果时该怎样高兴。这些年轻的音乐学家们的发现告诉我们：与智化寺音乐相类似的音乐在中国北方的广大农村有着极普遍的存在，和智化寺所保存的珍贵古乐器、古乐谱类似的古乐器、古乐谱在民间也依然能找到不少。面对中国传统文化如此惊人的生命力和显而易见的大量存在，面对我们自己的无

① 见《中国音乐年鉴》1994、1995、1996卷，乔建中、薛艺兵、[英] 钟思第、张振涛。

知和浅陋，我们真不知道该怎样表达我们的慨叹。他们的所见所闻也告诉我们，黄河真的不会断流。即使是百年大旱，也只能把它迫入地下。

他们的普查是在“四大集成”的基础上更深入、更细致、更“专业”的田野工作，因此为音乐学家们利用新的材料来重新思考历史的一些疑案创造了条件。在这次普查之后，钟思第写出了他的博士论文《中国民间乐社》，张振涛写出了他的博士论文《传统笙管音位的乐学研究》。这两篇重要的学术著作一个填补了欧洲汉学和音乐学对中国传统音乐研究的空白，堪称“开山之作”；一个廓清了许多音乐史的疑案，使中国音乐学界对中国传统音乐的认识往前推进了一大步。张振涛根据这次普查中对许多民间艺人的采访，纠正了许多过去错误的结论。比如，他“根据今日民间笙师普遍惯用的指法法则”纠正了过去杨荫浏先生的理论，指出十九簧笙定律标准“并不是以黄钟律所在的位置来定的，而是以笙上的“宫管”的所在位置来定八度分组的”。[①]他还将田野工作和古籍结合起来，对宋代笙转调的问题作了新的解释。对杨先生关于智化寺十七簧笙的研究，他也进行了研究和比较。对当时艺僧们的错误，杨先生曾有怀疑，但是，“在当时的条件下，十七簧笙只有智化寺独家所有，所以无法校勘……理论上应该如此的，实践上未必这样”。比如关于“亚一”、“靠凡”这两个谱字，“原智化寺艺僧所说指法原为1（勾）、17（尖亚凡），相距减四度，有误。杨先生认为应该用16（亚乙）、17（尖亚凡）两管”。根据普查中大量民间艺人所提供的材料，证明了“杨先生的判断正确”。而“智化寺艺僧与音乐会笙师的相合指法大同小异”[②]。对当初查阜西先生断定智化寺四调中的“接调”，“分明是梁、隋间的‘碣石调’，经唐宋后讹变成‘歇指调’，到了你们的时代又音讹为‘结之’或‘皆止’”的论述，他们亦在实践中有了新的发现。在民间艺人们的方言中，“隔字调”的“隔”与“隔壁”的“隔”都发音为“jie”，因此，“接调”、“皆指

① 张振涛：《传统笙管音位的乐学研究》第一章第一节《宋代三种笙制（和笙、巢笙、竽笙）及管苗音位的设置原则》，《中国音乐学》1995年第4期。

② 张振涛：《十七管“满簧全字”笙》，《中国音乐学》1996年第2期。

调”其实即传统典籍中的“鬲指”，“就是在曲笛上，把最后那个孔打开，把它当作筒音，一下子就差别了一个大二度。还用原来的指法吹”[①]。而“这与音乐会乐师用管子指法的解释，是一致的”。

面对似乎突然重现在人们面前的这匹传统音乐“巨象”，面对着几十本从不同村庄的犄角旮旯里拿到太阳下的旧谱本，面对着一代代“谙熟乐谱”、“娴熟演奏”，具有“固定音高概念”和“完整的结构感”并“粗通典籍”的“高文化品格”[②]的农民乐师，无论是来自伦敦，还是来自北京的音乐学家们都深深感到一种触动，都深深感到中华文明的博大深厚和无与伦比的生命力。同时，他们也深深体味到中国农村“同宗村社的文化背景对传统文化的保护作用”有多么大。一个个从“文革”、“扫四旧”的烈火中抢救出古老乐谱后，将其或封在泥墙里、或藏在木箱的夹层里秘密保存至今的农民，一个个利用“贫下中农”甚至村干部的身份将祖祖辈辈传下来的图龙大鼓、雕花管子、嵌龙铙钹或涂以红油，或写以“革命口号”，从而将其保存至今的民间乐师[③]，不但是历史的创造者，而且是中华文明血脉的载体；他们讲述给音乐学家们听的，也绝不仅仅是他们的谱字、宫调，而是一个古老民族传统文化在昨天、今天和明天的全部故事；是一部大书，一部用工尺谱写成的悠长而厚重的历史。

七、摸象的瞎子们，努力呀！

中英联合小组对冀中、京、津农村“音乐会”的音乐普查活动，是20世纪60年代、70年代文化“定格”后的重新“启动”，是从1956年杨荫浏率队普查湖南民族民间音乐之后，第一次由受过专业训练的音乐学家对一个地区有组织进

① 黄翔鹏：《民间器乐曲实例分析与宫调定性》，《中国音乐学》1995年第3期。

② 这些形容词均来自张振涛《民间乐师研究报告》一文“乐师素质的高文化品位”一节的小标题，《中国音乐学》1998年第1期。

③ 此实例均见张振涛《民间乐师研究报告》中“同宗村社的文化背景对传统文化的保护作用”一节，《中国音乐学》1998年第1期。

行的有一定规模的音乐普查，其意义实际上远远超过了普查本身。这种借助国外友好团体的经费资助，由中外音乐学家联合进行的文化活动，不但是解决中国音乐学家的成熟期恰逢政府文化经费的收缩期这一尴尬问题的途径之一，更重要的是，它还反映了改革开放后的中国将中国传统文化视为世界文化与人类文明的一部分的新思路、新境界。人们有理由相信，那个把民歌的原始录音与乐器的测音报告都当成“国家机密”的时代永远过去了；人们更有理由相信，只要有一定的经费支持，一大批成熟了的中国音乐学家们肯定会作出无愧于他们的师长、无愧于中国古老文明的更大成绩。

但是，“瞎子摸象”的故事却没有完全结束，一直到现在，中国还没有一部用新视角、新材料、新方法全面论述中国传统音乐的专著问世，也还没有一个音乐学家把中国北方这个庞大的笙管乐系统梳理清楚。虽然几乎所有民间“音乐会”的口碑资料都将其传承联系到佛乐、道乐，但中国的宗教音乐与宫廷音乐、民间音乐究竟是什么关系？这个横亘在整个中国北方的“巨象”的共同祖先究竟在哪里？即使对智化寺音乐，也还有许多问题没有搞清，比如智化寺音乐本身的来源问题。迄今为止，除了猜测以外，还找不到任何证据支持目前所谓王振把宫廷音乐带到了智化寺的说法，也更难想象这个太监的家庙便是几乎所有中国北方农村都有的民间笙管乐的共同的渊源。中国音乐学家们的任务是繁重的，仅仅将这些有着紧密关系和许多共同之处的“支乐种”放到一起进行一下比较研究，便是一个极大的工程：智化寺音乐与冀中笙管乐；冀中笙管乐与“山西八大套”；“山西八大套”与“西安鼓乐”……也许，在即将到来的21世纪，中国的音乐学会因为这些深入的比较研究而有一个长足的进步；而新一代的音乐学家们的运气也许会比他们的“祖师爷”——杨荫浏更好。不管怎样，无限眷恋着中国传统音乐这匹“巨象”的“瞎子”们，会像智化寺的艺僧和河北农村的农民乐师眷恋着大地、生命与音乐一样，继续着他们“摸象”的工作。

（原载《中央音乐学院学报》1998年第2期）

“京音乐”与“怯音乐”

——北京佛教音乐中的“都市派”和“农村派”

在中国，汉传佛教的法事音乐大致有两个系统：一个是在庙内举行、全部由出家人主持完成，不用乐器，只用法器的“禅门佛事”；一个是在施主家里举行，由“应酬僧”或民间“吹鼓手”主持完成，用法器也用乐器的“应门佛事”。

在北京，“应门佛事”又分为两派：一个是以东城智化寺音乐为代表的“京音乐”（意思是“京城的、都市的音乐”）；一个是主要流行在北京郊区农村的所谓“怯音乐”（意思是“土的、乡下的音乐”）。因为“怯”（qie）本来是都市人对农村人、外地人说话口音的贬称，所以，实际上只存在着自称“京音乐”的流派，而主要流行在郊区农村的佛教音乐家们不同意、不使用，甚至反感“怯音乐”的称谓。那么，这两个流派是否真的存在？如果存在，它们之间又是什么关系呢？为了弄清这个问题，我们可以将智化寺音乐与在北京郊区影响最大的京西海淀“张广泉乐社”的音乐作一番比较。

我们的比较可以从以下几个方面进行：乐器及编制、乐曲及法事内容、乐人及传承方式。

一、乐器及编制

智化寺与张广泉乐社在乐队编制方面几乎完全相同，其基本编制都是以“笙管笛”加“铛铬鼓”，即笙、管、笛这三种吹管乐器再加上云锣和铛子、铬子、鼓等打击乐器，而且，其主奏乐器都是管子。根据中央音乐学院中国古代音乐研究室所编《智化寺京音乐》（一、二）[①]载，在1953年，智化寺乐队的编制是：

管二、笙二、笛二、云锣二、鼓一、铛子一、铙一、钹一、铬子一（小镲）。

张广泉乐社的编制有着较大的机动性和灵活性，他们根据主家的要求而随时调整乐队的编制和大小，从最少的5个人到较多的15个人，以单数递增。最普通的一种编制是7个人。7人的乐队编制和排列形式（座乐及行乐）：

〇正座（兼云锣、钹）

铛〇　　笛〇　　　　〇管　〇云锣　〇钹

铬〇　　管〇　　⇦　　　　　　〇鼓

鼓〇　　笙〇　　　　〇笙　〇笛　　〇铬

十五个人的行乐队列如下：

〇云锣〇头管〇头笙〇头笛〇头铛〇头铬〇头鼓

⇦　　　　〇正座（手炉）

〇云锣〇二管〇二笙〇二笛〇二铛〇二铬〇二鼓

此外，这两个乐队的打击乐器中，一般还会有引磬、吊钟（挂在鼓架上的小忏钟）。两个乐队的区别是智化寺的编制比较固定，不但"笙管笛"各为两支，云锣和法器也都是两架；而张广泉乐社的编制则不固定，完全根据主家的需要，一般来说，以"笙管笛"各一支，云锣也只用一架的形式为主。这或许与他们各自服务的物件和地区不同有关。在城里，常常会有些大户人家，这些人家在邀办佛事时，希望乐队要有一定的规模甚至邀请两个或多个乐队同时演奏，借此显示主家的财势地位。而张广泉乐社所服务的地区、物件，一般是郊区的普通农民，所以，7人的编制，即"正座"（主法者，俗称"大帽"）加"笙管笛"、"铛铬鼓"的编制，最适合普通人家的需要而且一点也不影响对乐曲的表现。当

① 中央音乐学院1953年油印本，共分两册。

然，乐队最少的编制是5个人，再少就不行了。5人的编制没有笛，从此可知，在佛教乐队中“铛铬鼓”的重要性甚至超过了“笙管笛”，而在管乐器中，管的地位和作用最高，被称为乐队的“领袖”。5人座乐及行乐的排列如下：

○正座（云锣、钹）		管	钹
铛○	○管	○	○
		⇦	○鼓
鼓○	○笙	○	○
		笙	铬

“京音乐”与“怯音乐”的唯一不同，便是前者用小管，后者用大管。智化寺所用管通高178mm，外径17mm，内径10—13mm，筒音为f；张广泉乐社一般用的管通高345mm，外径35mm，内径10—13mm，筒音为d，大管与小管的质地、工艺、构造，甚至内径等均基本相同，只是通高及外径尺寸不同。而这种不同，则使两者的音色、音量产生了差异。小管的音量较小，音色细腻、柔和，适合演奏典雅、悠静的乐曲。而大管则音色雄厚、高亢，音量较大，适合在户外广场演出。

至于其他的乐器，如笛、笙及铛、铬、鼓、钹、云锣等，无论型制还是演奏法，则完全相同。

二、乐曲及法事内容

智化寺的艺僧与张广泉乐社的吹鼓手们所作的法事内容亦基本相同，都主要是应主家的要求，为主家超度亡灵，乞福求安。其主要的法事，也都是“放焰口”，即按《佛说救拔焰口陀罗尼经》救赎亡灵。他们所放的“焰口”，也都属于“音乐焰口”，有别于由清修僧所作的“禅焰口”[①]。在“放焰口”的过程

---

① 不用乐器，只用法器，即不用笙管笛和云锣，只用高击乐器铛、铬、鼓、钹、木鱼、引磬的焰口称为“禅焰口”。用乐器的焰口称为“音乐焰口”。

中，他们都会在吟诵经文的间隙里演奏乐曲。他们所演奏的乐曲也大多相同，但智化寺保持了更多的套曲而张广泉乐社则以演奏“只曲”（单独的乐曲）为主，即使演奏套曲，也经常有所删节。比如智化寺所演奏的，[锦堂月]套曲，包括[锦堂月]、[水晶堂]、[锦翠屏]、[金字经]、[五声佛]、[撼动山]。而张广泉乐社常常不演奏前三首乐曲，只演奏后三首乐曲，即只演奏“金、五、山”①。

应该说，智化寺所保存的佛乐更符合古代佛乐的全貌。而张广泉乐社则更多地吸收了民间的东西和当代的音乐。在民间法事中，张广泉乐社的音乐家们常常会在法事的间隙中应听众的要求演奏一些群众喜爱的民间乐曲甚至流行音乐，使超度亡灵的“丧事”带上了一种欢乐的色彩。这不仅仅是因为在传统的中国人看来，死人的“丧事”与婚嫁的“喜事”一样，都是人生必不可少的组成部分，而且，与婚嫁一样，死亡也意味着新生命的开始。所以，在中国，丧事与婚嫁的喜事合称为“红白喜事”。嫁娶是“红喜”，死人是“白喜”。这其实很符合佛教“轮回”的思想。

三、乐人及传承方式

智化寺，是北京数百所寺庙中的一座。《明宪宗实录》载：“成化十七年以前，京城内外敕赐寺观至六百三十九所，后复增建，以至西山等处相望不绝。自古佛寺之多，未有过于此者。”一直到1949年中华人民共和国成立之初，北京佛寺之多，仍居全国之首，而其中如潭柘寺、卧佛寺、碧云寺、法源寺、戒台寺等古刹名寺，更是历史久远，影响深广，声播域外。与这些名寺古刹相比，智化寺不但“年轻”，而且“力弱”。智化寺的为人所知，是在20世纪30年代以后。它的出名，主要靠两件事：第一，是30年代“中国营造学社”对智化寺建筑艺术进行的考察；第二，是50年代中国艺术研究院音乐研究所（当时称“中央音乐学院古代音乐研究室”）对智化寺音乐的考察。

① 民间艺人称《金字经》、《五声佛》、《撼动山》这三首经常连续演奏的乐曲为“金、五、山”。

在1953年，能演奏智化寺音乐的艺僧还有19人，其中最大的，当时已86岁。据说，智化寺招收和训练门徒，有着严格的规律，他们只收12岁以下的小孩子。小孩子入寺后，必须经过整整7年的严格训练，要求在一条很窄的板凳上练习吹奏和敲击，其中还经常受到体罚，最后要求达到这样的标准——能够连续四五个小时在冰天雪地或赤日炎炎中演奏吟诵而仍然字正腔圆、音调正确。

张广泉乐社收徒则没有严格的标准，有从小招收的徒弟，也有不同年纪的学徒，事实上，只要是爱好佛乐且有一点基础的人，都有可能在张广泉的周围学习佛乐。张广泉为人侠义，家中常常有许多“闲人”，甚至一些身处社会最下层的残疾人也在他家和他的音乐中找到一种慰藉。他奉行一种“我有饭吃，大家都有饭吃”的生活方式和“众生平等”的佛门教诲，所以，他去世后，这些在他生前受过他善待的残疾人至今仍然经常到他的坟前祭奠致哀，表现了一种不同寻常的感情。

近百年来，佛教音乐曾受到了空前的冲击。有着各种政治观点的“革新派”们，在把中国推向现代化的同时，都不约而同地把这些古老的文化遗产视为铲除的目标。从1909年清政府颁布《废庙兴学令》开始，中国佛教便急速衰落，1952年，当一些音乐学家重新“发现”智化寺京音乐时，北京的艺僧们已濒临绝境。其后音乐学家们的高度重视和短暂的集中研究，使智化寺京音乐一度名声大振。但50年代开始的政治运动很快使这一学术高潮成为昙花一现。尤其是“文革”的冲击，更给中国佛乐带来了灾难。但是，长期以来，智化寺的艺僧们，不但为佛教音乐的保存和发展贡献了他们的聪明才智，也以他们的精湛技艺维持了寺庙的生计。同时，以张广泉乐社为代表的民间吹鼓手们，也一直活跃在社会下层，即使在“文革”中，也没有完全断绝，始终处在地下活动的状态。“文革”结束之后，北京的佛教音乐才重见天日。不论是智化寺还是张广泉乐社，都重新恢复了生机。1986年，在一些有识之士的努力下，以仍在世的老艺僧们为主，成立了北京佛教音乐团。1987年，该团应邀赴德、法、瑞士等国访问；1989年，该团应邀赴新加坡访问；1996年，该团参加德国国际宗教音乐节，今年9月10日将赴比利时和捷克参加国际音乐节。目前的北京佛教乐团已将智化寺和张广泉乐社的传统都继承了下来。

原文发表于捷克布拉格“亚洲音乐研讨会”，1999年9月

杨荫浏与中国宗教音乐

一、道教音乐——启蒙、阿炳、青城山

中国音乐学的一代宗师杨荫浏，在中国音乐学的许多领域进行了开创性的工作。宗教音乐，即是其中一个重要领域。在20世纪的差不多一半时间里，宗教音乐在中国曾经是一个禁区。而今天，当越来越多的中国音乐学家认同完整的中国传统音乐除民间音乐、宫廷音乐、文人音乐外，还必须包括宗教音乐的时候，人们会更加怀念杨荫浏当年筚路蓝缕、开辟草莱的工作。

杨荫浏与宗教音乐的渊源是相当深远的，实际上，杨荫浏的音乐启蒙和最早接触的中国传统音乐便是宗教音乐。杨荫浏自己在《杨荫浏小传》中写道："1906年起，开始向道教音乐学得箫、笛和笙的吹奏技术。"[①]华蔚芳、伍雍谊编写的《杨荫浏评传》则写得更为详尽："杨荫浏自幼喜爱音乐。他的启蒙老师是一位小道士。原来，在他六七岁时，邻居中有一位名颍泉的小道士，是有一定音乐修养的道教乐手。他与兄荫溥一道，每天放学回家，就向颍泉学习演奏箫、笛、笙和胡琴，并抄录工尺谱本民间器乐曲。几年间，学到了不少民间乐曲。十一岁时，因颍泉转到城外道院工作，音乐学习中断。后来有一班道士来他家做法事，兄弟俩就向他们请教乐器演奏技术，道士们推荐同伙中技艺最好的阿炳（华彦钧）教他们。这样，杨荫浏又向阿炳学习弹奏琵琶和三弦。"[②]一直到1911年，因其父不愿自己的儿子经常和道家吹鼓手们厮混，又希望儿子对音乐

---

① 《杨荫浏小传》，见《杨荫浏（纪念集）》，社团法人中国民族音乐学会1992年版，第99页。

② 同上，118页。

的爱好可以让他不淘气，才让他拜无锡“天韵社”的昆曲名家吴畹卿为师，学习昆曲。

似乎可以这样说，中国的道教音乐和天才的道教音乐家阿炳，给了杨荫浏以终身的影响。不仅仅杨荫浏对中国民间乐器的掌握及对中国民间音乐炽热的感情来自道教音乐家的传授和熏染，他日后对民间音乐搜集、整理、研究的学术工作，也在此时打下了感性基础。杨荫浏后来公开出版的《十番锣鼓》、《苏南吹打曲》的音乐，其实在他幼时即已种在心中。1979年夏他在为中国艺术研究院的研究生授课时说：“我初对音乐发生兴趣，是在六七岁时结识了颍泉道士，受到他的感染而后逐渐浓厚起来的。他教我吹笛、吹箫、拉二胡、吹笙，每天晚上都同他泡在一起。我学的大都是曲牌，后来才知道这些曲牌实际上就是‘十番锣鼓’音乐。此外，还有‘江南丝竹’的传统曲目如《三六》、《中花六板》等。”[①]江南的道教音乐和受道教影响的丝竹乐曲，构成了杨荫浏音乐修养的深层基础，在他后来的几乎所有研究中，都可以看到这个文化背景的影响和作用。阿炳在杨荫浏的一生中也有着突出重要的地位。在他十二三岁时，颍泉离开无锡后，杨荫浏有幸和阿炳学习了约一年时间。道士身份的盲音乐家阿炳，恐怕不仅仅教会了杨荫浏琵琶和三弦。这位埋没在民间的天才、这位有着极强个性并带有传奇色彩的民间艺人、这位历尽人间的苦难却奉献给人类以不朽旋律的大师、这位看不见世界但却以其心血凝成的作品使世界变得更加光明的盲人，不会不在一个聪颖、敏感的少年心中留下永难磨灭的烙印和深刻的、尽管有时是潜在的影响。在少年时代能遇到阿炳这样的人物并有一年的时间沾其恩泽、沐其雨露、从其耳提面授，是杨荫浏的福气。也许，杨荫浏后半生所表现出的对音乐“人民性”的执着，在他与始终生活在社会底层却浑身散发着音乐之光的阿炳接触之时便已经萌生了。新中国成立后对马克思主义的学习，只不过使他的出自内心的、更多的是感性的认识，进一步理论化而已。另一方面，如果阿炳没有这次与杨荫浏的结缘，世人们可能至今也不知道在20世纪的

① 《最后的课》，见《杨荫浏（纪念集）》，社团法人中国民族音乐学会1992年版，第60页。

前半叶，在中国无锡一条窄窄的石子路上，曾日日走过一个小名叫阿炳的瞎子；更不会知道如今已脍炙人口、并已成为中国传统音乐经典的名曲《二泉映月》。因为，在中国历史上，谁也说不清有多少像阿炳一样的民间音乐家默默地生来，又默默地死去了；谁也说不清有多少像《二泉映月》一样深刻、美丽的乐曲曾经回荡在穷乡僻壤间，却最终消失在青山绿水中了。“曲终人不见，江上数峰青”，在中国漫长的封建社会里，也许只有宫廷与寺庙道观能够长期成为音乐家的恩主，能够为民间音乐家的专业化和音乐才华的积淀、升腾提供起码的物质条件并使中国的传统音乐脉脉相延。当少年杨荫浏与穷道士阿炳相遇的那一刻，已在中国流传了千百年的道教音乐终于找到了一个可以将其绚烂的音乐之花公之于众、播之于外、垂之于永久的人，而未来的中国音乐学的奠基人与开创者之一的杨荫浏，也在那一刻注定了终生与宗教音乐的斩不断的关联。

杨荫浏对道教音乐有意识地搜集、整理的工作，始于1937年。这一年，杨荫浏“回无锡度假，经道家友人阚献之、朱勤甫、邬俊峰、惠胡泉、王云坡等协助，搜集苏南民间音乐数十本进行研究，采集各家之所长，整理成《梵音谱》、《锣鼓谱》二种手稿。……之后，此谱即成为无锡一带道家通用的曲谱。”[①]从道家中来，到道家中去，这两本乐谱的搜集、整理，是杨荫浏在进行了基督教赞美诗集《普天颂赞》的工作之后进行的。看来，对于作为音乐学家的杨荫浏来讲，宗教的信仰丝毫也没有影响他的学术兴趣。

杨荫浏第一次对全真派道教唱诵的系统搜集，起于一次繁忙工作中间难得的闲暇。“1942年暑假，应基督教会邀请，赴四川青城山避暑，住常道观，从一青年道士采录到道教音乐九阙。据云该道士能唱诵有音调的赞歌百余阙。词见道藏辑要《全真正韵》一书，音调全凭口授。后因观主阻拦，未能采录更多。”[②]在青城山，杨荫浏第一次听到道教全真派的宫观唱诵，而在此之前，无论是颖泉还是阿炳，都属“正一道”，即民间所谓的“伙居道”。与“伙居道”以

① 华蔚芳：《杨荫浏年表》，《杨荫浏（纪念集）》，社团法人中国民族音乐学会1992年版，第109页。

② 同上。

为老百姓作法事为目的、民间气息浓郁的音乐不同，全真派的课诵音乐更具历史性和宗教性，其中大部分音乐渊源甚古且传承有自。从青城山的道教课诵竟然使其时早已成为基督徒的杨荫浏诗兴大发，于一天之内连写了三首他并不常写的古体诗来看，青城山与全真派的道曲的确使杨荫浏耳目一新，焕发了他无尽的想象和激情。这三首七言绝句和诗前的小序，均作于1942年8月12日[①]：

《青城山圆明宫前闻鸟鸣》8月12日

三十一年七月二十六日在青城山圆明宫前林间散步，闻四下鸟鸣，自谐音律。时作六上，时作六五，时作六尺，时作工六，大都两音反复，倾之复改其他两音。转瞬而五音毕备。其上音相当于嬰D音，林间诸鸟，相互应和，同度鸣声，高低均不谋而合。八月七日又闻较为复杂之鸣声，反复作六五五六，工工尺上两乐语，两乐语之结音，相隔五度，俨然成前后之应答。昔者伶伦听凤凰之音以定律吕，后人指为神话而忽之。闻此，乃知非无可能。

朝霞未敛鸟初歌，羽徵商宫酬应和。何必昆仑裁竹律，青城山曲凤皇多。

《听常道观早晚鼓声》8月12日

道士云鼓调系曲传风云雷雨之神情

风云雷雨急声催，海震山摇天地危。暮暮朝朝传鼙鼓，千呼未醒劫余灰。

《听常道观早晚坛功课》8月12日

观中早晚坛功课，唱颂赞歌，不用丝竹伴奏，惟以鼓钟鱼磬等器为节。词与节奏，均见《道藏辑要》中《全真正韵》一书。音调不见于书，

① 《杨荫浏手迹·心声》，《杨荫浏（纪念集）》，社团法人中国民族音乐学会1992年版，第88–90页。

全凭口授。有《白鹤飞》、《步虚韵》、《青华引》等歌，约百余阕。

钟鼓鱼磬又重闻，梵唱清幽响入云。白鹤步虚青华引，自来正韵数全真。

鸟声、鼓声、歌声，青城山的大自然与人文环境使杨荫浏像孩子一样充满着强烈的好奇心，也引发了他对历史探寻的无限热情。从他亲耳听到的鸟鸣的旋律化现象，他想到被当时的“疑古派”们斥为妄谈的伶伦作律的“神话”并非就没有可能。而与神秘的鸟鸣交融在一起、“梵唱清幽响入云”的道教钟磬之声，也许已经在这位年轻的音乐家心里埋下了日后对中国古代音乐史加以认真梳理的愿望。这段短暂而奇特的生活经历，给了杨荫浏深刻、强烈的印象，也始终活跃在杨荫浏的记忆里。那个使他当时未能完成记谱工作的道观主持，杨荫浏则终生也没有原谅。1961年，杨荫浏在其《如何对待我国的宗教音乐》一文中提到道教音乐时，再一次表达了他当时的遗憾和不悦：“记得，约在1942年的夏天，我在四川青城山天师洞的常道观，曾听到道士们在一次法事中唱的许多宗教歌曲，其中有少数歌曲的音乐相当朴素活泼，有着民间生活气息。后来借到他们题为《全真正韵》的歌词集一翻，发现一百几十首歌词中间，有相当数量的歌词是用诗的形式和《调笑令》等词牌的形式写成的。在感觉唐诗、宋词的音乐缺乏材料的时候，我觉得应该把他们的全部歌曲记写下来，以备参考。可是事与愿违！我仅仅找到了一位唱得比较好的青年道士，和他会见了两次，刚刚记下了开头十来个满含宗教情调的曲调，那位势利贪财的道观主持，为了取媚儿百个有钱有势的施主，为了安排招待、收房金、记客饭账等等事务，把那个青年道士调度得忙碌不堪，而且对他进行了警告，不许他再来和我接近了！”①

一直到20世纪后半叶，杨荫浏才得以出版《瞎子阿炳曲集》②、《苏南吹打

① 《如何对待我国的宗教音乐》，1961年5月10日《文汇报》第3版。

② 与曹安和、储师竹合编，1952年上海万叶书店出版，1954年北京音乐出版社出版，更名为《阿炳曲集》。

曲》[①]和《十番锣鼓》[②]，以此回报在其幼年时道士阿炳及江南道教音乐所给予他的一切。令人百感交集的是，出于众所周知的原因，从出版《苏南吹打曲》到出版《十番锣鼓》，竟用了近三十年的时间！

二、基督教音乐——郝路义及《普天颂赞》

杨荫浏本人是基督徒。他之所以成为基督徒，与另一个对他的一生起着重要影响的人有关。这个人，是一个有着虔诚宗教信仰与良好音乐修养的美国女传教士，叫Louise Strong Hammand，中文名字是郝路义。奇妙的是，杨荫浏认识阿炳与郝路义这两个注定要在他生命中出现的引路人，几乎就在同一年。

那一年，杨荫浏十二岁，正是开智萌志，像海绵一样吸取知识与思想的年纪。多年之后，当在中国大陆终于不再因为一个人仅仅“与西方资产阶级人士有关系”便对其构成危险的时候，杨荫浏对他的学生们承认：“十二岁那年，遇到美国传教士郝路义，她很喜欢我，教我学英语和外国音乐。我曾称为‘干妈’。”她请人给他上视唱课，她自己则教他演奏风琴和作曲。实际上，即使从最唯物主义的观点来判断，杨荫浏日后的成功与作为也已经在他十二三岁时注定了。换句话说，假如日后这个无锡的少年没有出息的话，那他实在是辜负了命运对他特别的眷顾。在中国老一代的音乐家中，我不知道还有谁有他这样的福气，在对音乐最感兴趣、最敏感的少年时期，不但衣食无忧，且同时遇到两个老师——一个是东方的道士，老子的弟子；一个是西方的传教士，基督的门徒。一个将老祖宗一代一代传下来的、将东方的伟大思想和民间文化糅为一体的道乐精华传之以薪；一个远涉重洋，将人类有史以来最成功的文明成果遗之于堂！历史的神秘之链让阿炳与杨荫浏环接在一起，而上帝则派来了郝路义。也许，在阿炳教杨家这位小少爷弹琵琶、三弦的背后，并没有什么别的动机，

① 与曹安和合编，1951年音乐出版社出版；1983年重版时改名《苏南十番鼓曲》。

② 1980年音乐出版社出版，系整理30年代所记录之旧谱。

但郝路义发现这个聪颖的中国少年的时候，却的确怀着巨大的期望。“上帝遴选了你”，这很可能是郝路义不止一次对杨荫浏说过的话。杨荫浏清楚地知道：“她是想把我培养成宗教音乐家。”[①]应该说，郝路义的这个愿望是在某种程度上实现了。在她的影响下，杨荫浏约于1920年加入基督教，成为中华圣公会教徒，并最终为中国基督教音乐的发展做出了巨大的贡献。

基督教传入中国后，许多原来流行于西方基督教会的赞美诗曾传入中国，在中国各地的基督教会中使用。一些外国传教士也很早便开始尝试编辑出版一些适合中国教徒使用的赞美诗集和乐谱。英国伦敦福音会传教士马礼逊（Robert Morrison，1782—1834）于1818年所编的《养心神诗》，与在华天主教会强调以拉丁文歌唱不同，开创了以汉文歌唱赞美诗的先例。此后，各种各样的赞美诗集在中国各地、各教派陆续出现，有些还有相当大的影响。如1872年由布劳盖（H.Blodget，1825—1903）和富善（Ch.Goodrich）所编辑出版的《颂主诗歌》，就被称为“内容丰赡影响广泛”。同年由狄就列编辑出版的《圣诗谱》，亦有一定影响。为了吸引更多的中国教徒，一些传教士还曾先后致力于基督教音乐中国化的尝试。李提摩太夫妇于1883年编辑出版的《小诗谱》，虽然主要是一本为了训练中国教徒唱颂赞美诗的工尺谱视唱教材，但已收入若干中国曲调。李提摩太还曾将他所记录的中国佛曲曲调编配赞美诗。1883年，山西霍州人、英国新教内地会牧师席胜魔创作的《我们这次聚会有个缘故》，是中国人创作的第一首中国的赞美诗曲调。但是，到了20世纪初，随着基督教的发展和中国社会的急剧变化，原有的赞美诗集已不能满足教徒们的需要，编辑出版一本通用的、实用的、能全面满足所有中国基督徒宗教生活需要的赞美诗集的工作，便显得越来越迫切、越来越重要了。

1928年，时在宜兴中学担任训育的杨荫浏被举为“中华圣公会统一赞美诗委员会”委员，参与编辑“圣公会”赞美诗集的工作。起初，他的任务只是修

---

① 《最后的课》，《杨荫浏（纪念集）》，社团法人中国民族音乐学会1992年版，第59－60页。

② 冯文慈：《中外音乐交流史》，湖南教育出版社1998年版，第254页。

③ 陶亚兵：《中西音乐交流史稿》，中国大百科全书出版社1994年版，第175页。

改20首译诗。后来，他发现他所修改的这20首译诗以及其他诗作虽然“词句流利，译意贴切”，但不合格律，不适于歌唱。看来，真正编辑一本高水平的赞美诗集的工作并没有当初想象的那样简单。[①]于是，在这一年的秋天，他辞去教职，应基督教“圣公会”之聘，为编辑新的赞美诗集开始了专职工作。他先赴南京后至杭州，经过两三年的努力，辑成《颂主诗集》一册，于1931年编辑完成并由“圣公会”内部印发全国各地“圣公会”征求意见。与此同时，中国基督教的另一教派“美以美会”也在为编辑一本新的赞美诗集而工作。在这种情况下，中国最大的教会组织“中华基督教会”发起倡议，呼吁各教会通力合作，共同编辑出版一本“联合新圣歌集”，并通函全国各地多数公会，征求意见。在各公会相继表示同意后，由“六公会”组成的“联合圣歌委员会”宣告成立。这个委员会共有32名委员，其中包括“六公会”的代表、中国基督教的元老、耆宿和在宗教音乐方面有专长的重要人物，如沈子高主教、李抱忱、范天祥、刘廷芳、郝路义等，年轻的杨荫浏也被选为委员。

1931年9月，编辑委员会召开第一次会议，“合六公会必要之圣歌……其后都经通过，无问题的采纳。其余的圣歌，各就其本身价值，逐一讨论，或选或否，均经公决定夺。”[②]这次会议，共开了10天，在这次会议上，通过了关于此次中国基督教有史以来最大规模的编辑工作“理想与目的”的理论阐述：

本委员会之目的，为欲产生一足以表现中国全体基督徒教会赞美与最高尚的热诚之诗本。希望藉着属灵的思想，文字之趣致，与音乐之标准，在各教会中，增高中文圣歌之质。故所产生之诗本，务期适于唤起各种基督徒团体礼拜时之虔敬心，务必包含一切时节，与教会生活各方面之所需要之诗，所包含之诗，务期使教会以内之男女老幼，不分教育程度，皆能

① 杨荫浏：《圣歌的翻译》，《真理与生命》第九卷第一期，燕京大学宗教学院1935年版，第35—42页。

② 《普天颂赞》线谱本“序言”，《普天颂赞》，上海广学会会1936年版，第3页。

了解，且在可能范围以内，使教会以外之人，亦易于了解。[①]

同时，所有委员还一致通过了选曲与编辑时“广涵的原则”，决定“凡合作六团体所选为必要之诗”，应尽量采纳；而各团体之间，“应相互谅解各公会之需要”。在这次会上，还决定了其他一些如“‘阿门’之应用”、“对于上帝之称谓”、对上帝的“第二位人身代词之应用”、“中国乐调之拣选”等问题。其中如第25项决定“中国乐调之拣选”，便明确指出“请音乐支委员会对于中文创作诗之音调，加以特别注意，在拣选中国乐调时，极力注意尽量拣选庄严之音调”。[②]也就是在这次会议上，经全体委员通过，杨荫浏被选为书记（总干事），负责编委会的所有常务工作。也许在此之前，“六公会”的大部分代表还不太熟悉这位年轻的中学教员，但经过这一阶段的工作，所有的委员们似乎都对杨荫浏的学识、能力、工作态度与音乐才能有了深刻的印象，所以才一致同意委以大任。

从此，杨荫浏实际上成了圣歌编辑工作的主力，不但所有委员、所有教会对圣歌集的意见、要求都要汇总到杨荫浏这里，而且委员会所选定的所有圣歌从歌词的修饰到音调的审定，绝大部分都要经过杨荫浏的斟酌。他不但翻译修订了歌词207首，还作曲15首，作词7首，并撰写了《普天颂赞》数字谱（即简谱）“序”。这位当时刚过而立之年的音乐家，以其虔诚的态度、严谨的作风、强烈的责任心、过人的才华和精力，与编辑委员会的同仁一道，经过整整3年的努力，终于在1935年3月完成全部编辑工作。1936年5月，中国第一本“表现中国全体基督徒教会赞美与最高尚的热诚”的《普天颂赞》由“上海广学会”出版了。该赞美诗集出版后，不但在当年举行的“国际圣经展览会”上获得版式优良奖，而且深得全国基督徒的欢迎，1936年3月初版后，10月便印刷了第2版。到1947年，11年间，《普天颂赞》的各种谱本共印销了37万8千本！这个数字，不仅对于三四十年代的出版业来说是一个天文数字，即使是对今天的出版

① 《普天颂赞》线谱本“序言”，《普天颂赞》，上海广学会，1936年，第3页。

② 杨荫浏：《联合圣歌委员会第二次总会报告书》，《真理与生命》第7卷第2期，燕京大学宗教学院，1933年。

业来说，也令人瞠目结舌。[①]《普天颂赞》的问世，无论对于其后几十年中国基督教徒的宗教生活，还是对中国基督教音乐的发展，乃至对世界基督教音乐的丰富，都有着不可低估的影响。

该谱本取得如此骄人的成绩是有充分的道理的。正如杨荫浏本人在《普天颂赞》数字谱“序”中所说：“在灵感上，在文字上，在音乐的美致上，这本书自有它特殊的价值。它是多人艰苦工程的产品，是过去中国圣歌的结晶。它一方面具有西方最好圣歌的背景，其他方面包含国化创作的因素。被委担任编订此书的委员会，曾比较多少译本，考虑容纳多少批评；在多少严格的原则之下，作增进的努力。”杨荫浏还简要地指出这本赞美诗集的三个特点：“一、大多数圣歌，都是许多教会大团体所熟悉的。二、全书包含十分之一以上最好的中文创作圣歌，八分之一中国调子。三、书末附有颂歌，及崇拜乐章，特别有圣餐乐章。”[②]的确，这本谱集除了收入包括帕莱斯特里那、巴赫、亨德尔、海顿、贝多芬、古诺等西方著名音乐家所创作的基督教歌曲及其他西方基督教常用的圣歌474首、来自日本的2首外，还有72首中国化的曲调（其中62首词是中国人的创作，10首配以译词）。其中，歌词的创作“有二首是古代的作品：一首是《大秦景教三威蒙度赞》，是敦煌石室中发掘出来的版本；一首是清初天主教司铎吴渔山先生的作品，见于吴先生的《墨井集》”。音调方面，杨荫浏特别指出有5首的“来源比较古一点的”，即第414首“古琴调《阳关三叠》，相传唐代诗家王维的作品”；第13首第1调“古琴调《极乐吟》，相传唐代诗家白乐天的作品”；第350首《满江红》、第56首《如梦令》，是词调；第30首“是仄起吟诗的调子”。[③]

在这个具有总结性质的“序”中，杨荫浏还以“圣歌译述的原则”为题，介绍了编辑工作所遵循的几条重要原则。除提出“词义的接近原文”、“文致的自然与美丽”、“用字的浅显简易”外，特别强调“句逗分割，合于音乐的顿

① 见《普天颂赞》线谱本1947年版所附“普天颂赞版次销数”。

② 见《普天颂赞》数字谱（简谱）本序，上海广学会，1936年，第3页。

③ 杨荫浏：《普天颂赞》线谱本序，上海广学会，1936年，第4－5页。

挫”、“实字虚字，合于音乐的强弱”、“谐韵”、“平仄谐和”。这后四条，应该说是杨荫浏心血的结晶，也是他从事此项事业最深刻、最有意义的体会。在大约3年的编辑过程中，杨荫浏陆续将自己的心得和研究写成文章，多数发表在刘廷芳主编、由燕京大学宗教学院出版的月刊《真理与生命》中[①]。比如，在该刊第九卷第1期发表的《圣歌的翻译》一文中，杨荫浏从“格律的需要”出发，在比较了“西方文字的特性”和“中国文字的特性”之后，提出“须考虑的几种格律”。他积前后共6年研究、编辑赞美诗的经验，终于敢断然认为“在写度唱的诗歌时，应用绝对自由的新体诗，是完全不可能了”。他所提出的“须考虑”的问题，在现在的人们看来，可能过于细琐或根本不成问题，但在当时，却无不是从实践中得出的、在多少次失败的基础上摸索出的珍贵经验教训。比如他通过多少次的试验，才总结出译配词、曲的一般规律：强声地位不可用虚字，不可将词句的句读与旋律的句读错开，并主张以《中原音韵》为本，将原来的21韵归为18韵，等等，都不但是当时中国音乐学重要的学术成果，而且作为《普天颂赞》编辑工作的指导思想，在整个编辑工作中得到了全面的贯彻。从实践中归纳出理论，反过来又以其指导实践，杨荫浏在20世纪60年代所认真学习的毛泽东名著《实践论》中提倡的方法，他其实在中年时便已经实行并取得成果了。

杨荫浏在20世纪中叶，曾诚恳地作过自我批评，对自己曾“宣传宗教唯心思想”的错误有过公开的否定。但在改革开放之后，他终于又以“原《普天颂赞》编委”、“教会音乐专家”的身份被聘为中国基督教协会所属“中国基督教圣诗委员会”的“顾问”，对1983年出版的、目前在中国基督徒中被广泛使用的

---

① 《真理与生命》所载杨荫浏有关基督教音乐的文章有：《圣歌委员会第二次总结报告》，1932，7卷2期；《中国信徒对于选择圣歌的文字观》，与费佩德合著，1934年，第8卷第1期；《圣歌探讨之初步》，1934年，第8卷第1期；《中国信徒对于配合圣歌音乐上的主张》，1934年，第8卷第1期；《中国信徒对于圣歌中几个称谓词的主张》，与刘廷芳合著，1934年，第8卷第1期；《西文的音乐特性》，1934年，第8卷第7期；《圣歌的翻译》，1935年，第9卷第1，3期；《关于〈普天颂赞〉集》，1935年，第9卷第8期；《基督教的圣歌略史》，1936年，第10卷第3期；《〈普天颂赞〉里的圣歌产生年代表》，1936年，第10卷第3期；《圣乐的欣赏》，与费佩德合译，1936年，第10卷第5，7期；《圣歌音调史》1936年，第10卷第5期、1937年，第11卷第1期。

《赞美诗新编》的编辑出版，作出了“卓越贡献”。[①]应该指出的是，无论是这本用以替代经过“文革”的浩劫后很难找到的《普天颂赞》的《赞美诗新编》，还是以后将在中国出现的更“新”的赞美诗集，只要它是为中国基督徒使用的，它就绝无可能越过《普天颂赞》而另起炉灶。在某种意义上说，《普天颂赞》的工作不但是空前的，也是很难超越的。因为，虽然历史在进步，人类的几乎所有领域都在发展，但是，像20世纪30年代时那样对编辑一本圣歌集投入如此多的人力、物力、时间，而且，还那样认真、那样一丝不苟，且集合那样多的一流人才，恐怕是不可能的了。

三、佛教音乐——从智化寺“京音乐”到湖南“水陆”

假如说道家音乐是杨荫浏的启蒙文化，基督教音乐是杨荫浏的本职工作的话，那么，佛教音乐对这位元中国音乐学的泰斗来说，则更多地是作为音乐学研究的物件而存在的。虽然远在1942年，杨荫浏就曾声明：“非但庙堂的雅乐是国乐，燕乐也是国乐；非但儒教所曾加以特殊崇拜的音乐是国乐，未受适当注意的佛道二教的音乐也是国乐；非但汉族的音乐是国乐，满、蒙、回、藏以及苗、彝、瑶、僮等族的音乐也是国乐。”[②]但在1953年初他参与北京智化寺“京音乐”的研究之前，我们找不到充分的材料说明杨荫浏在此之前曾真正接触过佛教音乐。

笔者在《智化寺音乐与中国音乐学》[③]一文中，曾对当时的音乐学界突然“发现”智化寺音乐的背景提了这样一个问题：“所谓对智化寺音乐的‘发现’，完全与‘哥伦布发现新大陆’一样，仅仅指的是主流社会与强势文化对非主流社会与弱势文化的‘发现’。就像在哥伦布‘发现’美洲之前千百年，美洲的原住民便已经世世代代生活于斯一样，在北京的音乐界与知识界听到智化寺的笙

① 《赞美诗新编》序言，中国基督教协会，1983年，第6页。

② 《国乐前途及其研究》，连载于1942年《乐风》第二卷第四期、1943年第三卷第一期、1944年第三卷第二期。

③ 该文载于《中央音乐学院学报》1998年第2期。

管之声时，智化寺的艺僧们，也已经在北京东城的一条叫作禄米仓的小胡同里吹打了几个世纪了。而且，这条不宽的胡同与这座破败的寺院距杨荫浏先生后半生居住、生活的地方顶多只有5公里，距这位中国音乐学界的泰斗去世的朝阳医院的直线距离则无论如何到不了一公里！人们不禁要问：假如说是浩瀚的大洋阻碍了哥伦布对美洲的'发现'，那么，除了社会原因以外，又是什么原因使中国的音乐学家们一直到二十世纪五十年代才蓦然回首，重新'发现'早已响在耳畔的智化寺音乐呢？”

笔者认为，“一个学科的开创者与学术带头人本身的素质，在很大程度上决定了这一学科初期的风貌与未来的命运。但是，中国音乐文化的复杂和多样，却使任何一个音乐学家的视野和教育背景在它的庞大体系面前都会显得有所欠缺，即使是号称'学贯中西'的音乐'全才'杨荫浏与有着丰富经历与深厚文化教养的查阜西[①]也不例外。中国文化，素有南北之分，雅俗之别，即地域文化与阶级（阶层）文化的种种藩篱，音乐文化尤甚。早在唐代，一位名叫道宣的律宗和尚便曾用八个字概括了辽阔的中华大地上民间音乐的无与伦比的丰富性和巨大的差异性：'地分郑卫，声亦参差。'他还说过：'神州一境，声类既各不同。'由于方言及风俗的巨大差异，在中国，一个出身北方农家的文学家可能一辈子也听不懂一段弹词开篇；而另一个生长于江南琵琶世家的音乐国手，也可能一辈子不知道北方民间流行的'管子'是一种什么乐器。社会阶层和受教育程度所造成的巨大鸿沟，更使某种'俗文化'有可能永远难达知识分子的青眼。”[②]的确，虽然在中国民间的俗文化中，从来就有“佛道不分家”的说法和现实，但对于生长在江南水乡，从小受到道教音乐和“江南丝竹”熏陶的杨荫浏来说，中国北方“笙管乐”形式的佛教音乐，却可能一直无缘接近。

1953年4月，在北京举行了“第一届全国民间音乐舞蹈会演”。这个新中国成立之后最盛大的音乐活动，对当时的音乐生活有着很大的震动并在其后很长

① 查阜西（1898—1976），又名夷平，古琴家，曾先于杨荫浏接触智化寺音乐。

② 田青：《智化寺音乐与中国音乐学》。

一段时间里继续产生着影响。与“各族人民欢聚一堂”、“歌舞升平”、“太平盛世”联系在一起的，还有知识分子向工农学习的热潮。而无论从哪一方面说，20世纪50年代，都是中华人民共和国难忘的青春期、上升期。尤其是“推陈出新”、“百花齐放，百家争鸣”、“古为今用，洋为中用”等一系列方针政策的提出，不但充分反映出新政权在政治上的自信和大度，也的确在中国的文艺舞台上创造出了一个历史上从未有过的繁荣景象。以普通劳动者为政治基础的工农政权及其上层建筑的确立，与当时西方发达国家文化界、知识界流行的“波普（大众）文化”思潮同步，使许多过去从未被舆论重视的民间艺术堂而皇之地走进了艺术的殿堂，也使一些在过去动荡的社会环境中穷困潦倒的民间艺术家有了一个登堂入室的机会。就是在这样的时候，中国的音乐学家们“发现”了在智化寺的艺僧们（出家的工农？）那里，还保留着古代的音乐。

在激动中难免会夹带感情与情绪。比杨荫浏早一步踏进智化寺山门的古琴家查阜西，便曾奋笔疾书，写了一篇热情洋溢的文章：《写给智化寺僧人的信》，为智化寺音乐的本质、内涵、历史价值与现实意义定下了高昂的调子。在“信”中，查阜西诚恳地说：“看到了你们的乐器和乐谱，听到了你们的乐调和乐音，我才十分惭愧地感到：反而是你们这些过去被人视为‘下贱僧徒’的苦人们才能拿出证据，去驳倒所谓日本的‘中国音乐史世界权威’的鬼话！才能否定他所肯定的‘中国音乐史家’所供给他的材料；才能替祖国的这种光荣传统理直（原文如此），也就是说，祖国的这种光荣传统，是寄托在或蕴藏在过去的劳苦群众或‘下贱僧徒’身上！”他并且断定“这套音乐，最晚也和北宋的鼓吹教坊有关”。他还断定智化寺四调中的“接调”、“分明是梁、隋间的‘碣石调’，经唐宋后讹变成‘歇指调’，到了你们的时代又音讹为‘结之’或‘皆止’”，“同样也很显明，‘月调’是唐代的‘越调’”。随后，刚刚被文化部任命为中央音乐学院民族音乐研究所副所长的杨荫浏也带着助手走进了智化寺。也许是由于所受到的学术训练不同，也许是由于杨荫浏深厚的道教音乐和基督教音乐的背景，与查阜西比起来，杨荫浏的头脑显然要冷静得多。

其后的研究成果，集中在当时以油印本形式印刷，注明“本书系初步资料，仅供参考”的两本“采访记录”——《智化寺京音乐》中。“采访记录”

共分三个部分。第一册是“中央音乐学院中国古代音乐研究室采访记录第一号与第五号”，即“智化寺京音乐（一）（二）”，第二册是“中央音乐学院中国古代音乐研究室采访记录第二十一号”，即“智化寺京音乐（三）”。在第一册的第一页，杨荫浏便先打出了一块“盾牌”。他说：“统治阶级所设立的寺院里面的僧人，并不等于统治阶级自己；他们是为统治阶级所雇佣、所使唤的。这些不属于禅门的僧人，他们的宗教信仰，向来被禅门所看不起。他们与人民较为接近，他们有更多的生活，因之他们能保存民间较丰富的音乐。”

在《智化寺京音乐（一）》中，杨荫浏考察了“智化寺的历史及其音乐传统”、“擅长京音乐的僧人”、“曲调”、“乐谱”、“宫调问题”、“乐器”、“音律矛盾问题在近代合奏乐器间之逐渐加深”、“音律矛盾之解决途径”、“管乐器及云锣的奏法”、“绝对音高”、“曲牌名称”等问题，对智化寺音乐进行了历史及音乐形态学的初步研究。他调查了19个僧人的基本状况，分析了当时见到的四种乐谱，着重研究了智化寺京音乐所用的宫调和乐器。他特别指出：智化寺的笙“还是北宋‘大乐’所用的笙的旧制。”“民间一般流行的笙，大都有十三簧；河南流行的方笙有十四簧；保定‘吹歌会’中虽然有自己点的所谓‘全字笙’，但十七管中，有二管无簧不用，实际只用到十五簧。现在我们所遇见的乐队，实际应用十七簧的，还只有智化寺的乐队，这是可以注意的。”他还特别以此为例批驳了日本音乐学家田边尚雄“今日中国所行者备十三簧，四管不用簧”的成说。对智化寺的九孔管，杨荫浏也指出：“现在一般流行的管，都是前七孔、后一孔，共八孔。但宋陈旸《乐书》（1099）讲到筚篥，却曾说：‘其大者九窍，’而且又加注：‘今教坊所用，前七空，后二空……’现在智化寺的管九孔，确是北宋教坊筚篥的遗制。”杨荫浏在面对这些珍贵的古代文化的“活化石”，面对这些被外国“权威”轻易否定了的文化遗存时，并没有像他的一些同行一样过于激动，而依然保持了他学者的冷静和深入的思考。使他比他的许多同事对日后的音乐史研究有更多影响的原因之一——他对中国古代音乐史深入而广博的知识，使他在研究“音律矛盾问题在近代合奏乐器之间逐渐加深”的课题时，得出了这样非但不够“热情”，反而略带“遗憾”的结论：智化寺笙是从宋笙“倒退一步”的产物，“它继承了唐宋间的巢笙，而忘记连它原有的两个义管一同保存下来；因之，它虽然可以翻调，但无论如何，决不能翻全十二调。”而他对智化寺笛与云锣的音乐形态学研究，也使他得出了唐宋之后，尤其是“明代宣宗（1426—1435）以后，有着连一接二的外患，直接对于人民的生活，间接对于民间音乐艺术的发展，都起着不利的影响”的结论。

杨荫浏对智化寺音乐的相对冷静，可能也与他个人的审美情趣有关。与他从小接触的、活泼、生动、与民间音乐有着更紧密关联和更近似风格的道教音乐不同，智化寺音乐显得过于沉闷。他在1961年的一篇文章中曾这样形容智化寺音乐：“因为演奏者大多数是与劳动人民有着一定距离的和尚，演奏的场合又常常是在寺院里或在人家进行的法事中，所以其所表达的清调是比较平静而且略带沉闷的气氛，其慢板的加花变奏部分，流于老一套的固定形式，演奏者用惯了老一套的音乐语汇，摆脱不开，奏这一曲的慢板和奏令一曲的慢板，味道差不多少，各个曲牌，缺少鲜明的特点，给人以一般化、千篇一律之感。”①

他再一次接触佛教音乐，是在1956年。这一年的4至7月，杨荫浏率领由民族音乐研究所和湖南省文化局联合组成的采访队，对湖南民间音乐进行了一次普遍调查，采访了44个县，“这项工作，在中国历史上，任何时代，都未曾有人做过。所以，可以说，这是中国有史以来第一次对本国音乐在一省范围以内，所做的普遍调查……这在全世界中间，也还比较是一项独特的新创的工作”。②的确如此，与一般来讲由个别或少数音乐学家进行的“田野工作”不同，由政府文化部门组织的、对一个省（其面积接近英国）大规模的音乐调查，在当时的世界上也是罕见的，在中国的历史上，也仅有那一次。对于佛教音乐来说，这也是有史以来第一次全面的调查。在民族音乐研究所1958年12月油印的“湖南音乐普查报告附录之一”《宗教音乐》和1960年由音乐出版社正式出版的采访报告《湖南音乐普查报告》一书中所记录的这次有关宗教音乐的采访结果，涉及佛

① 杨荫浏：《如何对待我国的宗教音乐》，《光明日报》，1961年5月10日，第3版。

② 杨荫浏：《湖南音乐采访队的普遍调查工作》，《杨荫浏音乐论文选集》，上海文艺出版社1986年版，262页。

教音乐（包括禅门音乐、应门音乐和民间佛曲）、道教音乐、师教（巫教）音乐、儒教音乐等四个方面。仅就佛教音乐中的禅门音乐来说，就分别对“课诵中的音乐”、“焰口中的音乐”、“水陆中的音乐”进行了较详尽的访问和现场录音。而“朝暮课诵”、“焰口”与“水陆法会”，是汉传佛教应用音乐的三个最重要的场合。杨荫浏当时采访的一些僧尼，如博明、隐莲、少康、寿嵩、禅照等，都对佛教音乐有着较深入、全面的了解。比如其中的博明，至今被称为湖南佛教界的“三杰”之一。杨荫浏在调查中不但通过他们了解并详细记录了湖南佛教音乐的基本情况，还亲自记词记谱，使这本调查报告具有长久的学术价值。

在湖南的音乐普查中涉及的道教音乐、师教（巫教）音乐及少量所谓“儒教音乐”，都在“普查报告”中有较详细的记录。在结束了这次音乐普查之后，杨荫浏似乎再也没有时间和机会接触和研究宗教音乐了。他的工作中心渐渐过渡到《中国古代音乐史稿》的撰写上去了。因此，这次音乐普查，为杨荫浏宗教音乐的实践与研究划上了一个完整的句号，使他对目前中国的“三大宗教”——佛教、道教、基督教的音乐研究，都有所涉及并有所成就。而对中国当代音乐学的建设而言，这次音乐普查，则有着十分重要的，超越了一个湖南省，也超越了宗教音乐本身的意义。它不但为当时刚刚正式起步的中国音乐学树立了一个“田野工作”的示范，也为70年代末开始的《中国民歌集成》和《中国民族民间器乐曲集成》的全国范围内的搜集、整理、编撰工作，提供了一个高质量的、可操作性极强的样板。

40多年过去了，当作为杨荫浏先生最后一个研究生的笔者对中国各地的佛教音乐进行了长达十数年的调查、采访、研究之后，今天再回过头来看杨荫浏当年的调查报告，仍然觉得这个报告已经涵盖了中国佛教音乐的几乎全部内容。后人所能作的，只不过是对他的成果“拾遗、补漏、纠偏”，使其更加全面、深入而已。这就像他的名著《中国古代音乐史稿》，虽然有许多人会不断地发现它的“毛病”，不断地对它的某个方面进行修正和“超越”，但是，只要是在中国古代音乐史的领域里，无论任何人的任何进步，都不可能脱离杨荫浏所提供的框架与基础而完成。

四、《如何对待我国的宗教音乐》——杨荫浏后半生的宗教音乐观

任何一个中国学者的思想都不会在中华人民共和国建国后的几十年中没有丝毫改变，杨荫浏也不例外。被宗教音乐引进音乐殿堂并一生与宗教音乐有着难解之缘的杨荫浏，在其后半生如何看待宗教音乐，是一个有趣、同时也值得认真研究的问题。杨荫浏自己对这个问题作过一次难得的、全面的阐述。

1961年5月10日，文汇报第3版以头条位置通栏标题发表了杨荫浏的重要文章《如何对待我国的宗教音乐》。一个全国性的大报以差不多一整版的篇幅发表这样一篇对绝大多数读者来说内容过于生僻的署名文章，无论在当时还是现在看来，似乎都有点令人难以置信。这一年，是所谓“三年自然灾害”的第二年。现在人们才知道，主要是由于政策的失误，经过了“大跃进”和“反右倾”之后的1960年，我国的国民经济已濒临崩溃的边缘。根据改革开放后公开发表的数字，1960年我国的粮食产量为2870亿斤，跌落到1951年的水平；棉花的产量也跌落到1951年的水平，油料则跌落到建国时的水平。“相当地区因食物营养不足而相当普遍地发生浮肿病，不少省份农村人口死亡增加。由于出生率大幅度大面积降低，死亡率显著增高，据正式统计1960年全国总人口比上一年减少一千万。突出的如河南信阳地区，1960年有9个县死亡率超过100，为正常年份的好几倍。”[①]1961年1月，中国共产党的八届九中全会在北京召开。从1958年开始的“大跃进”，就是在这次会议上画上了句号。据说，在这次全会和在为召开这次全会所举行的中央工作会议上，毛泽东多次进行了“自我批评”，要求全党恢复实事求是、调查研究的作风，纠正错误，调整政策。在经济领域实行“调整、巩固、充实、提高”政策的同时，文教领域也在孕育着调整和比较宽松、比较实事求是的气氛。就在杨荫浏这篇文章发表后大约一个月，中央政治局批准发布试行在聂荣臻主持下制定的《关于自然科学研究机构当前工作的

① 此段数字及引文均出自中共中央党史研究室著、胡绳主编《中国共产党七十年》，中共党史出版社1991年版，第381页。

十四条意见》（简称“科学十四条”）。这样的一种政治形势和气氛，无疑是杨荫浏这篇文章得以发表的重要背景。

这篇文章出现的直接原因，则是1960年“民族音乐研究班”[①]集体编写《民族音乐概论》时，就如何对待我国的宗教音乐问题发生的一场辩论。一些人在“左倾”政治思潮的影响下，从“阶级斗争”的观点出发，认为“民间音乐都是好的，宫廷音乐和宗教音乐都是坏的”。[②]但是，这场争论当时并没有结果。正如杨荫浏在此文中所说的那样，“赞成宗教音乐的理由既不充分，反对的理由也不充分。在我们的争论中间，一时得不出结论。这正反映了宗教音乐在阶级关系上的复杂性，使我们不可能简单用几句话来解决它”。为了进一步阐述自己的观点，经过认真的思考，杨荫浏发表了这篇在当时应该说是最客观、最深刻、同时也最符合当时被推崇为“无产阶级的思想武器”的辩证唯物论和历史唯物论的文章。我们有理由认为杨荫浏发表这篇文章的目的，是希望在“要有鲜明的阶级性”的前提下，为我国历史上宗教音乐存在的合理性提供理论根据。换句话说，就是要为宗教音乐在中国音乐学中（请注意！是“在中国音乐学中”，而不是“在现实的音乐生活中”）争得一席之地。在文章的一开始，杨荫浏首先要人们注意到宗教音乐问题的复杂性。他说：“我们研究民族音乐，要实事求是，要有鲜明的阶级性。为了要达到这一目的，我们要采取细致分析的态度……因为民间音乐，虽然主要是优秀的，但其中也还有一部分糟粕，应该予以批判；宫廷音乐和宗教音乐，虽然就其应用的阶级目的而言，主要是坏的，但其中特别是曲调的部分，却还含有一部分精华，应该特别把它剔造出来，以之归还人民。”“要是笼统地想，因为宗教是不好的，所以宗教音乐一定也全是不好的。那就太简单了。”在强调了宗教音乐问题的复杂性之后，杨荫浏着重提出了要区分什么是

---

① “民族音乐研究班”由中央音乐学院中国音乐研究所举办，其成员来自全国各音乐、艺术院校的师生及其他单位的音乐工作者和中国音乐研究所的研究人员共60人，《民族音乐概论》初稿即由该班全体人员编写。

② 杨荫浏：《如何对待我国的宗教音乐》，文汇报，1961年5月10日，第3版。

宗教音乐，什么是民间音乐的问题。他指出有两种错误的倾向："有些人把含有宗教内容的音乐视为宗教音乐，而把宗教中使用的民间音乐，视为民间音乐，不再在不同生活环境中不同的表演风格上加以区别。有些人把凡是寺庙里曾经用过的音乐都视为宗教音乐，不再从曲调内容和创作的来源上加以区别。"在批评了这两种错误倾向后，杨荫浏大声疾呼要对我国的民族音乐进行细致、深入的研究。他说：在"有了比较深入的研究之后，我们也许渐渐能比较有把握地说，这是宗教的，那是民间的。……今天我们还不敢说已经区别清楚。当我们否定宗教音乐的时候，仍有连其中的民间音乐部分一股脑否定掉的危险。"

杨荫浏为宗教音乐争取一席之地的理论，是分为三个层次的：第一，强调宗教音乐与民间音乐的联系，强调不能因否定宗教音乐而殃及民间音乐。这在当时的政治气氛中，与其说是最有效的策略和最能使大多数人接受的理论，不如说是当时唯一可能存在的思想方法。第二，在祭起"民间音乐"这面大旗之后，进一步提出："寺院音乐中非但有许多民间音乐可以供我们采用，即使某些在今天不能直接采用的东西，也还有一部分价值。"在当时，假如说强调宗教音乐因为与民间音乐有联系而应该有活命机会的第一层理论还比较容易被接受的话，那么，提出"非民间音乐"也还有"一部分的价值"，则不但需要更大的理论勇气，也需要更翔实、更学术化的论证。为此，杨荫浏在"对一些例子的初步分析"中，以北京智化寺音乐、湖南佛教寺庙中的唱诵曲和青城山的道曲为例，详细论证了即使是宗教性较强的东西，"也都有可以供我们参考和学习之处"。对于智化寺音乐，他虽然认为"其所表达的清调是比较平静而且略带沉闷的气氛……味道差不多少，各个曲牌，缺少鲜明的特点，给人以一般化、千篇一律之感"。但他仍然认为可以从中学到很多东西，比如"它的慢板乐曲中复调音乐的运用，配器上各种乐器性能的突出，套曲的组成方法，各种乐器上的演奏技术，和更多保存着民间音乐的演奏风格的快板曲调部分"，也许是为了说服对方，他提出了一个相当危险的口号"用我们的看法去选择，用我们的理解去演奏"。当然，这种非常可能将"原汤原汁"的传统文化"歪曲"的理论在现在的音乐学家中不会不遭到反对。更何况，我们今天虽然无法肯定地为杨荫浏所说的"我们"划分一个准确的内涵和外延，但按照当时写文章的一般规律和流行的语言习惯来理解，这个“我们”不一定仅仅指的是“音乐学家”甚至“音乐工作者”，同时也还可能是指“我们无产阶级”。

对于寺庙内宗教内部的唱诵音乐，杨荫浏无可奈何地承认这些音乐虽然从理论上说，仍然是来自民间，但“经过长期的歌唱，加进了许多结合了宗教的崇拜生活而逐渐产生出来、累积起来的那些含有宗教情调的音乐语汇，而且达到了定型化的程度，那就根本上变定了质，而一般说来，是无可救药了”。这种认识，可能是杨荫浏对争论对方观点的妥协，也可能就是他本人当时的真诚的想法。我在《智化寺音乐与中国音乐学》[①]一文中曾经说过这样一番话：

> 几年前，一个海外的音乐学家曾用遗憾的口吻谈及杨先生《中国古代音乐史稿》中有一些带着鲜明时代色彩的政治术语，以为这影响了这本传世之作的学术价值。当时，在场的中国学者们竭力强调杨先生的“苦衷”，竭力强调在当时的中国使用这种方法——即往严肃的学术思考中掺“政治沙子”的方法的必要性，竭力强调说一些违心话是当时的中国学者为了得到学术生命的延续而普遍付出的代价。但实际上，问题的实质却远比这些“解释”复杂得多、深刻得多。某些学者当时这样做可能是为了达到学术目的而有意在政治上“曲意奉迎”，但更多的学者当时这样做恐怕并非出自如此“实用”的考虑。实际上，就像现在谁都不能不承认《中国古代音乐史稿》奠基性的学术价值一样，谁也都无法怀疑杨先生在这些学术著作中所表露出政治观点时的真诚。要知道，那一代的大多数中国学者，当时的的确确是在自觉自愿地“洗脑”，自觉自愿地用当时流行的意识形态指导自己的学术工作。应该说，他们往自己的学术思考中“掺沙子”，绝不是“资产阶级知识分子‘打着红旗反红旗’”的“伎俩”，而是一种发自内心的政治冲动。没有人强迫或建议杨荫浏把“民歌”和“民间音乐”放在每一章的最前面阐述，也没有人让他在他的著作中得出一个“统治阶级痛恨民

① 载《中央音乐学院学报》1998年第2期。

歌”的结论。杨先生之所以如此，是中国那一代知识分子从“五四”便开始的、充满痛苦与自虐心理的思想历程的必然结果；是从20世纪刚刚开始便喊出“劳工神圣”的精英们在“工人阶级当家作主”之后在文化上的合乎逻辑的结论。……而只有了解到这一代人尤其是这一代知识分子心灵扭曲的“真诚性”，才能真正认识20世纪这场悲剧的深刻性。

无论如何，杨荫浏在“反右”、“大跃进”已经结束而“社会主义教育运动”、“文革”尚未开始的这一段新中国成立以来相对来说较为宽松的政治环境中，得到了一个充分表达自己观点、为中国宗教音乐争取合法地位的机会。他甚至以“充分的理由”阐述了自己在这个问题上的第三层观点：即使对于“我们无产阶级”来说是“无可救药”了的“坏东西”，作为一个音乐学家，也还是“记录下来比不记录下来好”。为了说明自己的论点，他举出了三个理由：第一，因为宗教音乐的有些曲调同时也在民间音乐中存在，“从而证明：即使专用于宗教内部的宗教仪式歌曲，其曲调还是来自民间；……这至少可以帮助我们更加确定劳动人民对于音乐的创作权”。第二，“其中《赞》、《偈》、《白》的歌词符合于词牌、诗体、四六骈文等格律……我们至少可以从节奏、调式、曲调的大体结构等方面得到一些知识。利用这些知识去研究非宗教音乐”。第三，“那些梵文译音的歌曲，可能出自印度”，因此，“存此线索”，则不但可以“在将来研究印度音乐和中国音乐的关系问题以及佛教音乐和中国民间音乐的关系问题时，我们至少有所依据，较易分清是非”；而且，更重要的是，在西方资产阶级学者的“文化西来说”面前，“我们保存这类材料，将会从有助于将来划清佛教音乐的国籍问题，达到纠正由佛教音乐外来说而至于夸大中国全部音乐文化中外来影响的偏向的目的”。

为争取宗教音乐的“研究权”，亏得杨荫浏能找出这么多的理由！当然，这些“理由”，在现在的音乐学家们看来也许有点多余、有点滑稽。但在当时，我相信所有从心里信仰马克思主义同时也是从心里热爱中国传统文化的中国人在读到这篇文章时，都会在激动与会心的感受中赞同杨荫浏的观点并由衷地赞叹他理论的完美与论据的充足。

在这篇文章中，杨荫浏还分析了我国宗教音乐的特点。他将中国的宗教音乐与西方的基督教音乐作比较后，认为与欧美有许多大音乐家参与基督教音乐的创作不同，中国宗教音乐的最大特点是利用民间的现成音乐。他指出中国宗教音乐有“双重作用”——“对内，是直接为宗教生活服务；对外，是吸引人民群众去迷信宗教，间接为宗教服务”。他还进一步分析了这种“对外”的音乐会逐渐转化为“对内”的音乐，而且用当时最“时髦”的、来自毛泽东著作的哲学语言说：这“是一个由量变到质变的过程”。他还强调中国的宗教音乐数量比基督教音乐要少，他估计中国的佛道教音乐大约只有几百曲，而“西洋的宗教音乐，则光基督教的赞美诗一项，大家知道的就有几十万曲之多”。在又一次强调宗教音乐“掠夺人民创造的成果，占为己有，从而投人民所好，引诱人民去相信宗教”的同时，还相当深刻地指出了问题的另外一面：“宗教音乐的发展是在经常受着广大人民美学观点的支配。”在文章的最后，这位中国音乐学的奠基人这样说：“若我们能用毛泽东思想武装自己，加强无产阶级的鉴辨能力，则我们在对宗教音乐的研究中，必然能做到既不至于受到宗教毒素的侵蚀，又不至于让宗教音乐中某些有用的东西从我们手中轻易溜掉。”

1962年，杨荫浏还在《古代歌曲》上发表过《从封建统治阶级歪曲民间音乐谈到如何对待宫廷音乐和宗教音乐的问题》一文，其中的主要观点，与他在《中国古代音乐史稿》中始终贯彻的观点相同，在说明宗教音乐与民间音乐有联系的同时，更多地强调了阶级斗争的理论。以后，随着大陆政治形势的发展和他自己工作重心的转移，杨荫浏几乎不再谈这个越来越敏感的问题了。至于在“史无前例”的“无产阶级文化大革命”中，杨荫浏如何解释他早年的宗教活动以及他当时“如何看待我国的宗教音乐”，我们没有可供引用的公开材料。但我们可以想见，除非面对红卫兵的盘问，他自己是不会主动再去碰这个话题的。毕竟，在一个仅仅因为某人曾经身为教徒便可能带来麻烦的时代，保护自己才是最重要的。

我们可以确知的是，“文革”对宗教及宗教音乐的冲击与破坏，使杨荫浏在其晚年对宗教音乐的研究持一种极其悲观的态度。他在“文革”期间所见到、所听到的所有事情，都使他深信在中国辽阔的土地上，已经不存在任何宗教活动，因此也就没有可能再对宗教音乐进行调查与研究了。1982年，笔者考入中国艺术研究院研究生部，成为杨荫浏先生生前所招的最后一个研究生。当笔者向先生汇报自己想以中国佛教音乐为题作自己的学位论文时，先生不同意，他说："你如果要研究佛教音乐，只有去台湾。"

我们在赞美中国传统文化的伟大、丰富和源远流长时，常常忘却中国传统文化另一个更值得赞美、惊诧的特质——它的无与伦比的、无论怎样估计也不会过分的生命力。我们在清算对中国传统文化造成惨痛破坏的那段历史时，也常常忽略问题的另一面——无论是秦火，还是"文革"，都不能摧毁中国传统文化的生命。杨先生的晚年，已无法再作"田野工作"，被迫蜗居在东直门外的寓所里。他没有想到，就在他告别这个世界之后不久，那曾经给了他最初的音乐启蒙并几乎伴随他一生的中国宗教音乐，又像野火过后的春草一样再生了！1989年春，笔者第一次将五台山佛乐团带到香港的沙田大会堂，1998年，笔者以"中国佛教音乐的历史与现状"为题在台湾的几个大学和佛学院作了系列演讲。近几年来，中国的佛教乐团频频出现在世界许多国家的音乐节和音乐厅里，高扬佛曲、低吟梵呗，使中国传统音乐中的这朵奇葩香传域外。也就是在台湾的一次演讲中，笔者针对某些朋友认为中国传统文化已在大陆中断的误解说："我充分理解朋友们这种担忧的善意和产生这种担忧的理由，但是，我还是希望一切真正热爱中国传统文化的人们，不要低估中国传统文化的生命力和在中国民间深入的程度，更不要低估千千万万普普通通的中国老百姓保护、承继传统文化的热情和能力。"我还曾半开玩笑地引用《红楼梦》中的话说："瘦死的骆驼比马大！"中国的宗教音乐，在经历了无数次的打击之后，并没有死，它不但又一次"活"了过来，还可能比过去更"火"！在这篇文章的最后，我想用先生逝世时我填的一阙《雨霖铃》作为结束，兼以此纪念先生百年诞辰：

春归巷陌，却闻仙逝，月沉星落！十番鼓儿呜咽，筝哭瑟痛，哀凝金钹。只盼耳提面授，竟长辞莲座。泪尽矣，举目高天，乐史煌煌如碑立。

等身著作称巨擘，弄八音，常顾管弦错。古今融会中西，制律管，荀卿惭涩。更寻旧曲，应换白石一声欣诺。百年后，风吹桃李，乐坛青青色。

（原载《音乐研究》2000年第1期）

书陈寅恪《书魏书萧衍传后》之后

国学大师陈寅恪的《金明馆丛稿初编》，在《书魏书萧衍传后》一文的开始，先生引了《魏书·萧衍传》中的一段话，在这段话里，"侯景之乱"的主角侯景"戏侮"被围困台城的萧衍说："城中非无菜，但无酱（将）耳。"[①]

侯景原是被鲜卑族同化的羯族人，他"少而不羁，见惮乡里"，但因"骁勇有膂力，善骑射"遂成为东魏的武将，以残暴凶狠著称[②]。当时，被侯景围困台城的梁武帝及城中男女十几万人，甲士二万，只有粮四十万斛。围城后期，城内粮尽，军士煮弩、煮鼠、捕雀而食，连殿堂上的鸽子也被吃尽，即使屠马也杂以人肉，疾疫而死者大半。城中之将，只有羊侃、柳津、韦黯。而且，"津年老且疾，黯懦而无谋"[③]，真正能带兵打仗的"将"，只有羊侃一人。

陈寅恪在文中提出两个问题："（一）侯景所言'酱''菜'之解释。（二）造作此戏侮之语者，究出自何人？"

因为"酱"与"将"同声，所以，先生认为"可不必论"，这没有任何问题。但他接着说："'菜'即指'兵卒'之'卒'而言。"遗憾的是，先生虽然提出了"菜为去声，卒为入声，何以同读"的问题，却在解答这个问题之前，便先引出了侯景手下一个叫王伟的人。那么，王伟和侯景此语有何关系呢？先生的考证分三步走。第一步：

一、引《南史·王伟传》证明王伟"其先略阳人"，"学通周易，雅高辞采"，曾代侯景为《报高澄书》，"其文甚美"。

---

① 陈寅恪：《金明馆丛稿初编》，三联书店2001年版，第230页。

② 见《梁书·列传五十·侯景传》。

③ 《南史·列传第五十三·羊侃传》。

二、引《北齐书 · 裴让之传》及《北史 · 李业兴传》等证明“当日北方文儒之士，语言多杂方音”。

三、结论：“王伟家世既出略阳，其语言当不免杂有乡土之音。”

我们先不管这个结论是否牵强，因为陈先生在第一步结论后开始跳回去解答前面提出的“菜为去声，卒为入声，何以同读”的问题。这第二步的逻辑是：

一、引陆法言《切韵 · 序》中的一句话：“秦陇则去声为入。”

二、“略阳正是秦陇地域。”

三、结论：“王伟若用其家世乡土之音，则读‘卒’为‘菜’，固所当然也。”

接下来是第三步：

一、“侯景本非清流，自不能作此雅谑。”

二、“(王) 伟为 (侯) 景之谋主。”

三、结论：“‘城中非无菜，但无酱耳’之言，其为 (王) 伟所造作，当无疑义。”

至此，全部考证结束，侯景被剥夺了这句俏皮话的“著作权”，先生“当无疑义”地将“著作权”判给了王伟。

但是，仔细推敲一下，先生的这“三段论”似乎缺少一些重要的环节。我们先看第一步：

因为“当日北方文儒之士，语言多杂方音”和“王伟家世既出略阳”就判断“其语言当不免杂有乡土之音”，就有些不妥。因为此条件与此结论之间不存在必然的联系。这就像我们今天不能因为北京居民当中还有许多人普通话说不好而只因为你爷爷是甘肃人就判断你一定不会说普通话一样。

第二步的讨论则比较复杂。首先，先生只引了《切韵 · 序》中的一句话：“秦陇则去声为入”，而“略阳正是秦陇地域”，便断定王伟读“卒”为“菜”，似乎缺少必要的考证。因为根据音韵学的基本常识，汉语读音的对转是有条件的，决定一个字的读音，要考虑声、韵、调三部分。通俗地说，一个汉字有声母、有韵母、有声调，而“秦陇则去声为入”这句话，只谈了声调，没有涉及声母和韵母。

因为先生引《切韵》为证，所以我们可以不谈上古音而只谈中古音。在《广韵》中，“菜”为“仓代切”，属“十九代”；“卒”有三个读音：“子聿切”、

“仓没切”和“则骨切”，属“六术”。据当代音韵学家的考证，在中古音中，“菜”是清母、代韵、开口、去声、在蟹摄；“卒”是精母、没韵、合口、入声、在臻摄。[①]我们先看这两个字的辅音，虽然清母与精母相临，但“菜”是ts′，“卒”是ts，前者次清吐气，后者全清不吐气。两个字的韵部一个在蟹摄，一个在臻摄，虽然也相临，但韵母不同，“菜”为Di，“卒”为t，而且，“卒”是合口，有介音；“菜”是开口，无介音。如果说这样两个字可同读，恐怕要有更多更有力的考证才行。假如不考虑声母和韵母，不考虑元音，只是一律“去声为入”的话，那么《广韵》中去声六十韵，入声三十四韵中的所有汉字都可以“同读”了！这恐怕不是“秦陇”之人的方言，也根本不是中国话了。

再看先生最后的一步推理：因为“侯景本非清流，自不能作此雅谑（指读“卒”为“菜”）”，而“伟为景之谋主”，又有前面第一、二步的结论，便判断此嘲语为王伟所说，也实在荒唐。因为“城中非无菜，但无酱耳”这句话，恐怕根本不是什么“雅谑”。一介武夫侯景，只知道“菜”和“酱”都是吃的，而“酱”与“将”同音，便“造作”了这句“俏皮话”，可能根本没有先生考虑的这么复杂吧？一句普通的俗语，有一个“酱”“将”同音已经完全说清楚了，“戏侮”的目的也达到了，为什么非要将“菜”字和“卒”字拉扯到一起呢？在中国民间语言中，利用谐音的歇后语、俏皮话有很多，诸如“裁缝不带尺——存心不量（良）”，“苍蝇进花园——装蜂（疯）”，“草帽当锣敲——响（想）不起来”，等等，都是一句中用一个谐音，一个句子中同时用两个谐音的，尚不多见。另一方面，在当时，对侯景而言，“卒”的多少也不一定有什么重要。“一将当关，万户莫开”的话，除了形容关隘的险峻外，也隐含着别的意义。同理，“千金易得，一将难求”的话，也不是没有道理。也许，只有在“人民战争”的理论中，“卒”的意义才会格外重要吧。

先生的这篇文章，首发在《中山大学学报》1958年第1期。同样的内容，

---

① 郭锡良：《汉字古音手册》，北京大学出版社1986年版，第101、125页。

在《陈寅恪魏晋南北朝史讲演录》中的第十一章、十二章里亦有所述。先生是一代宗师，以先生国学泰斗的功力，应该不会有小学层次的疏忽，更不应该用“当无疑义”的态度不经论证而“固所当然也”。但先生之所以被当代的学界所崇敬，不仅因其学问，而在于先生严谨的学风，更在于先生所提倡并身体力行的“独立之精神”与“自由之思想”。正因为笔者服膺先生此种精神，固不揣浅陋，以一己之愚见书于先生鸿文之后并候教于大方之家。

2003年5月7日非典之时

（原载《中国文化》2004年第1期）

① 《陈寅恪魏晋南北朝史讲演录》，万绳楠整理，黄山书社1987年版，第191—199页。

下编
艺术评论

写诗的人永远年轻
——《把爱连起来——鲍和平歌词集》序

歌词界有句众所周知的话："好诗不一定是好歌词，但好歌词一定是好诗。"诗与词，本没有本质的区别，唐诗演变为宋词只是从齐言变为长短句，其"诗"的性质和美学规律则一以贯之，并无二致。当然，诗是读的，词是唱的，读与唱，也不过是"嗟叹之"与"咏歌之"的区别，是同向的发展，是时间的增加，不是两件事。至于将诗词"被之管弦"，音乐化，则无论是"铜琵琶、铁绰板"的"关西大汉"，还是"执红牙板"的"十八七女郎"；也无论是"美声唱法"、"民族唱法"，还是"通俗唱法"，都是诗人词客的愿望，哪个写诗的人不愿意他的作品被口口传唱呢？

和平是我的老友。20世纪80年代，我在中国艺术研究院随杨荫浏、黄翔鹏二先生读中国音乐史的研究生，和平则在中国音乐学院的音乐文学班进修，这两个单位，都在什刹海旁的恭王府内。恭王府，原是清乾隆时的宠臣和珅的宅第，嘉庆四年（1799）和珅获罪，宅第入官。咸丰皇帝将府邸赐予恭亲王奕䜣，是为恭王府。恭亲王奕䜣是道光之子，咸丰六弟。在同治、光绪两朝综理国家大政及外交事务，人称"鬼子六"，是洋务派首领。和珅和奕䜣当年气焰熏天自不必说，因盛极一时的电视连续剧而成为当代中国家喻户晓的人物，则是后话了。

在恭王府读书的那段时间，对我与和平而言都是人生中最值得珍惜的时期。一则那时的我们都还属青年，有抱负，肯学习；二则那个时期的中国，正是改革开放的初期，国门乍开，信息爆炸，各种新说异论纷至沓来，我们就像饿坏了的孩子爬上饭桌一样，饕而餮之，吃相不雅。我与和平，常常互相推荐一些新书，也常常就着一把花生米，喝着一毛钱一大两的散装二锅头，坐而论道。恭王府的夜晚是宁静的，竹影摇曳的“天香庭院”、伟岸临风的银杏树、阔大寂寥的几进院落，还有庭院间高墙如仞、暗影婆娑的夹道，以及豪华退尽但仍使人时时会生思古之幽情的昔日王府的一切，都见证了我们那时的纯真、热情和对祖国、对学问的赤诚。

也就是在那个时期，我其实已经有一种悲观的情绪在滋生。一日，正伏案读书时，同窗在旁吟道：“叹年光过尽，功名未立；书生老去，机会方来。使李将军，遇高皇帝，万户侯何足道哉？”他念得抑扬顿挫，意在李将军遇高皇帝而得展宏图大略的志向与期许。但我，却突然感到一种巨大的、莫名的苍凉。人们常常感慨世上最难堪之事，莫过于英雄老去和美人迟暮，但是，“书生老去，机会方来”的吊诡，不是更令人无奈吗？人的成功，究竟多少赖于机缘，多少赖于自己先天的才能与后天的努力，是因人而异而且答案各不相同的。我们先后离开恭王府，他回天津发展，我留在北京做事。从此咫尺天涯，各自在命运的旋涡里载沉载浮。一晃20年过去了，这期间，有多少春种夏收、秋敛冬藏？有多少清夜扪心、酒后梦醒？有多少孤灯彷徨、通衢慷慨？又发生了多少我们当年或盼望、或期待、或厌恶、或痛心，甚至想都想不到的事呢？所谓“弹指一挥间”，这挥去的，岂止是汗水与青春；而挥不去的，除了那份几乎是与生俱来的责任和沉重的感情外，恐怕就是那份早熟的苍凉了。

和平毕竟比我年轻，而且，我的本质是悲观主义的，和平的本质却是乐观主义的。我最佩服他的，就是他“永不悔改”的天真和热情。多年不见，使我惊诧的，是他居然还在写诗！我曾经说过，一个人如果在18岁之前没有写过诗，那么，这个人绝不会是理想主义者、也绝不会是浪漫主义者，甚至不会是一个有同情心的人。但是，假如一个人28岁之后还写诗，那么，他要么是职业诗人，要么是永远长不大的孩子。我个人以为，一个人应该在18岁时写诗、28岁时写小说，48岁之后，应该写学术和哲学范畴的东西。当然，我说过了，这只是我个人的看法。

和平的歌词，有许多可以称为诗，可以当成诗来读。这个现在还把自己的心掏出，“把它高高举起来，穿过树林，沿着小溪，要把心给你看”的家伙，简直是看不出一点的苍老、一点的世故、一点的晦暗。一个人四十多了，还可以把心随随便便掏出来给人看吗？还可以仅仅因为一个人“从我身边匆匆走过”就“愿那天重新出现，愿那个情景重复一千一万遍”吗？还可以振臂高呼“明天万岁”吗？还可以说出类似“当我在歌唱大海，我也被大海歌唱”这样疯疯癫癫的话吗？这是不是和平永远长不大的铁证？

但，我却正因为这而佩服他，羡慕他。面对和平诗意昂然的歌词，我在感到自己已经变老的同时，感到和平的年轻，感到他的热情与活力。

我是久已不读诗了，只听说当今诗坛冷落，诗人与诗都在贬值。这当然不是好事，在当今这个物欲横流的社会，必须有人继续写诗。因为，只有诗，才是对抗物质至上主义的力量。诗，是操守，是坚持，是精神，是理想主义和浪漫主义最后的战壕。只有诗，真的只有诗，连音乐都不行。音乐太容易被物化，太仰仗物质，太难抵御技术与物质的诱惑。诗的纯粹，诗的个性化与非物质性，可以使她永远是精神的旗帜。在中国传统的美学中，“诗意”是一个广泛而深刻的概念，它是一个标准，一个涵盖一切艺术形式的标准。只有达到这个标准的，换句话说，只有具有“诗意”的艺术，才是好的艺术。我服膺这个标准。

和平是诗人，他的歌词是诗。

和平让我写序，我其实只想说一句：哥们，写诗吧，让我自己老去，写诗的人永远年轻。

（原载鲍和平《把爱连起来——鲍和平歌词集》，香港天马出版有限公司，2004年版）

舞者如歌

——资华筠与她的随笔集《学而年青》

资华筠命定就该是一个舞者，但遗憾的是她没能生活在把舞蹈视为生命本质的时代，没能生活在社会上的每一个自然人在“咏歌之不足”时都会“不知手之舞之足之蹈之”的时代。大约从她出生前一千年开始，被儒家礼教笼罩着的中国社会，就已经逐渐将舞蹈从大部分人的生活中剔出了。“正派人”在生活中不再舞蹈。舞蹈诞生时最重要的功能——建筑在肢体运动之上的群体性自娱——从“四体不勤”的汉族知识阶层的社会生活中消失了。人们现在只能用艳羡的目光想象唐代诗人们在酒酣耳热之时的联袂踏歌。宋元以降，除农村的广场舞蹈以外，汉族舞蹈逐渐演变为两个极端：或者以简易的动作与道具祭祀，成为“礼”的廉价附庸；或者作为“声色犬马”的同义词，变成男性社会里女性的一种“娱人”技能。

这是汉族舞蹈的悲哀，本来也应该是资华筠的悲哀。当她选择以舞蹈为职业的时候，她理所当然地遭到老师的反对和母亲的警告。但是，这个当年的小姑娘竟鬼使神差地认定：“舞蹈可以点燃人的心灵！”甚至认为这种不过是“有韵味的动胳膊动腿”居然比“大烟囱冒烟”的作用还大！要知道，那个时候，中国正处在忙着脱却千百年农业社会的旧衣，赶着迈进工业社会的门槛，把“远方的工厂冒青烟”都写进歌词、当成“进步”的时代。所以，以资华筠为代表的一批青年知识分子选择舞蹈作为终生的事业，应该说是中国舞蹈的幸事，也是他（她）们本人的幸事。当她和她的同事们在中国人刚刚“站起来”，正渴望得到承认的时候，从世界青年联欢节上捧回一枚金质奖章之时，她们不仅为自己的选择正了名，同时，也为过去总被与“舞伎”、“舞女”连在一切的舞蹈艺术正了名：作为舞者，她们是在中国整个阶级社会中第一代受到社会广泛尊敬的人。在此之前，即使宫廷里的“小蛮腰”与“长袖善舞”，也仍然意味着对女性与舞者的亵玩和轻贱。

资华筠的新作《学而年青》出版了，读她的文章，你可以透过资华筠笔下那些带着传奇色彩的故事，跟着这些新中国的艺术使者像“地下工作者”一样走过罗湖桥，进入当时一些与我国没有建立外交关系甚至带有敌意的国家。出访演出前“风萧萧兮易水寒”般的悲壮送别、饭店里的“策反信”、剧场外的催泪弹、“在特务的眼皮底下看斗牛”……现在看来，恍如隔世；但在当时，却又是多么的惊心动魄。新中国，给了舞蹈艺术前所未有的发展空间，也给了舞蹈艺术许多额外的负载与机会。当几乎所有的文化艺术都被一个“四旧”的大碗扣在底下的时候，资华筠和其他艺术家一样跌入自己事业的低谷。对于一个天生的舞者而言，不能舞蹈，可能就等于不能呼吸。但是，当事过境迁，当“记忆的筛选器”本能地按照与天地一样博大的原则过滤了一切不须记忆的东西之后，再回眸那一段历史，不少人会对老子“祸兮福所依，福兮祸所伏”的哲理有了真切的感受。我总认为，那场被称为“浩劫”的十年“运动”，对中国自然科学的发展无疑是一个巨大的打击，但对社会科学与文学艺术的影响，却可能要复杂得多。“忧患出诗人”，抛开当事者的个人感受不谈，如果仅从文学史与艺术史的角度看，人们真该客观地评价魏晋战乱之于阮、嵇，“安史之乱”之于李、杜的巨大催化作用。读资华筠回忆这一时期的文章，人们不难发现，“文革”之后，资华筠一下子成熟了，无论是她的舞蹈、还是她的人格。当她重新登上舞台的时候，人们看到，她和许多同她有着同样经历的中国艺术家一样，不但没有在灾难中毁灭，反而像火中的凤凰一样灿烂而有致地飞上了一个新的天地。

舞者的最大敌人，恐怕就是时间了。但也许正因为青春易逝、人生苦短，所以在一个全社会都在感慨“人生须臾”的时代，舞蹈反而会得到充分的发展。魏晋南北朝时“清商乐舞”的发达，就不能不说与当时的社会思潮有关。但是，一个真正的舞者，即使当他（她）告别舞台之后，也依然可以舞蹈——用他（她）的头脑和笔。与一般人对舞蹈演员“四肢发达、头脑简单”的偏见相反，资华筠不但有着挺拔的身姿和柔曼的四肢（这一点在她60岁之后依然如此！），而且还善学、多思、广读、勤写。看她的舞评和书评，读者常常会像被她的舞姿吸引一样被她的敏锐和睿智吸引。在“艺札书评”中的许多文章里，都闪烁着理论和思想的闪光，也显示了她的美学观念和舞蹈学构架。

古人说：“诗言志，歌咏情，舞动容。”其实，无志者岂能咏情？无情者岂能动容？“情”字，应该是一切艺术的本质与生命。我认为，这本集子中最感人、最有价值的文章，是那些“追思与感念”。读《胖嫂，您在那里？》等文章，我找到了当初读鲁迅的《一件小事》时的类似感受。在中国知识分子的天性里，有着一种一直保证他们不堕落的东西，这就是知识分子的良知和良心，这就是知识分子与普通百姓之间的血肉联系与那种在民众面前拂之不去的“歉疚”之情。从白居易在田边“今我何功德，曾不事农桑，吏禄三百担，尽日不能忘”的自责，到鲁迅“榨出皮袍子下掩藏着的小来”的自省，一直到资华筠对“胖嫂”的深情呼唤，一脉相承，灯灯相续，实际上是传继着中华民族赖以生生不息的一笔宝贵的精神财富。

写到这里，忽然想到朋友对资华筠的一个评价，说她身上有一种“贵族气”。我不知道在新中国所谓的“贵族气”究竟指的是什么？是舞者中少见的“高级知识分子”的家庭出身？是她读书的习惯或流利的英语？还是她举手投足间流露出的雍容风度以及看似不经意却备显教养与品位的装扮？我倒是觉得，她身上真正的“贵族气”，应该是她那种与生俱来的“众生平等”的思想和广博的善良。她用同样的真诚回忆与感念临时工“胖嫂”和一个北方大城市的市长，她用“记忆的筛选器”忘记了在“文革”中有负于她的人，但她却忘不了所有培养过她的先辈。她不仅多情地爱着舞蹈、爱着祖国、爱着自然、爱着亲人、爱着朋友、爱着许许多多普普通通的老百姓和一切让她爱、值得她爱的事物；同时，她又有幸得到了多少深沉、厚重的爱啊！在《沾满泪水的巧克力》中，那一块老人瞒着小外孙用报纸包着专门留给她的巧克力，不是称得上是“情重如山”吗？读到这里的时候，我忽然明白了一个道理，我过去不明白资华筠为什么常常“乐此不疲”似的为朋友们的各种事情帮忙，评职称啦，要房子啦，找工作啦……是因为资华筠自己便是在许许多多朋友们的帮助下长起来的。换句话说，她身上沉积的爱与情太多，她必须时时转嫁出去才不至于被这么多的情压垮。

文如其人。资华筠的文笔也像她的外表：在普通、朴素（在现今社会甚至有点寒碜）的底里透出一种浑然天成和教养。这，其实也很接近所谓的“贵族气”。因为，真正的“贵族”，总是会本能地与“穷人乍富”式的炫耀心理划清界限的。当然，她的文字也有点像她身上的那股“女人味儿”，总要超过她其实很认真地追求的理性。我不懂舞蹈，但作为外行的我觉得，最难编的舞蹈，恐怕是类似《老子》、《苏格拉底》、《毛泽东》的题材了，因为，人们真的很不习惯接受一个思想着的头颅在肢体动作中呈现。但是，我却有理由期待资华筠的文章会越写越深刻，不仅像她当年挥舞的红绸一样恣意、热情、灵动，还要像她在“CIAO”的发言一样在简洁中蕴涵更多的理性闪光。

（原载资华筠《学而年青》，东方出版社2000年版）

《清刻本文焕堂指谱》序

过去，我曾经慨叹："我们经常听到的所谓'民族音乐'中的绝大部分，为什么和我在中国古典文学和其他古典艺术中所感受到的意境那么格格不入？常常，当琵琶的轮指像机关枪的子弹一样扫向无辜的听众；当二胡的弓子如'白驹过隙'般在两根弦间奔突；当竹笛和唢呐在舞台上扬起田径场上的口号，比赛谁'更快、更高、更强'；当我们像西洋管弦乐队一样庞大的民族乐队得意扬扬地奏起《拉克齐进行曲》的时候，我觉得我们的老祖宗在皱眉头：这是我们的'华夏正声'吗？"直到听到泉州南音，我才听到与我血液中的音乐基因相互唱和的声音。

过去，我曾经慨叹："音乐是时间艺术，是即现即逝、随生随灭的；看不见、抓不着、留不住。'逝者如斯夫，不舍昼夜。'有什么办法呢？古人没有精确的记谱法，更没有录音机，有时候，只好凭我们寻扯獭祭。现世之人，谁都没有陪孔老夫子在齐国听过韶乐，所以，谁都说不清楚老先生到底为什么听过它之后竟然三个月吃不出肉味来？三千太学生'转世'至今，也恐怕都淡忘了嵇叔夜的慷慨与悲凉，没有谁能说得清为什么斯人逝去便该'于今绝矣'的《广陵散》至今仍有琴人在弹？"直到听到了泉州南音，我才敢下这样的断语：古老的中国音乐，真的一直流传到了今天。

佛教讲"因缘"，泉州南音能作为华夏正声流传到今天，有着特殊的原因和条件。泉州地处东南沿海，有独特的人文环境和生存条件，从晋、唐、五代以至两宋，中原的士族、皇族因为逃避战乱，先后举族南移，最终一大部分人定居泉州。他们把日常生活中不可或缺的音乐文化也带入泉州，并逐渐流入民间，世代传衍。中国古乐中绝大部分的物质构成和形态构成，在中原大地以至大江南北，大多只埋在五代、魏晋墓葬中的砖刻石刻图像里。令人感到惊喜的是，活生生的唐宋音乐遗响，却大量保存在南音当中。南音中自成体系的工尺谱，南音中的横抱琵琶、尺八、拍板、筝篥、轧筝、笙等乐器，南音的演唱规制，以至一首首具体的乐曲，在一定程度上都可以作为中古音乐的历史见证。

曾经有人概括泉州南音的特点是古、多、广、强、美。其所谓古，是南音有千年的历史；其所谓多，是南音有谱、散曲和套曲达二千首以上；其所谓广，是南音不只活跃在闽南地区，而且扩展到南洋群岛和台、港、澳以及欧美的一些地方；其所谓强，是南音历经无数的天灾人祸和漫长岁月的磨砺，还能够顽强地存活下来；其所谓美，是南音既有如怨如慕、如泣如诉的长撩曲，又有慷慨悲歌、一唱三叹的叠拍声。赵朴初先生生前在泉州听过南音之后，写下了这样的诗句："管弦和雅听南音，唐宋渊源大可寻。不意友声来海外，喜逢佳节又逢亲。"更生动地道尽了南音的艺术魅力和深邃内涵。

我曾经与泉州的朋友探讨过南音为什么历经千年而不衰的问题。他们认为，南音的主体部分，决不是里巷歌谣，也不是所谓的源自戏曲音乐，而是唐宋宫廷和教坊中的乐师、乐工的杰作。如大谱中的"四（时景）、梅（花操）、走（马）归（巢）"和《阳关三叠》等，都是纯粹的"虚谱无词"的古曲，是非常难得的、艺术水准极高的纯器乐作品。也许它们一开始传入泉州时就已经非常成熟，因而就十分凝固。所以历代弦友对它们只能是认真保守，不敢轻举妄动。有位新文艺工作者，发现有首散曲中的一个词，只要移动一个音位，就可使咬字叫音更加明确，但立即受到多位艺师的斥责，认为"尽管说得有理，但谁敢动它"！由此可见，管弦界忠于传统、保守传统是很坚定的，因此才会历久而不变异。

其二是，南音在爱好者当中，是深入人心、融化在感情深处的，是永远挥之不去的。听说当年在"破四旧"时，有的弦友墙上挂的是"样板戏"的曲谱，口中唱的却仍然是南音。在海外，有的地方长年禁止华文活动，但不少华侨仍然关起门来唱乡音，在他们心中，南音，是祖宗的灵魂，是故乡的明月，是游子心中永恒的记忆。"野火烧不尽，春风吹又生"，南音是永远不可禁绝和扼杀的。

20世纪五六十年代，泉州市政府就组织了南音研究机构，整理南音曲谱，并成立了专业南音团体。改革开放以来，泉州举办了七届南音国际大汇唱。"中国南音学会”于1985年在泉州成立，先后举办了三届国际南音学术研讨会。在南音史料的抢救、搜集、整理和研究方面做了大量工作。泉州市政领导支持泉州地方戏曲研究社编纂出版了《泉州传统戏曲丛书》十五卷，把梨园戏、傀儡戏的传统剧目、音乐、表演和相关的南音曲词七百多首汇编在一起，成为一份不可多得的研究南音南戏的重要资料。

去年以来，泉州市政领导又支持地方戏曲研究社启动“泉州戏曲弦管研究丛书”的编纂工作。现在，已有两部书稿的清样放在我们面前。两者共有上千的页码，史料珍贵，内容丰富，是迄今发现的最早刊刻行世的弦管曲文和曲谱。它们的底本，一是尘封在英国和德国图书馆几百年才被牛津大学汉学家龙彼得先生发现的《明刊戏曲弦管选集》，一是在内地多年找不到一部内容完整的《文焕堂指谱》，却为台湾成功大学胡红波教授在市上高价购得的《清刻本文焕堂指谱》。它们虽然是明清坊间的出版物，但保古存真，许多重要的音乐历史信息和一首首古曲的面貌，比较完好地保存下来了，有如两个中间环节，把南音发展千年的链条连接了起来，意义非同寻常。

例如，《中国古代音乐史稿》刊载的《唐燕乐二十八调表》的具体音乐形态，现在很难说得清楚了。但在《明刊戏曲弦乐选集 · 百花赛锦》中，却保存几十首标明【双】【越调】及【背双】等源自燕乐二十八调调名的散曲。于今则以【倍工】【中倍】和【大倍】【小倍】的调名存活在南音中。而这些【双】【背双】的曲文周围的撩拍符号，与现在的曲簿的撩拍也相当接近，有的则完全吻合。

又如在《清刻本文焕堂指谱》的三十六套“指谱”中，有一些与唐《教坊记》中记载的唐代曲名同名，如《拂（谐音误作舞）霓裳》、《后庭花》等。《指谱》收录的十二套大谱，其名目古朴纯真，以一节、二节、三节等来区分音乐的章节，一扫《泉南指谱重编》中编者加上的曲牌和花哨的名目，从而纠正“谱，即大谱，为曲牌连缀的套曲”的误解。大谱的第一、二、三套，分别是《三面金钱经》、《五操金钱经》和《八面金钱经》，而不是被改动的《三台令》、《五湖游》和《八展舞》。同时，这三套大谱中还有《喝哇句》、《番家语》等名目，再联系指套中的廿二套有【太子游四门】的曲牌，卅六套《南海观音赞》有

“落【普庵咒】佛头至佛尾廿二节”等等，让人清晰地看到佛教音乐对中国传统音乐的深刻影响。

泉州的朋友要我为《明刊戏曲弦管选集》和《清刻本文焕堂指谱》的付梓写个序言，我对南音是外行，但这不妨碍我对南音的热爱和对长期致力于保存、传承南音艺术的朋友们的尊重。因此，拉拉杂杂写下些感想，不敢称之为序，只是借此表达一下我对南音的感情而已。

（原载《清刻本文焕堂指谱》，中国戏剧出版社2003年版）

美丽，并不等于柔弱

——《亚妮专访》序

每当我想起亚妮的时候，眼前总是先出现《亚妮专访》片头中的那个镜头：她像一个中学生一样背着“双肩背”的背包、两手攀着背带，头戴一顶棒球帽，风尘仆仆，奔波在广袤的大地上。那灿烂的笑容和那顶帽子，是她的名片；那栏节目，是浙江卫视的名片。

2000年，文化部民族民间文艺发展中心和浙江省文化厅、仙居市人民政府决定在浙江仙居举办首届“中国南北民歌擂台赛”，我是这个赛事的始作俑者之一，和中心的主任李松一起到浙江洽谈赛事的准备工作。在谈到赛事的主持人时，我们希望浙江方面出一个女主持人和我共同主持赛事。因为参赛的选手来自全国不同地区和民族，比赛前又不可能像以往的电视节目那样准备好主持词，因此需要主持人同时具备两个基本素养：一、熟悉中国大部分地区的民间歌曲，二、有即兴组织语言、临场发挥的能力。当时，参加会谈的浙江省和仙居的同志们几乎异口同声地说出了一个名字：“亚妮”。

我平时较少看电视，更没有留意过这个省级电视台唯一以主持人名字命名的节目，因此对他们的推荐将信将疑。在我的印象里，当时中国绝大部分电视台的女主持人都属于那种“花瓶”式的角色，吃的是青春饭、靠的是脸蛋靓，她们的基本工作，其实就是像鹦鹉学舌一样用美丽的红唇和职业性的笑容背诵自己不懂、也不需要懂的稿子，当然，所有的稿子都是别人写好并经过层层审查的。因此，我们提出要和她见见面，先沟通一下，其实，是李松和我觉得要对她先“面试”，然后再做决定。

初次见面，是在北京五洲大酒店的咖啡厅。她没有像有些现代女性在和陌生人见面时那样“自然”地迟到几分钟，而是先我和李松而到，独自埋头在桌上一沓厚厚的书稿里。那天，是我唯一一次看见她不戴棒球帽的样子，只是松松地披散着头发，自自然然，普普通通。当时谈话的全部内容，现在已记不太清了，只记得当时她给我的印象，是朴实，而略带书卷气；美丽，但略显柔弱。在谈话中，知道了她的这栏节目，也知道她为了拍摄这栏充盈着浓郁的文化气息和强烈的人文关怀的纪实性专访而跑遍了中国除台湾和澳门以外的所有省份。她那天提到她曾到黄河边的一个乡村采访，别人告诉她那里还有“三国时的音乐”，她兴冲冲地去了，结果却看到一台在民族乐器里夹着洋鼓洋号和电子琴的小合奏。她感慨地问我：“为什么他们非要加电子琴？为什么他们觉得不这样做就是‘落后’了？”她对我国民族民间音乐现状的深刻了解和同样深刻的忧虑，立刻使我视她为同道。我告诉她，我们举办这样一个以“民歌打擂”为形式的活动，就是为了让全社会知道我们残存在民间的真民歌的魅力，让我们的观众，尤其是青年观众听一听我们的爷爷奶奶曾经唱过的歌，我们要让我们的文化重新找到我们民族的根、接续上我们民族的血脉。她给我留下几张《亚妮专访》的光盘，她说，你看了这些节目，就知道我这么多年都在想什么、做什么。

她想的和做的，和我这么多年想的和做的一样，就是奔波在穷乡僻壤，竭力挖掘、弘扬、保护那些在现代化和全球化的浪潮中被忽视和抛弃的非物质文化遗产。不同的是，我用的是笔，她用的是摄像机。当然，首届“中国南北民歌擂台赛”的女主持人已非亚妮莫属了。在两天多的赛事上，她和我配合默契，在基本没有稿子、全凭即兴发挥的情况下，顺利而愉快地完成了主持的任务。第一天比赛结束后，她对我说：“你应当做主持人”，我对她说：“你应当做民族音乐学家”。第二天的比赛，在露天的舞台上。那天，天极热，几千当地的农民顶着烈日观看演出。我至今记得烈日下亚妮脸上的汗水和兴奋的笑容，当这些在主流媒体上已久违了的歌声重新回荡在蓝天下的时候，在场的每一个挚爱着中国民间文化并为了保护这些无比珍贵的文化遗产而奋斗多年的战友们，都从内心深处把这一天当成了一个伟大的节日。也就是在这一天，一个来自山西左权县叫作石占明的羊倌，大鞭子一甩，用一曲高亢激越的山曲捧走了“十大歌王”的奖杯。

之后，亚妮不但成了我的朋友，也成了石占明的朋友。她后来拍摄的《进城记》、《向天而歌》和《走进田青》，就是她持续追踪羊倌歌手石占明和记录我把石占明推向社会主流媒体过程的专题片。通过看她的节目，我越来越深入地了解了亚妮，了解了这个外表柔弱的美丽女子。她在集制片人、导演、主播为一身的这栏颇具特色的节目中，一直在努力寻找中华文明的底蕴，寻找我们这个古老民族永恒的、一脉相承的文化精神。而在这个充满着艰辛与探索的过程中，亚妮以她女性敏感的灵魂和独特的视角，充分体现了一种厚重的人文思想和对“人”的关爱。她似乎格外喜欢在山野乡间跋涉，她似乎格外喜欢在那些“城里人”认为贫穷落后的“旮旯里”寻找不为人知的文化遗产和默默无名的文化传承人。不论是在她的家乡浙东山区欣喜地《发现中国红》，还是横穿腾格里沙漠探访《神秘西夏》风干了的历史；不论是在陕北并非偶然地《遭遇剪花娘子》，还是在云南有意发现纳西人《在石头上过日子》；不论是沿着黄河的身躯，在“信天游”悠远苍凉的歌声里《寻找兰花花》纯真的爱情，还是在承传了几百年的《最后的鬼戏》里道出文化断代的忧思；也不论是在叙述海南《儋州调声》的起源、沿革中描述一种代代相传的古歌，还是在温州通过《发现纸山》向世界展现几千年前造纸术的遗存，或者在《北街的日子》里展现一种至今仍存的古老民俗，她用了短短数年的时间，北到白山黑水，南至天涯海角，东抵祖国领海中小小的渔岛，西达莽莽昆仑和寂寥神秘的古格王国遗址，这个美丽、柔弱的小女子寻找、记录中华民族伟大文化遗产的足迹，留在了祖国山山水水的无数角落。可以毫不夸张地说，她和她的这个连她自己只有三个人的摄制小组为弘扬祖国文化遗产所做的事，是国内任何一个电视台都没有做到的。

是什么力量使这个南方女子如此痴迷地奔波在寻找文化遗产的路上？是什么人生经历使她在大多数“白领”沉浸在大城市种种时髦的物质享受时依然眷恋着这些正在迅速消失的古老文明？又是什么机缘使她在大多数中国人一门心思“现代化”、一门心思“和国际接轨”的狂潮中保持着难得的清醒和文化自觉？是一种无法解释的文化本能，还是她来自血液和骨髓的对祖国文化的至爱？是由于她自幼学戏的“科班”出身，还是正因为她“柔弱”，所以接受不了中华文明被西方主流文明彻底“同化”的前景？在和亚妮接触和观看她所录制的节目的过程中，我不断被她所感动。甚至，有时候，当我因为工作的困难而不由自主地笼罩在一种悲观情绪中时，我会想：毕竟，还有亚妮，还有一些像亚妮一样的人！只要这些人在，中国非物质文化遗产保护的前途就在！美丽，不一定柔弱，无论是人，还是文化。

当我写这篇序言的时候，我正在飞往巴黎的飞机上，为了筹办今年4月在巴黎联合国教科文组织总部举行的“中国非物质文化遗产和世界对话”的大型展览，我和我的同事们已经工作了很久。而亚妮，却正陷于她生命中的一个低潮。她在录制《向天而歌》的过程中被盲人艺术家们的故事深深打动，用半年的时间自己写了一部电影剧本《桃花红，杏花白》，然后，自己抵押了房产做前期投资，自编自导，带着一彪人马，直接奔到太行山下的左权开拍了！但是，开机之后，先前答应的投资分文未到，她自己的那点钱马上就要花完。朋友们知道了她的困境都想帮她，但钱的事谈何容易？我的一些尝试也都暂时没有结果。剧本我是看过的，是一个好本子。但光凭一个好本子和她的热情，远远不足以应付拍摄一部故事片的诸多需要。登机前，我给她打电话，劝她先停下来，等筹到钱再接着拍。她在电话里幽幽地说：“人都在现场，已经停不下来了。”

在此之前，我所看到的亚妮，永远都是精神抖擞的；我所听到的亚妮的声音，也永远都是振奋昂扬的，但这次我听到的，却是疲惫、无奈、感伤。此时此刻，我在万米以上的高空西行，天已渐暗了，从右侧的舷窗望下去，机身下，是灰白色的茫茫云海。突然，左前方一个一直关着的舷窗的挡板被人推了上去，一道耀眼的光芒像刀子一样劈了过来，晃得我一时睁不开眼睛。我忽然想到一句话：“东方不亮西方亮，黑了南方有北方。”是啊，天地宽阔，宇宙洪荒，人生在世，本如沧海一粟，但人之所以为人，正在于有追求。那个把太阳撵着跑的夸父，是何等的豪迈，何等的令人敬仰啊！一个理想主义者的最通俗的定义，就是追求光明，虽死不悔。而追求，最重要的其实是过程，至于结果如何，就留给现实主义者们去考虑吧，反正这个世界上有的是现实主义者。而我，却以有亚妮这样的朋友为荣。

坚持住，亚妮！在这浩渺的高天之上，我所能给你的，只有我的祝福。

（原载《亚妮专访》，人民日报出版社2007年版）

文章千古事　善哉一点心

——《中原古乐史初探》再版序

陈美娥的《中原古乐史初探》要再版了，美娥嘱我作序。“序”之难写大抵有二：一是受人之托、碍于情面，不得不写，但却对欲序之人、欲序之书知之甚少，无话可说。二是对欲序之人、欲序之书有所了解，但见解不同，倘若如实写出，则如当年鲁迅为刘半农的《何典》作序一样，自己倒是说痛快了，却得罪了朋友。我给美娥写序，难在要说的话太多，实在不知道先说什么好！

就从《中原古乐史初探》的原序说起吧。那篇序文，是我的导师黄翔鹏先生生前所作。黄翔鹏先生，是治中国音乐史的大家。先生的研究，直接承继了杨荫浏先生的衣钵和方法，以史带论、以实证史，进一步推进了中国音乐史研究的学术化。而美娥作为一个南音艺术家而著音乐史，的确是太“业余”。按一般的印象，一贯强调学术专业化、强调史学基础训练的黄先生，是不可能为此书作序的。但先生毕竟作了，而且，通读全文，你不得不承认，黄先生之序，也绝不是囿于情面、敷衍交差的应景文章。先生在这个序里，提倡了一种开放的、富有包容精神和批判意识的、强调感性与直觉的史学方法。其实，由司马迁开创的中国最早的史学流派，是一直存在着大量的感性和直觉的。只是在史学发展的过程中，考据之学及对材料的鉴别逐渐成了史学的基础和重点。让史料说话、让文物说话，的确是最可靠的方法。但是，唯史料、尚考据的史学方法也有其弊，人躲在史料之后，不免使史变得比其应有的颜色晦暗，这一点在治艺术史时尤其显得突出。常常，音乐史写成了“死”的音乐史，音乐发展过程中那些活态的东西，那些一直流传而且至今还在的东西，那些可以被我们用心和感官直接感知的东西，统统被文字的混凝土封在了底下。所以，黄先生对美娥“靠音乐家的直感来看待历史”的“业余”之作，没有丝毫的轻视和不屑，而是积极扶持，并且提醒“从事理论工作的研究者，应该尊重艺术家的感性之论，并且用它来打开自己的某些思路。”

从本书的初版到今天，已经过去了13年。这些年里，美娥始终在为南音艺术的存在与发展摸爬滚打、呕心沥血。这期间，有多少风声雨声入耳惊心，又有多少国事家事天下事令人唏嘘啊！假如说黄先生的仙逝是中国音乐史界不可弥补的损失的话，美娥的丧兄之痛对她而言，则更是天地有时尽，此恨无计除。守俊去世后，每次见美娥之前，我都会提醒自己不要提起守俊的名字，以免美娥伤心。但真是奇怪，似乎是鬼使神差，每次却都会提到这位个性鲜明的台南汉子，惹得美娥掩面！唯一的解释，恐怕就是守俊的在天之灵希望我在那时想起他吧？

没办法，看到美娥，就会想起守俊，想起他的豪爽、想起他的热情、想起他的幽默，想起他的“代表性曲目”——他用地道的闽南方言结合卡通式的表演，却坚称是“标准普通话”朗诵的童谣《两只蝴蝶》。只要他在酒桌上用他那“hui（飞）到东、hui（飞）到西”的大舌头和“天真烂漫”的表情献演（现眼），我都会大笑不止、畅饮至醉。

我和陈氏兄妹相识，是1995年9月，当时我在荷兰莱顿大学讲学并参加欧洲民族音乐学会的年会。在那次会上，我第一次看到《汉唐乐府》美艳曼妙的表演。在莱顿，我们都住在荷兰的中国音乐学者施聂姐夫妇的家里（那栋房屋，后来建成了一个小巧的中国音乐博物馆）。虽然来自隔绝了半个世纪的海峡两岸，但对中国传统文化共同的至爱，却使我们一见如故。美娥的典雅与美丽，以及她那身在当时的大陆还绝少看到的中国古典风格的装束，都令我有如见天人之感。而她对南音艺术的执着和对中国传统文化的向往，又随着我们交谈的不断深入而深深地感动着我。老实说，当时这位和妹妹对比鲜明的哥哥给我的第一个感觉是有点怪异的，守俊在我们谈文化时一直像个哑巴，直到那个晚上才露出真面目。那晚，我和美娥兄妹、施聂姐夫妇、英国学者钟思第和陈慧珊一起去酒吧喝酒。酒桌上，大家唱民歌、讲笑话，满座皆欢。酣饮之后，大家抢着付账。这时候，守俊掏出一个塞满了美钞的皮夹子往桌上一拍，说：“来，大家比一比，谁带的钱多谁付账！”以前，一些台湾商人留给大陆人一种较普遍的负面看法，就是财大气粗、恃富傲人。但那一晚，守俊这混合着豪爽、孩子气、江湖气，甚至还带点直白、粗俗的作风，却不但没有引起我的反感，反而留下了特殊的好印象。

1999年，美娥兄妹率汉唐乐府到大陆演出《艳歌行》，看后，我在《光明日报》发表了一篇名为《穿越时空隧道》的文章。在文中，我借《艳歌行》的观感毫不客气地批评了当代民族音乐的西化倾向。我问道："我们经常听到的所谓'民族音乐'中的绝大部分，为什么和我们在中国古典文学和其他古典艺术中所感受到的意境那么格格不入？"我承认"代有因革，乐随时变"，"但是，那种在李清照长短句里徜徉着的高贵、矜持，那种在兰花瓷上凝结着的悠然、闲雅，那种在西湖龙井中蕴发着的清澈、恬淡，那种在《红楼梦》的每一行字里都弥漫着的从容、丰富和大气，那种在中国古典诗词和其他古典艺术中常常能品味到的、被中国文人称为'韵'"的东西，我在现在的'民族音乐'舞台上却很难见到了。"而"台湾汉唐乐府演出的《艳歌行》，不但让我们穿越时空隧道，领略了一次久违了的、真正中国味儿的高贵、典雅、悠闲，而且，还给了我们一个新的灵感和启发"。

我所谓的"灵感与启发"，实际上就是我近年来在民族音乐领域提倡的"新古典主义"。我希望我们年轻一代的音乐家，能够接续上被近代的激烈变革打断的文化血脉，把被我们在泼脏水时一起泼掉的孩子捡回来，重新恢复对祖先的尊崇和民族文化自信。我的这些观点，是美娥十分赞同并身体力行的。此后，我多次到台湾访问。或讲学授课、或参加学术会议、或带领佛教音乐团去演出，遂与陈氏兄妹交往渐多。对这对兄妹为南音打拼的经历了解得越多，就越喜欢他们这一家人。美娥的才华与喷薄的生命力、守俊的豪爽与练达、守俊夫人的艺术造诣，都让我越来越熟悉、欣赏。没有想到的是，就在守俊准备引团北上，在北京大展宏图的时候，他竟撒手而去，抛下妹妹、妻儿、事业，以一个非常符合他性格的突兀作风离开了人间。

唯一值得朋友们欣慰与庆幸的是美娥没有倒下，她在浴火般的痛楚之后，毅然决然地继续前行，戏照排、书照出。就在她沉浸了几年、全身心地准备推出新戏《洛神赋》的当口，她又张罗着将此书再版。我知道，此次再版前，美娥将全书中古籍的引文全部按善本进行了仔细的校对，改正了一些初版时的错误。我以为，这些校正本身，不仅是一种学术的进步，更是对黄翔鹏先生拳拳之心的最好报答和纪念。

黄先生走了，本来应该由先生写的再版序只好由我这个不肖生代笔了。黄先生留给我最深的印象与其说是他的学问，不如说是他的为人。所以，我写此序，也照先生的样子，只写人，不谈学。毕竟，文章千古事，不如一点心。文章是可以作的，心，却是天地之间唯一至大并永存的东西。

（原载《中原古乐史初探》，台湾学乐书局2006年版；中国广播电视出版社2007年版）

一个美丽的记忆

——澳门《杨柳青木板年画展》序

在中国所有的地名里，“杨柳青”可能是最美丽、最有诗情画意的名字了。只要听到这名字，你便满目青翠，似乎嗅到了柳叶的清香，看到了柳条的婀娜，便会想到“杨柳依依”之类的清辞丽句。没有辜负这个极富画面感和色彩感的名字，杨柳青，是中国木板年画的重镇。在中国，提到杨柳青，人们就会想到杨柳青年画。

杨柳青，在天津西郊，借运河漕运之利而富庶；木板年画，是中国宝贵的非物质文化遗产，因普通民众的喜爱而传衍至今。这个在现代都市生活中已经近乎绝迹的木板年画，不但是我们祖先的伟大发明，而且曾在中华民族的历史文化和社会生活中起过重大的作用。

大家都知道，印刷术是我们中国人引以为傲的“四大发明”之一。目前已知人类最早的雕版印刷品，是在敦煌藏经洞发现的金刚经扉页上精美的佛像。假如说文字印刷的意义主要是传播思想、理念、概念的话，那么，图画的印刷，则在传播思想、理念、概念的同时，还更多地传播着美，滋养着人们的眼睛、装点着人们的生活。现代人的眼睛是可怜的，生活在大城市的现代人不但生活在水泥丛中，难得享受大自然无比丰富的自然色彩；而且整天被商业广告包围，放眼望去，满眼几乎都是充满机心和诱惑的色彩。而木板年画，则是单纯而可爱的，它决不招摇，更不会造成视觉的污染，它只是在一个民族最快乐的节日里给人们审美的愉悦。

现代人也无法想象木板年画在传统文化与我们祖先生活中的影响和地位。应该说，它不仅仅是艺术，不仅仅是美的创造，还在相当长的时间里担负着传播文化、教化民众、普及历史知识的任务。不知道有多少没有机会接受教育的下层民众，一代又一代，就是在观赏诸如《二十四孝》、《桃园三结义》年画的同时，感受了我们的民族精神、伦理道德和活在人们心里的历史。尤为难得的是，这个教化过程，不但如春雨润物，细腻无声，而且，是轻松、愉悦、生动、美丽的。

贴年画，更是愉快的过程，它和祭祖、放鞭炮、挂春联、穿新衣、吃年夜饭、领压岁钱一起，构成了传统春节的永恒记忆，也包含着我们民族与自然斗争的勇气、智慧、对宇宙及社会的深刻认识，以及我们世代共享的、彼此认同的快乐。

今年5月，中华人民共和国国务院批准颁布了中国第一批国家级非物质文化遗产名录，春节与杨柳青木板年画都名列其中。

非物质文化遗产（the Intangible Cultural Heritage），是联合国教科文组织在《保护非物质文化遗产公约》中确定的称谓，它包括各族人民世代相承的、与群众生活密切相关的各种传统文化表现形式和文化空间，是各族人民在生产生活实践中创造出来并逐渐精炼、积累下来的精神财富。中华民族五千年的文明史给我们留下了极为丰富的文化遗产，既有物质形态的“有形”文化遗产，如文物、典籍；又有主要通过“口传心授”的方式传承下来、以非物质形态存在的非物质文化遗产，包括口头文学，传统表演艺术，民俗活动、礼仪、节庆，有关自然界和宇宙的民间传统知识和实践，传统手工艺技能等等。而这些文化遗产一旦形成并被一个民族代代传承，他们就成了这个民族身份的基因和“身份证”，成为这个民族的整体记忆。正是由于这些非物质文化遗产的存在，“我们”才不同于“别人”！

我们举办这样的展览，就是希望借这样的机会提醒我们大家：不要忘记我们祖先传下的这份宝贵遗产。这份遗产也不仅仅属于我们，它还属于我们的万代子孙。我们只有保管权，没有按我们的浅见肆意改变它的权利。

所有参观这个展览的人，都会在这里重新邂逅一个美丽的记忆，重新领略一种逝去的生活，重新品尝祖先用天才和创造性为我们留下的视觉的盛宴。

杨柳青，一个美丽的名字。

杨柳青木板年画，中国人的美丽记忆。

此文是作者为中国非物质文化遗产保护中心与澳门文化局主办的《杨柳青木板年画展》（澳门，2007年1月18日）所写的前言

（原载《艺术评论》2007年第1期）

大象有声

——钱绍武雕塑中的音乐

两千多年前，老子在东方说出了石破天惊的八个字："大象无形"、"大音希声"，道尽了艺术的真谛。两百多年前，谢林在西方把建筑喻为"凝固的音乐"，把音乐喻为"流动的建筑"，令人思路大开。而我在钱绍武先生的雕塑作品集中，真的听到了音乐，令人心动的音乐。

这音乐，是从青铜与花岗岩中流出来的，因此，带着金属的凝重与岩石的坚贞，带着火光、汗水，带着大地的朴质、山峦的雄奇，也带着地球亿万年的苍茫与人类积存至今的智慧。这音乐，或沉重，或轻松，或如江南小巷中的胡琴，呜咽婉转；或如大漠高天下的浩歌，慷慨激昂。有的，简直就是交响乐的全奏，磅礴奔涌，如飞天之瀑。

第一首，当然是《大路歌》。这是钱老1959年在苏联列宾美术学院的毕业作品。这位当年风华正茂的中国青年，在异国他乡，选择了青铜，选择了一首歌，选择了祖国普通的劳动者作为他感情托付和表现的对象，是偶然，也是必然；是他艺术生涯坚实、奋进的"前奏曲"，也是一种冥冥之中的预示和征兆。青铜和岩石，从来就是音乐的载体和忠诚的伴侣。也就是在老子的那个时代，一个名叫曾侯乙的国君曾把一个由65件青铜编钟和32件石磬组成的庞大乐队带到了地下。而"金声玉振"四字，不但反映了中国雅乐时期宫廷音乐的辉煌，而且作为儒家音乐审美的最高追求，至今矗立在孔庙高大的门楣上，彪炳显赫。

《大路歌》，是和当年的钱绍武同样富有才华的热血青年聂耳的著名歌曲。这首产生在20世纪30年代的革命歌曲，以坚毅的节奏刻画了中国筑路工人的群像。假如说，钱老在苏联肯定听过的"伏尔加船夫曲"是俄罗斯人民苦难灵魂的倾诉的话，那么，《大路歌》则是中国近代劳动人民觉醒的怒吼。在钱老的这尊长2米、高0.7米的青铜雕塑中，三个半裸的筑路工人，拼命合力拉着巨大的石磙前行，他们其中一个伏身向地，身体几乎与大地平行，像一头拉着重犁犁地的牛；另一个，则回身向后，身体像一面鼓张的风帆，又像一张弯弯的大弓；而中间一个，则像弯弓上待势欲发的箭矢，引颈向前。他双目炯炯，逼视着前方的一切崎岖、苦难与不平。六只结实的脚同时踏进大地，六只结实的手紧握着如箭杆一样绷紧的拉绳。巨大的石磙，像压在中国人民头上千百年的苦难，终于在这一瞬间被拉动了。在“大家努力，一齐向前，大家努力，一齐向前，压平路上的崎岖，碾碎前面的艰难……”的歌声中，我们听到了雕塑家的心声，听到了雕塑家对中国人民苦难的同情与力量的歌颂。同时，也从形式上听到了进行曲的力度与节奏。三个重心向前的男人与沉重的石磙之间，是一根旋律线一样的拉绳，三者构成了进行曲的最基本节奏：强、弱、强……那只巨大的石磙，只雕出了一半，后半部分的缺失与翘起，不但给人以石磙马上要被拉动的错觉，而且为音乐不断的节奏，留下了无尽的空间。

第二首，是缠绵悱恻的二胡独奏《阿炳像》。这是钱老1993年的作品，至今回响在无锡惠山阿炳的墓侧。瞎子阿炳，这个穿行在江南小巷中的道士、乞丐、民间艺人，把他的整个生命，浓缩成了一首旷世之作：《二泉映月》。20世纪80年代初，享有世界声誉的指挥家小泽征尔流着泪听完了这首乐曲，当他说出“这是应该跪着听的音乐”这句话时，阿炳的在天之灵应当欣慰了——他用他一生的贫穷落魄，用他一生的艰难困苦，用他一生所受到的社会的轻视和践踏，为后世的所有中国人换来了尊严与赞誉。随着中国国门的打开，这首乐曲屡屡奏响在世界各地的音乐厅，乐曲深刻跌宕的旋律，不但诉说着阿炳生前死后的哀荣，还倾泻着民族不朽的精神多难的历史。

阿炳是民族音乐的大师，而塑造大师的人，也必须是巨匠。我佩服钱老《阿炳像》的精妙构思。100个雕塑家，恐怕有99个在为阿炳塑像的时候会选择他专心“拉”琴的坐态，让右手的手臂尽量伸展，让左手的手指在弦上奔突。但钱老偏偏选择了一个在冷雨凄风中踽踽独行的形象。他佝偻着羸弱的身体，侧低着头，斜倾着肩，整个身体就像一棵在风中簌簌发抖的芦苇。他的两只手臂没有演奏家在乐声中的舒展与洒脱，而是如残疾一般，左臂卷曲向上，紧夹着琴杆，右臂艰难地向里“推”。虽然钱老没有让阿炳拉开二胡的弦弓，尽情演奏，但他消瘦的身姿，却依然充满着音乐的流动与韵律。那被风扯起的衣襟，那内弯的手臂，那颤抖着、挣扎着的身躯，以及那破旧长衫上粗犷朴拙的刀痕和“遮颜”的破帽，就像《二泉映月》深沉哀怨的旋律，如泣如诉。

最令我赞叹心仪的是《张继 · 枫桥夜泊》。这尊作于1993年、立于苏州寒山寺枫桥文物陈列馆的青铜雕像，完全是一首清丽的弦乐小夜曲。诗人斜依书箧，头微仰，身半卧，眉轻蹙，目假寐，整个身体流畅贯通的线条，形成了舒展轻盈的旋律；由两三个干净平滑的大面构成的身体，则形成了简洁丰盈的和声。这首抽象与具象结合、古典与现代相融、灵动与沉稳共存的夜曲，还有一个最后的华采乐段，那是作者的神来之笔——一支轻松地搭在腿上的手臂，像婉约流畅的旋律缓缓流向一只微微抬起的食指——张继，这个醺醺然的诗人，正在凝神细数着钟声。

佛寺的钟声，共有一百零八记，象征着人生一百零八种烦恼和修行路上的一百零八个关坎，是所有“晨钟暮鼓”的佛教寺院共有的仪规。但这个不大不小的寒山寺，只因为“日落乌啼霜满天，江枫渔火对愁眠。姑苏城外寒山寺，夜半钟声到客船”的诗句，便在中国成了一所家喻户晓的寺院。据说，这首诗还是选入日本小学课本中少数的中国唐诗之一，因此使寒山寺除夕闻钟，成了许多日本游客来中国旅游的首选。假如说是张继的诗句让该寺名传遐迩的话，那么，钱老的雕塑，则可以与无形的唐诗前后呼应、光辉互映，堪称寒山寺文化的两件瑰宝。

钱老的雕塑每尊都有着极强的音乐性，让人听到各种各样的声音：那昂首高歌，两臂张开如风中鹰翼的《陈子昂》，似黄钟大吕，让人听到他“前不见古人，后不见来者”的慨叹；那轻扬玉手、朱唇微启的《觅渡女》，如莺啼燕语，让人听到姜白石“绿丝低拂鸳鸯浦，想桃叶，当时唤渡”的丽辞。即使是那些紧闭钢唇的《孙中山》《曹雪芹》《伍子胥》《炎帝》《神农氏》，也让人感到一种逼人的声浪。那是一种来自地心深处的声音，巨大、深沉，是老子所谓

“听而不闻名曰希”的“天籁”，你充耳不闻，但它的确存在。

音乐，是时间的艺术，它美艳绝伦、动人心魄，但转瞬即逝。雕塑，是空间的艺术，它长久屹立在天地之间，但冷寂无声。

钱绍武的雕塑，大形有声。

（原载《艺术评论》2005年第6期）

会飞的丫头

——《乐心飞扬：母亲眼中的宋飞》代序

人们都知道“知女莫若母”，但不是每个母亲都会写一本书来送给自己的宝贝女儿，更不是每个女儿都能提供给自己母亲足够丰富、精彩、有意义的写作素材。从理论上讲，众生平等，母爱无边，任何一个孩子的一颦一笑，在母亲眼里看来，都是独特的、美妙的、精彩绝伦的！我多年前在我和宋飞共同生长的地方天津，就亲耳聆听过一个年轻母亲自豪的、发自内心的夸耀：“我儿子的屎是甜的！”但要把自己儿女的成长写成一本书，光靠这种存在于每个母亲心里的天然的感情还不够，说简单一点：您孩子的“甜”，得让别人也认为是“甜”才行！宋飞母亲写的这本书，让我们从一个母亲的视角看到了一个本来和别的孩子没什么差别的丫头，如何一步一步地学走、学跑、学跳，最终飞了起来的过程！

我和宋飞的父亲宋国生老师，是半师半友的关系。“文革”期间，几乎每一个“毛泽东思想宣传队”，都演出过他创作的表演唱《老两口学毛选》，那生动活泼、民族风格浓郁的旋律和当年劫夫创作的“语录歌”一样，至今仍是我们这一代人聚会时酒后必唱的曲目。等我以“工农兵学员”的身份进入天津音乐学院作曲系学习时，赶上“教育革命”的浪潮，把原有的各个系和专业打乱，按军队编制分成几个“队”，于是，民乐系的宋国生老师，就成了包括我们作曲系学生在内的“二队”的“队长”。在其后下乡“拉练”、为贫下中农演出的过程中，我们常常在一起切磋一些和创作有关的问题。但他真正成为我的“老师”，还是在我毕业留校任教和他成为“同事”三四年之后。1981年，我报考中国艺术研究院音乐研究所杨荫浏先生的研究生，复试时，需要演唱两首民歌并用民族乐器演奏一首乐曲。我的二胡，是自学的业余水平，怕难入杨先生的法眼，于是，“临时抱佛脚”，请宋老师给“拾掇拾掇”。宋老师根据我的情况，建议我拉《汉宫秋月》，速度慢，一来可以掩饰我的“技术差”，二来可以给我一个“表现内涵”的借口。有趣的是，由于时间的关系，我只来得及让宋老师给“拾掇”了曲子的前一半，后一半实在没有时间上课了。但复试的时候，不知道是因为宋老师的“教学效果”太显著了，还是我的演奏实在是“呕哑嘈杂难为听”，反正在我刚好故作深沉地拉到乐曲一半的时候，担任考官的黄翔鹏先生说：“好吧，就拉到这儿吧。”于是，我成了杨荫浏先生的关门弟子，而我从小看着长大的宋飞，有时会嬉皮笑脸地跟我说：“嘿嘿，咱俩还是师兄弟呢！”

真正和我的这个“师兄弟”接触较多，是从20世纪90年代初期开始。那时候，宋飞已经花枝摇曳，在民乐的舞台上烁烁放光了。有一天，她来找我，让我给她们几个“姐妹”即将组织的“华韵九芳”做顾问。我因为目睹半个世纪以来中国民族器乐在西方强势文化的冲击下，在一种民族自卑感和要复兴图强的强烈愿望相结合后产生的冲激下走进了一条模仿西方、摈弃传统的弯路，曾接连发表了一系列文章，主张中国的民族器乐要回归传统，接续传统，走小型化、多样化的道路，因此高兴地答应了。我曾在《“华韵九芳”与新古典主义》的文章中这样写道：

……那种在艺术上不加选择地强调“人家有的我们也要有”的思想、那种基于民族乐器和民族乐队“音不准”、“音色太刺耳”、“音域太窄”、“转调不方便”的思路而在竹笛上加键、在二胡上加指板、把阮或马头琴放大后当成大提琴立在地上拉、按照西方管弦乐队的编制和规模组建中国民族乐队的“改革者”们，实际上是进入了一个误区。……这种对传统文化的“改革”，是以从“鸦片战争”以来中华民族的屈辱史为背景的。在学习西方、振兴中华的历史重压下，这些“改革者”们的爱国心、凌云志，以及他们出众的才华和想象力，不得不用在了对西方音乐文化的模仿上。他们虔诚地相信只要把我们的民族乐器和民族乐队“改革”成西方乐器和乐队的样子，我们民族的音乐文化就能摆脱“落后”的局面。他们不屑于深挖自己的传统，在某种程度上，还有意无意地割裂了传统（如不去挖掘仍在中国民间流传的类似‘五调朝元’的固有转调方式，不去向那些能用指法和‘口风’在一支竹笛上转五个调的老艺人学习而宁可牺牲民族韵味去追求‘十二平均律’的‘音准’）。其思想的深处，其实还是一种隐蔽着的民族自卑感——认为我们的乐器和乐队不如西方的乐器、乐队‘科学’；我们的混合律制，不如西方的‘十二平均律’‘科学’。其实，艺术不是科学，在艺术领域，也本没有‘先进’与‘落后’的区别。不同的民族，只有不同的美感和不同的审美习惯。一个受西方音乐教育的耳朵可能认为西北民间音乐中的‘fa’不‘fa’、‘si’不‘si’，觉得那个被西北农民世世代代称作‘苦音’的音阶中比本位‘fa’高、但又比升‘fa’低的音‘不准’，但正是这个起码已有了两三千年甚至更长历史的音现象，不可替代地构成了我们中华民族，尤其是西北诸民族共同的、长期的审美习惯和音阶体系。同理，在西方‘强势文化’进入我国之前的数千年里，欣赏‘中庸之道’、喜欢‘中和之声’、讲究不同音色的对比和在旋律的横向进行中体现多声思维，有着从北方的‘笙管乐’到南方的‘十番鼓’、‘江南丝竹’等几十种合奏形式的中国人，也从没有觉得我们传统的乐队组合中一定要加上什么‘低音声部’、一定要用三度叠置的和声才好。

我的这些观点，无论在当时还是在现在，都有不同意见的争论。因此我格外重视宋飞和“华韵九芳”的实践。毫无疑问，“华韵九芳”是成功的，可惜的是，出于各种原因，“华韵九芳”没有能坚持得更久。宋飞，曾经是“华韵九芳”的灵魂人物，但她当时太年轻，而其余的八个姐妹不但和她年龄差不多，又都是各自专业里的尖子。宋飞当时还不具备一个真正的领袖人物应该具有的融和力和包容度。当然，我这个“顾问”也没有当好，没有真正融入这九朵芳菲之中。

现在，宋飞长大了，她不但顺利地走完了一个从天才琴童到成功演奏家的多姿多彩的求索之路，而且实现了一个从演奏家到教育家的飞跃。这最后的一飞，不简单，也更不容易。因为要做好中国音乐学院这所中国民族音乐最高学府的领导，光靠才气加努力是远远不够的，指尖上再厚的老茧和舞台上如山堆积的鲜花都不能代替对中国民族音乐现状的清醒认识和对中国文化未来发展方向的准确判断。一个可以在琴房的硬凳上坐十几个小时、在冰冷的钢丝琴弦上拉十几个小时的身体，应该被一个时时保持清醒与观察高度的头脑所代替。在这篇“代序”的最后，我把我过去曾写过的一段话送给她，希望她能同意并身体力行，贯彻到她艰辛的教学工作之中：

> 当中国社会由“农业文明”向“工业文明”过渡的时候，在中国民族音乐的一切领域里，几乎都存在着西方文明的强烈影响。在专业音乐教育中，民族器乐的教学也充分体现了对西方音乐教育体制的模仿。在形成了“成批”培养相当水平的专业演奏家的能力的同时，或多或少地牺牲了与传统文化的联系。从刘天华所编写的第一批以小提琴练习曲为蓝本的二胡教材开始，民族器乐的教学便以西方器乐的教学方法、教学原则、教育体制为全面模仿的对象。据说，只有西方的器乐教学方法才是“科学”的，而我们沿袭了千百年的、浸泡在传统文化整体氛围中的、深得禅宗精髓的“口传心授”，却被视为“不科学”、“陈旧”的垃圾而遭扫地出门。几乎在所有的音乐学院里，民族器乐的教师们都常常面对着“土”的压力和“洋”的傲然。一种认为在教学中用“琵琶练习曲第6号”就一定比用《老六板》“正规”的偏见由来已久。……以西方音乐教育体制为蓝本、以西方器乐训练方法为参照系的音乐学院民乐系在培养出一批具有高超演奏技巧的“专业演奏家”的同时，或多或少地割断了与我国悠久的文化传统与音乐传统的联系，使音乐院校出来的民乐演奏家们普遍存在着技术强、艺术弱、文化缺的现象。

当然，目前音乐院校的毕业生普遍存在的“技术强、艺术弱、文化缺的现象”不是一天两天形成的，其中的原因也很复杂，所以不会在短时间里改变，更不是宋飞一个人能改变的。但我对宋飞是从来充满信心与期待的，因为我一直认为，宋飞之所以成为宋飞，是因为她有头脑、肯学习、有理想。她不应该仅仅成为一个优秀的二胡演奏家，她应该有更大的成就。今天，当她飞到这样一个高度的时候，我希望她能继续煽动她坚强、美丽的翅膀，像庄子想象中的那只大鹏一样，在民族器乐的苍穹下，完成她华美的转身，完成她宿命中的重任。

因此，我衷心地祝愿她——我的这位“师兄弟”，这个会飞的丫头。

（原载《乐心飞扬：母亲眼中的宋飞》，湖南文艺出版社2011年版）

回归也是发展

——陈美娥与《汉唐乐府》给我们的启发

多年来，我们大多数人一直以为发展只是单向的，只能是“向前，向前，向前……”但看了陈美娥和《汉唐乐府》的演出，我却忽然想起了爱因斯坦的“相对论”，想起了时空多维性的理论，想起了“文艺复兴”是从复归希腊传统开始的历史。

当我们以当下的位置为原点的时候，我们“发展”的方向，应该是多维度——上、下、左、右、前、后都可以的，但为什么我们常常“万众一心”地只向着一个方向、按照一个模式、挤在一条狭路上争先恐后地狂奔呢？当我们几乎所有的城市都“发展”成了一个模样、“直把杭州作汴州”的时候，当我们几乎所有的地方戏都“发展”成了一种大乐队与电子琴伴奏，舞美话剧化，声、光、电“现代化”的“河南歌剧”、“河北歌剧”……的时候，当我们义无反顾、争先恐后地用“现代化”的巨大橡皮在我们古老的大地上抹去祖先的痕迹与民族记忆的时候，当我们把“改天换地”、“破旧立新”当成唯一的奋斗目标而沉醉于“变化”的巨大魔力的时候，陈美娥与《汉唐乐府》的努力让我们认识到：发展原来可以是多向的；回归，也是一种发展。

南音，是古老的；梨园科步，是古老的；横抱在怀中用拨子演奏的琵琶是古老的；檀板与“执节者歌”是古老的；仲秋宴乐的雅兴与南唐宫廷的风华是古老的；故宫飞檐上旖旎的月色是古老的；就连那抹茶的碧绿与茶点的精致都是古老的。让我们与这久违的古老重逢，在紫禁城内凭着南音和梨园科步的魅力重现传世国宝《韩熙载夜宴图》的绝代风华，是陈美娥和《汉唐乐府》艰辛奋斗的结果，也是故宫博物院和中国艺术研究院高瞻远瞩、对台湾同胞文化回归鼎力支持的结果。

我以为，这不但是一种发展，而且还是一种有价值、有意义、有品味的发展。假如我们在《汉唐乐府》中重逢的一切“古老”都不仅是“古已有之”而且是至今仍在的话，那么，这“发展”二字还可以推敲，但当我们回眸而望，就会悲凉地发现，在我们这块土地上，不知从什么时候开始，这一切“古老”中的大部分，都已经杳若云烟、廓然无迹了！现在，除了敦煌壁画和南音以外的所有琵琶，都早已竖抱并弃拨改用手弹了；檀板变成了大提琴；末茶和中式茶点又哪里敌得过可口可乐和奶油蛋糕？一部中国近现代史，实际上就是一部反传统文化的历史，而在中国的语境中，“现代化”就意味着与传统决裂、告别东方、拥抱西方。当我们站在今天的原点四顾时，“往昔”已然模糊，历史已出现断裂，记忆已出现空白。那么，你说，向空白而行，是不是“发展”？

这样的发展，其实更难。它需要大智慧、大勇气、大抱负、大眼界，还要有高雅脱俗的艺术品位。在举世只瞻前不顾后、把传统视为“落后”、把祖宗的遗产当成包袱，把洋人的垃圾都当成宝贝的时候，一种“向后看”的选择，一种重新接续历史的努力，却使我们眼界大开、满目琳琅、如饮甘露、如沐清泉。这种感受，不仅仅像探索者终于有所发现后的那种大喜悦，更像是失忆的旅者与本我的刹那重逢、与祖先灵魂的骤然联通后的“顿悟”，类似一种“法喜充满”、“醍醐灌顶”式的感受。原来，历史不但深邃，还这样灵动和鲜活！原来，传统文化不但博大精深，还可以如此新颖时尚！既然我们的文化遗产有如此巨大的艺术魅力，我们为什么要妄自菲薄呢？我们为什么不能在保护与继承我们非物质文化遗产的基础上创造、发展出一种中国特色、东方韵味的新传统呢？假如说20世纪人类最大的成功表现在科技的巨大进步给人类带来的前所未有的对物质世界的掌控的话，那么，21世纪人类最大的进步，则表现在人在自然、文化两大问题的自我反思上——终于提出了保护“生物多样性”与“文化多样性”的命题。在这个重大的生命自觉与文化自觉之后，保护传统与现代化、借鉴西方与学习祖先，应该是同等重要的。

爱因斯坦是伟大的，他告诉我们时空是相对的。我不懂相对论，但我深信：在文化领域，接续历史是一种创造，回归，也是发展。

（原载《福建艺术》，2007年第6期）

保护与发展

——陈美娥与《洛神赋》的启示

当“保护非物质文化遗产”的概念日益成为全社会共识的时候，有的朋友却对“保护”的意义认识不足，提出“只有发展才是第一位的”观点，并推出一些表面上标新立异、实际上既缺乏民族精神，又没有现代艺术品位的所谓“创造”。

陈美娥和她的“汉唐乐府”再次在故宫献演的南音乐舞《洛神赋》则为我们提供了一个既重保护又重发展的典型。2006年秋，我曾有幸在法国两次观看了《洛神赋》的精彩演出，不但再次“惊艳”于南音和梨园科步的婉约之美，而且见证了中国传统艺术对欧洲观众的巨大吸引力。不论是在冠盖云集的巴黎市立歌剧院，还是在宁静平和的外省小城，也不论是衣着前卫的艺术家，还是普通的法国观众，都和我一样痴迷于这个“非常东方、非常中国”的爱情故事和梦幻般的精彩演出。

在巴黎看了正式演出前的排练之后，我曾郑重地建议陈美娥“忍痛割爱”，删去一些段落，把演出压缩在两个小时左右。我以为，即使对我这样一个深爱中国传统文化的中国人而言，一场三个半小时的乐舞也未免太长了，我担心法国人没有耐心看完一场真正东方古典节奏的演出。事实是，法国观众用三个半小时的鸦雀无声和大幕落下后长达十多分钟的掌声“教育”了我，我不但低估了中国传统艺术的魅力，也低估了法国观众对中国传统艺术的热情度和领悟力。

陈美娥和《洛神赋》的成功，可以总结出许多理由和经验，但我认为，其中最重要的一条，就是正确地处理好了保护与发展、继承与创新的关系。南音与梨园戏，都是我国国家级的非物质文化遗产保护项目，是中华民族昔日的伟大创造。但是，在我国迅速现代化的进程中，逐渐淡出了主流文化和公众媒体的视野，面临着生存和传承的危机。在这样一个大背景下，陈美娥和《洛神赋》却在全面继承的基础上，把正统、完整的南音指、谱、曲与梨园戏优美舒缓的科步和现代的艺术观念结合在一起，把东方神韵与独特的传统艺术表现手段和当代的舞台技术、审美视角结合在一起，创造出了一种“现代的古典”或“古典的现代”。也就是说，创造出了一种被现代人广泛理解、接受、欣赏的古典美，发展了一个传统美的精美绝伦的现代版。

或许有人认为南音乐舞戏《洛神赋》的创作与保护非物质文化遗产无关，认为保护就是保护，创造就是创造。但实际上，不但我们保护文化遗产的最终目的就是让源远流长的中华文明继续发展繁荣，而且，即使仅就非物质文化遗产的保护方式而言，我们的保护也应该是多种多样的，我们在努力进行“博物馆式”的静态保护、生态区的动态保护的同时，也应该允许传承人和全面深刻承续了文化遗产的艺术家在不改变非物质文化遗产DNA的前提下所进行的严肃、认真的创新和发展。

保护与发展，不应该是一对不可调和的矛盾。从梅兰芳的“移步不换形”，到陈美娥的南音乐舞戏，都为我们做出了处理好保护、继承与发展关系的榜样。作为一个有觉悟、有现代意识，同时又对中华传统文化有感情的当代艺术家，应该像陈美娥和“汉唐乐府”一样，努力深入挖掘传统文化的现代意义，立足吾土吾民，面向世界未来，在保护好列祖列宗留赠的珍贵遗产的同时，创造出我们可以留赠子孙，无愧于我们这一伟大时代的新遗产。

（原载《捡起金叶——田青“非物质”·“原生态”文论集》，
文化艺术出版社 2010 年版）

艺术长青的歌剧家王昆大姐

歌德在《浮士德》中借魔鬼之口说了一句名言："理论都是灰色的，唯生命之树常青。"作为一个吃理论饭的人，我对这句话的理解和感受是复杂的。对这句话的前一半，我既有深刻的认同感，又有一种发自骨子里的不甘心和否定的倾向。但对这句话的后一半，我却是完全感佩并服膺的，尤其是每当我看到王昆大姐或听到她的歌声的时候。2010年的一天，我听说王昆大姐要复排《白毛女》，因担心她的身体，曾特意赶到她府上劝她。但任凭我搬出多少"灰色的"理论，她的决心却岿然不动。后来我给周七月打电话，让他也劝劝他母亲，七月说："劝了！没用！我们家三个姓周的劝不动一个姓王的！"待到2011年夏复排后的《白毛女》在国家大剧院成功上演，在剧场里我看到三个"姓周的"——老周部长和七月、八月，这爷仨的脸上，已全是自豪与欣喜！面对这样一个年已87岁高龄却依然奋斗不止的老艺术家，你除了由衷的佩服、尊敬、祝福之外，就只有自叹不如了！

就像王昆艺术生命的旺盛与长久令人不可思议一样，王昆留给中国艺术界的启迪与思考也远远超出了"声乐"的范畴。

她是中国现、当代革命文艺史重要的亲历者和见证人。七十多个寒暑，从晋察冀，到延安；从北京，到世界，王昆经历了中国革命所有的辉煌与坎坷！她真的是"党的女儿"，她自从参加革命，便把自己全部的生命献给了自己认定的道路，不改不悔，不折不挠。其中多少白云苍狗、冷暖炎凉，她始终保持着初心不变。难得的是，无论是当年甚嚣尘上的极"左"思潮，还是当今惊涛拍岸的经济大潮，她都不为所动。"我心匪石，不可转也；我心匪席，不可卷也。"《诗经》里的这两句诗，真真切切地概括了这个河北唐县的农村姑娘跟定了共产党之后的人生道路。她晚年执意要复排《白毛女》，不仅仅是一个老歌唱家对自己曾经首演的歌剧作品的依依不舍，也是一个老共产党员对自己曾真诚信仰过的理想的眷恋和致意！“阶级压迫”与“阶级斗争”，这个被80后、90后感到陌生甚至反感的概念，也不仅仅曾经是推动中国社会从积贫积弱的旧中国走向复兴的最大动力，而且也是王昆和她那一代革命者启蒙的思想基础和笃信不疑的信念。

她是中国歌剧和中国民族声乐的先行者和践行者。假如说王昆被选为中国第一部民族歌剧的第一代主演更多的是命运的安排的话，那么，在其后几十年的时间里，王昆对民族声乐孜孜不倦的学习与探究，却是一种完全主动的追求。在中国从农业社会向工业社会过渡的大背景下，当西方文明的一切都成为中国“现代化”的楷模和榜样的时候，当“科学主义”全面击溃中国传统文化的时候，被誉为“唯一科学”的某种唱法一统天下便是可以理解的了。王昆在20世纪50年代曾经进入中央音乐学院进修并向苏联专家学习“美声唱法”。因此，她经历了许许多多像她一样来自民间的“原生态”歌手被源自西方的“正规”音乐教育“规范”的过程。苏联专家要求王昆“忘掉”她自己的一切（包括她天生的美丽的音色，自然的发声方法，自小便遗传在血液里、根植在生命中的民族的审美观），这个过程对大部分求学者来说无疑是毁灭性的，这种“正规”的教学体系就像西医的“化疗”一样，不加分别地在杀死癌细胞的同时杀死无数健康的细胞。没办法，这是一个时代的思潮，是尊重“文化多样性”思想未萌之前的占统治地位的思想：科学是万能的，它不但凌驾于艺术之上，而且，就像1+1=2一样具有“普世价值”，“科学的唱法”也只有一个！

值得庆幸的是，王昆没有被这个高傲而强大的体系毁掉，她及时克服了那个时候人皆难免的崇洋崇新的心理，摆脱了“上洋学堂”的诱惑，实现了自我的复归与救赎。当她重新按照自己的艺术直觉和审美感受“天然”而不是“科学”的歌唱时，她不仅仅找回了那个独特的、充满魅力的、只属于“王昆”的歌声，她实际上是在强势的、源于西方文明的强大文化体系面前维护了民族民间的歌唱权！当然，这个重新找回自己的过程是充满困惑与痛苦的！多年来，身在演艺圈的每个人其实都看到过身边一些原来“会唱歌”的青年歌手在进入专业教育的机器之后变得“不会唱”的现实，而大多数本来燕瘦环肥、高矮不一的青年歌手从这台教育机器的出口出来之后，全变成了高鼻梁、双眼皮、骨肉停匀的“标准美人”！遗憾的是，当这些以牺牲自己的歌唱个性换得一纸文凭的侥幸者被推入社会之后，却只能消失在同质化的人海之中了!

她是慧眼识珠的“伯乐”和成功的声乐教育家。在她主政“东方”期间，发现并提携了一大批优秀的歌唱人才，远征、郑绪岚、成方圆、朱明瑛、牟炫甫等人都是在她的扶持下走向成功的。一直到2011年她复排《白毛女》，还发现并推出了一个原来唱河北梆子的青年歌手王娜。作为声乐教育家，王昆最大的贡献就是推翻了所谓“科学唱法”认为“屋子只有一个门，所有人都要从一个门出去”的理念，以多样性的审美观和宽阔包容的胸怀、在充分尊重歌手的特性和嗓音条件的基础上真正做到“因材施教”。她把歌手不同于别人的东西看成“特色”而不是缺点，鼓励学生展现自己，发挥自我。因此，她的学生个个特色鲜明，没有一个是自己的“拷贝”。她的学生不多，但我认为她是一个真正的教育家，因为教育的本质和目标只有一个，那就是成就学生，而不是成就自己。

她是一个人，一个女人，一个妻子和母亲，一个终生不悔、有着远大理想与坚贞信念的革命者，一个好学不倦、喜欢学习、善于学习、精益求精的艺术家，一个被大众喜爱、有着独特音质音色的歌唱家，一个民族歌剧艺术的开创者和七十年如一日的推动者，一个让亲人疼、让朋友敬、让群众爱的生命的奇迹。算起来，我认识王昆大姐，也已经近半个世纪了！我管王昆叫大姐，是因为我们两家是世交。她的四叔王鸿寿和家父是北京大学的同学。新中国成立后在天津，两家过从甚密。我第一次见到王昆大姐，大约是在1962或1963年，当时我在读初中。东方歌舞团到天津演出，在第一工人文化宫门口的台阶上，穿着演出服的王昆大姐只问清我“是田伯伯的儿子”之后，便递给我两张票，匆匆赶回后台了。那天的演出，是我一生中看到的第一场高水平的歌舞晚会，这么多年过去了，那天舞台上璀璨夺目的灯光仿佛还在眼前闪亮。当时正值“三年自然灾害”时期，物质的匮乏再加上文化生活的匮乏，让一个初中男生眼里的世界完全是单调和晦涩的，但舞台上的光明与曼妙的歌声和舞姿，却让我看到了另一个世界，一个色彩斑斓、光辉夺目的世界！也许，我此生与音乐和艺术的缘分，就是始于这个晚上?

今天，那个在剧场外的台阶上从大姐手里接过两张票的少年，已垂垂老矣！而那个当晚唱完《北风吹》又唱了一首叙利亚民歌《你呀，你呀》的“著名歌唱家”却依然活跃在中国民族歌剧的舞台上。“理论都是灰色的，唯生命之树常青。”此魔鬼之咒乎？

（原载《说王昆·王昆说》，2013年版）

资华筠：从舞者到学者的升华

“人生有涯”，一个偶然的生命从呱呱坠地到走向众生平等的必然，中间的过程构成了无限重复与无限变化的种种可能。遗憾的是，绝大部分人的生命过程是重复大于变化，只有绝少部分人能够在生命过程中不断升华，就像一个高高跃起的舞者最大限度地延长滞空的瞬间一样难得，资华筠从艺的60年，就是一个不断升华、不断向上的生命过程。

从一个优秀的金牌舞者，到一个创立学派的舞蹈理论家，再到一个关心社会、关注人生，在社会生活中独具影响的真正意义上的知识分子，资华筠生命中的每一个阶段、每一次升华，都像一次由蛹化蝶的过程，在最后轻盈一跃、展翅腾空之前，也许有着许许多多不为人知的困惑、彷徨、挣扎、求索，也一定付出了超出常人想象的努力。假如说她早年放弃读书考大学的“正常”途径而做了专业舞蹈演员需要克服的困难主要是来自社会、家庭对舞蹈事业的偏见的话，那么，当她“功成名就”，成为万人瞩目的著名舞蹈家之后在舞蹈理论研究领域孜孜以求、最终开宗立派，以《舞蹈生态学》等一系列著作成功地“华丽转身”而成为舞蹈理论家，则要克服包括自身在内的许多障碍和不足。艺术的实践与理论之间，既有着密切的通道，也有着森严耸峙的壁垒，真正能够打破这壁垒的人，真是太少太少了！这一点，在所有艺术领域里，舞蹈领域尤甚。因为舞蹈实践主要靠的是肢体，靠的是从早期即开始的严格，甚至严酷的肢体训练。而理论家所需要的，恰恰是能够摆脱身体的羁绊、“上穷碧落下黄泉”、傲游六合之外的心与脑的历练。我曾在一个座谈会上亲耳听到一位著名舞蹈家谈到资华筠文章时由衷的敬佩与赞叹。那位舞蹈家说：“我读华筠的文章时总在想：她怎么能读这么多书呢？”这句话，是真诚的，同时，也是真实的。它真实地反映了绝大多数舞蹈实践者对资华筠的看法和认识，也同时衬托出资华筠从肢体舞动到思想舞动这个升华过程的难能可贵。

无须讳言，在我们目前的教育体制下，常常是从少年就开始的艺术训练普遍存在着重技能轻理论、重技术轻艺术、重身轻心的现象。而基本是从大学本科才开始的理论教学，又普遍存在着脱离实践的弊病。一方面，艺术实践的教师不强调读书、动脑；另一方面，理论教学的教师又远离艺术实践，“纸上谈兵”，喜欢玩玄之又玄的“纯理论”。当前，许多歌手和舞者的表演常常让你觉得他（她）们似乎一辈子没有读过一本书！而读一些所谓“元美学”的文章，你又会觉得作者似乎一辈子没有听过一首歌、没有看过一幅画、没有观赏过一段舞蹈和一出戏！令人尊敬的著名美学家朱光潜最令人尊敬的一句话是他搞了一辈子“美学”之后的大彻大悟：“不通一艺莫谈艺，实践实感是真凭！”

资华筠从舞者到学者的升华给人的启迪很多，先贤曾把一个人的成功归结为三种原因或三种力量的结合。唐代著名的史学家刘知几最早提出一个治史者要具备才、学、识三种不同的优势。清代的大学者袁枚更清晰地把三者的关系比喻为“学如弓弩，才如箭镞，识以领之，方能中鹄”。“才”是天生的，尤其在艺术领域，“才”是第一位的，没有“才”，就是无镞之箭，称不上是武器。“学”是后天的，是后天的学习与积累。有“才”而无“学”，终难成大器。所谓“江郎才尽”的悲剧，常常是恃才轻学的结果。而“识”却很难说是先天即有还是后天习得，它常常是“直觉”、“悟性”与经验统一后形成的正确判断。资华筠有舞者之才，有后天不断的努力与学习，更有在关键时刻“翻身下马”和“纵身上马”的勇气与识见。妙龄之时，她“翩若惊鸿，婉若游龙”，在舞台上“大显身手”；韶华渐逝，她通过艰苦的努力，把“眼、耳、鼻、舌、身”与“色、声、香、味、触”这佛教所说的“五根”、“五识”及时过渡到依心而起的“意”，从“色法”而“心法”，从物质的色界转为心与脑袋灵界，才能在古稀之年仍能在无形的舞台上展现另一种智慧之美。

从追求“美”到追求“真”，是舞者到学者的转变；而追求“善”与“善行”，则需要另一种升华。作为朋友，我最欣赏资华筠的，其实是她多年如一日的直心、直言与直行。资华筠的直言，是留给所有认识她的人最深刻的印象。她可以拖着病体为朋友和需要她帮助的人奔波，也常常会不顾对方的感受和

“面子”随口扔出一句让人不免尴尬的话语。因此，有一些朋友会把自己想说而不敢说的话“委托”她去说，她也曾因言而得罪一些人。依资华筠的聪明，她不可能不知道言行的因果，但她常常不顾后果，“仗义执言”，也曾经多次当众“批评”领导，实践她自己“篡改”领袖语录而形成的“名言”：“严重的问题是教育领导”。就是在这样一种“忘我”的状态下，资华筠完成了她生命中最后的升华，成为一个关注社会和普通人生活的知识分子——知识分子，无关所学专业，更无关学历、学位和职称，而是“关心个人利益之外”的事务的人。作为一个真正的知识分子，资华筠对她个人利益之外的公共事务表现出极大的热情。从数届全国政协委员的提案，到她对周围人与事的臧否与牵挂；从提案在天安门广场为普通民众修建公共厕所，到为了保护中华民族优秀的非物质文化遗产而呼吁、奋斗。应该说，她作为一个公众知识分子的形象是高大的，虽然这个角色身上的光辉没有舞蹈家在聚光灯下那样耀眼夺目。尤其在她年已古稀并身染重病的情况下，她仍然积极关注非物质文化遗产保护的诸项工作，并身体力行，令人不禁在敬佩的同时感叹她生命力的旺盛与坚强。

当然，除了才、学、识之外，成功还需要命运的特别眷顾。讲到命运，我知道资华筠是长存感恩之心的。因为她不能不感恩，命运对她实在是太好了，总是在她生命过程的不同时段给她那个时段最需要、最稀缺的东西：少时，给她姣好的容貌和婀娜的身姿；及长，给她学习的渴望与能力；渐渐老去的时候，不但给她智慧和慈悲的情怀，甚至依然让她长久保持着青春的激情、青春的体态、青春的肌肤！奇怪的是，对命运特别眷顾资华筠这件事，我和她的绝大部分朋友一样，没有丝毫的妒忌或不满。在庆贺她从艺60周年的时候，我真诚地祈祷：愿命运继续垂青这个美丽的生命，让她的生命成为一个永远的奇迹！她是值得的！

本文系为资华筠从艺60周年而作

（原载《中国文化报》2010年12月16日）

乡音：世上最美的音乐

——王六著《把根留住——陕北方言成语3000条》序

世上再没有比乡音更美的音乐了。

这是你来到这个世界上最先听到的声音；是妈妈唤你的声音；是你牙牙学语的声音；是三伏天，你躺在小凉席上，奶奶给你哼唱催眠曲的声音；是三九天，你钻进爷爷的被窝，听老人讲古的声音；是严父庭训的声音；是你与青梅竹马的他（她）同唱那首儿歌的声音；也是你梦中呓语，甚至临终前喃喃的声音……

对中国的大部分人来讲，乡音就是方言。

中国各地的方言，是构成中华民族语言宝库的重要内容。但是，在现代化与全球化的进程中，在主流教育与全社会推广普通话的进程中，我国固有的许多方言濒临灭绝的危险。与此同时，全球大约6000种语言中的2500种语言同样面临着消亡的危险。于是，2003年3月，联合国教科文组织以"濒危语言问题特别专家小组"的名义公布了一份《语言活力与语言濒危》的报告，在报告中，专家们郑重地向全世界宣告：

> 语言多样性是人类最重要的遗产。每一种语言都蕴藏着一个民族的独特文化智慧，因此任何一种语言的消亡都将是整个人类的损失。

应该说，人类进入21世纪之后有两大关乎全人类未来命运的反思逐渐变成了共识和行动。其一，是在反思人类与自然关系基础上产生的"环保"运动，以保护地球的自然生态与濒危物种；其二，是在反思人类的今天与历史关系基础上产生的保护"文化多样性"运动，以保护人类物质与非物质的文化遗产，保护人类祖先的智慧与创造，保护人类未来文化发展的源头。

从改革开放到今天，我国的现代化建设取得了举世瞩目的成就，尤其在经济方面，其发展的规模和速度，在人类历史上是空前的。十几亿人的生活在这二十多年里得到了巨大的改变，如何评价这样的进步都不过分。但问题是，为了这个进步，我们付出了很多代价，其中一些代价是应该付出的，还有一些代价是我们付不起的。环境破坏了还可以治理，但是所有的文化遗产都具有不可再生性、不可复制性，都一去不复返。把祖先留给我们的宝贵遗产丢掉，中断了文化的记忆，也就是中断了历史。假如我们以中断历史为代价换取现代化的话，我们恐怕无法面对未来子孙的诘问。

值得欣慰的是，近年来，这两大反思与运动都在我国引起了全社会的关注，也出现了一大批以研究保护包括方言在内的非物质文化遗产的有识之士。他们凭着慧眼与过人的胆识、靠着对祖国、对民族的挚爱，在举世“一心一意”向前看的疾跑中敢于回眸远望，敢于俯身捡起洒落尘泥的金叶。他们的努力，与当今席卷全国的现代化大潮砰然相撞，“乱石穿空，惊涛拍岸，卷起千堆雪”，就是这看似不起眼的朵朵浪花与汹涌澎湃的主流文化共同构成了中国当代现代化进程跌宕起伏、浩大深邃的壮美画面。王六和他所著的《把根留住——陕北方言成语3000条》，便是其中之一，令人瞩目。

方言之所以是重要的非物质文化遗产，是因为在方言中包含了丰厚的文化内涵，包含了我们民族千百年来的理想和精神，包含了我们民族世世代代的追求、习惯、风俗，它们和其他所有非物质文化遗产一道塑造了我们民族的形象，其中每一个语言单位的形成，都有着漫长的过程并和此方言区独特的自然环境、生活方式、文化历史息息相关。而方言一旦形成并被一个地区的民众代代传承，他们就成了这个地区人民精神的基因和“身份证”，成为这一地区民众的整体记忆。在陕北方言中，蕴含着代代生息繁衍在这片土地上的人民特有的智慧和情趣，也蕴含着许许多多已然逝去的历史。沧海桑田，现在的人们可能不会想到黄土高原过去曾经有过茂密的原始森林，其实，孔子当年慨叹“郁郁乎文哉，吾从周”的“郁郁”二字，的确也可以形容古代陕北高原的外貌。与此类似，在陕北方言中保存有如此众多的汉民族古代语言，在没有翻阅此书之前，我是知之甚少的。比如，我曾经多年研究佛教音乐，但我却从没有想到过陕北方言中称女人为“婆姨”竟然与佛教“四众”中男、女居士的汉译“优婆塞”、“优婆夷”有关！在翻阅这本大作的时候，我无数次被陕北方言的精彩、鲜活、生动所打动，甚至有读此方言三千条，深悔未做陕北人之叹！至于著者王六先生，过去并无缘相识，但知道他以地方官员的身份，在努力造福父老乡亲的同时，孜孜以求，用业余时间搜集、整理、撰写了这样一部篇幅浩大的著作，不禁由衷感佩。目前，举国上下，都在高谈“文化大发展、大繁荣”，但不可想象文化的繁荣和发展是由缺少文化情怀和文化修养的官员们领导的。当今，大部分地方官员把建设“三馆一院”当成了文化发展繁荣的本身，当成了自己的政绩工程。当一批批没有图书的图书馆、没有活动与群众参与的文化馆、没有戏演的大剧院拔地而起、尽情展现其富丽堂皇的时候，王六却在祖先的声音里寻觅着中华文明的源与流。

一千多年前，一个叫贺知章的八十多岁高龄的诗人，在结束了宦海漂浮的外乡生涯回到故乡时，不经意间吟出了一首千古名篇：

少小离家老大回，
乡音无改鬓毛衰。
儿童相见不相识，
笑问客从何处来。

这首诗，就像方言一样自然、质朴、生动，短短四句浅白如话的诗句，勾连起无数游子思乡的情愫。值得我们担忧的是：当我们老大回乡时，是不是要我们向满口“普通话”的儿童发问“从何处来”了呢？

为了孩子们的未来，要让孩子们说好普通话。为了民族文化的未来，要保护我们的方言。普通话，是实用而不可或缺的工具；方言，是最美的音乐。

（原载《把根留住——陕北方言成语3000条》，紫禁城出版社2010年版）

从人到猿

——刘若望雕塑艺术的哲学意味

把雕塑艺术称为“凝固的音乐”，把音乐艺术称为“流动的雕塑”，似乎已经是老掉牙的比喻了。但我一直认为，无论是雕塑还是音乐，也无论是其他的任何艺术，假如能上升到哲学的高度，甚或有一点哲学的意味，才是艺术的至境。当然，艺术与哲学，是人类认知世界、表述世界的两种不同的智慧表现形式，哲学的高度抽象与理论性和艺术的直观与感性，似乎截然不同。但也正因为其不同，才使艺术与哲学在一个更高的层面，有了互为参照与超越自己的可能。

在刘若望的雕塑作品里，总有一丝哲学的意味。

第一次看到他的作品，是在798那个小小的广场。那天，我应邀去参加另一个艺术家朋友的展览开幕，在寻找我要去的那间展厅的时候，我忽然看到了那群狼。

那组雕塑被命名为“狼来了”，但当我突然遇到这群狼的时候，却根本没有想到这个为了教育孩子不要撒谎而充分普及的儿童道德故事。我记得当时的那种莫名的震撼，也许是因为“突然”，我似乎真的在荒原上独自遭遇了一群狼，触目惊心！

但凡让人感到震撼的艺术品，不仅仅是它的体量和力度，常常还要有“出人意料”的创意和手段。“狼来了”就是如此，这群混合着野性与神性的动物被刘若望“请”到这里，在唤醒人类集体潜意识里的恐惧的同时嘲笑着人类——这个在千万年残酷“生存竞争”中的胜利者。同时，它还强迫重新面对这个物种的人们考虑：当这个人类的“世仇”真的从这个世界上完全消失的话，那么，人类的“胜利”究竟有什么意义？为了个体的生存与种族的延续，不断在物种内外进行你死我活的争斗，似乎是“进化论”描绘给我们的真实图景。但是，生命的终极目的就是为了自己的生命去消灭其他的生命吗？

面对这群狼，我感到后脊梁一阵阵发凉。这种恐惧，与千百年前我的某个祖先在荒原上遭遇真实的狼群同样真切！但是，与祖先“逃跑”还是“拼命”的选择难题不同，我的困惑似乎更加沉重，也更加难解。面对这群在现代生活中已经基本消失、更多地存在于故事、神话或动物园里的物种，我不得不想到人类的命运和未来。人类，被我们自己称为“万物之灵”，俨然是世界的主宰。为了人类的生存甚至远超生存需要的贪欲，我们一直肆无忌惮地攫取着这个星球上的一切资源，无限制地扩大着“文明”的领地，而且，理所当然地、毫无内疚地消灭着一切“人类的敌人”。今天，面对自然资源的迅速枯竭、环境的急剧恶化和人类无休止的贪欲与野心，人类的处境，恐怕比我们的祖先在荒野里遇到狼群还要危险！那个代表人类挥锏与狼群对峙的武士，显得那样的力不从心与渺小。他的英勇显得可怜巴巴，而他的孤独，却分外深刻而强烈。人与狼，在同一个时空里，有着同样的壮烈，同样的无奈，同样的悲剧性。在汉语的语境里，狼从来都是残暴与凶恶的代名词，“狼子野心”、“狼心狗肺”等等成语，似乎寄托着人类对狼的深仇大恨。但，正如佛家所说，“境由心造”，存在于人心中的贪欲，是比“狼来了”还要可怕的威胁。

刘若望的其他作品也有着同样的“列阵”方式，同样的规模，同样的大气磅礴，同样的震撼力，也都促使读者由观照而生哲思。读他的《东方红》、《尚武》系列、《天兵》系列、《车马仪仗》系列、《原罪》系列，似乎看到了雕塑家一条清晰的思想轨迹。假如说在《东方红》系列里那群仰天高歌的陕北壮汉让我们产生了个体与群体、大众与英雄、历史与现实、歌声与枪声等一系列由“革命”而引发的思考的话，那么，在《人民》、《尚武》、《车马仪仗》里的形形色色的百姓与士兵，却让我们进一步思考人与人、心与物、文与武、对与错、和平与暴力、使命与责任、胜利与失败、草根与精英等一系列值得深思的问题。

刘若望在他一系列作品里对故乡的回望、对历史的凝视、对人生的思考没有停留在形式和感性的层面，也没有局限于对个人命运的追索与诘问。当他最终发现他充满感情塑造的陕北乡亲与跃马挥刀的武士们，都像那些在家乡黄土地下埋藏了两千年才重见天日的“兵马俑”一样，白白浪费了孔武与忠诚的时候，他应该感到了“人”的无奈，甚至感到“人民”的软弱与无力。人民，这个在我们的教育里被赋予了无限希望、终极力量、道德的制高点乃至一切政治的天生合法性的群体概念，被雕塑家用泥土、青铜、生铁、玻璃钢和凝重、稚拙，甚至呆板的群像不断地重复表达。的确，这个生在陕北黄土地的雕塑家“宿命”般地被笼罩在“兵马俑”的气场里，他的许多表现“人”的群塑，都似乎在回应来自故土、来自地下的“俑”的咏叹。当高度褒义的“人民”被还原为“芸芸众生”之后，失望与无力感便是所有理想主义者必然产生的情绪。

于是，雕塑家把目光从地下转到了天上。他的《天兵》系列，反映了雕塑家试图摆脱“俑”的阴影、“人”的束缚，克服“群体”的无力而做的尝试。那些身穿古代甲胄、锤击导弹、刀斩航母、充满神力的“天兵”，不再列阵，不再做无谓的集体冲锋，而是用貌似原始的冷兵器与现代化的武器“单挑独斗”！我们可以从这组作品中领略到雕塑家瑰丽而充满趣味的想象力，看到雕塑家幼年时代沉浸在神怪故事、武侠小说里的灵魂，也能悟到雕塑家希图用传统文化对抗现代文明的理想，但我们不知道雕塑家弃“人”归“神”的转变是给了他新的希望，还是给了他更深刻的无力感？

终于，《原罪》系列横空出世！那群兀立在莽原上的巨猿仰面苍天，如泣如诉，如怨如怒，在空寂寥落的地平线上，发出了“大音希声”般的呐喊。不知道为了什么，当我看到这群猿的那一瞬间，我仿佛听到了元杂剧《感天动地窦娥冤》里窦娥撕心裂肺般的吼唱：

> 没来由犯王法，不提防遭刑陷！
> 叫声屈，动地惊天！
> 顷刻间，游魂先赴森罗殿，
> 怎不将，天地也，生埋怨……

怒斥天地的激情，被雕塑家用巨猿充满力度与紧张感的巨大身躯和不可名状的表情传达给观众，令人震撼，令人惊悚，令人深思。这群将苦与痛、呐喊与沉默、力量与无力感揉杂在一起的动物的“天问”，更将“我们从哪里来？又到那里去？”“你是谁？我是谁”的古老哲学命题横亘在我们面前，让我们无从逃避！

在这群巨猿面前，我又想到了那群面貌同样狰狞可怖的狼和那个独自面对狼群的武士。雕塑家从这个孤独的“人”开始、经历了凡人（《东方红》、《人民》）、武人（《尚武》）、贤人（《高山流水》）、圣人（《高山流水》）、半人半神（《天兵》、《战神》）等不断的寻觅，最终又回到了野兽（《原罪》）。雕塑家在他短短的几年时间里，用他一个接一个的系列作品，从始点到终点，画出了一个巨大的圆。这个圆，正如人们所熟悉的太极图，极抽象、极概括地体现了中国古典哲学的美与精粹。而雕塑家正是用他勾勒出的这条“从人到猿”的轨迹，在嘲笑了“从猿到人”的进化论的同时，揭示了人类苦苦追索的思想轨迹。假如说那个孤独面对狼群的武士反映了人类今天的整体困境，而用冷兵器战胜了导弹、航母的“天兵”反映了雕塑家对“人民”的失望，那么，这群猿的出现，则分明体现了雕塑家绝望中的呐喊。

面对现代文明，这个给人类提供了无限可能同时又暗藏着无限危机的怪物，雕塑家把这群猿用他习惯的方式列阵排开。我们听不到群猿无声的呐喊，也不知道这群野兽是“代人请命”，还是“替天行道”；我们更不好武断地推测“从人到猿”仅仅是雕塑家创作题材的随意选择，还是他深思熟虑、蕴含深意的天才之笔，但我们可以肯定地说：生物学的理论无论如何解决不了人类面对的基本问题。当“科学”超越所有宗教赢得地球上最多信徒的时候，当“进化论”培养出的“科学家”们发明了越来越多“转基因”食品和铺天盖地的化肥、农药、抗生素、维他命的时候，一江春水漂死猪，沉沉雾霾锁京都，“万物之灵”面临着从未有过的危险与挑战，“发展”的“硬道理”遇到了无数剪不断、理还乱的“软阻力”。虽然玛雅人的预言被证明系子虚乌有，但不断龟裂的土地、不断干涸的河流、越来越频繁的恶劣天气和自然灾害，让人们不得不审视自己的行为是不是“触犯天条”，因而开始遭到大自然的惩罚？

真的希望达尔文的理论是对的——当人类毁灭了自己之后，衷心祝愿猿们再次“进化”成人，开始下一个轮回。

人啊！人！

（原载《美术观察》2013年第7期）

“士”的传统与“新文人画”

——读刘明康美术作品集《旧忆》

读刘明康的画作，不由想到“新文人画”的概念，进而联想到“士”的传统。在中国，“知识分子”这个词是近代才经日本从西方“转口”而来的，与中国古代的“士”有同有异。相同之处很多，不但同指受过教育的“读书人”，而且，无论中西，这个群体所强调、所担负、所引以为傲的，还应该是对“道”的担当及对社会正义的追求。西方重视“知识分子”对社会的批判态度和对公众利益的关注；古代中国的“士”，更是把舍生取义作为最高追求。从“士为知己者死”、“士可杀，不可辱”的古训到“文士”、“雅士”、“勇士”、“壮士”等大量与“士”有关的称谓中，就可以了解到“士”这个阶层在中国人心目中的地位了。

不同也有很多。当代的所谓“知识分子”，越来越多地成了一群受过主流“高等教育”、掌握了某种专业知识的“脑力劳动者”或“白领”的同义词，在精神上越来越贫瘠、单薄、苍白，失去了“士”的精神意义与文化意义。在中国历史上，“士”从来不仅仅是“通古今，辩然不，谓之士。”在所有“有用”的知识之外，“士”还要“左琴右书”，懂得琴棋书画“四艺”，甚至“士无故不彻琴瑟”，将艺术实践作为最重要的生活内容和终其一生的生活方式。“琴”与“书”，“情”与“趣”，不但完善了中国古代文人的人格，而且成就了他们“为万世开太平”的理想。在刘明康的画作中，我似乎看到了“士”的影子，也看到了“新文人画”的影子。

刘明康的画作，是他个人生活的回忆，也是一代“知识分子”共同的记忆，用他自己的话讲，就是“设法把走过的路，看到的事，用画笔写成小故事，向大家一一道来”。在他的这些“小故事”里，我们看到了异域风情、看到了童年时光、看到了形形色色不同的人，更看到了一些已被“现代化”的巨大橡皮涂擦掉的物质或非物质的文化遗产。而无论是欧洲月下的古堡、伦敦宏伟的大剧院，还是浦东的鸭场、吴淞的小火车站、生产队的老仓库，无不在观画者的心中勾连起某种情感、思绪，或清晰、或朦胧，或甜蜜、或伤感，甚或有一种淡淡的乡愁与难言的惆怅。“旧忆”与“忆旧”也有不同，“忆旧”是动词，是一个情感的过程，以“忆”为手段，以“旧”为皈依；“旧忆”却是名词，是动态时光的固化，像一本珍藏在祖母箱底的老相册，是由已逝的吉光片羽串起的珠串，应该供在家堂正中的香炉前，可与同代人共享，也可供后人寻根觅祖。

我不是画家，我也缺乏从技术上评判画作的习惯与能力。但是我知道，中国古代最伟大的艺术鉴赏家们曾经为我们品评画作奠定了一些原则。南北朝时代钟嵘在《诗品》中特别强调一个“味”字，天才地、创造性地将艺术给人的感觉用人们在享受美食时的生理快感来形容。在谈到五言诗时，他强调五言诗“是众作之有滋味者也”，反对“淡乎寡味”的东西，指出“使味之者无极，闻之者动心”的作品，才是艺术的至境。值得深思的是，在中国人的语言习惯中，还常常在“味”字后面加上一个“道”字，“道可道，非常道”，“味道”二字，近乎体验艺术品的至境。在《旧忆》的一些貌似平淡的画作里，我的确体会出一点“味道”。

也是南北朝，那个中国历史上最富艺术气质的时代里，一个叫姚最的美术评论家在其评价体系里提出“画有六法，真仙为难”的观点。他特别推崇萧绎的画作“特尽神妙”，是因为这位画家并非“职业”画家，而是在其皇帝工作的“业余时间”里，“斯乃听讼部领之隙，文谈众艺之余，时复遇物援毫”，是我们所谓“画着玩儿”的。也正因为他在绘画时“不加点治”，没有把技术当成绘画唯一的追求，所以才能“造次惊绝”，成为“心师造化”的艺术典型。文人画的高妙之处，在于重神似、重意境、重性情、以书入画。早在西洋“抽象派”画风出现之前八百多年，苏东坡就已吟出了“论画以形似，见与儿童邻”的名句了。董其昌所谓“画山水唯写意水墨最妙。何也？形质毕肖，则无气韵；彩色异具，则无笔法”的话，虽失之为极端之语，然亦被广大“知识分子”视为圭臬。

当然，刘明康不是萧绎，萧绎只顾画画而丢了正业，成为历史上最好的画家之一但同时又是历史上最失败的皇帝之一。刘明康在任中国银监会主席期间，中国的金融业顶住了“金融风暴”，是历史上中国银行业发展最快的阶段。刘明康将成功归于“党的领导和同志们的努力”，我还想再加上一条：他在工作之余还画画儿。可不要小看这一点，这，就是“士”的传统，而他的画，就是我所谓的“新文人画”。

（原载《艺术评论》2013年第2期）

最爱女人的男人

——《十里红妆女儿梦》代序

每当我听到女人们抱怨男人“不懂女人”的时候，我总会想起一个男人的名字，因为我觉得，即使全天下男人的脑门上都被贴上了“不懂女人”的白纸条，这个男人也可以称得上目前中国最懂女人、最了解女人、最爱女人的男人！

他叫何晓道，是浙江著名的民间收藏家和民俗学者，他在浙江宁海创办的“十里红妆博物馆”，用令人赞叹的丰富藏品集中展示了浙江沿海的婚俗，成为民间收藏界的一支奇葩。但是，他始终不满足于“物”的收藏，而努力让“物”说话，让物质文化遗产呈现非物质文化遗产的博大精深。他的这本新著用旧时代与女人有关的器物向读者生动地阐释了古老中国的女性美和复杂的感情生活，他用“女婴”、“缠足”、“闺房”、“女红”、“婚嫁”、“花轿”、“礼俗”、“婚房”、“妻妾”、“为人媳”、“屏画和生殖”、“贞节”、“美红妆”等一系列章节勾画了一个旧中国江浙一带的女人从生到死的全部生命历程。

对女人的美丽，何晓道不仅是情有独钟，也不仅是击节赞叹，还称得上是用心来感悟，用智慧、耐心、执着来守护。裹挟着女人梦、女人泪的“十里红妆”也是何晓道的一个梦，他沉醉其中、无怨无悔，同时，他也用他的收藏和研究，给所有的参观者和读者塑造了一个美轮美奂的梦境，一个已经遥远、已经朦胧、已经被大多数现代人淡忘了的梦境。他收藏的文物，拉住了历史最后一缕行将湮没的衣裾，把中国古典女人的生活和美丽推到了人们的眼前。

美丽的代价却是巨大的：除了人创造性的劳动和智慧，除了中国人在漫漫历史长河中才逐渐培育出的美感和审美能力，除了现代人难以想象的耐心与时间的付出外，还有一代又一代中国女人生命和健康的付出。过去有诗感慨“近来县令加朱绂，尽是苍生血染成”，尖锐地指出乌纱帽顶下的残酷。面对这本书，我们最可能的共同感受与此类似，就是，在女人美丽的背后，也深藏着残酷和无尽的悲哀。当然，在“溺婴”、“缠足”这些让今天的中国人感到尴尬和羞耻的历史现象中，还存在着十分复杂的文化背景和它存在合理性——哪怕是十分荒谬的合理性。

我认识何晓道，是因为浙江电视台的著名主持人亚妮。当年她拉我去“十里红妆博物馆”和何晓道的其他收藏处参观，才认识了这位儒雅的江南文士。老实说，看他的这些藏品时，最令我印象深刻的还不是这些女人的物件，而是他的“百床展”和他精心搜集的古代木雕和建筑构件。一百多张古代架子床的规模，称得上“恢宏”，而古代木雕门窗和木雕构件的精美，更令我对中国古代能工巧匠无与伦比的技艺和艺术品位感到真心的服膺。而当我看到那些他听说某地有古老建筑将要被拆便风雨兼程骑着摩托车去重金购进的老屋构件，听他说起这些曾经构成“杏花春雨江南”美景的黛瓦粉墙如今几乎被拆光的现实时，他那份强烈的人文情怀和对中国传统文化深深的眷恋与痴迷，更让我在感动之余生出一种敬佩。2007年春天，“中国非物质文化遗产节”在巴黎举行，在联合国教科文总部一楼的大厅举办了一个精彩的“中国非物质文化遗产保护成果展”，我作为策展人很自然地想到了何晓道的藏品。当他收藏的一顶清代的“万工轿”把中国古代婚礼的尊贵、典雅与精致呈现在各国朋友面前时，我以为，作为收藏家的何晓道，应该是快乐和自豪的。

何晓道的收藏很多，但他确是特别喜欢这些和女人有关的物件，这也是我戏称他是“最爱女人的男人”的原因。

男人当然应该爱女人、理解女人、感谢女人，她们不仅仅给了我们美丽，还给了我们生命和生活。云南作家蒋明初和作曲家万里创作的歌曲《高原女人歌》曾让我在初闻时感到一种心灵深层的触动，就让我用这首歌作为这篇代序的结束吧：

太阳歇歇么？
——歇得呢！
月亮歇歇么？

——歇得呢！

女人歇歇么？

——歇不得！

女人歇下来，

火塘会熄掉呢！

……

（原载《十里红妆女儿梦》，中华书局2008年版）

中国音乐传承中的人与德

——一把琵琶的故事

今年是我国现代琵琶演奏的一代宗师汪昱庭先生逝世50周年。汪昱庭，字敏，号子夷，安徽休宁人，早岁到沪经商。幼时曾自学箫、笛，到上海后始习琵琶。先后师从浦东派陈子敬及其弟子倪清泉、王惠生、曹静楼及平湖派传人殷纪平，融会浦东、平湖两派之长，自成一家，乐界以“汪派”誉之，而中国琵琶流派以姓氏为名的，仅“汪派”一家。他不但是现代琵琶艺术的集大成者，也是当代琵琶艺术主流派的开创者。当代琵琶演奏史上的一批大师级人物如程午加、李廷松、孙裕德、卫仲乐等人，皆出其门下。目前一般音乐爱好者耳熟能详的琵琶曲如《十面埋伏》、《夕阳箫鼓》、《阳春白雪》、《霸王卸甲》等，大多经过他的整理和传授；其弟子柳尧章根据他整理的琵琶曲《夕阳箫鼓》改编的丝竹合奏曲《春江花月夜》，更是家喻户晓的名曲。

汪先生有一把清代的琵琶，紫檀琴身，牛角雕头，象牙盘龙四轸，双狮戏球覆手，背有珠贝镶嵌双凤及花卉文饰，并有“张伯年”提款，不但是一件难得的名贵乐器，也是一件价值连城的珍贵文物，据圈里人言，海内传世的琵琶中，概莫能比。此器原由叶寿臣觅得后赠于汪昱庭，汪先生生前宝爱非常，日夕相伴。汪先生晚年的生活是清贫的，又有子女，但他为了音乐的承继，曾三次表示要将此器赠予他最欣赏的学生李廷松。汪李之间，三赠三辞，师徒连心，情逾父子。最后一次，李廷松固辞不得，只好说：“老师百年之后，我代为保管吧。”汪先生去世前，将这把琵琶的归属郑重写进了遗嘱，并让夫人亲手做了一个琴套，上面用金线绣上了“赠送李廷松先生”字样。汪先生谢世后，汪家兄弟遵父命将琴赠给了李廷松。

李廷松先生，亦为一代琵琶大家，先后任教于中央音乐学院等高校，树桃培李，蔚为大观，其中犹以其子李光祖最为出色。李廷松担心汪家后人不能承继家风，遂主动教授汪先生公子汪天伟弹琴。“文革”中，李先生在劫难逃，但万幸的是这把琵琶居然没有被抄走。李先生晚年不幸中风，一日，汪天伟探病。李先生挣扎着爬起来，颤巍巍地拉着天伟的手走到放琴的屋里。其时李先生已言语不清，但仍示意天伟将琵琶拿走，有“完璧归赵”，不忘已诺之意。天伟大恸，说：“光祖弹得这样好，琴应该留给他。”汪天伟虽曾与李光祖一同随李廷松学琵琶，但此时的汪天伟，已另有所成，西北大学物理系毕业后，遂献身国家国防事业，长期在远离城市的导弹基地工作。虽然将此琴回归汪家是李先生晚年的愿望，但音乐的承继并不一定是血统的遗传，天伟认为，比自己更有资格继承这把名琴的，应该是光祖而不是自己。

李光祖，得汪派真传，青年时即以琵琶闻名于世，为中央乐团独奏家，曾与刘德海分别担任中央乐团琵琶协奏曲《草原英雄小姐妹》的琵琶演奏，20世纪80年代，曾在北京音乐厅成功举办个人专场音乐会。20世纪80年代末，李光祖赴美，这把名琴便随光祖西渡重洋，到了异国他乡。任何一个中国音乐家在美国的经历都可以写成一本书，像李光祖这样肩负着如此厚重的中国传统文化积淀和历史责任的民族器乐演奏家，则更多些苦辣辛酸。当年负笈西行时，他踌躇满志，以弘扬中国传统文化为已任，希望把这件从西域传来，但在中华大地上卓然成器的乐器再介绍给西方。抵美后，他历尽艰辛，苦撑苦斗。这期间，他虽然也曾在美国舞台上赢得赞誉与礼敬，并曾应邀同美国指挥家合作、与中央乐团再次同台演出琵琶协奏曲《霸王卸甲》，但，不同的文化背景与生活的压力，却长使英雄泪满襟。今年，是汪昱庭先生逝世50周年，汪先生的学生们要策划一场音乐会来纪念他，远在美国的李光祖听到消息后表示届时一定要专程回来参加这场音乐会，而且，他不但要演奏，还要把这把琵琶带回来，并留在国内。他公开表示要像汪昱庭、李廷松一样，将琴传给自己的学生而不是自己的子孙。

中国人历来重视文化的传承，用“薪火相传”一词把文化的传承比作人类早期生活中火种的保存与嬗递。火是光明，火是温暖，火是情怀。在中国文化传承的传统中，有一种超功利的崇高精神，有一种对文化的发自内心深处的尊重和热爱。在真正的中国文化人看来，文化不是自己的私产，更不是追名逐利的工具，而是全民族乃至全人类的财产。当绝大部分中国人一辈子辛辛苦苦为子孙做牛做马时，当为子孙积累财产成为许多人的人生目标时，在文化传承的领域里，却依然有着类似这把琵琶的故事。这个故事之所以让我感动，是因为在这个故事里，我看到了中国文化人的灵魂，看到了中国文化传递过程中流动、闪光的人与德。汪昱庭与李廷松，都是已经写进《中国音乐词典》的人物，李光祖，也已经不再年轻。但是，中国的传统音乐，却像这把贵重的琵琶一样依然可以发出美丽的声音并将一代一代传下去。为了这份文化遗产的传递，为了这颗火种的薪传，中国的文化人会毫不犹豫地牺牲自己的一切，而且，还怀着一颗平常心，认为这是理所当然的、天经地义的事情。

现在，越来越多的人在反思现代化给人类社会造成的负面影响，当“科学”的音乐教育在现代化的课堂里取代了中国传统的文化传承方式，当按部就班的“考级”成了琴童与家长们趋之若鹜的目标，当一部分音乐学生将音乐当成未来的饭碗而一部分音乐教师将教学生视为挣钱的方式时，人们真该来听听这把琵琶的声音。

本文系为纪念汪昱庭先生逝世50周年而作

（原载台湾《北市国乐》，2002年）

音乐的生命之源

——与崔健对话录

金燕：今天把两位音乐家请到一起来做这个有关当代音乐的对话，我觉得非常有意思。崔健是位摇滚音乐人，而田青老师是做音乐研究的。摇滚致力于反叛、批判，它意味着不停地打破束缚，打破既定框架；而田老师则致力于发觉和保护民族民间传统音乐文化。一个在破，一个在守。但你们身上似乎又有一些共性的东西，就是为音乐所做的工作都同样的让人感动。

田青：崔健的音乐是刘索拉推荐给我的，那是我第一次听到她对国内流行音乐很肯定的推荐。我也觉得我们有些共性的东西，都是在追求一种真实，都反对虚伪，都主张自由。我是在历史里寻找我的东西，那是我的个性使然，当然也是在音乐中寻找自己的真实。我觉得崔健的音乐里面，从《一无所有》一直到现在的“真唱运动”，都有一种赤裸裸的真诚在里面。

金燕：如果说真诚和真实是摇滚的最大标志之一的话，我觉得田老师的行为很摇滚，比如说这些年来所做的对民间文化的发掘和保护工作。

田青：我不是创造者，我类似一个“翻译”。我是从农村找二八佳人，告诉大家农村还有这么漂亮的姑娘而已。因为我是觉得现在艺术界虚伪做作的东西太多了，而且创造力很有限，从银幕到出版，到处是装潢得非常好的一些“垃圾”，在这里我找不到真实的东西，所以我到民间找、到底层找。而崔健自己就在创造，我觉得像这种创作者的创造性是当前文艺界所缺乏的。像你这种有创造力的而且20年激情不变，虽然音乐风格在不断地变化，但是最本质的东西没有变，就是你的精神追求没有变，我觉得这点确实很难得。

崔健：精神是人的一种需要，一种本能的渴望。我记得我小的时候听说哪个乐队要出新专辑了，提前一个星期就开始激动，特别渴望。我觉得一个下里巴人和一个知识分子都一样渴望精神上的营养。谈精神不如谈论性，性是最平等的，在性面前人都是一样的。

田青：这让我想到音乐的生理性，很多人都强调，包括刘索拉都说，音乐就是生理的，我记得你好像也有类似的说法。我认为凡是音乐里有精神的人才会强调这个生理性。很多的音乐里面没有精神性，也就不会引起生理快感，有些也在故意避免也不会谈这个东西。就像鲁迅说军阀谈民主，我们就不好谈民主了。所以有许多精神性的人反而把自己装扮成不精神的人，类似王朔那种，把自己装扮得很痞，其实是把自己来和那些伪精神的人或者用精神标榜自己的人划一条界限。王朔的东西非常尖锐非常深刻，但他一定要披上痞子的外衣，这样别人才舒服，他自己也才舒服。像张承志那种，接受的人就少。这跟整个时代缺乏精神有关系。好像非得粗鄙，才有发言权，如果不粗鄙别人认为你装。

金燕：就像崔健，十几年坚持一种东西，表现精神的东西，就会引起很强烈的对立争议，有的人拼命喜欢，也有的人就会觉得很“事儿”。

崔健：我的作品就是对人的一种刺激或者挤压，有的人就会反抗我的存在。

田青：你不用理论，你用音乐说话。

崔健：不，我该理论的时候也理论，毫不客气，该出手时就出手。就像现在搞的这个“真唱运动”。现在的“真唱运动”就有点像草船借箭，把自己放在那儿，你让他们攻击你，他们攻击得越多越好。东风一来立刻就成事了。因为这个运动的目的就是让他们来表态的。很多人都跟我说理解真唱运动，可就是不表态，觉得这个运动和我无关，可我要的不是你这个所谓的理解，我要的就是表态。其实真正表态的人是对真唱运动的一种支持，哪怕是反面的，说“我就假唱了怎么着吧？！”其实这也是变相的支持真唱运动，真唱运动要的就是让你告诉别人你在假唱。最讨厌的就是那种含糊不清的态度，就像知识分子拉不开面子的那种东西，那种略知一二的混蛋的逻辑，反正也不是真的混蛋，流氓也流氓不起来，朋友也不是朋友，成天就和你喝酒，要说敌人也不是敌人，时不常还替你说两句话，然后逢年过节的发个短信息问候一下什么的。他最无聊的时候想起了最好的朋友，其实是他内心无聊了，没事可干了。这种社会关系我觉得也是一种状态。我觉得商业的逐步发展在某种程度上慢慢取代了人和人之间的这种实打实的精神上的沟通和交流，以为钱是真的管用。其实整个东南亚的文化都不相信其他的什么艺术。

金燕：现在的社会就是一个商业化社会，这种商业会不会把艺术完全消灭掉?

田青：这不会，一方面真正的艺术会有它自己的生命力，另外商业也要利用艺术，它们互相利用也互相矛盾，但不能说商业就把艺术消灭掉。从艺术发展史来看，艺术也离不开现在这些东西，过去是帝王是贵族，而现在是商业而已。

金燕：为什么不会让艺术消亡？这是否涉及人的一种最本能的要求。

田青：马克思的一种理论就是说，人必须吃饱喝足满足物质需要以后才会有艺术方面的需求，这句话有对的一面，但也不全对。假如这样解释的话，那非常穷困的人包括阿Q临死前还在唱……

崔健：这种理论在东南亚证明是错误的，其实东南亚早就脱贫了，关键是他们还认为自己穷，他们对物质文明是没有极限的，没有封顶的。严格来讲他们早就脱贫了，最起码从这一点来讲，资本主义在东南亚是成立的。我原来也相信什么经济学啊，以为吃饱喝足了艺术就起来了，后来一看，越弄越不对劲。盗版原来盗的还少，现在搞得越来越厉害了，那帮人全发了，他们靠什么发的，靠我们发的。所以我认为比起西方的人性，东方人的人性还需要自己解释。日本已经脱贫了，可他的那种恐惧心理比中国还大。韩国人一样，他们见着长一辈的人先说对，然后再释放个性，释放个性的时候还得偷偷摸摸的，喝酒还得靠着边儿。这跟西方的东西差太远，人家的长辈就可以很随意地和晚辈人在一起吃饭。西方人做事也一丝不苟，而东方人认为说他们太粗糙，人家严谨的地方东方人粗糙至极。东方式的含蓄真的需要考证，东方人的粗暴同样需要考证，东方人的含蓄是怎么来的，是因为恐惧心理才产生的含蓄，而并不是通过礼节通过尊重。是不能轻易得罪别人，用道德维护我的这种恐惧，来总结出的一套东方式的理论。实际上他心理最基本的是由于恐惧造成的，并不是因为真正的文化涵养。

田青：所以中国摇滚一出来就扯了一个大口子，其实现在中国摇滚在对中国社会的震动绝对不亚于在西方的。

崔健：实际上它还是没有真正发挥对文化上的作用和威力。中国的几千年文化早就应该有摇滚文化，可是都没有。而且中国在跟其他亚洲四个小虎一样疯狂地发展经济，压缩西方几百年的发展过程，所以造成了这种局势，很多既得利益者嘴都乐到天上去了，还理直气壮地跟我们说，现在中国发生了根深蒂固的变化。我说他们没有看到那种深层的根的塑料化，而且这种塑料的程序是从树枝上来的，是枝叶文化，其结果却是要把树根塑料化！最简单的例子就是台湾、香港文化，都属于树枝文化，它有很好的那种商业炒作的基础让它看起来很繁荣，但它所有的机制都是西方来的，从文化上就是一种塑料式的。

田青：现在中国人最不重视的就是传统，你看哪有一个城市还算是老城？！全中国所有城市都一样，大城市都是香港化，中等城市就是上海化、深圳化，现在小城镇都在大城市化。你像有些小镇就是，把大树都砍了，种一个塑料的椰子树，然后点上灯，非常丑陋的东西。以前艺术的不发展可以归结到没钱，或是政府不支持，现在有钱了，有政府支持了，最大的问题却是一个审美的问题。陕西那个剪花娘子，剪窗花非常地棒，到法国去，法国人排着长队请她剪。应该说她剪的窗花是装饰房子用的，但你到她的房间里去看，摆的都是刘德华的照片，你问她为什么不把这么漂亮的剪花贴上呢？她说那个太难看了。一个法国人去侗族的家乡搜集当地民族的服装，几百套，你再看当地的人穿的都是几百块钱那种廉价的西装。

崔健：还有像中国音乐学院这的那种伪民歌……

田青：我觉得中国文化有几个致命伤，流行音乐的假唱以及专业音乐教育把技术或者是很幼稚的技术当成一个全部的追求，然后重复地罐头似的生产。这是用技术把所有的艺术个性和棱角都去掉！像音乐学院就是这样，进学校的时候，学生们方的圆的长的尖的都有，毕业以后全是一个模子。上次我在歌手大奖赛上批评他们，唱法完全一样，听不出来谁是谁来。

崔健：其实我们应该写歌，写一个RAP，说音乐学院“毁”人不倦什么的。

田青：这也是一种本事，能把所有人训练成一样，从来没有过，人类历史上从来没有过，能够复制用生产线来生产歌手，这真是一个奇迹！

崔健：将来应该有个真正懂得音乐的权威来采取措施保护音乐文化。对CHINA，对MTV，应该做出一种量化的改革。就是说你必须标出来这是广告，必须标出来这个是非现场演唱，应该用商业标志来保护真实的艺人。

田青：应该把真实的个性挖掘出来，你在录音棚里修，修来修去都修成一样的了。

崔健：这我倒同意，因为它就像油画和国画一样，区别就是这个。油画就是反复地添加，国画就是随笔，靠的是很多年的功夫。两种形式都应该有。但是演出就是应该真唱，是现场创造。国画如果再描多一笔，说我明天再给你得了，一下子就没有人证明你的才能了。

田青：假唱的那种技术手段，我后来才听他们跟我说假唱的一些技巧，那个麦克风，说话的时候“大家好”，这个时候是真实的声音，说完之后关掉然后再放，像这种技巧化的东西就变成了计谋。这样就对艺术最真实最本质的东西的一种否定。

崔健：其实真唱运动可能应该有一个更准确的说法，就是“公开假唱运动”，我也不反你，我就把你公开，这样估计会击中很多人的要害，破坏你假唱的秩序。

田青：就是说听众有知情权，有权知道你是真唱还是假唱。你可以假唱，但观众必须知道，必须知道你在假唱。实际上真唱运动还要借助法律，利用法律途径来解决。

崔健：对。其实最近的一些活动里都包括一些法律的东西，但要真的上升到法律阶段的话，还要继续走，还要走着看。

金燕：我觉得“真唱运动”对大众来说可能更多的是观念上认识上的冲击，就是它会引起特别多的反思——整个中国人的道德、精神、文化都堕落到一定程度，它的根源在哪里？为什么会造成这样的情况？

崔健：我当初做这个的时候也有和你一样的感觉，其实它更广泛的意义不仅在于唱歌，而是一个行为，类似于行为艺术。因为真正的艺术是对社会有益的，如果没有社会公益性我觉得艺术就是一些茶余饭后的消遣，顶多让人觉得你人很高雅。其实一个真正的现代艺术家的能量，既然积攒了这么多年学了这么多东西，不用就是烂在肚子里，应该让它充分地释放出来。

田青：我觉得“真唱运动”还有一个意义，就是它现在看起来很悲壮，这个悲壮的意义在于，你和整个社会还在抗衡。

崔健：还属于被打时期。他们打得越多越好，越反对越好，对真唱运动越有好处，反弹劲儿越大，现在还是打击不够。

田青："真唱运动"实际不仅是在和假唱的歌手做斗争，实际上是对整个社会的商业化、工业化对艺术的阉割做斗争。艺术的本质应该是个体的，而且是非工业化的。现在工业化以后艺术品就没有价值了，现在艺术品的工业化程度越高，艺术品本身的价值就越受阉割。我有篇文章里讲道："科学、宗教、艺术是人类认识世界的三个不同渠道，没有谁高谁低，而且互不能取代。在这里我们最大的问题一个是把宗教排斥了，另一个就是用科学来统治艺术。"包括假唱，用科学进入到艺术领域里，把艺术变没了。所以我觉得你现在这个"真唱运动"是一个真正坚守艺术阵地的行为。我觉得这个行为的英雄性虽然比不了当年的《一无所有》，但这是为艺术本身来争取生存的价值。如果说20世纪80年代你刚出来时的那些东西，是一代青年人的精神旗帜，现在的这种转向其实也是一种悲哀。摇滚必须要有革命性，必须要有反对现存价值观念的东西。其实20世纪80年代时很多人的理想现在实现了，实现了就没有革命性了。

金燕：摇滚是精神性的东西，它不是一个物质追求，所以摇滚一直有它的存在空间。

崔健：布鲁斯音节，24点，各种各样的速度不限，这就是摇滚节奏，很简单。这种节奏带来的生理反应就是不可能唱颂歌。你说为什么人上厕所要去厕所里上呢，这是一个非常简单的问题，就是说这个东西是非常有必要的。摇滚乐实际上就是精神上的垃圾要发泄出来，要不憋在心里老想干什么坏事。中国几千年文化应该早就出现摇滚，因为这种文化太深厚了，太正了，太压抑了。一个真正的艺术家应该有足够的敏锐，来认识环境的压抑和来自内心的恐惧，这种对外部环境和对自身的敏锐的感觉，是一个艺术家感到光荣而不是耻辱的事情。但也有一个问题，就是我发现说不出来的未必没有感觉，相反那些能说会道的人未必能感觉的到。

田青：还是要超越语言，因为语言本身是没有能力的，是没有力度的。所以说"不可说不可说，一说就是错"。在我看来，摇滚和我喜欢的这些民间的东西有很大的一致性，因为以前的艺术是综合在一起的，一唱就得跳，现在是越分越细，越分越细。现在的文学就靠印刷品，可是在印刷术没有发明之前，所有的文学都是靠音乐来记载的。现在是搞音乐的只管音乐，搞文学的只作文学，所以搞得现在好像搞音乐的没文化，念书的又没灵性了。摇滚把这两者结合在一起了，从本质上说，摇滚一方面它是最先进的最前卫的，但它最本质的东西和最原始的一样。这种本质就是，要是有东西感动了你，你就要把它说出来，而且用音乐把它说出来。其实最前卫的东西是最古老的。

金燕：创新是超越还是回归?

田青：超越就是回归！摇滚音乐会和原始人的祭祀是很相通的。只有异化了的人，穿上礼服到那儿去听，一部分人演奏，听的人声音都不能出声，其实应该一起出声音才对呢。

金燕：就是人到达很本能的状态，很放松很自由的状态。

田青：现在，工业化社会已经把很多的艺术，很多艺术的画面都颠倒了。你记得那首歌吗，就那个“我骑着马儿过草原，清清的河水蓝蓝的天，远方的工厂冒青烟”，是20世纪50年代唱的。把远方的工厂冒青烟形容成理想的追求，就是工业化时代的那种渴望。最后的结果就是所有民间的艺术在几十年里基本荒废了，结果所有所谓的传统文化都是农民的，像唐诗宋词都是农业的，而在工业化进展取代农业的过程当中完全没落了。现在的牧民都骑摩托车，不是骑马了，牧歌没有了；渔民都是机动船了，过去撒网的那种渔歌也没有了；挤奶歌也没有了，因为都用机器挤奶了，所有民间艺术都荡尽了。我认为，过去那个时代的民间艺术里有最本质的东西。我不知道我的这个理论对不对，就是我觉得中国整个文化的发展，不光中国，乃至全世界的发展都一样，都是从粗糙文化开始，一点点向精致发展，可发展到精致化以后就开始走下坡路了，没有生命力了。然后靠蛮族入侵，或者自发地从自己的历史或民间找东西，把那些粗糙的东西拿出来代替新鲜的东西来改变它。所以无论是从唐诗到宋词再到元曲，也都是从民间找来的。那么我看到现在，比如摇滚，就是像过去历史当中那种为一个已经腐朽了的缺乏动力的文化注进新鲜血液的过程。文化发展必须有这种东西，必须要有反抗有新的东西，造成变化，每个时代必须有这个东西。现在这个时代，我觉得能够承担这个任务的，在音乐里，一个是摇滚，一个是类似山西左权那帮盲人的歌。那些盲人的歌是真的歌，他们连眼睛都没有，根本不是眉目传情，他没法眉目传情，他根本不在乎你听不听，我就唱我自己，就唱给天听，他还原了本来的东西。《二泉映月》代表中国民族音乐的最高顶峰，其实就是这些瞎子做的。

金燕：刚才说到阿炳，一个瞎子的东西那么感人，能不能这样总结，就是说真正的创作创造是首先发自内心的能先把自己感动了，或者说用生命来写来唱的人才是真正的艺术。

田青：对，假如真情要往外挤的话，靠什么呢，靠作秀啊这些。什么声光电，大制作，用形式上的舒服掩盖内容上的贫乏和情感的缺乏。我觉得摇滚也是一样，你就是在唱自己心里的感受，我觉得你打动人的就是这些真实的东西。现在音乐界除了摇滚和这帮乞丐的歌，几乎没有什么东西值得珍惜的了。现在的那些演员一上台首先就是描眉打扮，在乎的是外部包装，而把音乐的本质挤到角落里去了，外在表演在前，音乐排到最后。我觉得摇滚应该是能够保持这个文化向前发展一个基本的东西。不过我也想，摇滚假如有一天精致化，或者技术的东西越来越多，也会走到另外一面……

崔健：那另外一种东西就出来了。现在我就非常高兴美国又出来了一个爱米·纳姆，是搞即兴说唱的，说得特别狠，以至于很多文学化的东西已经从中诞生了，非常厉害的文字。美国有个很有意思的现象，最白人的运动，黑人是王，比如那个高尔夫，最白人的运动，结果球王不是白人，而最黑人的音乐是白人，比如HIP—HOP……

田青：就是从外地或者外域找到那种和自己的文化不同的新鲜的东西。其实一种文化发展到精致的时候的确缺少一种新鲜的发展动力，需要注入新鲜的血液。民族也是这样，包括中华民族这个概念也是这样的，内涵和外延都模糊的概念。其实汉民族本身就不是一个纯粹的种族的概念，它实际上是一个文化的概念。所以我们现在都是汉族，写字叫汉字，说的话叫汉话，就完全是一个文化现象。源头是汉代，刘邦以后才有了这个汉族。秦朝统一很短，十几年完了，汉是第一个大统一，中国第一个巩固了的统一政权就是汉给中国影响太大了。所以其实汉族是一个文化概念，不是民族概念。而现在，原有的汉文化可以说发展太快了，而且都是在质变，它不像封建社会的那种变化，比如京剧代替昆曲，它只是一种量变，不是完全断了完全取代的变化，所以它这种变化还有迹可寻，还可以找到祖宗。现在的变化就像推土机推四合院一样，彻底推没了，已经没有东西了。

金燕：发展太快了，人们没有时间沉下心来想想以前看看未来，各种信息扑面而来，人们应接不暇。包括现在的摇滚，为什么要抢占市场，因为你稍微一退步，其他的流行音乐的信息就扑面而来，把观众的耳朵占据了，塞满了。就是说大家已经不是能在一桌菜里想选择自己喜欢什么了，而是说那盘好菜还没上来其他菜就已经把你给撑死了。

田青：我觉得你说的这个是对的。但是另外一方面，你真正自己觉得有特色的那道菜是别的菜代替不了的。到处都有怀才不遇的人，而我觉得真正的大才是淹没不了的。拿破仑如果赶上一百年无战事，也许成为一个摇滚歌手，也许成为一个大金融家，他一定会出来。包括崔健也一样，你这十几年，时代已经变化了，环境已经不同了，可还是崔健，他不会随波逐流。如果有一天，崔健不再有自己独立的东西了，那别人再给你提供机会天天让你上电视，你也就什么都没有了。你坚持，哪怕是站在角落里，别人也会感到你的存在，你不说话，别人也知道你的存在。

金燕：那有人说崔健是时势造英雄，你会有这种感觉吗？

田青：那时势也不能把狗熊造成英雄啊，时代会选择英雄，会给英雄提供一些机会，但英雄本来得是英雄。和平时代的英雄就是摇滚人。

（原载《艺术评论》2004年第2期）

昆曲等你六百年

似乎只是转瞬之间，昆曲入选联合国“人类口头和非物质遗产代表作”已经十年了！还记得当年这个消息在我国见报时，是以“豆腐块”的形式登在主要报刊的“报屁股”上的。而日本“能乐（Nogaku Theatre）”与昆曲同时入选的消息，在日本的报刊上，却是头版头条和铺天盖地的报道！当年的这个小小的不同，反映的是一个最早经历了“文化自觉”并率先立法保护“无形文化财”的国家与一个“一心一意”奔现代化的国家在文化观念上的差距。值得欣慰和自豪的是，短短的十年里，我国非物质文化遗产的保护工作取得了重大成就，“起步晚、速度快、成效大”的“中国特色”，让我们以26个项目成为保有“人类非物质文化遗产代表作”项目最多的国家！

这十年，是非物质文化遗产保护的概念在中国日益深入人心的十年，也是全面落实“政府主导、群众参与”，“保护为主、抢救第一”政策的十年。在完成历时三年的非物质文化遗产大普查的基础上，我国目前已建立了县、市、省、国家四级“非物质文化遗产名录”保护体系和传承人制度，仅就传统戏曲而言，目前已有171个传统戏剧剧种进入国家级非物质文化遗产名录。继昆曲之后，2009年，粤剧、藏戏又成功入选联合国教科文组织“人类非物质文化遗产代表作”名录。今年2月，《中华人民共和国非物质文化遗产法》获得人大批准，自6月1日生效，标志着我国的非遗保护工作已上升为法律层面，体现为国家意志。

但是，我们必须清醒地认识到：随着全球化、现代化、城市化的迅速发展，我国的文化生态已发生了巨大的变化，在中国经济以令人眩目的速度腾飞的同时，我国的传统文化也在以同样的速度被边缘化。西方主流文化的强烈冲击，电视等新媒体、新艺术形式的大面积覆盖，不但使城市里的年轻一代全面

“西化”，就连农民工进城后也不再哼唱老家的地方戏而改看电视连续剧和学唱流行歌曲了。2011年中央电视台的春节晚会上，一对以“旭日阳刚”为名的农民工歌手给观众留下了深刻印象，但他们豪放、阳刚的歌声已不再是秦腔与山歌，他们手中的乐器也已不再是板胡与梆子，而是换成了吉他伴唱的流行歌！同时，面对名角的逐渐凋落与观众群的迅速丧失，几乎所有的传统戏剧都面临着巨大的生存压力。据初步统计，中国的传统戏剧目前仅剩200种左右。仅以山西省为例，20世纪80年代，该省尚有52个地方戏，但目前只剩28个，而且，其中绝大部分地方剧团都在艰难度日，其生态环境不容乐观。

面对“现代化”对传统文化的冲击，昆曲以及所有的传统文化是应该坚守还是改变自己以适应时尚？前些时候我在东南大学演讲，在演讲之后的“互动”时间里，一位大学生站起来问我：“虽然你说昆曲怎么怎么好，但现在只是老年人喜欢。我们青年人不喜欢，那昆曲现在应该怎么办？”

按照一般的逻辑和目前我国文化领域的主流思维模式，我似乎应该说：“昆曲应该改革，创新，反映新生活，贴近群众，尽量适应年轻群体的爱好，争取让年轻人喜欢……”但我当时却没有这样讲，我只回答了他两句话：“第一，你也会老的。第二，昆曲已经等了你六百年，不在乎再等你三十年！”没有想到，我的这个回答，居然赢得了掌声。

难道不是吗？假如我们为了迎合所谓青年人的审美趣味和生活节奏，为了适应所谓的“市场需要”，把迤逦婉转、舒缓典雅的“水磨腔”改成摇滚的节奏，把可以“舞幽壑之潜蛟，泣孤舟之嫠妇”的曲笛改成吉他或电子琴，把具有不可替代的特殊韵味的文言改为现代白话……那么请问，等现在的这些青年人变成老年人之后再想寻觅一种宁静的节奏时该到哪里去找？当我们的儿孙来找我们要这些祖先的遗产时，我们该如何对答？

今天，我们必须改变所有东西都要“发展”的“一刀切”的思维定式，我们必须明确：遗产是不能“被发展”的，它只能被继承。在现代社会，产生非物质文化遗产的根基已经丧失，与非物质文化遗产有关的生活方式已经改变，就像没有一种植物被连根拔起后还能成长一样，非物质文化遗产同样也不能再“发展”。其实，万事万物的发展与人的生命历程一样，都有“成、住、坏、空”的不同阶段。我曾经举例说：目前我们所有的非物质文化遗产，都是农业文明的产物，都已过了最佳发展期，就像我们不能要求一位七八十岁的老先生再去参加奥运会“为国争光”一样，对大部分非物质文化遗产项目，我们只能输氧、输血、吃补药！当务之急就是保存和保护。因此，我们提出了“保护为主，抢救第一”的政策。

另一方面，当“发展”成为一种模式的时候，就有可能导致不同文化的同质化。我们看到，现在很多地方剧团在“发展”的口号下走着同一条路：请名作家编剧，请音乐学院培养的作曲家作曲配器，请影视剧或话剧导演排戏，请现代舞台美术家利用大量“声、光、电”来“包装”，在几乎所有的戏剧乐队里都加进了大提琴，甚至某台“昆剧新作”居然让演员“吊维亚”，像杂技演员一样在舞台上空飞来飞去……结果是丧失了自己原有的特色，老观众认为“变味了”，年轻人也不买账，听你不中不西、不土不洋的“四不像”，还不如直接看西洋歌剧和音乐剧。

保护非物质文化，目的就是维护文化的多样性。同质化是一切文化发展的一条死路。问题其实很简单，你嫌太极拳太慢，你可以去跳迪斯科或街舞；你嫌馅饼的馅儿包在饼里不如放在饼外面够“潮”，你可以去吃比萨；你嫌昆曲的词儿太文太温不能反映你“闪婚”的激情，你可以去唱摇滚；为什么非要把太极拳“发展”成街舞、把馅饼“发展”成匹萨、把昆曲“发展”成流行歌呢？

有人说：历史是向前的，就像一条河流，不可能不变。这是对的，但文化只能在自己的河床里流淌，只能前进在自己民族传统的轨道里。O型血患者输血只能输O型血，输错血型是会要命的！明治维新之后的日本，把“脱亚入欧”定为国策，也曾对他们的“歌舞伎”进行过改造，就和今天我们不约而同地努力把地方戏改造成歌舞剧一样。“二战”之后，国破家亡的日本人终于认识到：“歌舞伎”是不能“发展”的，“歌舞伎”用西洋“美声唱法”唱，“歌舞伎”就没了！这是世界上唯一一个经历过核战争的国家在沦为战败国、整个民族文化面临全面消失的危险之后痛苦反思的结果。现在，那个曾经积极主张“脱亚入欧”的日本再没有一个人主张把歌舞伎“歌剧化”，让曾经被视为“野蛮的裸体游戏”的大相扑穿上衣服！战败后的日本人最深刻的体会是：一个国家可以没有政治、经济的自主权，甚至可以没有军队，但是，只要日本的传统文化还在，只要和服、茶道、柔道、寿司、榻榻米、歌舞伎、三味线还在，日本就仍然是一个完整的、受人尊重的国家。

除了错误的发展观外，我们还应该逐步树立文化多样性的观念。未来的社会文化形态，一定是多元的，不同的群体、不同的年龄段、不同的文化程度，都会有不同的喜好和热衷的艺术形式，不应该，也不太可能再出现那种全国只有“八个样板戏”的情况了。昆曲与其他传统戏剧最大的不同是其唱词不是口语而是文言，假如昆曲演员在舞台上唱出“我爱你，你爱我吗”的生活语言的时候，昆曲也就不称其为昆曲了！当然，我们的文艺应该贴近生活、反映生活，但我愿意“斗胆”问一句：我们目前还有大约200个不同的剧种，我们可不可以让其中199个剧种都反映当代生活，只留下一个昆曲来反映我们祖先的生活，行不行？

我以为是可以的，因为我们祖先的生活，也是生活！而且，是那样丰富、美丽、精致、动人、光彩夺目、有滋有味的生活！似乎可以这样说：我们祖先生命中最精彩的部分，一直活在昆曲里，一直活到今天！2007年6月，温家宝总理在参观“中国非物质文化遗产专题展”的时候说，我国的非物质文化遗产是“民族文化的精华、民族智慧的象征、民族精神的结晶”。我希望所有那些只凭着勇气与激情就想向传统文化“动手”，没有学会传统就大谈“创新”、“发展”的朋友们认真想想温总理的话，面对这样的“精华”、“象征”、“结晶”，你准备充足了吗？

（原载《艺术评论》2011年第6期）